北京物资学院教材出版资助基金项目

商品流通法原理

Principles of Commodity Circulation Law

李惠阳　著

法律出版社
LAW PRESS · CHINA
北京

图书在版编目（CIP）数据

商品流通法原理 / 李惠阳著. -- 北京 : 法律出版社, 2024. -- ISBN 978 - 7 - 5197 - 9471 - 2

Ⅰ. D922.294.4

中国国家版本馆 CIP 数据核字第 2024U2F639 号

商品流通法原理
SHANGPIN LIUTONGFA YUANLI

李惠阳 著

责任编辑 韩梦超
装帧设计 李 瞻

出版发行 法律出版社
编辑统筹 辞书・融出版编辑部
责任校对 王晓萍
责任印制 吕亚莉
经　　销 新华书店

开本 710 毫米 × 1000 毫米 1/16
印张 25 **字数** 388 千
版本 2024 年 11 月第 1 版
印次 2024 年 11 月第 1 次印刷
印刷 唐山玺诚印务有限公司

地址:北京市丰台区莲花池西里 7 号(100073)
网址:www.lawpress.com.cn
投稿邮箱:info@lawpress.com.cn
举报盗版邮箱:jbwq@lawpress.com.cn

销售电话:010 - 83938349
客服电话:010 - 83938350
咨询电话:010 - 63939796

书号:ISBN 978 - 7 - 5197 - 9471 - 2
定价:88.00 元

凡购买本社图书,如有印装错误,我社负责退换。电话:010 - 83938349

序

商品流通法是以商品流通领域内的经济关系和行政管理关系为调整对象的法律规范的总称。它不同于传统的部门法学分类，不以特定类型的社会关系为唯一的调整对象，而是以商品流通领域为研究对象的领域法，是调整商品流通领域内经济关系和行政管理关系的规范性文件的总称，具有领域法的属性。商品流通法以实现高效、安全和可持续发展的商品流通为其法律价值追求。本书以商品流通法的法律价值内容为逻辑主线，是对商品流通领域内不同法律规范性文件的一次系统性梳理，阐明了不同法律规范性文件之间的类型化标准和同类法律规范性文件内在的理论逻辑，论证了高效、安全和可持续发展的商品流通的实现机制，故将其命名为《商品流通法原理》。

商品流通法课程是结合应用型特色大学建设而专门开设的特色课程之一。本书主要应用于法学本科专业和流通经济、物流管理、电子商务等商品流通相关的非法学本科专业学生的课堂教学。本书主要包括了商品流通导论、商品流通法基本理论、商品交易合同、商品流通服务合同、商品流通行政保障法律制度、商品流通行业监管法律制度、商品流通市场监管法律制度、物流行为可持续发展保障法律制度以及国际商品流通法律制度九章内容。本书除了适用于开设有物流管理、电子商务等商品流通相关本科专业的本科院校以外，也可以为商品流通和物流行业的研究人员、法律工作者，管理人员和公务人员提供系统性的法学理论和实务支持。

本书的编写主要依托于本人完成的北京市社会科学基金

研究成果，即本人署名的《商品流通法律保障机制研究》一书。在相应的章节增加了共计24个参考案例，并在每个案例后面设置了案例指引。这些案例多数为近几年全国各地的法院判例，主要来源北大法宝案例库中的案例，并做了相应处理。其中，第九章国际商品流通法律制度则主要参考了黄东黎老师的著作《国际经济贸易制度与法律——中国案例》和林一飞老师主编的《国际贸易法律与诉讼仲裁实务》中的相应部分。在此特对北大法宝和相关老师表示衷心感谢。

本书的出版，得到了北京物资学院教务处提供的出版资助，在此表示衷心感谢！尤其需要感谢的是法律出版社韩梦超编辑，从出版合同的订立到书名的调整确认、本书结构细节和文本的编辑都有她的全程参与，不厌其烦地与作者进行了无数次沟通。这样的敬业和专业精神令作者感动。

商品流通法研究是一个法律研究的新视角、新领域，需要深入研究的问题仍然很多。本书只是提供了商品流通法学习和研究的一个基本框架，并且限于本人学识和能力，书中必然存在不少问题和不足。在此特请诸位读者予以谅解并批评指正。

是为序。

李惠阳

2024年3月8日

目　录

第一章　商品流通导论

第一节　商品流通的历史

一、人类社会商品流通发展史

（一）自然经济与商品流通

商品流通是指商品从生产者向消费者转移的过程，是商品所有权在不同主体之间的流转过程和商品在物理空间上移动过程的总称。商品流通以商品交换为前提，且由无数个商品交换组成。商品流通是人类社会经济活动现象之一。从人类社会的经济发展史看，经济形式可以分为自然经济、初级商品经济和高级商品经济三个阶段，后者也称市场经济。在自然经济生活中，生产是为了直接满足生产者个人或经济单位的需要，而不是为了交换。在自然经济条件下，社会由许多分散的、单一的经济单位，如家长制的农民家庭、原始村社、封建领地等组成。每个经济单位独立完成原料采掘、种植、收集、加工，直到最后把原料制成成品。自然经济生产力水平低下，生产规模小，排斥社会分工，也就不可能产生交换活动。有经济学家认为，即使在原始经济生活中，纯粹的狩猎、畜牧和农业是不存在的，因为他们不可能摆脱对自己部落内部及其与农业部落之间的物品交换。笔者认为，这种物品交换只是物品有了剩余之后出于本能的互换。此时的交换是生产的自然结果。它与商品经济模式下的交换并不相同。在商品经济模式中，产品是为了交换而生产的，商品交换是生产的目的。因此，在自然经济条件下，商品流通这一经济现象并不存在。

（二）简单的商品流通形式

商品经济是以交换为目的而进行生产的经济形式，它是在一定社会历史条件下的产物。商品经济得以产生的社会历史条件有两个:一是存在社会分工,二是生产资料和劳动产品属于不同的所有者。商品经济出现于原始社会末期,在奴隶社会和封建社会有所发展,但不占主导地位。这一阶段的商品经济以生产资料私有制和个体劳动为基础,以换取自己所需要的使用价值为目的,是一种简单的商品经济。在简单的商品经济形式中,随着生产力的不断发展,剩余产品不断增加,交换的范围也日益扩大,交换的次数日渐频繁,物物交换已经不能适应交换发展的需要。于是,以某种物品作为媒介的交换开始出现。最终这种作为媒介的一般等价物固定在金、银等某些金属上成了货币。这种以货币为媒介的商品交换称为简单商品流通形式。即商品生产者先把自己生产的商品换成货币,然后用货币购买自己所需要的商品。用一个公式表示就是"商品—货币—商品"(W—G—W)。这种交换形式与物物交换相比大大提高了交换效率,是一个巨大的进步。它使商品所有者免去了多次交换的辛苦。只要换回货币,就可以购买任何所需物品,同时也解决了一些时间衔接上的矛盾。另外,生产者也可以根据生产条件多生产一些产品,以换取更多的货币,进而换取更多的所需产品。这无形中又促进了生产的发展。这样,与之相适应的商品流通过程就不仅是实物的流转过程,而是包含了货币的运动过程,从而达成价值运动和使用价值运动的统一。可以认为,简单的商品经济为简单商品流通形式的出现创造了条件,简单商品流通形式的形成也加快了经济发展,加速了简单商品经济形式向发达商品经济形式的转换过程。

(三)发达的商品流通形式

自资本主义社会始,随着工业革命的完成,社会生产力得到了极大发展。商品经济成了普遍的经济形式。作为商品交换场所的市场也得到了蓬勃发展。但商品经济和市场不等于市场经济。市场经济作为发达的商品经济形式是覆盖全社会的。市场在资源配置中起基础性或主导性作用。因此,市场经济就是市场对资源配置起基础性作用的商品经济。市场经济是商品经济高度发达的产物。当商品经济发展为市场经济时,商品经济也就发展到发达商品经济阶段。在历史上,资本主义生产方式确立之后,有了社会化大生产,商品经济关系普遍化,才有了建立覆盖全社会的市场经济体制的条件。高度发达的资本主义商品经济是经过几百年时间逐渐发展起来的。随着市场经济的出现和发展,发达的商品流通形式也逐渐形成。在市场经济条件下,社会分工和商品生产得到进一步发展。产品品种、数量的不断增加以及交换的日益发展导致生产者无法再完全承担所生产的产品的交换活动。于是,一些人可以在社会再生产过程中专门从事以交换为目的的经济活动,即出现了专门从事商品交换活动的中介——商人和专门从事交换活动的机构——商业流通部门。他们已经从产业中分离并独立承担起商品交换的商业媒介功能。这种交换形式就是发达的商品流通形式。发达的商品流通形式是指以商业为媒介的商品交换方式,即商业流通部门先用货币买进商品,再把其卖出以换取货币的增值,用一个公式表示即为"货币—商品—货币"(G—W—G)。在此种模式下,货币本身不再仅限于交易工具的角色,而成了交换的目的。这种形式较之简单商品流通形式而言又是一个飞跃,它使交换活动发展成为一个行业,使商品流通部门在从事各种交换活动的过程中得以独立存在并日益发展。商品流通部门的这种作用在现代化大生产条件下愈加必不可少,并且日益成为生产发展的决定性因素之一。

二、我国商品流通发展史

(一)重农轻商传统下的商品流通

中国传统上是一个农耕社会。在田间耕作、在村子里生活是中国人长久以来的状态。西方国家在17世纪后纷纷经历农业、商业和工业领域等一系列经济革命。中国社会却仍在延续着上千年的以农业为主导的状态。农业意味着农耕,意味着自给自足。例如,绝大多数农户都至少会养一头猪、几只鸡、几只鸭。牛等大型动物是用来牵拉和驮运物品的工具。农民很少运用风力或者水力,基本就是牛、驴、马、骡子、骆驼等畜力用于运输。此外,这些役畜卖得很贵,饲养起来花费也很贵。相比之下,人力资源却很丰富,也比较便宜,很多人家养不起牛或马,于是就自己拉犁耕田和背负重物。因此,劳动密集是中国农业的最核心特征。农耕社会体现了自给自足的自然经济特点,不利于商品经济乃至商品流通的发展。但是,随着生产力的发展,小农经济也为商品流通提供了一定的社会基础。从春秋战国开始直到两汉时期,铁器牛耕的推广带来了农业发展。《盐铁论》中描述了小铁匠以家庭为单位,制成很好的铁器,运到田间地头去卖。农民可以用钱买,可以用谷物换,可以以旧换新,可以赊账。这种商品交换形式规模虽然小,却是全国商品流通的基础。早期的商品经济基础是农民和小手工业者进行的生产活动。小农生产主要是为了满足自己的需要。同时,为了换取盐、铁、茶叶、针等生活中不可缺少的日用品和换取一定数量的货币用于缴纳国家的赋税,生产者必须卖出一定的农产品、畜产品和纺织品。可见,生产力发展和农民生活需求自然就促进经济形式由自然经济进入商品经济。商品流通也得到了初步发展。事实上,在20世纪之前,中国社会两到三成的农产品都被拿到市场上出售了。

与以农业为主的社会传统相适应,中国传统社会非常轻视商业和商人。儒家正统学说对社会阶层的排序是士农工商,商人被看作是社会最底层的存在。但是,儒家学者却很有智慧。他们并没有把轻利的观点推向极端,如孟子曾建议统治者不要向商人征税,因为"市,廛而不征,法而不廛,则天下之商皆悦,而愿藏于市矣"。在帝制时代,中国官员基本都认可商品流通对于百姓安居乐业具有重要的意义,也认为商人在社会中扮演的是有用的角色。历代君王一般都要求官员安民通商。在重农轻商的传统观念下,商品流通能够得到正统文化和政府及官员的正面认可,充分体现了商品流通在社会经济生活中的积极功能。在此背景下,商品流通在中国各历史阶段都得到了不同程度的发展。如从战国时起,随着商品经济的发展,工商业的势力日益发展,出现了一些掌握巨额财富的大商人。当时的大商人可分为几种类型:第一种是手工业者兼商人,大都是经营盐铁而致富的。第二种是买贱卖贵,囤积居奇的中间商人。如陶朱公、白圭等,他们都有强大的市场预测与运作能力,"人弃我取,人取我与"。第三种是高利贷者,也叫子钱家。那个时候工商业相对发达,从事商业的人很多。司马迁说:"大者倾郡,中者倾县,下者倾乡里者,不可胜数。"至唐代,中国的商业就很发达了。《旧唐书》记载:"天下诸津,舟航所聚,旁通巴汉,前指闽越,七泽十薮,三江五湖,控引河洛,兼包淮海,弘舸巨舰,千轴万艘,交货往来,昧旦永日。"18世纪的一个牧师曾心怀敬畏地写道:"中国的每个省份都有自己独特的财富,而且都能通过河道或运河运输而实现商品流通,这些都促进了帝国内部贸易的繁荣发展。"可见当时中国国内的贸易相当发达。

(二)古老和动荡的国际商品流通

古老的国际商品流通首推丝绸之路带来的中国与中亚、欧洲等国的商品交流。丝绸之路是指起始于古代中国,连接亚洲、非洲和欧洲的古代商业贸易路线。丝绸之路在世界史上有重大的意义,是东西方商业和文化交汇的桥梁。19世纪70年代,德国地理学家李希霍芬(Ferdinand Freiherr von Richthofen)将源于西汉都城长安(东汉延伸至洛阳),直达西方的这条东西大道誉为"丝绸之路"。后来,史学家把沟通中西方的商路统称丝绸之路。汉武帝时,张骞两次出使西域,开拓了丝路,被称为"凿空之旅"。自此以后,中国和中亚及欧洲的商业往来迅速增加。通过这条贯穿亚欧的大道,中国的丝、绸、绫、缎、绢等丝制品,源源不断地运往中亚和欧洲,因此,希腊、罗马人称中国为赛里斯国,称中国人为赛里斯人。所谓"赛里斯"即"丝绸"之意。通过丝绸之路,汉武帝派遣的使节最远到达了犁轩(今天埃及亚历山大港,附属罗马)。这是汉朝的正式官方使节到达的最远国家,直达欧非大陆,直接联通了西方和汉朝。公元73年,东汉时的班超又重新打通与中原隔绝58年的西域。此时,罗马人征服叙利亚的塞琉西帝国和埃及的托勒密王朝后,通过安息帝国、贵霜帝国和阿克苏姆帝国取得中国的丝绸。同时,罗马帝国也首次顺着丝路来到当时东汉的都城洛阳。在通过这条漫漫长路进行贸易的货物中,丝绸并不是交易量最大的货物,但却属于最为昂贵和奢侈的商品且最具代表性。隋唐时代(589~907年)丝路空前繁荣,胡商云集京师长安,定居者数以万计。唐中期战乱非常频繁,丝路被阻,规模远不如前,海上丝路逐渐取而代之。海上丝路起于秦汉,兴于隋唐,盛于宋元,明初达到顶峰。到明中期,海上丝路因海禁而衰落。正如"丝绸之路"的名称,在这条逾7000公里的长路上,丝绸与同样原产于中国的瓷器一样,成为当时东亚强盛文明的象征。各国元首及贵族曾一度把穿着用腓尼基红染过的中国丝绸,家中使用瓷器作为富有荣耀的象征。此外,阿富汗的青金石也随着商队的行进不断流入欧亚各地。这种远早于丝绸的贸易品在欧亚大陆的广泛传播为带动欧亚贸易交流做出了贡献。青金石曾是两河流域各国财富的象征。当青金石流传到印度后,被那里的佛教徒供奉为佛教七宝之一,令青金石增添了悠远的宗教色彩。葡萄、核桃、胡萝卜、胡椒、胡豆、菠菜(又称波斯菜)、黄瓜(汉时称胡瓜)、石榴等的传播为东亚人的日常饮食增添了更多的选择。西域特产的葡萄酒经过历史的发展融入中国的传统酒文化中。商队从中国主要运出铁器、金器、银器、镜子和其他豪华制品。

与陆上丝绸之路的发展不同,海上丝绸之路在明朝开始后出现了动荡的局面。通过海上丝绸之路的商品流通随着国家对外政策的变化而动荡,在一定时期内受到了严重影响。明代统治者非常反对对外贸易,希望将对外贸易纳入朝贡体系中。所谓朝贡体系,包含以下几点。第一,商品交换是通过中国皇帝与朝贡方领导人以互换礼物的形式实现的,这种朝贡体系中交换的商品大多是土特产和所谓的奇珍异宝。第二,朝贡使团的官员都被允许进行一些个人性质的、数量有限的买卖活动,这种买卖活动一般在朝贡使团抵京后在驿馆进行。第三,随使团来访的商人也会进行大量私人交易。虽然明代皇帝将朝贡视为对外交往的主要渠道,但实际上贸易才是核心。明朝中后期,中国对外贸易发生了重大变化。首先,朝廷在 1509 年开放了广东,开展特定的民间贸易。其次,朝廷于 1567 年向外国商人开放了福建的一个港口,允许中国商人通过该港口与东南亚开展贸易。因为与东南亚贸易频繁,也就在这个时候,中国人开始通过这个港口向东南亚移民。16 世纪开始,欧洲人也开始加入对华贸易的行列。葡萄牙人于 1514 年第一次来到中国。最初,葡萄牙人在广东福建各港口开展贸易,1535 年之后集中于澳门。此后,来自欧洲其他国家的人,如 1575 年到来的西班牙人,1604 年来华的荷兰人和 1635 年来华的英国人,他们都在与中国人的贸易中获利。1644 年中国进入清朝时期。新建立的清朝为应对迁到台湾的明朝遗民,彻底封锁了中国东南至广东的所有港口,实施了严格的海禁政策。中国的对外贸易量随之大幅下滑,经济萧条。17 世纪中期,中国陷入了严重的经济危机。1684 年,清朝统治者在全国"站稳脚跟",再次开放了港口。内部的和平稳定和对外贸易再度发展使中国进入了经济繁荣和政治稳定的非凡时期,这种状态一直延续到 18 世纪中期。之后,因清朝国势日益衰弱,列强逐个入侵,我国的国际商品流通再次陷入动荡之中。

(三)不同经济体制下的商品流通

1949 年到 20 世纪 70 年代末,我国实行完全计划经济体制。所谓计划经济是指有规划、有计划地发展经济,是一种不同于市场经济的、高度集中的、高效率的社会经济体系。其目的在于避免发展的盲目性、不确定性等问题造成的危害。从社会资源配置的角度看,计划经济的实质是主要通过行政手段配置社会资源,完成商品的流通运行,满足消费者的生活需求。实行计划经济是由当时的生产力发展条件和社会主义公有制以及当时的国内外政治形势等客观条件所决定的。中华人民共和国成立初期,我国生产力低下,商品短缺,难以满足人民的生活需求,基本处于物资供不应求的局面。社会主义公有制决定了产权主要归国家统一所有,难以形成以产权独立为基础的商品交换系统。同时,实行计划经济体制也受到了当时苏联经济模式的影响。即使如此,中央仍然对商品流通的运行做出了正确的判断和指导。1958 年 11 月,在对《十五年社会主义建设纲要四十条》初稿的批语与修改中,毛泽东同志特别强调,必须尽可能广泛地发展商品性的生产。并在《中共中央、国务院关于适应人民公社化的形势改进农村财贸管理体制的决定》中,专门加了一段:“在现阶段,利用商品生产、商品交换、货币制度、价值规律等形式,有利于促进社会主义生产、有利于向社会主义的全面的全民所有制过渡。”在计划经济时期,中央始终把恢复国民经济和稳物价保民生作为商品流通工作的主要目标。一方面,调整流通领域的生产关系,建立以国营商业为主体、合作商业为辅、五种经济成分并存的流通格局。1950 年相继成立了八大国内贸易专业总公司,到 1952 年年底,全国性的国营商业专业公司达 28 个,确立了国营商业在市场上的领导地位。根据“公私兼顾”的政策,1952 年私营商业增加 28 万户。另一方面,明确管理与发展中国流通业的大政方针,保护一切合法的公私贸易。实行对外贸易管制,并采用保护贸易政策,在国家统一的经济计划内实行国内贸易的自由。对于扰乱市场的投机商业则严格取缔。“公私兼顾”“城乡互助”“国内贸易自由”和“对外贸易管制”都是经济恢复时期非常成功的经验。与此同时,实行高度集中统一的流通管理体制,即对国内外贸易实行统一计划、统一经营、统一管理政策。从商品流通渠道看,确定了城市以国营商业为主,农村以供销合作社为主的二元管理体制,并承认农村集贸市场是上述两个流通渠道的必要补充。从商品种类看,对主要生活必需品实行统购统销政策。尽管计划经济模式下的商品流通是在严格的行政管制状态下实现的,但是它与当时我国的社会经济现实条件是相适应的,仍然发挥了促经济保民生的积极作用。

改革开放以后,我国经济模式开始了由计划经济向社会主义市场经济转型的过程。1982 年 9 月党的十二大强调:"正确贯彻计划经济为主、市场调节为辅的原则,是经济体制改革中的一个根本性问题。"1984 年 10 月,中共中央十二届三中全会,商品经济第一次写进党的决议。文件明确提出了中国要实行"有计划的商品经济",改变了原来"计划经济为主、市场调节为辅"的提法,成为改革开放的纲领性文件之一。商品经济虽然只是一个过渡性的概念,更不用说在它的前面还有"有计划的"这样的定语。但它是对"资源、产品可以交换"进行了语义上的解放,为我国进入社会主义市场经济体制奠定了基础。1992 年党的十四大正式宣布,"我国经济体制改革的目标是建立社会主义市场经济体制","要使市场在社会主义国家宏观调控下对资源配置起基础性作用"。这标志着我国经济体制的根本变革有了明确的目标和得以实现的理论基础。1993 年 11 月,党的十四届三中全会《关于建立社会主义市场经济体制若干问题的决定》指出,"建立社会主义市场经济体制,就是要使市场在国家宏观调控下对资源配置起基础性作用。实现社会主义市场经济体制后,在商品流通领域,市场成为配置社会资源的主要手段。商业作为独立的产业部门成了商品流通的媒介,使我国的商品流通真正进入了发达的商品流通阶段。行政手段主要发挥保障和促进商品流通有序运行,监督管理市场主体合法经营的积极作用"。

第二节 商品流通的含义与分类

一、商品流通的含义

流通是指人类生产成果及一切生产要素在不同社会主体之间的流动过程。商品流通是指有形商品由生产领域到消费者领域的社会转移过程。它是商品所有权的转移与商品实体在物理空间上的转移分别进行或并行的过程。[1] 商品流通中的商品是指为了交换或者销售而生产的产品,其运动方向是由生产者

---

① 夏春玉编著:《当代流通理论——基于日本流通问题的研究》,东北财经大学出版社 2005 年版,第 1 页。

向消费者转移。本节研究的流通是狭义的流通，即商品流通（以下简称流通）。从商品流通的概念看，流通是从宏观上观察交换活动的结果。从微观上看，商品流通是由许多次具体的商品交换活动联结在一起所形成的运动长流。因此，商品流通也可以表达为，商品流通是从总体上看的商品交换。① 从商品流通与商品交换的关系看，商品流通具有以下特征：

（一）商品流通中的商品属于有形商品

商品有广义和狭义之分。广义的商品是指为了出售而生产的劳动成果，是人类社会生产力发展到一定阶段的产物，是用于交换的劳动产品。即商品应当是具有一定使用价值，并用来交换的劳动产品，包括有形的产品和无形的服务，后者如保险产品、金融产品。狭义的商品仅指有形的产品，如农产品、工业品。本书中的商品是指有形商品。

（二）商品流通的起点是生产者

在经济学中，生产作为经济关系存在，是社会经济关系的主要形式之一。生产者通常是指能够作出统一的生产决策的单个经济单位，即企业或者厂商。在生产者行为分析中，一般假设生产者从事生产的目标就是追求利润最大化。生产者要实现利润最大化，必须通过产品的生产，并提供给社会使用。因此，生产就是将投入转变成产出的过程。生产者就是这一过程的实施主体。同时，商品是指为了交换而生产的产品。生产者通过交换活动提供给社会的产品自然就成了商品。从商品的物理属性看，商品生产是指商品从无到有的产生过程，是劳动成果的物化体现。生产者是商品生产的完成者，同时也是商品所有权的原始取得者。当生产者第一次出让商品的所有权时，商品就进入了流通市场，成为商品流通的起点。因此，生产者是商品流通的起点。

（三）商品流通的终点是消费者

消费是社会再生产过程中的一个重要环节，也是最终环节。它是指利用社

① 徐从才主编：《流通经济学：过程、组织、政策》，中国人民大学出版社 2006 年版，第 2 页。

会产品来满足人们各种需要的过程。消费分为生产消费和个人消费。前者指物质资料生产过程中的生产资料和劳动的使用和消耗。后者是指人们把生产出来的物质资料和精神产品用于满足个人生活需要的行为和过程。通常讲的消费,是指个人消费。个人消费是恢复人们劳动力和劳动力再生产不可缺少的条件,也是物质生产需求的来源。生产决定消费,消费反过来影响生产。个人消费在现代经济生活中具有重要意义,是经济增长的决定性因素。另外,生产资料作为商品,同样在市场上不断流转,并最终发挥其使用价值,显然也应当纳入商品流通的范围。可见,作为商品流通目标的消费活动不仅包括个人消费,还包含生产消费。消费者作为消费活动的主体同样包括个人消费者和生产消费者。但是,生产消费者毕竟不是商品的终极消费者。在一般情况下,生产消费完成后的最终产品仍然将向个人消费者流转。因此,从终极意义上来讲,商品流通的终点仍然是个人消费者。但这并不妨碍把生产消费活动这一环节纳入商品流通秩序的规范范围。

(四)商品流通是商品所有权人的不断变换

在商品流通过程中,商品经过一次以上的买卖活动,所有权从生产者转移到消费者手中。消费者成为最终的商品所有权人,占有并消费该商品。现代社会中,大多数商品都需要通过多次买卖活动,才能实现商品所有权最终转移到消费者,从而完成商品流通的过程。因此,商品流通作为一系列的商品交换活动,就是商品所有权人不断变换,直至商品到达最终消费者手中的过程。

(五)商品流通是社会成员之间的经济关系

经济关系是人们在物质生产和再生产过程中形成的相互关系。狭义的生产关系是直接生产过程中形成的人和人的关系。广义的生产关系是包括生产、分配、交换、消费等关系在内的生产关系体系。在商品流通过程中,人与人之间的关系因商品的不断转移而产生、变更和消灭。商品流通从来都不是个人内部的经济活动,它是至少涉及双方主体的经济关系。在商品流通过程中,往往生产者扮演卖者,消费者扮演买者。作为商品交换媒介的商人,则既扮演买者,又扮演卖者。这种商品流通过程中形成的人与人之间的关系就是一种典型的经济关系。

二、商品流通的类型化标准与价值

（一）类型化标准的相对性

分类是科学研究的基本方法。商品流通的分类标准是对商品流通经济活动进行区分的依据。商品流通的类型与商品流通环节、商品流通渠道、商品种类、商品流通活动发生的场所以及商品流通活动主体等要素有关。例如，在传统商品流通实务中，按照商品流通的环节，商品流通可以分为零售和批发，商流和物流等。按照商品流通渠道，商品流通可以分为连锁经营、直销经营等类型。这些不同的商品流通类型都具有各自的特点，已经成为商品流通过程中约定俗成的用语。有的分类甚至已经成为政府行政管理部门确定监督管理对象的依据。因此，商品流通法理论研究不能忽视这些类型化方法，并应按照这样的分类来评价和分析商品流通法的相关制度。

另外，人类的商品流通经济活动历史悠久，商品流通本身也经历了不同的发展阶段。随着商品流通技术发展和商业模式的创新，商品流通经济活动本身也在不断发生变化。不同的商品流通发展阶段，商品流通环节、渠道和模式都不尽相同，且在不断创新之中。因此，关于商品流通的分类，既不能脱离商品流通业发展的历史或传统，又要重视商品流通方法或制度的创新，并将其纳入商品流通业之中重新审视，对商品流通经济活动进行新的类型划分。需要注意的是，面对日趋复杂的商品流通经济活动，在理论和实务上都很难只用一个标准对商品流通作出一个所有人都能接受的分类。商品流通经济活动的分类永远是相对的。类型化的标准不同，商品流通的类型就会有所不同。商品流通类型的多样性，是由商品流通分类标准的多样性决定的。

（二）商品流通类型化的价值

分类标准是区分不同商品流通类型的依据。它的目的在于把不同的商品流通经济活动区分开来。那么为什么要按照特定标准对商品流通活动进行分类呢？这就需要了解商品流通分类的价值所在。所谓价值是指主体的需求与某种事物满足该主体需求的关系。如果该事物能够满足主体的需求,则该事物就具备了价值。商品流通分类的价值在于让商品流通主体对分类后的不同商品流通活动实施差异化对待和处理。以商品流通中的商流与物流的区分为例,商流是指商品在流通中发生的表示商品所有权转移的意思的经济活动。物流是指商品在时间或空间上发生物理移动的经济活动。商流事关商品所有权转移的意思表示,直接关系到商品交易双方主体的利益,商品交易双方主体必然亲自参与。物流则是通过运输、储存或保管等方式把商品送达目的地的过程,可以委托或者外包给专业第三方完成,商品交易双方主体不一定都要亲自参与。可见,这是两个可以从形式上分离的商品流通活动,对其进行区分实有必要。又如线上商品流通和线下商品流通,虽然线上商品流通和线下商品流通的实质都属于买卖关系,且同样需要物流服务才能完成最终的商品交易过程,但是线上交易和线下交易适用的法律规则却并不完全相同。如对于线上交易的商品,消费者能够受到诸如冷静期等特别规定的保护,可以在一定期限内无条件退货,而线下交易的消费者却无法享有此等待遇。可见,商品流通类型化的标准,不仅需要考虑商品流通经济活动本身的特征,还有必要更多地从商品分类的价值出发,分析商品分类的意义。从商品流通法的角度看,商品流通的分类价值在于从法律上区分规范不同的商品流通活动。商品流通传统分类本身也是以商品流通活动的特点为依据的,这些特点本身也可能是法律对不同商品流通活动予以区分的依据。因此,从商品流通法的角度对商品流通进行分类与传统商品流通的分类相同或相似就具有一定的合理性。

(三)商品流通的类型

1.线上商品流通和线下商品流通

以商品流通渠道为标准,商品流通可以分为线下商品流通与线上商品流通。线下商品流通是指商品通过实体店销售,卖家与买家面对面销售。买家可以查看和确认商品实物状态,并现场完成价款支付的商品流通模式,也称线下交易。线下交易的特点是买卖双方面对面交易,买家可以确认商品实物状态,并在其知识与经验范围内最大限度识别商品信息的真实性。线下交易为买家就交易内容做出真实的意思表示提供了信息基础,是传统商品流通的主要交易方式。线上交易是指利用现代网络通信技术，卖家把商品实物的照片、图样等置于虚拟平台展示，买家登录该平台通过查看卖家提供的照片、图样等做出交易决定，并通过电子支付的方式完成价款支付的商品流通模式，也称网上交易。线上交易的特点是买卖双方并不见面，买家无法看到商品实物，只能通过商品的照片、图样及相关文字说明了解商品状态。在这种情况下，商品状态的失真可能就是一种常态。买家对商品状态的认知容易出现误判，并进一步导致买家无法做出真实的意思表示。

2. 商流与物流

以商品流通所处阶段为标准。商品流通可以分为商流和物流。商流和物流是商品流通过程中的两个阶段，只有两者合在一起才能构成一个独立和完整的商品流通过程。但是，这并不妨碍将其从形式上区分为两个类型的经济活动。即商流是指商品在流通中发生的表示商品所有权转移的意思的经济活动。商流是商品所有权转移的意思表示，必须由商品交易双方主体参与，做出意思表示，并产生相应的权利义务。物流是指商品在时间或空间上发生物理移动的经济活动。物流活动既可以由商品交易双方主体某一方独立完成，也可以不需要商品交易双方主体任何一方的直接接触，而是通过第三方提供的运输、仓储和保管等服务完成。

3. 生产资料流通和生活资料流通

以商品的消费主体为标准，商品流通可以分为生产资料流通和生活资料流通。生产资料是用于生产消费的商品，其消费主体是生产经营者。如因零部件供应而产生的生产经营者之间的商品流通就属于生产资料流通。另外，专门从事商品转售的商业经营者，虽然该经营者没有对商品进行任何的加工或装配等附加活动，但其与生产经营者及其他商业经营者之间的商品流转在法律性质上看，与生产经营者之间的商品流通具有同质性，故可以视为生产资料流通。生活资料是用于社会成员个人消费的商品，其消费主体是社会成员个人。如一般生活用品等均属于生活资料。生活资料流通是发生在经营者与社会个人之间的经济活动。生活资料是社会成员个人赖以生存和社会劳动力恢复的物质基础，对个人和社会都具有重要意义。在与社会个人消费有关的商品流通活动中，个人权益应当加重保护，并强化经营者义务和责任。这是生活资料流通与生产资料流通最大的区分。值得一提的是,生产资料流通和生活资料流通并不是以商品为区分标准的,而是以消费主体为区分标准的。例如,对于同一种商品,由生产经营者消费使用,即为生产资料流通。如果由社会成员个人消费使用,则为生活资料流通。

4. 一般商品流通与特殊商品流通

以商品流通的标的物为标准,商品流通可以分为一般商品流通和特殊商品流通。一般商品是指在商品流通过程中,国家不采取特别监管措施的商品。一般商品在市场中可以自由流通,商品流通主体可以自由经营、自主决定流通模式和物流方式等。特殊商品是指商品本身对社会经济秩序、国家安全和人民生活有着极为重要影响的商品,或本身具有一定危险性的商品。前者如药品、烟草及酒类商品等,后者如具有易燃易爆特性和毒性的商品等。在特殊商品的流通过程中,国家会采取一定的特别监管措施,确保特殊商品流通安全运行。

5. 日常商品流通与应急商品流通

以商品流通发生的社会背景为标准,商品流通分为日常商品流通和应急商品流通。日常商品流通是指在社会秩序正常状态下发生的商品流通。日常商品流通具有规律性、可预见性的特点,商品流通主体可以按照事先的计划实施商品流通活动。应急商品流通是指社会在突然发生紧急事态下的商品流通。社会突发事件的发生地点、发生时间和发生事态具有不可预测性,对特定商品需求的种类、数量和紧迫性也就无法提前计划和准备。为了应对这种突发紧急事态下的基本物资供应,尽可能地减少因突发事件导致的人员和财产损失,国家应当事先制定应急商品流通法律制度和保障措施。

6. 国内商品流通与国际商品流通

以商品流通的地域为标准,商品流通可以分为国内商品流通和国际商品流通。国内商品流通是指商品在中国境内市场上的流通。除法律特殊规定以外,国内商品流通在国家法律规范下安全有效可持续运行。国际商品流通是指商品跨越国境的商品流通。在经济全球化和网络通信技术极大发展的背景下,商品跨越国境越来越成为商品流通主体从事商品流通经济活动的日常操作。国际商品流通分为商品出境和商品入境。出境商品除了需要符合中国的相关法律规定以外,还需要符合商品流向目标国的相关法律规定。同样,入境商品除了需要符合商品离境国的法律规定以外,必须符合中国的相关法律规定。无论是出境商品,还是入境商品,凡是有可能损害国家安全、产业政策、环保政策、生态系统和人员财产安全的,都需要由国家相应主管部门实施特别监管措施。

第三节　商品流通的意义

一、商品流通的经济意义

商品流通的经济意义是指从经济学角度看商品流通所具有的功能或价值。商品流通的经济意义包括两个方面。

(一)商品流通是连接商品供给和需求的桥梁

供需关系是经济领域的基本关系。从商品流通的含义可知,商品流通是连接生产与消费的纽带。生产和消费的分离因自然原因和社会原因而产生。前者如商品产地的不同地理分布和生产时节的不同。后者如社会生产力的发展、社会分工和产权制度的存在等。无论何种原因产生的生产与消费的分离,具体都可以表现为:社会性分离或人为分离,即生产者与消费者不是同一主体;地理性分离或空间分离,即商品生产地与消费者不在同一地理区域内;时间性分离,即生产与消费在时间上不一致;数量性分离,即生产与消费在数量上不一致;品质性分离,即生产与消费在种类和品质上不一致;信息性分离,即生产者与消费者在信息沟通上存在障碍,要么生产者不了解消费者的需求信息,要么消费者不了解生产者的供给信息。[①] 无论是什么原因的分离,都需要将处于分离状态的生产与消费连接起来。即以生产为代表的供给和以消费为代表的需求必须重新连接在一起,达到供给满足需求的状态。这也解释了为什么自然经济条件下不存在商品流通的原因。自给自足的自然经济条件下,生产与消费不存在发生分离的现象。如果生产与消费只是简单分离,连接生产和消费的商品流通活动就比较简单,只要有初步的商品流通功能就可以实现。相反,如果生产与消

① 夏春玉编著:《当代流通理论——基于日本流通问题的研究》,东北财经大学出版社 2005 年版,第 2 页。

费之间的分离严重，那么，相应的商品流通活动就会复杂很多，往往需要多方市场主体来共同参与和承担商品流通功能。即商品流通领域内部也需要有社会分工。如零售业与批发业的分工、一次批发与二次批发的分工以及商流与物流[①]的分工等。从现代社会的发展看，供给与需求已经发生了极度分离，分工越来越细。商品流通已经成为连接生产与消费必不可少的纽带，发挥着不可或缺的功能。

（二）商品流通在资源配置中的先导功能

商品流通连接供给与需求的功能强弱决定了商品流通在资源配置中的地位。随着生产与消费分离的日益严重。商品流通在社会经济生活中的地位也在不断发生变化。这体现在对商品流通重要性的认识上经历了从“无用论”“有用论”到“先导论”的发展过程。[②] 随着社会分工的量变与质变，商品流通作为商品交换的总体，不再仅仅表现为各个独立的生产部门之间交换多余产品的经济活动，而是生产本身的前提和要素。在社会经济增长由生产约束型经济转向需求约束型经济的过程中，经济系统的重心由生产转向流通和消费环节。商品流通成了社会经济发展的重要的决定性因素。在竞争机制和价格机制发挥作用的前提下，商品流通不仅能够维持社会生产体系中产业结构平衡，而且能够在资源配置过程中促进产业结构更新换代，推动社会经济发展不断达到新的高度。因此，无论从再生产过程的产业平衡角度，还是以结构优化为首要目标的社会经济发展角度看，商品流通对生产部门都具有导向性。它对整个社会经济体系的发展也具有重要作用。从单个再生产过程得出的生产决定流通也不再是社会经济运行的唯一模式。世界各国经济建设的实践已经证明：在社会化大生产条件下，商品流通对生产过程有着巨大的积极推动作用。一旦专门负责部门间协作与配合的商品流通活动出现问题，社会经济就无法顺利发展。[③] 在

---

① 商流与物流是商品流通的两种形态。商流是指商品所有权的转移；物流是指商品实体的移动，具体包括运输、保管、包装、装卸、流通加工、配送等环节。

② 宋德军：《流通业在城市经济发展中作用及发展趋势实证研究》，载《哈尔滨商业大学学报》2007 年第 4 期。

③ 徐从才主编：《流通经济学：过程、组织、政策》，中国人民大学出版社 2006 年版，第 29～30 页。

我国,商品流通产业成为我国的基础产业已逐渐成为学界的共识。[①] 没有强大的流通产业,既成不了经济大国,也造就不了经济强国。商品流通的综合能力将是衡量一个国家国力的基本标志之一,直接关系到一个地区、一个国家经济运行的效益和效率。

二、商品流通的社会意义

商品流通的社会意义是从社会学角度看商品流通的功能或价值。商品流通的社会意义包括以下几个方面。

(一)商品流通关系是一种基本的社会关系

社会关系是人与人之间的关系,是人的社会性的体现。社会关系基于一定的连接要素而产生,如血缘、感情、共事等。在商品流通过程中,特定商品的供给者与需求者之间彼此以卖者和买者的身份出现。这种隐藏于商品流通过程中的特定商品把不同的人连接在一起,形成了一种独特的人与人之间的关系。这种社会关系不是来自人的自然属性或其他特征的连接,而是源自特定商品的连接。一方需要商品,另一方提供商品。这种以特定商品为连接纽带所形成的人与人之间的关系称为商品交换经济关系。在现代社会中,这种商品交换经济关系就像自然界的阳光、空气和水一样,自然而客观地存在,不以当事人的意志为转移,并为每一个人所需要。任何一个人,只要生活在这个社会之中,就脱离不了这种商品交换经济关系的范畴。当然,在商品交换经济关系中,买者和卖者的角色不是固定的,而是在商品流通中由人们交替扮演的。他们共同构成了一个社会关系体系。从这种意义而言,商品流通已经作为一种社会经济的运行方式而存在。[②] 因此,它是一种基本的社会关系。

(二)商品流通能够满足社会主体的物质和精神需求

人类的生活离不开基本的物质需求。这是人类生物性的体现。只有每天

---

① 黄国雄:《论流通业是基础产业》,载郭冬乐、荆林波、宋则主编:《中国流通理论前沿(4)》,社会科学文献出版社 2006 年版。

② 徐从才主编:《流通经济学:过程、组织、政策》,中国人民大学出版社 2006 年版,第 25 页。

摄入一定量的食品、满足人体对各种营养成分的需求，人类才能生存。在现代社会中，大多数的物质已经无法通过，也没必要通过自给自足而实现。社会化大生产可以使社会主体在支付一定的对价以后，利用商品流通渠道轻易获得所需要的商品。从最古老的集市、百货店、连锁超市到现代的网络购物都是社会主体获取生活物资的便捷方式。可以说，商品流通为社会主体的物质需求提供了充分的保障。除了满足社会主体的物质需求以外，现代社会化大生产和便捷的商品流通也为社会主体提供了满足各种精神需求所需要的商品。手机可以使远隔万里之遥的亲人通过视频实现面对面的通话，聊解相思之情。影视设备可以使人们在各种剧情中分享主人公的喜怒哀乐。各种传感器产品甚至能使人们远距离地体验几近真实的五官感觉和触觉。这些都是现代商品流通能够为社会主体实现的功能。当然，商品流通满足人们自身物质和精神需求不是由商品流通自动实现的。它需要社会主体以消费者的身份参与到商品流通过程之中。而这正是商品流通的本义所在，因为商品流通就是商品由生产领域向消费领域转移的过程。消费者的需求是商品流通的终极目标所在。

（三）商品流通是社会稳定的基础条件

社会稳定是指全社会大多数成员能够遵守共同的社会规范，维护现行的社会秩序，从而保障社会整体上的协调有序。显然，影响社会稳定的因素是多方面的，不同国家，不同时期的影响因素也可能不同。社会成员的基本物质需求满足程度和内心对社会不公程度的判断无疑是影响社会稳定的重要因素。管子云，“仓廪实则知礼节，衣食足则知荣辱”。粮仓充实、衣食饱暖，荣辱的观念才有条件深入人心，老百姓也才能自发、自觉、普遍的注重礼节、崇尚礼仪。司马迁在《史记·管晏列传》中提到，春秋时期管仲担任齐相主持政务后，与百姓同好恶，流通货物，积累资财，使得齐国很快走上国富兵强的道路。古代管仲推行的“流通货物，积累资财”能够使齐国富国强兵。现代商品流通能够为社会主体日常的物质和精神需求提供保障，自然也能使社会大多数成员遵守社会规范，维护社会秩序，当然是社会稳定的重要基础。而在遇到突发的重大自然灾害，疫情传播时，物资供应的缺乏也必将对社会带来不利影响。此时，应急商品流通更是社会稳定的重要基础和保障。

另外,论语有云,“不患寡而患不均”。其意指不担心贫穷,而担心财富不均。此言意为社会财富分配应当公平公正,贫富差距的社会治理要比贫穷社会的治理更加困难。因此,不能让社会成员在主观上形成社会不公的认知,否则就可能影响社会治理和社会稳定。就商品流通而言,其本质乃是一种商品交换经济关系,是平等主体之间的等价交换。它是市场竞争机制作用的结果。它与通过行政手段对商品流通过程实行资源配置不同,是社会成员自身意思自治的结果,更能体现商品取得过程的公平与公正。可以认为,现代商品流通本身就是按照平等、公平的原则运行的,其结果也更有可能表现为公平和公正。社会成员在这种认知引导下,自然也将成为社会规范,社会秩序的遵守者和维护者。

除此以外,商品流通是一种基本的社会关系,与每一个个体都息息相关。良好的商品流通自然也将作用于社会的每一位成员。作为一个能够影响每一位成员的商品流通经济活动,当然也就能够成为社会稳定的基础了。

三、商品流通的法律意义

商品流通是经济活动之一,属于经济学的范围,体现为经济关系。经济关系作为社会基础关系是法律的调整对象之一。即商品流通可以纳入法律的调整对象范围之中。商品流通的法律意义就是从法学角度看商品流通主体之间构成什么样的法律关系。

(一)商品流通包含民事合同法律关系

如前所述,商品流通是商品由生产领域向消费领域转移的过程。这个过程包含有无数个单一的商品交换关系。流通经济学认为,商品流通就是商品从生产领域向消费领域转移过程中形成的人与人之间交换关系的总和。即商品流通是总体的商品交换,一系列商品交换的总和构成了商品流通。可见,商品流通与商品交换有着密不可分的联系。但是,即使如此,商品流通和商品交换仍然不能完全等同,两者不可互相替代。商品交换是特定当事人之间的交换,是一个独立的交易关系,具有微观性。可见,从微观上观察,商品流通可以看作是一个独立的商品交换关系。交易当事人可依其内心的意思决定是否交易、交易何种商品、以何种价格、何种条件成交。交易当事人之间在法律地位上具有平等性。当事人之间的这种交易关系完全符合《民法典》规定的关于民法调整对象的规定,属于民事法律范畴,应当纳入民法典调整。同时,当事人之间关于商品交易的权利义务设定主要取决于当事人的意思表示,属于一种约定的权利义务关系,而不是法定的权利义务关系,因此,属于民法中的合同法律关系。在社会主义市场经济中,市场机制在商品流通领域发挥着主导作用,每一位当事人通过自己在市场中的行为参与和影响资源配置,起到"无形之手"的作用。因此,民事合同法律关系应当是商品流通主要的法律关系。从民事合同的角度看,商品流通的核心就是当事人之间以特定商品为标的物的买卖合同行为。

(二)商品流通包含行政保障与监管法律关系

与市场机制在商品流通活动中发挥主导作用相比,行政手段作为一种配置资源的手段,也发挥着一定的作用。该作用主要体现为行政管理部门对商品流通的保障和监管,是政府为弥补市场机制不足而进行的干预活动。这种因政府对经济活动的干预而形成的政府与行政相对人之间的法律关系属于经济法律关系范畴,由经济法调整,具体包括行政保障法律关系和监管法律关系。商品流通是所有商品交换的总体,是所有交换活动所形成的整体结果或状态,具有宏观性,代表着商品流通整体的秩序。从利益角度看,商品交换代表的是个别当事人的利益,而商品流通代表的是整体利益,是一种公共利益。在市场机制不足的前提下,作为公共利益代表的政府理应进行适当干预。例如,为了确保商品流通整体的安全、效率以及可持续发展,政府可以运用行政权力为商品流通提供保障。同时,没有良好的商品交换秩序,个别的交换就不会有一个良好的环境。为了促使商品交换当事人合法经营,共同维护良好的商品流通秩序,政府可以对商品流通参与主体的经营行为实施监督管理。此外,商品流通本身关系到每个社会主体的利益,任何一个社会成员都对安全高效可持续发展的商品流通秩序有着一个共同需求。从这一意义上看,商品流通本身也具有公共利益属性。政府对商品流通实施保障和监管措施也就势在必行。因此,除了商品流通中的商品交换适用民事合同法律关系以外,商品流通作为整体还应当包含行政保障与监管的法律关系。从经济法的角度看,商品流通就是政府为了商品流通市场安全高效可持续运行而实施的行政保障和监管行为。

第二章　商品流通法基本理论

第一节　商品流通法的界定

一、商品流通法的概念

法律的基本作用之一乃是使人类为数众多、种类纷繁、各不相同的行为与关系达致某种合理程度的秩序，并颁布一些适用于限制特定行动或行为的行为规则或行为标准。为能成功地完成这一任务，法律制度就必须形成一些有助于对社会生活中多种多样的现象与事件进行分类的专门观念和概念。[①] 概念的内涵是指决定概念所指对象的本质的特征。商品流通法的内涵就是指决定商品流通法这一对象的本质特征。本质特征是某一事物区别其他事物的根本特征。本质特征由形式特征和功能特征两部分组成。就法律概念而言，形式特征是指法律的调整对象，即特定类型的人与人之间的关系。功能特征是指法律实现的特定功能，即法律满足人类主体的需求的可能性。商品流通法的概念拟从其调整对象和功能两个方面加以描述。

（一）商品流通法的调整对象

法，从其存在形态看，首先是一种规范，是人们行为的标准或准则。不仅如此，法还不是一般的规范，而是一种社会规范，其特点在于调整人们之间的相互关系或交互行为。[②] 可见，法调整人与人之间的关系是法的一般特征。据此，商品流通法的调整对象也应当是某种特定的人与人之间的关系。笔者认为，商

---

① ［美］E. 博登海默：《法理学——法律哲学与法律方法》，邓正来译，中国政法大学出版社 2001 年版，第 484 页。

② 刘金国、舒国莹主编：《法理学教科书》，中国政法大学出版社 1999 年版，第 28 页。

品流通法的调整对象是商品流通经济关系,即在商品流通过程中发生的人与人之间的经济关系。需要指出的是,商品流通法的调整对象与传统部门法的分类有所不同,具有自己的特征。传统部门法通常以人与人之间的地位关系或者当事人能否做出自由意思表示的不同为标准来划分。例如,民法调整的是实行意思自治原则的平等主体之间的关系;行政法调整的是行政命令与服从的当事人之间的关系;刑法则调整作为社会秩序代言人的国家与行为人之间的刑罚关系。传统部门法的划分标准往往具有人格抽象的特点,是对社会经济关系高度抽象的结果。与此相反,商品流通法调整的是社会生产关系中某个要素或社会经济生产中的某个环节,即商品流通领域为限定条件的人与人之间的关系。与传统部门法的高度抽象相比,商品流通法的调整对象具体到社会的特定领域、特定类型主体之间的关系,相对更加具体。众所周知,随着社会文明的发展,社会所追求的目标已经开始从形式平等向实质平等转移,表现在法律上就是法律调整的社会经济关系正逐渐由抽象走向具体。例如,妇女、未成年人、消费者等正因为其身份而受到来自法律的特别保护。因此,这种以特定领域或行业作为法律调整对象区分的思路和方法,与法和社会整体发展的趋势是相适应的,也是合理的。据此,凡是商品流通过程中发生的人与人之间的关系都应当纳入商品流通法的调整对象之中。它不仅包括商品流通过程中平等主体之间的关系,也包括商品流通行政经济管理者与行政相对人之间的关系。前者表现为商品流通过程中的横向经济活动的当事人之间商品交易关系。后者表现为行政管理者与商品流通经营者之间的行政经济管理关系。

(二)商品流通法的功能

商品流通法的功能是指商品流通法能够满足社会主体的何种需求。如果说商品流通过程中发生的人与人之间的关系作为商品流通法的调整对象体现的是商品流通法概念的形式特征,那么商品流通法的功能就是商品流通法概念的生命。流通经济学原理表明,商品流通是总体的商品交换,一系列商品交换的总和构成了商品流通。可见,商品流通与商品交换有着密不可分的联系。但是,即使如此,商品流通和商品交换仍然具有形式上的独立性,两者不可互相替代。一方面,从两者地位看,商品交换是个别当事人之间的交换,是一个独立的交易关系,具有微观性。而商品流通则是所有交换的总体,是所有商品交换活动所形成的一种结果或状态,具有宏观性。微观的商品交换决定宏观的商品流通状态,宏观的流通状态影响微观的商品交换过程。商品流通体现出来的是商品交换关系的整体,代表整体的秩序。另一方面,从两者代表的利益看,商品交换代表个别利益,具有私人性;商品流通代表整体利益,具有公共性。没有良好的商品流通秩序,个别的商品交换很难有一个良好的交易环境。因此,良好的商品流通秩序是商品流通法应当追求的目标。如果把商品流通秩序进一步分解,那么商品流通安全、高效和可持续发展显然应当成为商品流通秩序中最为重要的社会主体需求。即商品流通法的功能应当体现为保障安全、高效、可持续发展的商品流通秩序的实现。而且,这里的安全、高效与可持续发展应当是指对商品流通整体的安全、高效和可持续发展要求,而不是指个别商品交易的安全与效率。但是,正如没有微观,就没有宏观,没有个别的商品交换,就不会有总体的商品流通。商品流通整体的安全、高效与可持续发展需要通过对微观商品交换的不断规范和调整才能实现。从这一意义上看,对个别商品交换中当事人的个别利益的安全和效率也应当予以保障。可见,从商品流通法的功能观察,商品流通法是既为商品流通整体利益而存在的,具有公共性,同时也为商品交换中的个别当事人的利益而存在,体现为私益性。这一特点决定了商品流通法既有经济法的属性,也有民商法的属性。而这恰恰与商品流通经济关系本身既包含经济管理关系又包含商事交换关系是相匹配的,也是与商品流通法属于领域法的特性相符合的。

综上,商品流通法应当是指规范和调整商品流通过程中发生的人与人之间关系的法律规范的总称。

二、商品流通法的法律地位

法律地位是指特定法律在法律体系中的位置关系。在传统法律体系理论中,商品流通法的地位是指商品流通法是否单独构成一个独立的法律部门的问题,或者如果商品流通法不是一个独立的法律部门,那么它在法律体系中处于什么位置的问题。与传统法学相比,商品流通法这个提法本身就是一个新事物。为此,我们有必要对这一问题进行理论上的探讨。

(一)关于商品流通法法律地位的或有观点及评析

商品流通法是一个新的提法。在学界专门研究商品流通法的学者或文献并不多见,对商品流通法的法律地位问题提出看法的更少。下述关于商品流通法法律地位的不同观点是笔者与不同学者私下交流而得到的结论。虽然它不是很正式,却是一种可能存在的观点,笔者称为或有观点。值得一提的是,这些或有观点均是以传统部门法的划分为理论基础的。概而言之,或有观点主要有以下四种。

1. 商品流通法是一个独立的法律部门,与其他法律部门相并列。其理由是,商品流通法是一个新事物,它不同于以往的任何一个法律部门,也不能被包含到任何一个现有的法律部门中去。因此,可以构成一个独立的法律部门。

2. 商品流通法不是一个独立的法律部门,而是一个包括了多个法律部门的内容或法律规范在内的法律杂合体。理由是,商品流通法不具有独立的调整对象,不符合传统部门法理论判断是否构成一个独立法律部门的标准。它只是一个分属于不同法律部门的法律规范性文件的集合。

3. 商品流通法就是商法,与商法完全等同。其理由是,商品流通是商业的最基本的功能,而商法就是调整商业活动中的商人之间关系的法律部门。商品流通等同于商业,就是商人之间的交易活动,因此商品流通法就是商法。从这一意义上理解,商品流通法就等同于商法这一法律部门本身。

4. 商品流通法与传统法律部门无关。它是按照不同于传统部门法的划分标准对法律规范性文件进行分类的结果。也就是说,商品流通法与法律部门根本无关。理由是,它们之间是按照不同标准对法律规范性文件进行分类的结果,两者是平行的关系,不会交叉,不具有比较性,当然也就不存在任何关系。

笔者认为,以上或有观点都有一定合理之处,但又有不足。

观点1是把复杂问题极端简单化的结果,其采用的是非此即彼的思维逻辑。既没有从正确的研究方法入手,也没有从事物的内容入手,是简单化思维的结果。导致这一观点的主要原因在于,对商品流通法本身没有深入研究和探讨,是在没有深入认识流通法的情况下做出的结论。

观点2从传统部门法对法律的分类标准入手,认为商品流通法不符合该标准,故不能承认其独立的法律部门的地位。显然,从研究方法上看,这一观点是正确的。但这一观点只是否认了商品流通法作为一个法律部门的地位,却没有解释商品流通法是什么,尤其是没有解释商品流通法在法律体系中的地位问题,也有不足之处。

观点 3 认为商品流通法等同于商法,初看一下,这一观点似乎颇有道理。的确,从大范围上看商品流通与商业有着极为密切的联系,不能简单分开。但是,这一观点没有注意到商法本身的发展历史及商法的调整对象。商法是由商人为自身个别利益而形成的商事交易习惯转化而来的,它调整的主要是平等商人之间的个别交易关系。而商品流通法是以商品流通整体的秩序、整体的效率或合理化为关注对象,其保护的法益包括宏观的整体商品流通秩序,是公共利益,而不仅仅是个别利益。可见,从法益的角度看,商品流通法与商法并不相同。因此,此种观点也有失偏颇。

观点 4 的提法虽然没有错误,但也没有解决问题。即没有从根本上说清楚商品流通法的法律地位问题。

那么,到底商品流通法能否构成一个独立的法律部门,或者商品流通法在法律体系中的地位到底是什么呢。其答案只有通过分析传统部门法理论和商品流通法本身才能得出。

(二)商品流通法的法律地位分析

商品流通法的法律地位是指商品流通法是否构成一个独立的法律部门的问题。那么对商品流通法法律地位的分析就必须遵循这样一个思路。即一个独立的法律部门的判断标准是什么?商品流通法是否符合这样的判断标准?如果符合,那它就是一个独立的法律部门;反之,则否。

一个独立的法律部门的判断标准是什么?法理学认为,所谓法律部门,亦称部门法,是根据一定的标准或原则对一国现行全部法律规范所作的分类。通常调整同一种类社会经济关系的法律规范的总和构成一个相对独立的法律部门。一般认为,法律部门的划分标准主要是调整对象和调整方法,其中又以调整对象为主,调整方法为辅。另外,随着社会发展,立法日益增多,在上述标准难以划分的情况下,也可以考虑以其他因素作为判断标准。① 可见,独立的调整对象是判断法律部门的重要标准。法律以社会经济关系为调整对象,商品流通法是否构成一个独立的法律部门的重要判断标准就是商品流通法是否具备一个独立的调整对象,即是否调整一种独立的社会关系。如前所述,商品流通法的调整对象是商品流通过程中发生的人与人之间的经济关系。它与传统部门法以独立的社会经济关系类型作为调整对象的区分标准完全不同,是一种新的分类标准。同时,其维护的利益包括商品流通整体利益和商品流通主体的个别利益。前者需要国家作为公共利益的代表,对商品流通经济活动进行干预,并在干预过程中形成政治经济法律关系,具有公法属性。后者以商品流通主体自身作为利益代言人,按照意思自治原则,与交易相对人在平等的基础上设立权利义务关系,具有私法属性。这种以多种独立经济关系类型为调整对象的法律规范集合与传统部门法理论存在明显的冲突,难以将其纳入传统部门法的体系之中。

事实上,商品流通法的调整对象不仅包含多种独立的经济关系,而且这些经济关系还仅限于商品流通领域,而不是全部经济领域。这与经济法等调整所有经济领域国家干预经济活动的特点不相同,也与民法调整所有平等主体之间的社会关系不相同。它是按照一种与传统部门法完全不相同的分类标准对社会经济关系分类的结果。这种分类标准的结果使法律从对一般社会经济关系的调整转向具体某个领域或行业的调整,使法律更加具体化,更加精细,更加有利于法律从形式公平向实质公平发展。在社会经济生活中,行业或领域的种类繁多,虽然不一定对每个行业或领域都进行独立的行业或领域法律体系梳理,但是对于关系到国家安全、民众切身利益的行业,如果行业法律体系研究能够有助于行业的发展,那么行业或领域法研究就很有必要。

综上,商品流通法是以社会经济关系所处领域为标准而划分的新的法律体系中的领域法之一。它完全不同于传统部门法划分理论。因此,商品流通法的法律地位不需要到传统部门法中去寻找,也不可能找到。因为,商品流通法是规范和调整商品流通领域或行业的法律规范,属于领域法之一。

---

① 刘金国、舒国莹主编:《法理学教科书》,中国政法大学出版社1999年版,第101页、第103页。

三、商品流通法与商品流通的关系

商品流通与商品流通法分属于不同的范畴。商品流通是商品由生产领域向消费领域转移过程中发生的人与人之间交换关系的总和,是社会经济运行的方式,属于经济范畴。商品流通法是指以商品流通过程中产生的人与人之间的经济关系为调整对象的法律规范的总和,属于法律范畴。但是,这并不妨碍它们之间依然存在着联系。不仅如此,商品流通与商品流通法之间的联系还相当密切。众所周知,在一般的经济与法律的关系中,经济是社会的物质生产方式,法律作为调整人的行为方式的规则,源于社会的生产方式。"每一种生产方式都产生出它特有的法权关系,"①"每一种生产方式持续一个时期就会被作为明文的法律加以神圣化"。② 从经济与法律的关系看,经济对法律具有决定性的作用,而法律则是对经济关系的确认和维护。这是关于经济与法律的一般原理。在经济领域中,商品流通是特殊的经济关系;在法律领域中,商品流通法是特殊的法律。根据一般与特殊的关系原理,作为一般的经济与法律之间的关系当然也适用于作为特殊的商品流通与商品流通法之间。可见,在商品流通与商品流通法的关系中,商品流通经济关系决定商品流通法的内容,商品流通法是对商品流通经济关系的确认和维护。

生产方式是生产关系和生产力统一体。法律是由生产方式决定的,其中生产关系直接决定法律,生产力间接决定法律。生产关系是人们在生产过程中形成的相互关系,是人与人之间的关系。生产力是生产主体运用劳动工具作用于劳动对象获取物质资料的能力,是人与自然之间的关系。生产关系由生产力决定,生产力通过决定生产关系间接的决定法律及其发展变化。法律则以生产关系为中介对生产力产生影响。如果它确认和维护的生产关系适应生产力发展水平,则促进生产力发展,反之则抑制生产力发展。当然,有时生产力对法律也会起到直接的作用。例如,作为第一生产力的当代网络信息科学技术的发展对

---

① [德]马克思、恩格斯:《马克思恩格斯全集》(第2卷),中共中央马克思恩格斯列宁斯大林著作编译局译,人民出版社2001年版,第91页。

② [德]马克思、恩格斯:《马克思恩格斯全集》(第25卷),中共中央马克思恩格斯列宁斯大林著作编译局译,人民出版社2001年版,第894页。

法律的直接影响是显而易见的。法院不仅可以在线下开庭,还可以在线上开庭,大大地便捷了诉讼当事人,提高了诉讼效率。具体到商品流通与商品流通法的关系而言,显然,商品流通对商品流通法具有决定性的作用。商品流通技术的革新,商品流通经济关系的发展,都将从根本上决定商品流通法的发展变化。商品流通法则对商品流通经济关系起到确认和维护的作用。对于商品流通经济关系的发展变化,商品流通法应当通过一定的方式反映出来。如互联网信息技术发展推动的网络购物推动了电子商务法的制定。如果商品流通法不能及时反映商品流通经济关系的变化,那么商品流通领域生产力的发展将受抑制,从而不利于社会生产力总体发展。换个角度看,商品流通法对商品流通经济关系的确认和维护实际上就是商品流通法对商品流通经济关系的调整。即商品流通法是通过调整商品流通经济关系中当事人之间的权利义务关系来实现对商品流通经济关系的确认和维护的。此时,商品流通经济关系自然就成了商品流通法的调整对象。

第二节　商品流通法的法律价值

一、法律价值基本理论

(一)法律价值的含义

法律价值是价值的一种,它应当遵从价值的一般内涵。马克思认为,"'价值'这个普遍的概念是从人们对待满足他们需要的外界关系产生的"①。因此,对价值的理解,必须从产生它的外界环境中去理解。价值表现为一种观念形式,说明事物的某种属性或客观特征,而且这个客观属性是相对于人而言的。从词义上看,"价值"这个词无非是表示物对人的使用价值,表示物对人有用或使人愉快等属性。一般认为,事物的属性是物本身所固有的。但实际上,它是人们赋予物以有用的性质的一种表现,并且物是否客观上具有人所赋予它的那

① [德]马克思、恩格斯:《马克思恩格斯全集》(第19卷),中共中央马克思恩格斯列宁斯大林著作编译局译,人民出版社2001年版,第406页。

种属性,还需要在实践中加以检验。事物的属性一旦脱离了人这一主体的需求,那么属性也就失去了意义。因此,价值本身也是一个动态的观念形态。它真正的内涵是人们主观上赋予物的特定属性并检验这一属性的过程。从这个意义上说,价值是主体与客体的这样一种关系,即主体赋予客体一定的属性并实现这一属性的关系。借此,法律价值可界定为:法律价值是社会主体与法律之间由社会主体赋予法律某种属性并实现该属性的关系。法律通过对社会主体的行为或社会关系的调整而形成一定的社会控制关系。社会主体通过其内在需求尺度的作用,使法律趋向和接近主体的内在需求和发展需要。作为社会主体的个人、社会集团、阶级、社会和国家等与作为客体的法律在相互作用的过程中形成一定的价值关系。法律价值的含义就是对这种关系的概括。我们不能单独从主体或从法律(客体)的角度去界定法律价值。只有从社会主体与法律的特定关系中,从人的积极的、能动的实践中才能认清法律价值。法律价值是社会主体通过认识、评价和法律实践促使法律适应、满足和服务于主体的内在需求而形成的法律对社会主体的从属关系。这种从属关系并不是先验的或意识领域的,而是在法律实践中社会主体积极地、能动地作用于法律的结果,是客观的事实。它在本质上仍然体现并凝聚于法律所调整的社会关系之中。

(二)法律价值的特征

法律价值的特征是价值的一般属性在法律价值上的表现。它们以具体化的形式界定了法律价值的一般属性。法律价值的特征主要表现在法律价值的主体性和法律价值的主客观统一性两个方面。

1. 法律价值的主体性

法律价值的主体性是指法律价值以价值主体的个性为转移的属性,也称法律价值的个性。从法律价值的含义看,法律价值的属性直接与主体的特点相关,表现和反映为主体性,即人的自主性、主动性、能动性和创造性等特定内容。这里的“主体”是法律价值主体,是法律价值关系中作为主体的一方,而不是单纯的“法律主体”。一般而言,法律价值主体的外延相对宽泛一些,例如,民族可以成为法律价值主体,但一般很难成为法律主体。但在许多场合下法律主体与法律价值主体是重合或同一的。与“主体”一样,法律价值中的“法律”是作为法律价值关系中的客体的制度事实,是作为社会现实存在的法律制度。既然法律价值在实质上是主体与法律之间的某种关系,那么不同的主体与法律结成的法律价值关系必然会具有不同的特性。以人类为价值主体的法律价值具有人类普遍性。以民族为价值主体的法律价值具有民族性。以阶级为价值主体的法律价值具有阶级性。以个人为价值主体的法律价值具有个人独特性等。事实上,任何一类价值主体的内部,其结构和规定性都是复杂的、立体的和全面的。其相应的法律价值关系也就具有多维性、全面性。因此,法律价值关系必然随着价值主体和法律及其条件的变化而变化,表现为时间上的过渡和流动,从而使法律价值具有时效性和历史性。以商事法律制度为例,商主体作为一类独立存在的法律价值主体,以商主体为价值主体的法律价值必然具有商主体的独特性,并且随着商主体内在需求的发展而不断变化。这种变化本身也反映了商事法律制度也必然处于不断的发展变化之中。因此,不同国家的商事法律制度既有共同的特性,又有不同之处,同一国家不同时期的商事法律制度既有承继的一面,也有革新的部分。

2. 法律价值的主客观统一性

法律价值的主客观统一性是指法律价值是人的主观性与客观性的统一。法律价值说到底是法律及其属性在价值主体的实践——认识活动中形成的为价值主体服务的效果。在本质上,它仍然是一个关于人的问题。法律价值论的建立就是为了使法律听从人的呼唤,发扬人的主体精神。一方面,从法律价值的存在形态上看,它是一种观念,是主观通过意志表示而赋予法律的一种概括性观念属性。这种观念属性是因主体对法律的需求而产生的,具有主观性。另一方面,主体的这种需求并不是凭空产生的。它是基于某种客观的物质生活方式和现实的法律实践而产生的。这种需求只有依赖于具体的法律实践才能实现。即价值主体及其法律需求的产生本身具有客观性。也就是说,人在社会物质生活中的实践活动的客观性特征,决定了法律价值观的客观性。此外,从法律本质看,法律及其属性的客观性构成了法律价值客观性的前提和基础。法律的属性是由它的质和量的内在规定性和结构所决定的,相对于价值主体来说是自在的,客观的。在法律与价值主体之间的互相作用中,法律的属性进而转化为或表现为法律价值。可见,法律价值具有主客观相统一的特性。法律价值主客观的统一性，揭示了人类社会历史所出现的各种法律价值观念形态差异的真正原因，也说明了不同价值主体之间及同一价值主体内部发生法律价值冲突的合理性。

(三) 法律价值的内容

作为体现社会主体与法律的实践关系的法律价值，总是表现为一定的观念。这个观念本身是社会主体赋予法的属性，但不是法律价值本身。法律价值的内涵是指社会主体与法律之间属性赋予和被赋予的实践关系，其本身具有质的稳定性。法律价值中包含的属性只是这一实践关系的内容。这种属性或观念的内容属于法律价值的内容。依法律价值的含义，这种观念本身是随着价值主体与法律之间实践关系的变化而变化的。即在不同的时空条件下表现为不同的内容，因此，法律价值的内容是具体的、变化的。在人类探究法律价值内涵的过程中，人们经常把正义、秩序、自由、安全、效率等视为法律价值本身。但是，他们对正义、秩序、自由、安全、效率等进行大量研究的结果却表明，各个历史时期的思想家们所认识的关于正义、秩序、自由、安全、效率等所谓的"法律价值"之间存在巨大的差别。这本身就说明正义、秩序、自由、安全、效率等不可能是法律价值本身，因为它与作为法律价值的本质特征之间存在着明显的矛盾，并难以解释。相反，法律价值的内容，由于它本身是一种观念，来自价值主体的需求，因而它总是随着价值主体及时空条件的变化而变化。也就是说，实际上，正义、秩序、自由、安全、效率等并非法律价值本身，而是法律价值的内容，是特定时空条件下的社会主体所赋予法律的具体属性，是法律价值在具体观念中的体现。这也可以说明，即使同样是追求"自由"的法律，但法律的结构和内容却可以完全不同。此"自由"非彼"自由"，此"法律"自然也就非彼"法律"了。

二、商品流通法的法律价值内容

从上述关于法律价值的一般论述中可知，一方面，流通法的法律价值，是指流通法价值主体与流通法之间由流通法价值主体赋予流通法的某种属性及实现该属性的关系，是流通法价值主体通过认识、评价和法律实践促使流通法适应、满足和服务于主体的内在尺度而形成的流通法对其价值主体的从属关系。这种从属关系是主体在法律实践中积极地、能动地作用于法律的结果,是客观的现实。由于流通法主要是为了作为社会公共利益的整体流通的安全和效率而存在,流通法的价值主体应当是社会公共利益的代表者,即国家。国家是流通法的法律价值主体。另一方面,从流通法的法律价值的存在形态上看,它是一种观念,是国家通过意志表示而赋予法律的一种概括性观念属性。这种观念属性是因国家对法律的需求而产生的,因而它是主观的。但国家的这种需求并不是凭空产生的,它是基于对某种具体的物质生活方式和法律实践的认识而产生的一种需要,并且这种需要是依赖于具体的法律实践而实现的。即流通法的法律价值同样具有主客观统一性。任何一个价值主体的内部,在结构和规定性都是复杂的、立体的、全面的,因而,每一价值主体的法律价值关系都具有多维性、全面性。它必然随着价值主体和法律及其条件的变化而变化,表现为时间上的过渡和流动,从而使法律价值具有时效性和历史性。作为体现人与法律的实践关系的法律价值,总是表现为一定的观念。这个观念本身就是社会主体赋予法律的属性,而这种属性或观念的内容也就是法律价值的内容。由于观念本身是随着价值主体与法律之间实践关系的变化而变化的,即在不同的时空条件下表现为不同的内容,法律价值的内容就是具体的、变化的。流通法作为法律之一,其法律价值当然也具有同样的特征,具有时效性、历史性,是具体的、变化的。就现代商品流通法而言,我们认为,商品流通法具有保障商品流通安全、提高商品流通效率的价值。

(一)商品流通安全价值

商品流通安全,也称安全流通,是指作为社会经济运行方式之一的商品流通整体不存在危险。它包括商品流通本身安全、商品流通结果安全两个方面。商品流通结果安全又可以分为商品流通对消费者的安全、商品流通对国家的安全两个部分。

1. 确保商品流通本身的安全

商品流通本身的安全是指从形式上看商品流通过程可以安全地实施。即商品流通经济活动本身的存在。它是商品流通整体安全和商品流通高效运行的前提。商品流通本身的安全主要取决于两个方面。

第一,商品流通本身的安全依赖于商品在市场上的大量存在。商品来源产品。在生产力低下,物资极端缺乏的条件下,产品很少转化为商品,商品流通可谓无源之水,其本身的安全就受到了威胁。无疑,物资的大量产出从根本上来说取决于生产力的发展。没有生产力的发展,当然也就不存在商品流通。商品流通法是以商品流通经济关系的存在为前提的,在不存在商品流通的前提下,也不可能出现商品流通法,也就谈不上商品流通法的法律价值。从这一意义上看,商品流通法的法律价值首先是以商品在市场上的大量存在为前提的。事实上,在现代生产力发展的前提下,除了发生社会紧急或突发事件以外,市场上很难出现商品不足的情况。因此,从商品供应的角度看,商品流通本身的安全关键在于解决当社会出现紧急或突发事件时如何确保商品供应的问题。

第二,商品流通本身的安全取决于商品流通机制。商品流通机制是商品流通经济活动的内在组织和运行的变化规律。商品流通机制主要分为行政机制和市场机制。商品流通行政机制是指主要通过行使行政权力、发布行政命令决定商品流通各参与要素的配置,包括决定商品流通活动的参与主体和商品流通的方向等。在我国实行计划经济体制的时代,商品流通过程就是行政机制直接干预的结果。生产经营者按照行政计划生产和销售商品。商业经营者按照行政计划采购和销售。消费者按照行政配给制获取主要消费品。商品流通行政机制具有引导性、弥补性和规制性的特点,具有较强的执行效率,在物资短缺、商品不足的条件下,能够在一定程度上保障商品流通本身的安全运行。在发生社会紧急或突发事件的情形下,行政机制甚至还能够发挥出市场机制无法起到的作用。因此,在特定条件下,商品流通行政机制能够保障商品流通本身的安全。商品流通市场机制是指以价值和价格规律、竞争机制作为商品流通经济活动内在组织和运行的规律。商品流通经济活动主要由市场主体通过竞争的方式完成商品流通各要素配置。亚当·斯密认为市场是一只“无形之手”,在产权独立、自由经营、自由竞争的机制下发挥社会资源配置的作用。商品流通以商品交换为基础,价值规律和价格规律在商品交换过程中发挥作用,因此,市场机制属于天然的商品流通机制。市场机制能够更好地促进商品流通,成为商品流通的内在动力。当然,商品流通市场机制发挥作用的前提是存在商品自由流通的市场环境。如果市场受到行政干预,甚至地方政府利用行政权力限制特定商品的进出,或者排斥特定商品流通主体的进出,那么商品流通市场机制就无法发挥作用,从而影响商品流通本身的安全。改革开放以来,我国在统一国内市场建设方面做了很多工作。2022 年发布的中共中央、国务院《关于加快建设全国统一大市场的意见》明确提出“加快建设高效规范、公平竞争、充分开放的全国统一大市场”。所谓统一大市场,是指在提高政策的统一性、规则的一致性、执行的协同性的基础上,通过更加充分的市场竞争所形成的无歧视、公平竞争的大市场。统一大市场的本质是消除市场割裂的状态,更好地使市场机制成为资源配置的决定性机制或者主要机制。除了行政权力导致的市场垄断之外,企业利用自己的优势通过市场自由竞争也有可能形成市场垄断,并排除竞争。这种因自由竞争形成的垄断组织对商品流通本身的安全也存在威胁。因此,商品流通法应当包含有能够防范市场垄断,妨碍商品流通机制发挥作用的法律规范,确保商品流通本身的安全。

2. 保障商品流通结果的安全

商品流通结果的安全是指商品流通作为社会经济运行方式,其运行结果的安全问题。即商品流通的结果应当是有益于消费者、有利于国家、有利于社会的。与商品流通本身的安全是从商品流通是否有效存在不同,商品流通结果的安全是从商品流通的目的是否达成,即商品流通效果对消费者、国家和社会是否安全的角度考虑的。根据商品流通效果与商品流通之间关系的密切程度不同,商品流通结果的安全又可以被分解为消费者的安全、国家的安全和社会的安全。

(1)消费者安全。商品流通对消费者的安全可以分两个方面。一是商品的可获取性。即消费者作为商品流通的终端环节,能够获得商品的保障程度。消费者的商品可获取性不仅指消费者获取商品的可能性,也包括消费者以合理的价格获取商品的可能性。前者取决于商品流通本身的安全,只要存在商品流通,消费者就有可能获取商品;后者取决于商品价格形成机制的合理性。商品的可获取性是消费者安全的前提和基础。二是商品获取过程的安全性。即消费者作为交易主体的一方,在获取商品的交易过程中是安全的。消费者不会因为购买商品而受到经营者的欺诈,导致损失。三是商品本身对消费者是安全的。即消费者获取的商品对消费者的人身是健康的，对消费者的固有财产是安全的。商品流通是商品从生产领域向消费领域转移的过程，商品流通的最后环节是经营者与消费者之间的交易关系。可见，消费者的安全是商品流通的直接目的所在。商品流通对消费者的安全是商品流通安全中最基本和核心的内容，也是保证其他结果安全的前提。

(2)国家安全。国家安全是指国家政权、主权、统一和领土完整、人民福祉、经济社会可持续发展和国家其他重大利益相对处于没有危险和不受内外威胁的状态，以及保障持续安全状态的能力。商品流通对国家的安全主要体现人民福祉、经济安全和生态安全领域。人民福祉主要体现为人民日常生活的美满状态，消费者作为个人本身就是人民的化身，商品流通安全与消费者息息相关，自然也就与国家安全密切相关。经济安全，其一，体现为维护经济主权和重大经济利益安全。经济主权是国家主权的重要内容，重大经济利益是经济安全的核心要素。《国家安全法》第十九条规定，国家维护国家基本经济制度和社会主义市场经济秩序，健全预防和化解经济安全风险的制度机制，保障关系国民经济命脉的重要行业和关键领域、重点产业、重大基础设施和重大建设项目以及其他重大经济利益。商品流通是国家基本经济制度和社会主义市场经济秩序的重要体现，商品流通行业是国家重点产业。其二，体现为有关国计民生的大宗商品的流通安全，如对粮食储备、粮食流通等的国家保障与控制。国以民为本，民以食为天。我国耕地仅占世界的10%，人口却占世界的22%，十几亿人的粮食问题始终是国家的头等大事。生态安全是指一个国家具有支撑国家生存发展的较为完整、不受威胁的生态系统，以及应对内外重大生态问题的能力。与商品流通相关的生态安全主要体现为生物多样性安全。其中，外来物种入侵对我国生物多样性的危害最为直接和严重。因此，从国际商品流通渠道防范外来物种入侵事件尤其重要。

(3)社会安全。社会安全是指民间社会的稳定和有序。社会安全内容非常丰富。与商品流通有关的社会安全内容主要体现为食品安全、紧急和突发性事件中物质保障安全和商品流通行业生产安全。社会安全中的食品安全与消费者个人的人身与财产安全不同。前者是群体性的食品安全，后者是个别主体的安全。紧急和突发性事件中物质保障安全是指在发生紧急和突发事件时，居民基本生活必要的用品能够得到保障。生产安全是社会安全的重要内容之一。商品流通行业的生产安全主要由两方面构成。一是室内生产安全。商品流通活动的场所多为城市综合体、大型商场、超市、批发市场、餐饮、展会、配送中心、二手车交易市场等。这些场所具有人员密集、人货共存、空间拥挤等特点。二是室外生产安全。商品流通的一个重要环节是商品在物理空间上的移动,即物流活动。物流活动多发生在室外,商品主要通过交通工具运输,实现不同空间的转换。大型货车的长距离商品运输、"最后一公里"的配送车辆在人员密集的小区之间的骑行都很容易发生交通事故。无论是室内的商品流通,还是室外的商品流通活动,一旦发生生产事故,很容易导致群体性事件,给社会居民的生活稳定和有序带来影响,妨碍社会安全。

(二)商品流通效率价值

1.效率的一般含义

在经济学上,效率是指以最少的投入换取最大的产出,其意义与效益接近。效益是指"以最少的资源消耗取得同样多的效果,或用同样的资源消耗取得较大的效果。"[①]笔者以为,仅从词义上看,效率与效益均有投入与产出之比的意思,但效率更注重在时间维上的产出,即更关注创造利益的速度。而效益则比较关注投入的成本与实际产出的利益之间的比例,倾向于物质成本与产出之比。显然,如果把时间也看作成本的一种,那么他们之间的区别就不会如此明显,而趋于一致。尤其当把他们用于法学领域,作为法律价值内容之一而被使用时,他们之间的差异就可以忽略不计了。因此,在本书中,"效率"一词代表了效率和效益所表达的所有含义。即效率不仅包括以最少的投入换取最大的产出,也包含在最短的时间内产出最多的利益。无论效率还是效益,它们一直是经济学界探讨的中心。直到经济理论和研究方法被应用于法学领域,形成日益壮大的经济分析学流派后,"效率"才成为法学界关注的核心价值内容之一。在我国,引入西方经济分析法学的效率理念被认为是我国法理学进入 20 世纪

---

① 张文显:《当代西方法哲学》,吉林大学出版社 1987 年版,第 242 页。

90 年代以后有了重要发展的标志之一。[1] 效率作为一种法律价值内容，它的含义是指：在法律规则的保障和约束下所实现的以最低的资源消耗取得最大的利益。即在法律作用下合理配置社会资源，提高社会生产率。因此，效率已不仅是对个人追求自身利益最大化的肯定，也是对社会公共利益的一种关注。以致经济分析法学学者认为："所有的法律活动和全部法律制度，说到底，都是以有效地利用自然资源，最大限度地增加社会财富为目的的……所以效率应作为分配权利和义务等法律资源的首要标准或基本标准，并以这些标准改革或改进有关的法律制度。"[2]

2. 提高商品流通效率

商品流通是连接生产与消费的桥梁。结合效率的一般含义，商品流通效率就是指如何以最少的环节、最低的投入和最短的时间来组织商品流通的问题。可见，商品流通效率实际上就是商品流通运行的合理化问题。经济发展史表明，社会分工提高了生产环节的效率，增加了市场上商品的供应。但社会分工极大地增加了不同生产部门、行业和企业之间，以及生产和消费者之间联系和协调方面的困难，如搜寻、信用、谈判、购买和销售上的困难等，从而增加了交易成本，耗费了大量时间，造成形式多样的耽搁或停顿，导致商品流通环节的成本上升。商品流通效率就是如何降低商品流通环节成本的问题。考察商品流通的微观运行过程可以发现，商品流通效率主要取决于三个方面。

一是商品流通主体的主观能动性。对于商品流通主体而言，高效率意味着高利润，提高效率就等于提高了利润。根据经济学对理性商人的设定，作为商品流通主体的商人自身是效率高低与否的最佳判断人选。即只要赋予商品流通主体平等的主体地位和意思自治的能力，允许其利用市场机制自由经营，那么商品流通主体的主观能动性就能得到无限发挥。依古典经济学原理，市场上每个参与主体的效率提升自然能够促进市场整体效率的提高，资源也能得到有效配置。商品流通市场自然也是如此。商品流通法的功能之一就在于充分保障商品流通主体能够按照其自身的主观意愿参与市场交易活动，并最终实现个

---

① 汤春来：《法律价值结构的二重性——兼评西方经济分析法学"效益至上"论》，载《政法与法律》1998 年第 1 期。

② 张文显：《二十世纪西方法哲学思潮研究》，法律出版社 2006 年版，第 200 页、第 239 页。

体效率的最大化。

二是商品流通技术生产力的提升。从商品流通的物流环节观察，商品流通过程中需要使用各种各样的仪器和工具，汽车、托盘、货架、条形码、红外线扫描仪等。毫无疑问，这些仪器和工具的使用大大地提升了物流的效率。物流活动的历史也证明商品流通技术生产力在不断的发展之中。确保商品流通技术生产力的提升是提高商品流通效率的重要一环。促进商品流通技术生产力发展符合国家科学技术是第一生产力的论断，国家通过制定政策、法律鼓励和促进包括商品流通技术生产力在内的一切科学技术的发展。

三是商品流通技术的标准化。如果商品流通技术生产力的提升有助于提升某一个特定物流行为的效率，那么商品流通技术的标准化就是提高整体商品物流效率的最佳途径。众所周知，商品在商品流通活动中是按照线形运动的。商品物流活动是由许多不同物流环节连接而成的整体。在这整个物流过程中实现技术标准化无疑可以大大提升商品物流的效率。国家可以通过制定相应的技术法规实现商品流通技术标准化。

（三）提升商品流通可持续发展价值

1. 可持续发展的内涵

可持续发展是一种建立在现代地球环境状况、现代人类的认识能力的基础之上并以全人类为认识主体的现代社会发展观。可持续发展的内涵就是指这一发展观的核心内容。它在本质上是由现代人类的生活环境及人类的认识能力所决定的。

一方面，可持续发展不仅仅是经济增长，而是人类社会的全面发展。经济增长仅仅是国民生产总值的增加，而不是其他。经济增长并不等于社会福利的增进或个人幸福的增加，因为国民收入增加虽然是社会福利或个人幸福增进的基础，但在某些情况下，经济增长并不一定能增加社会福利或个人幸福。[①] 另外，经济增长需要以技术进步为必要条件，各国经济增长的历史经验已经证明了这一点。现代经济增长成绩的取得主要应当归功于始于工业革命的技术进

---

① 梁小民：《西方经济学教程》，中国统计出版社1998年版，第323页。

步。但是技术进步在带来经济增长的同时,也给人类的生活环境造成了极大的负面影响,可以认为,现代环境污染和能源的高速消耗本身就是人类技术革新和行为的直接后果。[①] 经济增长无法对这两个问题进行任何的修正或替代,而环境污染和能源的过度消耗却正在给人类的生存带来新的危机。因此,经济增长绝不是人类追求的全部目标,经济增长只能为人类追求全部目标提供一个前提基础。不幸的是,长期以来,经济增长被等同于经济发展和人类的发展本身,这一点在发达国家的历史发展中已经得到了实践的证明。与经济增长相比,发展是一个内涵更为丰富的概念。它包含经济增长本身,却不限于经济增长。除了经济增长外,发展还包括经济结构的变化,如产业结构的合理化、消费结构的改善和升级;社会结构的变化,如人口文化教育程度的提高、寿命的延长、婴儿死亡率的下降等;环境的治理和改善;收入分配的变化,如社会福利的增进、贫富差别的缩小、个人幸福的增加等。发展包含了人类生活的全面提高,是包括任何一个个体在内的全人类生活的全面提高。它是指社会经济发展必须同自然环境及社会环境相联系,使经济建设与资源、环境相协调,使人口增长与社会生产力发展相适应,以保证社会实现良性循环发展的长远目标。

另一方面,人类社会发展应当具有可持续性。人类社会的发展以物质为基础,并受物质的约束和限制。人类社会的可持续发展依赖于人类作为社会主体与物质这一客体之间的关系。与社会主体需求的无限性相比,客体的存在本身是有限的。这种有限性主要体现在两个方面,一方面是在地球这一基本封闭的人类生活环境之中,作为客体的自然资源的存量是有限的;另一方面是自然界本身虽然具有一定的资源再生能力,但这种资源再生能力是自然界作为一个和谐系统存在时的能力。而这种和谐系统本身的稳定性是有限的,人类活动有可能使和谐系统的稳定性丧失,从而使自然界本身的资源再生能力减弱,甚至消失。因此,在人类生活的地球上,始终存在着主体需求的无限性与客体有限性之间的矛盾。这一矛盾决定了人类对自身的需求必须有所节制,而不能是任意

---

① [美]戴斯·贾丁斯:《环境伦理学——环境哲学导论》,林官明、杨爱民译,北京大学出版社2004年版,第3页。

的无限扩大。而节制的标准至少是人类经济和社会的发展不能超越作为客体的资源和环境的承载能力。社会可持续发展观要求人类经济和社会的发展不得超越资源和环境的承载能力。具体而言,为了实现可持续发展目标,人类需要在社会经济活动中减少资源消耗、节约能源、保护环境、降低碳排放,实现社会发展需求与自然环境供给之间的平衡发展。

2. 商品流通与可持续发展价值

商品流通与可持续发展价值的连接点主要体现在商品物流活动之中。物流是商品物理空间上的转移,是实现商品流通必不可少的重要环节。它是人类有意识的社会经济活动之一。但是,从客观上看,物流活动与可持续发展目标并不一致。物流活动对社会可持续发展的影响主要表现在三个方面。一是物流活动对资源的消耗。物流是一个需要物理做功的经济活动,是一个消耗资源和能源的过程。二是物流过程污染环境。物流活动中排放出的有害气体等物质容易对自然环境造成污染,其中的碳排放量对地球环境有负面影响。三是物流活动的影响广泛。在经济全球化的背景下,物流范围越来越广。全世界的商品在物流活动作用下,在世界范围内不停地流动。物流活动所到之处,对环境的污染也就随之产生。这种对环境的影响随着物流活动的进行在世界范围内扩散。加上地球上的水、气体本身就是一个不断流动的体系,某一地点发生的环境污染将随着这些流动着的水、气体向其他地区扩散,从而对全球造成整体性的污染。事实证明,即使在渺无人烟的地球两极都发现人类对环境造成污染的痕迹。而这恰恰是人类对环境的影响受水、气体传导的结果。而物流活动本身的流动性就进一步增加了对环境所造成的影响被扩大的可能性。可见,物流过程与可持续发展之间存在着矛盾和冲突之处。一方面,物流过程是满足人类生产、生活必不可少的客观存在;另一方面,物流过程既消耗资源又污染环境,不利于人类社会可持续发展战略的实现。但是,显然两者对于人类社会的发展都非常重要,无法取舍。

笔者认为,在明确了可持续发展对于人类重要意义的前提下,物流活动与可持续发展的矛盾的解决更多地需要从生产力发展和制度设计两个层面上来解决。即人们可以通过发展科学技术和制度设计提高物流活动利用资源的效率和降低物流活动对周围环境的污染。一方面,通过科学技术解决。科学技术是第一生产力,人类发展至今,已经在技术领域取得了长足的进步。可以认为,技术发展对人类的影响是全方位的,每一个现代人对此都有切身的体会,无须证明。因此,开发新能源、提高太阳能等无害能源的利用率、研发节能和低碳技术等都将有助于解决物流活动与可持续发展之间的矛盾。但是,技术往往仅解决个别问题,一般不是从全局出发,无法全面解决可持续发展的问题。另一方面,通过制度设计解决。制度是人类为了实现特定目的而采取的激励或约束人的行为的一系列措施的总和。如法律制度、企业制度、单位规章制度等。与科学技术效果的显著性相比,制度的价值一般不容易被常人理解和发现。但这并不能成为我们轻视制度的理由。以公司制度为例,正是有了公司这一极大地降低了投资者风险的制度,人类社会才有可能聚集到巨额资本去从事一些小额资本无法完成的宏伟事业,如修铁路、造巨轮等。人类才有可能坐火车、乘飞机,才有可能去开发更多的新技术。也正因为如此,有人说公司制度的发明丝毫不亚于工业革命时期的蒸汽机的发明。可见,通过制度设计解决物流活动与可持续发展之间的矛盾也是极为重要的一条途径。值得一提的是,在特定条件下,技术与制度之间既可以相互作用,又可以相互替代。制度设计可以促进技术的发展,技术发展同样可以完善制度设计。作为法律制度之一,商品流通法实现商品物流环节可持续发展的价值是值得期待的。

第三节　商品流通法的渊源

一、法律渊源

法律渊源是法律的表现形式。商品流通法的渊源就是商品流通法的表现形式。在我国,商品流通法的渊源,一般包括宪法中有关商品流通的规定、商品流通法律、商品流通行政法规与地方性法规。宪法是国家根本大法。宪法有关我国基本经济制度、公民的基本权利等规定,构成我国商品流通法存在和发展的重要基础。如宪法规定“中华人民共和国的社会主义经济制度的基础是生产资料的社会主义公有制”,“国家在社会主义初级阶段,坚持公有制为主体、多种所有制经济共同发展的基本经济制度”,“在法律规定范围内的个体经济、私营经济等非公有制经济，是社会主义市场经济的重要组成部分。国家保护个体经济、私营经济等非公有制经济的合法的权利和利益。国家鼓励、支持和引导非公有制经济的发展，并对非公有制经济依法实行监督和管理。”以任何形式表现的商品流通成文法，均应当以宪法为依据，不得与宪法相抵触。商品流通法律是指我国依照宪法颁布的有关商品流通的专门法律以及包含有调节商品流通经济关系内容的其他法律。有关商品流通的专门法律有《拍卖法》；其他包含调节商品流通经济关系的法律，主要有《民法典》《消费者权益保护法》《电子商务法》《个人信息保护法》等。到目前为止，我国尚不存在调整商品流通经济关系的基本法。在商品流通法律之外，我国以适用商品流通法律为目的，还颁布有调整商品流通经济关系的行政法规和地方性法规。前者如国务院颁布的《直销经营管理条例》《特许经营管理条例》《快递暂行条例》《生猪屠宰管理条例》等，后者如《青岛市商品流通市场建设与管理条例》《天津市促进商业发展若干规定》等。这些行政法规和地方性法规也构成商品流通法的渊源。

值得一提的是，商品流通法作为行业法，除了规范政府对商品流通行业实施监督管理形成的行政经济管理关系以外，还规范平等民事主体之间的商品交换关系。前者具有公法的性质，在依法治国理念之下，必须具有成文法的规范。后者属于私法规范范畴，其规范无论来自何种法律渊源，商品交易合同当事人均可以通过意思自治确定相互之间的权利义务关系，而不以成文法规范的存在为前提。从商品流通法研究的角度看，商品流通实务中存在的一些特殊商品的交易惯例、商品流通服务过程中存在的一些格式条款都可以成为我国商品流通法研究的“法源”。

二、法律渊源的扩张

除了商品流通的法律渊源以外，有关商品流通法律的司法解释、部门规章和商品交易惯例也具有规范的特点，并具有相应的约束力。它们在我国商品流通法治生活中发挥着重要的作用，并具有商品流通法渊源的功能，足以构成我国商品流通法渊源的补充。

（一）商品流通法律的司法解释

在我国，最高人民法院不具有独立的立法权限，最高人民法院的司法解释不属于立法，有关商品流通法律的司法解释不属于法律渊源，但可以作为裁判规范。最高人民法院对法律有解释权，其发布的有关商品流通法律的解释性意见、指示、批复等，对各级人民法院审理商品流通纠纷案件，适用法律具有非常重要的指导作用，甚至具有相当程度的约束力。最高人民法院作出的关于商品流通法律的司法解释应当构成我国商品流通法律渊源的重要补充。如最高人民法院《关于审理食品药品纠纷案件适用法律若干问题的规定》《消费者权益保护法司法解释》《关于适用〈中华人民共和国合同法〉若干问题的解释》等。

同时，我们可能还应当关注最高人民法院公布的指导案例的作用。在判例法系国家，法院判例是法律的主要渊源或存在形式。但在大陆法系国家，法理一般不认为判例可以作为法律渊源存在。法院的判决对其他案件没有约束力。但在现实中，最高人民法院公布的指导案例往往对下级法院审理同类案件或者解释法律具有指导或引导作用，具有类似于司法解释的功能。因此，该指导案例也是我国商品流通法律渊源的补充。

（二）商品流通部门规章等规范性文件

行政管理机构为贯彻法律和行政法规，依照法律规定和国务院的授权，往往通过制定和发布部门规章和规范性文件实施法律。例如，商品流通行政管理机构为了实现商品流通的行政管理职能，制定了大量的商品流通部门规章。如前所述，目前我国尚不存在调整商品流通经济关系的基本法，除了个别法律以外，调整商品流通经济关系的法律规范大多包含于其他法律之中。为此，商品流通行政管理机构往往缺乏直接的执法依据，需要制定大量部门规章以便执法。另外，我国商品流通实行纵向分段管理、横向跨部门管理的模式，导致多个行政管理部门对特定商品流通经济关系各自享有行政管理权，并制定相应的商品流通管理部门规章。如商务部颁布的《汽车销售管理办法》《生活必需品市场供应应急管理办法》《商业特许经营信息披露管理办法》《零售商促销行为管理办法》等，国家市场监督管理总局颁布的《医疗器械监督管理条例》《农用薄膜管理办法》《食品安全抽样检验管理办法》等，国家发改委颁布的《国家化肥商业储备管理办法》《国家救灾农药储备管理办法(暂行)》《网络交易价格举报管理规定(试行)》等。这些部门规章均成为商品流通行政管理部门监管商品流通行业的重要执法依据，并构成我国商品流通法律渊源的补充。

(三)商品流通交易习惯

我国《民法典》第十条规定："处理民事纠纷，应当依照法律；法律没有规定的，可以适用习惯，但是不得违背公序良俗。"同时，在《民法典》合同编的行文中又多处出现了"交易习惯"可以作为当事人行为规范依据的条款。如第六百二十二条"当事人约定的检验期限过短，根据标的物的性质和交易习惯，买受人在检验期限内难以完成全面检验的，该期限仅视为买受人对标的物的外观瑕疵提出异议的期限。"可见民法典确认了习惯或交易习惯可以在补充和解释交易内容和形式方面所具有的法律渊源的地位。另外，从法学理论上看，有的法律本身就是对原有交易习惯的认可，如商事法律最早很多都源自商人之间的交易习惯。因此，把交易习惯或者惯例直接作为我国法律渊源，在法律上和理论上都没有问题。只是对于具体什么样的规范可以构成交易习惯或惯例，并没有一个明确的标准，需要到司法实践中由法官自由裁量。从这一意义而言，就我国商品流通法律渊源而言，交易习惯最多具有补充意义。

第四节 商品流通法体系

一、商品流通法体系的含义及必要性

(一)商品流通法体系的含义

体系，是指若干事物或某些意识互相联系而构成的一个整体。商品流通法体系是指对已制定的属于商品流通法范畴的规范性法律文件进行系统整理、分类后所形成的体系，是对相关规范性法律文件进行系统化的结果。关于商品流通法体系的含义，有以下几点需要把握。

1. 商品流通法体系化的对象

商品流通法体系化的对象,是指应当纳入商品流通法体系当中的所有规范性法律文件的集合。在我国法学界,法律体系一般是指部门法体系,是以我国全部的法律规范性文件为对象,主要以法律所调整的社会经济关系为分类标准,进行类型化后所形成的体系。但是,随着社会发展,社会关系日益复杂,需要法律调整的内容越来越多,法律规范调整的范围和调整内容不断向广度与深度发展变化。对此,为使法律更好地适应社会发展的要求,我们有必要对法律规范作进一步的划分。划分的思路之一就是缩小体系化对象的范围。即仅以调整某个特定领域的法律规范为体系化对象,进行整理、分类以促进该社会经济领域的发展。按照行业经济理论,商品流通是一个行业,是与社会生产和生活关系最为紧密的经济领域之一。为了有利于商品流通行业的发展,促进商品流通更好地服务于社会生产与生活,有必要以商品流通行业领域为对象,把与商品流通相关的法律规范性文件按照商品流通的特点,以新的标准进行体系化。如此,商品流通法体系化的对象就是与商品流通领域有关的法律规范性文件的集合。

2. 商品流通法体系化的标准

商品流通法体系化的标准,是指按照什么样的标准对相关规范性法律文件进行整理和分类的问题。无疑,在一个国家的法律从无到有的发展过程中,现有的部门法体系无论是在立法、法律实施以及法学研究和法学教育方面都有着极为重要的贡献,是法律体系化成功的典型。其成功的关键在于部门法体系具备了一套科学的分类标准和方法,即主要按照法律所调整的社会关系的性质进行部门法的划分。从逻辑上看,社会关系是法律的调整对象,那么按照社会关系的性质对法律的分类无疑是正确的和科学的。但是随着社会经济的发展,社会主体需求也在提高。例如,即使在民商领域,形式平等已经不能完全满足人们对实质平等的追求。妇女、儿童、消费者等特定身份的法律特别保护早已成为现实。社会分工导致经济领域细化,形成新行业。这些新的行业根据其自身的特点,发挥着不同的社会经济功能,并对法律提出了基于行业发展的新需求。这种新需求体现在两个方面。一是要求有多个部门法共同作用于同领域,协调规范。二是针对特定行业,需要制定适合该行业发展的特别法律规范,以应对该行业发展的特殊需求。这种既需要多个部门法共同协调规范,也需要针对行业特殊性进行特殊规范的新需求是传统部门法以特定社会关系为标准的法律规范性文件的横向分类方法无法满足的。有学者根据部门法理论,认为当前出现的社会法、旅游法、传媒法在法理上可以界定为新的部门法。对此,笔者并不认同。因为这些所谓的新部门法,事实上都包含着多个传统部门法的内容。按照分类的基本逻辑,分类体系的同位阶概念相互之间不应当存在重复内容。又以金融法为例,众所周知,金融法是对金融领域法律规范的总称。金融法规范中既有横向的平等主体之间的民商事法律规范,也有纵向经济管理法律规范,甚至还包括金融犯罪等刑事法律规范。但是,金融法是不能被认同为一个独立的法律部门的。不仅如此,金融法根本就不可能是基于传统部门法理论而形成的概念。事实上,金融法的概念只能是来自金融法所规范的经济领域,即金融行业。换言之,金融法应当是调整金融行业的法律规范的总称。它是以金融行业的独立存在为前提,并依据金融行业的特殊性而特别制定的法律规范的总称。这种以经济行业为基准进行的法律规范性文件的分类,同样适用于商品流通行业。从这一意义看,商品流通法的提出本身就是对商品流通领域发展需要法律特别规范的反映和回应。商品流通法体系化的意义也在于使法律能够更好地满足商品流通领域发展的要求。如上所述,商品流通法属于行业法的范畴,商品流通法的内部体系化也不能继续以传统部门法理论的标准对商品流通法律规范进行划分和归类。即商品流通法体系化的标准需要重新确定。

众所周知,分类是学习和研究的基本方法之一,分类本身包含有价值选择的成分,即分类因目的而生。因此,分类的标准当然也因目的而异。首先,与部门法体系以全部法律规范为对象不同,商品流通法仅以具体的商品流通领域的法律规范为对象,其目的性更强、更明确。具体而言,商品流通法的目的是促进商品流通市场安全、高效、可持续运行。作为商品流通法的体系当然也应当首先为这一基本目标服务。其次,商品流通法的体系应当具有科学的逻辑结构,能够容纳所有与商品流通领域相关的法律规范性文件。最后,商品流通法的体系应当具有开放性,能够适应商品流通经济模式的不断发展和要求。由此,笔者认为,依照商品流通法应当具有的法律价值实现商品流通法的内部体系化是比较适当的。理由有三,第一,以商品流通法的法律价值作为体系化的标准直接满足了商品流通法的目的性要求，对实现商品流通法目的的立法、法律实施很有裨益；第二，商品流通法的法律价值本身具有层次性，它为商品流通法以该法律价值为标准建构体系提供了可能；第三，在一定时期内商品流通法法律价值的稳定性为不断变化的流通组织业态、流通行为提供了一个建构开放的商品流通法体系的可能。

（二）商品流通法体系的必要性

商品流通法体系的必要性，是指商品流通领域对商品流通法体系化的要求。它分为商品流通法立法的需要、商品流通法实施的需要和商品流通经济领域实务工作的需要。

1. 商品流通法立法的需要

商品流通法是规范商品流通经济关系的法。在商品流通经济关系中，既有平等主体之间的民商事关系，也有政府对商品流通经济运行的保障和监管等纵向行政经济管理关系。前者由市场参与主体按照意思自治的原则，自主参与商品交易，完成商品流通各环节的经济活动，主要受民商事法律规范等私法规范的调整。后者由政府或其授权机关依据行政经济管理规范等公法规范运用权力对商品流通经济活动进行干预。从当前我们商品流通领域的主管行政部门看，中央、地方、国务院各部委都有一定的干预权力，有的还手握制定地方性法规、部门规章等立法或准立法权限。如果这些权力或权限能够统一在特定的价值判断之下，能够统筹协商行动，则当可促进商品流通经济的进一步发展，形成一个安全的、高效、可持续运行的商品流通法治环境。从法律价值的内容看，安全、高效和可持续发展属于商品流通经济活动的宏观法律价值，民商事关系中的主体平等和经济管理关系中的依法行政、程序正当等属于商品流通经济活动的微观法律价值。宏观法律价值是商品流通经济整体运行对法律的需求。微观法律价值是商品流通经济活动参与者个体对法律的需求。两者有着密切的联系，微观法律价值是宏观法律价值得以实现的基础，宏观法律价值对微观法律价值起着指导和引导的作用。把商品流通法的宏观法律价值内容作为商品流通法体系的标准，可以引导商品流通立法围绕统一的目标和方向，有助于形成科学合理的商品流通法体系，有助于立法者认识到现行法律的缺陷，并可以为科学的立法预测、立法规划和具体的立法工作提供依据。简言之,商品流通法的立法理论和立法现状都要求商品流通法有一个比较科学的体系,从而实现商品流通法的体系化。

2. 商品流通法法律实施的需要

法律实施,是指法在社会生活中被人们实际施行。包括法的执行、法的适用、法的遵守和法律监督。在商品流通法中,私法规范是由当事人在参与商品流通经济活动过程中自主设定权利义务,并行使权利和履行义务的过程中得到实施的。在法律没有禁止和限制的前提下,当事人之间均得以意思自治的方式与相对人达到合意,并实现该合意内容。因此,私法规范具有当事人自我实施的特征。与此相对,商品流通相关的公法规范则需要通过法定的有权主体,即行政机关及其工作人员依照法律规定履行法定职务方能得以实施。从我国商品流通经济管理法律规范的制定和执行实践看,目前我国商品流通经济管理法律规范多由行业行政主管部门起草后按立法法程序通过。虽然相关法律规范生效取决于完整的立法程序,但因其内容一般均由行业行政主管机关依据其行政管理的需要和执法的需求制定,难免会制定有利于其管理和执法需要的条款和内容,使相关法律规范缺乏宏观和系统考量。又,商品流通经济领域是一个从生产到消费的广阔领域,把所有的商品流通经济关系纳入一个行政主管机关管理显然并不现实。这样就势必出现不同行政主管机关分段管理和多个行政主管机关协同管理的局面。在分段管理和多头管理的背景下,如果没有宏观的商品流通法律价值作为指引,不同行政主管机关制定的法律文件对同一商品流通关系进行重复规范,甚至法律规范性文件中出现相互冲突或矛盾之处也就在所难免。显然,这种重复规范和不同规范之间的冲突或矛盾不利于商品流通法的实施。因此,从法律有效实施的角度看,商品流通法也应当建立符合其自己发展的法律体系。

3. 商品流通经济领域实务工作的需要

在立法完善的前提下,除了严格执法和公正司法以外,法律的实现还要依赖于社会经济关系主体的守法行为。具体到商品流通法而言,商品流通经济领域中的实务工作者、市场参与者就是主要的守法义务承担者。对守法主体而言,其前提当然是认识和理解他们所应当遵守的法律,即商品流通经济领域的实务工作者对商品流通法的目标、逻辑和内容应当有一个清晰、明确的认识。商品流通法体系的建构无疑能够满足他们的这一需求。当然,在商品流通法体系的建构过程中,我们不应当仅从纯法学的角度去考虑如何建构,而是应当把商品流通经济实务工作的需求作为一个重要因素,并把这体现在商品流通法体系之中,以使商品流通经济实务工作者能够更容易、更简单地认识和理解商品流通法的目标和内容,从而更好地守法,促进商品流通法的实现。

二、商品流通法体系的构成

商品流通法体系以商品流通法的法律价值为主要建构标准,以商品流通经济法律规范为内容,是依照商品流通法的法律价值对商品流通经济法律规范分类的结果。由于法律规范与法律价值并不总是一一对应的关系,例如,有的法律规范即体现了商品流通的效率价值,也体现了商品流通安全价值,此时,应当把该法律规范纳入其体现的主要法律价值的规范范畴。因此,商品流通法体系的构成内容如下。

(一)是否制定商品流通基本法

顾名思义,商品流通基本法应当是统率商品流通经济法律规范的法。从逻辑关系看,在一个自成一体的体系当中应当有一个能够统括体系全部内容的基本法,以使体系完整、合理和科学。从形式上看,体系也需要有一个中心,使各部分内容能够以此为中心展开。商品流通基本法在商品流通法体系中就具有这样的地位。但是,我国商品流通发展和现有法治状况是否需要制定商品流通基本法,仍然是一个值得探讨的问题。关于制定商品流通基本法的问题,早就有学者提出积极的主张,建议加快制定和出台商品流通基本法。① 从该学者提出观点的时间看,正处于我国统一合同法制定之际,当时我国对商品流通领域的法律规范极其缺乏,法学理论储备也有所不足。出于规范当时商品流通领域乱象的目的,提出制定商品流通基本法完全具有合理性。时至今日,我国已经完成了《民法典》的制定。商品流通基本法的制定是否仍然具有必要性,如果

---

① 丁俊发:《论商品流通秩序的治理和规范》,载《中国流通经济》1999 年第 1 期。

制定,应当制定一部什么样的商品流通法,则必须予以重新考量。笔者认为,是否制定商品流通基本法是一个立法选择问题,可以从两个角度考虑。一是商品流通在现代经济生活中的地位及现存问题决定了是否有必要制定商品流通基本法。商品流通地位决定了其在我国经济生活中的重要性。商品流通的终点是消费领域。2021 年,全年社会消费品零售总额 440,823 亿元,比上年增长 12.5%,全年最终消费支出拉动国内生产总值增长 5.3 个百分点。[①] 可见,我国商品流通业对国民经济的贡献日益凸出。从现存问题看,近年来,数字经济的发展推动线上线下消费加速融合,众多消费新业态、新模式应势而生迅猛发展,在不断丰富人们消费生活的同时,损害消费者人身、财产、个人信息安全的现象也时有发生。同时,随着消费升级,人们对网络购物,餐饮浪费,过量使用塑料包装等带来的个人财产安全、个人信息安全、粮食安全、环境安全问题,有了更高安全保障需求。[②] 商品流通领域如何满足消费者的安全保障需求也应当从商品流通法律层面做出回应。可见,无论从商品流通在经济生活中的地位还是现存问题看,商品流通领域都应当引起高度注意并上升到一定的高度来认识这一问题。从这一意义上看,制定商品流通基本法是一个比较好的方式。二是从现有法律规范性文件的角度看,商品流通基本法是否有必要制定。笔者认为,到目前为止,我国已经基本完成了社会主义法制建设,法律法规从无到有,由旧到新,形成了比较完善的法律体系。虽然很多法律规范性文件没有在标题中直接体现与商品流通的相关性,但从其规范内容看很多都与商品流通相关,如《民法典》《反垄断法》《反不正当竞争法》《个人信息保护法》《电子商务法》《环境保护法》《国家安全法》等都与商品流通有着紧密的联系。这些法律对保障商品流通运行的效率、安全和可持续发展等价值都有着直接作用。例如,《民法典》是商品流通合同当事人实现意思自治、以自身利益最大化参与市场的法律保障;《反垄断法》和《反不正当竞争法》是商品流通市场公平竞争的法律保障;《个人信息保护法》和《国家安全法》是商品流通结果安全的法律保

① 国家统计局:《2021 年国民经济和社会发展统计公报》,载国家统计局官网 2022 年 2 月 28 日,http://www.stats.gov.cn/tjsj/zxfb/202202/t20220227_1827960.html。

② 中国消费者协会:《2021 年"守护安全 畅通消费"消费维权年主题宣传提纲》,载中国消费者协会官网 2021 年 1 月 26 日,https://www.cca.org.cn/xxgz/detail/29929.html。

障。《环境保护法》是商品流通的可持续发展的法律保障。可见,现有的法律规范性文件已经能够从各个方面对商品流通的价值需求提供了基本的保障。如果制定商品流通基本法容易导致与现有法律出现重复甚至冲突的可能。

综上,笔者认为,根据我国现有的法律规范性文件,只要对商品流通法律规范性文件按照价值需求进行科学、合理的梳理,形成内在逻辑统一,外在形式合理的商品流通法体系,即使在没有商品流通基本法的条件下,也可以保障我国商品流通高效、安全和可持续运行。

(二)商品流通法体系的基本构成

1. 商品流通高效运行保障法律制度

对于商品流通主体而言,高效率意味着高利润,提高效率就等于提高了利润。根据经济学对理性商人的设定,作为商品流通主体的商人自身是效率高低与否的最佳判断人选。即只要赋予商品流通主体平等的主体地位和意思自治的能力,允许其利用市场机制自由经营,那么商品流通主体的主观能动性就能得到无限发挥。依古典经济学原理,市场上每个参与主体的效率提升自然能够促进市场整体效率的提高,资源也就能得到有效配置。商品流通市场自然也是如此。合同法律规范是当事人间意思自治最为充分的法律规范,合同当事人之间的约定即可视为当事人之间的法律。合同是当事人充分利用市场机制,发挥市场有效配置资源功能的工具。因此,商品流通高效运行保障的法律首先就是合同法律制度。我国《民法典》生效后,合同等私法规范统一纳入《民法典》。《民法典》就成为保障商品流通高效运行最为重要的法律。结合商品流通市场的特点,商品流通合同包括商品交易合同和商品流通服务合同以及与消费者保护相关的生活资料流通合同和商品交易合同关系人的法定义务与责任。后两者虽然主要是商品流通安全的重要内容,即消费者安全保护的内容,但其法律规范仍然是以《民法典》为基础,故可以将其纳入体现效率价值的法律规范范畴。

2. 商品流通行政保障法律制度

商品流通行政保障是指行政机关依法运用行政权力和行政手段保障商品流通安全有效可持续运行的保障模式。商品流通行政保障的本质特征是运用行政权力和行政手段干预商品流通经济活动。其价值或功能在于实现商品流通的安全有效运行。商品流通行政保障是在市场机制发挥基础作用的前提下，利用行政权力这一只“有形之手”进行资源配置，确保商品流通过程安全有效可持续的运行。商品流通行政保障的优势在于行政权力运用的直接性，可以提高安全保障的效率，但是作为行政权力运用的一种方式，商品流通行政保障应当依法行政，起到对市场机制作用失灵的补充性作用。商品流通行政保障的法律规范性文件主要包括商业网点等商品流通设施规划、建设保障法律制度、特殊商品储备保障法律制度、商品流通应急保障法律制度、商品流通专门技术标准化保障法律制度等。其中，商品流通专门技术标准保障的意义除了安全价值以外，同时具有提高商品流通效率的价值。

3. 商品流通安全保障法律制度

行政监管以公共利益为核心驱动力，在市场机制无法有效发挥作用的前提下，行政监管作为经济法的实现手段之一对商品流通市场进行调整，并仍以商品流通市场的安全高效可持续运行为目标，最终通过行政监管保障市场高效、安全运行的机制。行政监管分为纵向的行业监管和主要以横向经济行为为监管对象的狭义市场监管。行业监管以校正市场失灵和公共利益理论为基础，确定监管内容边界和效力边界，具有预防性监管的特点。这部分法律制度包括直销管理条例、特许经营管理条例、《电子商务法》和规范特殊商品流通的法律法规。市场监管是一种对市场主体横向经济行为的监管，且以惩罚性监管为主。市场监管是市场主体利益和社会公共利益的直接博弈，具有市场风险导向机制的特点。商品流通市场监管的风险导向机制是指市场监管的监管强度、监管方法和监管商品的种类和监管时机受市场主体经营行为本身的潜在风险或既存风险影响的机制。市场监管法律制度主要通过市场主体信用监管实现商品流通市场的安全运行。同时，市场主体信用监管的本质是从行政监管之外部监管转向市场主体自身监管。如市场主体登记管理条例。一方面，商品流通安全运行保障还包括竞争秩序监管和交易秩序监管相关的法律制度，如《反垄断法》《反不正当竞争法》。另一方面，缺陷产品召回监管法律制度，虽然不属于行业监管或市场监管的任何一部分，但归入市场秩序监管似乎更加合适。因为，缺陷召回监管是对商品流通安全的重要保障制度之一，具有很强的预防性特征。

4. 商品流通可持续运行保障法律制度

实现商品流通可持续运行的目标主要取决于商品物流行为的可持续法律保障机制。现代物流行为是指把运输、仓储、装卸、搬运、包装、流通加工、配送、信息处理等基本物流环节有机结合而成的物流系统。物流行为既有私益性,也有公益性。物流行为的私益性,是指从微观上看,任何物流行为都是特定主体有意识为自身利益实施的行为。物流行为的公益性,是指物流行为整体是以人类利益为中心展开的。即物流活动的存在本身就是为了满足人类的需求。但是,物流行为的资源消耗和环境污染却与可持续发展价值观有着天然的冲突。笔者认为,物流行为与可持续发展矛盾解决的路径应当从思想根源、社会根源和经济根源的角度出发,运用法律保障机制解决物流行为过程中存在的资源浪费和环境污染等问题。纳入可持续运行保障的法律制度主要有《环境保护法》和一些以提高效率、节约能源、降低环境污染的技术性法律规范。

三、商品流通法体系的开放性

(一)商品流通法体系开放性的含义

开放性是对任何一个科学的、合理的法律体系的基本要求。不具有开放性的体系只能是一个僵硬的,仅能在特定时期和特定条件下适用的体系。商品流通法体系的开放性是指对于符合商品流通法的要求,能够纳入商品流通法体系中的法律规范性文件都可以成为商品流通法体系中的一部分。它包括横向开放和纵向开放。横向开放是指现有的与商品流通领域有关的法律规范都可以纳入商品流通法体系之中。横向开放是对商品流通法体系的基本要求,因为商品流通法体系本身就是对现有相关法律规范性文件体系化的结果。如果商品流通法体系连现有的符合要求的法律规范性文件都不能完全容纳,那么它就不是一个完整的体系。纵向开放是指未来可能出现的新型的商品流通关系及其相应的法律规范性文件也能够纳入现有的商品流通法体系之中。纵向开放对商品流通法体系提出了一个新的要求。它要求在现有条件下体系化而成的商品流通法体系具有相当的稳定性,其价值选择和逻辑结构都能够经得起时间的检验,即使有新型的商品流通关系及相应的法律规范性文件出台,也同样能够将其纳入商品流通法体系之中。另外,商品流通法体系的开放性当然也要求商品流通法体系本身是可以不断完善和改进的。因此,开放性对于商品流通法体系具有相当重要的意义。商品流通法体系必须具有这样的开放性。

(二)商品流通法体系开放的必要性

商品流通法体系的开放性除了商品流通法体系本身作为体系应当具有开放性以外,从根本上说,商品流通法体系的开放性是由商品流通经济活动本身所决定的。从横向看,商品流通经济活动并不是孤立的存在。它不仅与金融等其他经济活动有着紧密的联系,而且也和社会、道德等其他层面有着千丝万缕的联系。现有商品流通法律规范不一定已经把相关的商品流通经济关系及相应法律规范都包括在内,因此,需要有一个比较完整的商品流通法体系,把现有的尚未纳入商品流通法体系的相关法律规范纳入商品流通法体系之中,以更好地促进商品流通经济的发展。从纵向看,商品流通经济活动本身就是人类的社会实践活动之一,在社会实践活动中,人类总是能够不断地发现问题并解决问题,即在商品流通经济活动中,人类总是会有所创新。这些与商品流通经济活动相关的新制度、新技术等新型商品流通经济关系都需要我们从商品流通法体系的角度去认识并规范。即商品流通法体系必须具有接纳新事物及其相应法律规范的开放性,才能满足商品流通经济活动不断创新,社会不断发展的要求。当然,商品流通法体系的开放性也并不总是被动地接纳新事物及相应法律规范。相反,商品流通法体系的开放性也可以对商品流通经济活动产生促进作用。即根据商品流通法体系理论,我们可以对于一些尚属于空白的部分进行相应的立法,通过立法活动更好地促进和保护人们的商品流通经济活动。这也是商品流通法体系的必要性体现及其价值之一。

(三)流通法体系开放性的体现

流通法体系的开放性主要体现在两个方面。即流通法体系无论在内容上和形式上看都具有开放性。

从内容上看,流通法体系的建构标准是流通法的价值取向,即流通法把安全和效率作为流通法的价值选择标准。一般来说,法律的价值取向是比较稳定的,流通安全和效率将始终是人类孜孜不倦的追求。而稳定性同时也是任何一个体系具有开放性的保证,如果没有稳定性,只有开放性,那么这一开放性就不是真正的开放性,而只能是一个不断变换的体系。变换前后的体系已经发生了质的变化,就不再是一个开放性的问题了。只有内容上的质的稳定性,才能使体系经历时间而不发生改变,体系还是那个体系,只是数量上发生了某些变化而已。因此,以流通法的价值取向为标准进行体系化的好处,就在于使流通法体系具备了稳定性。它是流通法体系开放性的前提,也是流通法体系开放性的根本体现。只要有助于流通安全和流通效率要求的经济法法律规范都可以纳入流通法体系之中,而无论它是当前已经存在的,还是将来要出现的新事物及相应的法律规范。

从形式上看,流通法体系按照流通法的价值取向,划分为流通基本法、流通竞争法律制度、流通组织规制法律制度、流通行为规制法律制度、流通安全规制法律制度和流通促进法律制度六个部分。其中,流通基本法统率整个体系,作为流通法的核心存在。其他几个部分则紧密地围绕着流通基本法进行建构。后者又主要分别从流通本身的存在、流通过程中的组织规制、行为规制、流通结果安全及外部对流通的间接促进等包括了流通前、中、后、外四个方面全部的内容,形成了一个中心、四个部分并包括流通所有环节在内的完整结构体系。这就为从形式上保证流通法体系的开放性提供了条件保证。例如,从流通组织看,流通组织已经经历了从最早的行走商、店铺销售、百货店销售、超市销售、连锁经营、供应链管理等多种流通经营组织。这一变化过程的实质就是关于流通组织的不断创新的过程,可以预见,上述创新活动还将持续下去。但是,不管创新活动如何,其根本目标始终是流通的安全和效率这一点是不会改变的。也就是说,今后任何关于流通组织的创新都同样可以纳入流通法体系之中。而这正是流通法体系开放性的最好体现。另外,如以国家安全为价值取向的特殊商品流通法律制度。由于人类技术的进步,人类利用自然的能力得到了空前的提高。相应的生态环境也遭到了前所未有的破坏,甚至已经到了严重影响人们生活的程度。最近几年恶劣天气的增多就是最好的说明。恶劣天气的增多,势必给人类带来更多的自然灾害。此时,对于特殊商品特殊流通的需求可能会增加。也就是说,对于特殊商品的范围,还是特殊商品需要的时期都可能发生变化。而流通法体系已经为此做好了准备,只要是符合国家安全的,那么流通法体系就有可能将其纳入,并实现流通法的相应价值,保障国家安全。

第五节 商品流通法的域外状况

一、古代商人习惯法与现代商法典

现代商法典源于古代商人习惯法。11 世纪出现于地中海沿岸的所谓商人习惯法,就是当时货物买卖习惯的汇集。商事关系的产生是生产力发展和社会分工的结果。罗马法是商品生产社会的第一部世界性法律,确定了简单商品所有者的一切本质的法律关系。但随着商品经济的发展和市场范围的扩大,面对 11 世纪晚期和 12 世纪出现的各种商业问题,以民法为基本内容的罗马法开始有捉襟见肘之感。对商法的需求由此产生。而在商法制度的构建和商法体系的完成方面,商人无疑发挥了重大作用。商人们在长期的交易中摸索出一套规则,即商业习惯。商业习惯在商人们之间有类似于法律的效力,商人自治团体按照已经发展起来的商业习惯解决商人间的纠纷,并发展起自己的商事法院。因此,伯尔曼认为:“作为那个时期的特征,商法最初的发展在很大程度上——虽不是全部——是由商人自身完成的。”①最早出现的意大利商人习惯法以罗马法为基础,运用了罗马法的法律术语和权利义务观念,并吸收了教会法的善意、公平交易和信守合同的道德观念,成了近代商法的基础。中世纪末,特别是 16 世纪以后,随着商品经济的进一步发展,欧洲的一些国家封建势力逐渐衰落,中世纪占统治地位的寺院法开始被废弃,统一民族国家逐步形成。随着国家干预商事事务的强度不断增大,商事习惯法逐渐被国家的商事法所取代,从而导致在欧洲大陆相继出现了 1807 年的《法国商法典》、1817 年的《卢森堡商法典》、1829 年的《西班牙商法典》、1888 年的《葡萄牙商法典》、1838 年的《希腊商法典》、1838 年的《荷兰商法典》、1850 年的《比利时商法典》、1865 年和 1883 年的《意大利商法典》、1900 年的《德国商法典》等,日本也于 1890 年制定

---

① [美]伯尔曼:《法律与革命——西方法律传统的形成》,中国大百科全书出版社 1993 年版,第 414 页。

了《日本商法典》。无独有偶，为调整货物买卖这一主要的商品流通经济关系，即使在以判例法著称的英美法系国家也制定有成文法。如英国的《1979 年货物销售法》、美国的《统一商法典》，这些规定都既适用于国内货物买卖，又适用于国际货物买卖。之后，虽然各国根据发展需要对其商法典都做了修订，但直至现代仍在使用。可见，无论大陆法系还是英美法系，商法典成为调整商品流通经济关系的一般法应当没有疑义。

二、国外商业网点规划的立法状况

商业网点是指为实现商品由生产向消费领域转移，经营者从事商品批发、零售、配送、仓储以及生活服务业等经营活动的固定场所。如交易市场、门店、综合性商业体、单体商场、仓储中心、配送中心等。商业网点规划是指政府根据所在地区的人口、交通、土地价值、经济发展水平等要素制定有关商业网点总量、网点布局和业态结构等内容的计划，是对所在地区网点总量、网点布局、业态结构等内容的宏观把握。西方发达国家均为市场经济国家，商业在国民经济中占有重要地位。各国政府都十分重视商业网点规划，并将其作为促进城市经济、社会和商业自身健康、协调、可持续发展的重要手段。为此，各国还制定了相关法律。法国以管理城市规划和商业配置为目标制定了《鲁瓦耶法》(1973 年)，明确了政府、经营者与消费者之间的关系。[①] 后来又修订出台了《拉法兰法》(1996 年)进一步严格商业规划管理，要求商业网点建设必须符合商业网点规划。[②] 英国没有商业规划的专门法律，主要通过议会形成规划政策，于 1988 年形成“规划政策指引 6”(Planning Policy Guidance 6)，全面指导城市零售商业空间发展。[③] 1993 年出台了《城镇中心及零售业发展》(Town Centres and Retail development)规划指导政策，后修订为《城镇中心规划》(Planning for Town Centres)，对零售、旅游、交通、休闲等使用土地作出规定。[④] 对商业网点

---

① 李习臻：《法国商业网点建设管理考察报告》，载《中国物资经济》1996 年第 4 期。

② 民盟北京市委：《国外商业网点规划建设的立法经验》，载《北京观察》2005 年第 7 期。

③ 周维、张艳：《借鉴英国零售空间规划经验，优化城市商业网点规划效能》，载《现代城市研究》2016 年第 11 期。

④ [英]安妮·芬德利、利·斯帕克斯、周蕾：《英国零售业规划政策述评》，载《国际城市规划》2014 年第 6 期。

的规划建设,美国联邦政府和州政府都没有具体政策规定,相应权限是在地方政府。各城市一般都设有一个由职业民众组成的规划委员会和一位规划专家担任的规划总监,结合本城市特点和需求制定城市总体规划方案,供市长或议会决策。美国商业规划具有很强的法律效力,是控制和引导城市商业发展的有效工具,规划一经审批,不得随意变动,若需变更,要按原程序报批;地方政府按照规划确定辖区内允许建店的区域,商业网点只允许在符合规定用途的区域内设置。规划制定后,一般由规划委员会、规划总监、市长和议会共同监督商业网点的执行。[①] 日本特别重视商业规划,并于 1973 年出台了《关于调整大规模零售企业活动的法律》(以下简称大店法),到 1998 年《大店法》废止历经 25 年,同时又出台了《大规模店铺选址法》(以下简称大店选址法)(2000 年实施),《中心市街地活性法》(1998 年 7 月实施),《新城市规划法》(1998 年 11 月实施),即所谓城建三法。1971 年专门颁布了《批发市场法》并于 1991 年做了修订。商业网点是商品流通的主要节点,各国商业网点规划的立法表明,商业虽然是竞争充分的领域,各种政策不能从根本上与市场竞争原则相违背,但是零售商业是一个充满各种经济社会利益矛盾的领域,从而也是需要规制的领域,有关规制的法律和政策也是必要的。[②]

三、国外特许经营的立法状况

特许经营通常有两种表述,即特许权(concession)和特许(franchise)。前者一般是指政府机构对非公共机构提供受政府垄断或特别法管辖的公共服务时的特别授权。如英国在 1660 年就开始了第一个对高速公路的 BOT 特许经营;法国存在大量特许经营模式 PPP 项目。[③] 后者一般是指商业特许经营,是指通过签订合同,特许人将有权授予他人使用的商标、商号、经营模式等经营资源,授予被特许人使用,被特许人按照合同约定在统一经营体系下从事经营活动,并向特许人支付特许经营费。作为一种特殊的商品流通模式,各国对特许

---

① 刘春浦:《发达国家对零售商业网点建设的管理》,载《商场现代化》1997 年第 9 期。杨薇:《发达地区商业空间布局的经验与启示》,载《北方经济》2003 年第 9 期。

② 民盟北京市委:《国外商业网点规划建设的立法经验》,载《北京观察》2005 年第 7 期。

③ 景婉博:《国外特许经营的演变及其理论基础》,载《经济研究参考》2016 年第 3 期。

经营制定了相关的法律。1971 年,美国加利福尼亚州通过了《特许经营投资法》。这是美国第一部要求特许人披露其特许信息的法律。[①] 此外,美国还在 1992 年成立了美国受许人与经销商协会,这是全世界第一个受许人组织,主要义务是保护受许人,防止特许人欺诈。美国有关特许经营的法律、法规和相关措施大多以保护受许人、限制特许人为其主要立法宗旨。[②] 加拿大政府未设立特定的部门来管理特许经营行业,也未制定全国性的特许经营法律、法规。加拿大部分地方政府制定了具体的特许经营法。这些地方特许经营法律、法规分别规定了必要的信息披露制度来帮助被特许人进行投资决策,并对违法行为提供有关民事补偿,允许被特许人享有自主联合权利,并为特许人和被特许人提供自律、自治的方法,目的在于促进公平交易。加拿大关于特许经营的法律、法规着重于建立公平交易、诚信的商业原则和合理的商业标准,强调行业自治自律,最大限度地保护特许经营双方当事人的合法权益。20 世纪 70 年代初期,特许经营被引入欧洲并取得了巨大成功。1988 年,欧盟颁布了关于特许经营类型合同适用条约第 85 条第 3 款的第 4087/4088 条例。欧盟关于特许经营的这些规则分别规定了特许经营的定义、类型和规则适用范围。欧盟关于特许经营的法律更多的是从肯定、有利于竞争的角度规范特许经营合同。

四、国外商业促销规制的立法状况

在市场经济体制下,商业促销是市场主体采用的一种营销手段和方式。促销可以促进商业成长、增加就业机会、刺激经济发展,但违背商业道德和法律界限的不正当促销行为对市场秩序和消费者安全存在危害。因此各国对商业促销都通过制定法律加以规范。商业促销通常被认为是不正当的竞争手段,有的国家将其纳入竞争法调整。有的国家刚单独制定法律直接规范促销行为。前者如美国、加拿大等。美国制定有《谢尔曼法》、《克莱顿法》和《联邦贸易委员会法》,商业促销作为一种可能的不正当竞争行为被纳入其中。加拿大于 1952 年制定《联合调查法案》,旨在调整垄断、限制竞争和不正当竞争的商业行为,

① 袁建昌:《20 世纪国际特许经营发展路径及趋势分析》,载《改革与开放》2014 年总第 19 期。
② 周勇:《美国特许经营的法律规范》,载《上海商业》1996 年第 3 期。

后者有德国、日本等。德国除了在《反不正当竞争法》中做了一般性规定："行为人在商业交易中以竞争为目的而违背善良风俗,可向其请求停止行为和损害赔偿。"以外,还专门制定了《附赠法令》《折扣法》《标价法》作为补充。日本先后制定了《不正当促销奖品及不正当表述防止法》《特定商业交易法》《药事法》《健康增进法》等,其中均包含有禁止商业促销过程中的虚假和夸大宣传的规定。①

五、国外消费者权益保护的立法

消费者权益保护法是随着消费者在社会经济生活中的地位提高而逐渐发展起来的。20 世纪初,美国随着国内消费者运动的掀起开始制定消费者权益保护法律制度。美国并没有统一的消费者权益保护基本法。其消费者权益保护法律制度主要体现在一些分散的成文法和判例法中,并自成体系。其中成文法有《联邦商业委员会法》《商业管制规则》《食品、药品和化妆品法》《消费品安全法》《消费者供货法》《统一产品责任法》等。美国消费者权益保护法从产品责任、价格、质量标准到禁止假冒商品以及防止有潜在危险的消费品进入市场等方面做了详细规定。尤其是对作为重要生活资料的食品的安全监管最为严格,制定了很多专门法规,如《纯正食品药品法》《食肉检查法》《膳食补充剂与健康教育法》《联邦肉类检查法》《禽产品检查法》《蛋类产品检查法》等。日本采用的是基本法立法模式。日本以基本法《消费者保护基本法》为核心与其他法律如《禁止垄断法》《访问销售法》以及《关于特定商品等委托交易合同的法律》等一起构成了日本消费者权益保护法律体系。关于消费者保护,英国制定有《转售价格法》等,后来还制定了消费者权益保护基本法《消费者利益保护法》。欧盟作为一个国家联盟,其对消费者的保护主要体现在欧盟条约和指令之中。欧盟正式提出消费者保护政策的是 1993 年修订之后的《罗马条约》,即新增加了条约第三条"加强对消费者的保护"。并通过了《普遍产品安全》《关于消费者协议中的不公正协议条款》《消费品的销售和保障》等。除此以外,欧盟各成员本身也都制定有消费者权益保护法,如德国有《食品法》《不正当竞争

---

① 段宝玫:《国外商业促销行为的立法规范及启示》,载《中国市场》2008 年第 6 期。

防止法》《分期付款买卖法》《格式契约法》等

随着网络信息技术的发展,网络消费成为现代生活的重要组成部分。为应对网络消费中的消费权益保护问题。各国在近些年又出台一些专门针对网络消费的消费者权益保护法规。如美国的《高性能计算机法规网络案》《全球电子商务纲要》《统一电子交易法》。欧盟制定了《欧洲电子商务行动方案》《电子商务指令》《消费者保护(远距离销售)规则》等。此外,国际经济合作与发展组织也制定了《电子商务消费者保护准则》,联合国贸法会通过了《电子签名示范法》等。这些法律法规成了传统消费者权益保护法律制度的补充。

六、国际商品流通的法律适用

国际商品流通,即国际货物买卖。国际货物买卖是有形货物跨越国界的流动,买卖双方当事人的营业地位于不同国家,至于当事人的国籍是否不同,则在所不计。国际货物买卖的法律,主要包括三部分:国际贸易惯例,各国有关国际货物买卖的国内立法及其冲突规范,国际货物买卖公约。国际贸易惯例源于11 世纪在地中海沿岸的所谓商人习惯法,直到今天,国际贸易惯例依然在发挥着调整国际货物买卖的作用,具有法的形式和法的效力。有的规则因此被国内法吸收,成为国内法的一部分。国际贸易惯例,主要有三种。《华沙—牛津规则》是 1928 年国际法协会华沙会议编纂了 CIF 方面的惯例,称为《华沙规则》,后经修订,改称《华沙—牛津规则》。《国际贸易术语解释通则》是目前最具广泛影响、得到普遍采用的成文化的国际贸易惯例。自 1936 年编订之后,先后多次作了补充和修订,现行的是《1990 年国际贸易术语解释通则》自 1990 年 7 月 1 日起生效。《1941 年修订的美国对外贸易定义》包含 CIF、FOB 等六种贸易术语,但同《国际贸易术语解释通则》中的内容很不一样。仅在当事人同意并在合同中规定采用时,才对一项交易适用。各国有关国际货物买卖的国内立法及其冲突规范是在因各国国内立法差异导致发生法律适用冲突时,调整国际货物买卖关系的法律手段。国际货物买卖公约是国际货物买卖法的重要组成部分,是国际货物买卖法的重要渊源。它所设定的规范是统一规范,所以国际货物买卖公约也被称为国际货物买卖统一法,是国际货物买卖统一实体法。1964 年,国际外交会议在海牙举行,会议通过了《国际货物买卖统一法公约》,同时通过了《国际货物买卖合同成立统一法》,前者是世界上第一部关于国际货物买卖的统一实体法,后者是世界上第一部关于国际货物买卖合同订立的统一实体法。联合国国际贸易法委员会于 1980 年在维也纳召开联合国国际货物销售合同会议。会议通过了《联合国国际货物销售合同公约》草案。为了减少国际贸易的法律障碍,该公约特别照顾到不同的社会、经济和法律制度,成为一部名副其实的国际货物买卖统一实体法。我国签署并核准了该公约,该公约于 1988 年 1 月 1 日起生效,对我国有约束力。

第三章　商品交易合同

商品交易合同是当事人就商品所有权转移而订立的合同。商品交易合同的成立、生效、变更和消灭适用我国民法典有关合同的规定。以商品交易合同的标的物为标准，商品交易合同可以分为生产资料交易合同和生活资料交易合同。

第一节　生产资料交易合同

一、生产资料交易合同的特点

（一）合同标的物为生产资料

合同的标的是指合同主体权利义务指向的对象。标的物则是标的行为的对象。生产资料交易合同的标的物为生产资料。经济学上，生产资料是人们在生产过程中使用的劳动资料和劳动对象的总称，是企业进行生产和扩大再生产的物质要素。生产资料包括生产工具、土地、建筑物、道路、运河、仓库、机器、设备、厂房等。商品交易合同中的生产资料是指能够转让的有形动产，如生产工具、机器、设备等。土地、建筑物、道路、仓库、厂房等不动产不属于商品交易合同的标的物。原因在于这些不动产虽然可能参与了生产的过程，其价值也包含到了产品的价值之中，但其本身并没有随着产品进入消费领域，不符合商品流通的基本定义。商品交易合同主体购买生产资料的直接目的是进行生产和扩大再生产，终极目标是获取生产利润。需要注意的是，以商品转售为专门目的的商品经营者虽然没有对商品进行加工、再生产，但其采购商品的目的在于销售获利，而非用于其本身的生活需要，故仍然将该商品视为生产资料。生产资料经过生产、再生产或者销售过程转化为生活资料,进入消费领域。

(二)合同主体为经营者

合同主体为经营者是合同的标的物为生产资料和经营者的定义两个方面共同决定的。从经营者角度看,经营者是与消费者相对的概念,我国《消费者权益保护法》第三条规定"经营者为消费者提供其生产、销售的商品或者提供服务的,应当遵守本法。"《反垄断法》第十二条规定"经营者是指从事商品生产、经营或者提供服务的自然人、法人和其他组织。"可见,在我国法律语境中,经营者既包括生产者,也包括销售者。同时,商品交易合同以动产有形商品为标的物。仅提供服务的经营者不属于商品交易合同的经营者。从合同标的物的角度看,商品交易合同以生产资料为标的物。生产资料是企业进行生产、再生产的有形商品、同时也是可以用于销售的有形商品。生产资料的购买者必定属于从事生产或者经营活动主体。以至于该生产资料的销售者是否从事生产或者经营活动则在所不论。如个人将其产品销售给生产者或者经营者时,该个人也视为从事生产或经营活动的主体。由此可见,生产资料交易合同的主体必定是经营者。

经营者作为生产经营主体,自然对其所生产和经营的商品具有常人难及的专业知识和经验,对商品信息的了解既全面又专业。这就为生产资料交易合同的双方主体提供了商品信息对称的客观基础,也为双方作为合同主体的平等地位奠定了基础。生产资料交易合同主体之间的平等性,决定了其属于平等民事主体之间的法律关系,适用民法规范调整。如果把经营者定义为商人,那么生产资料交易合同的主体就是商人,是商人与商人之间的合同。按照商法理论,生产资料交易合同就属于典型的商事合同关系,直接适用商法规范。

(三)合同行为具有重复性

在合同主体为经营者的前提下,合同行为具有重复性就是一个必然的逻辑结果。一方面,经营者生产和经营活动的重复性要求经营者不断地重复购买相同或类似生产资料,用于满足生产和经营的需要;另一方面,经营者在选择交易相对人的过程中需要成本。从成本角度考量,频繁更换交易主体的成本要远远高于与固定的交易相对人交易。一般而言,经营者在开始选择交易相对人时需要付出一定的成本。但经过考察,一旦确定合适的交易相对人后,经营者一般都会选择在一定时期内与固定的交易相对人进行交易。这是由经营者的营利目标所决定的。因此,在一般情况下,经营者的合同行为具有重复性。

合同行为的重复性为合同主体之间建立信赖关系提供了基础。经过多次的合同交易,合同主体双方能够更加深入地了解对方的信用、信誉状况,并依此做出是否继续合作交易的决定。这种经过重复合同行为达成的信任关系不仅能够保障合同安全,降低合同风险,同时还能够降低交易成本,给合同主体双方带来共赢的机会。如果合同行为的重复次数足够多,合同双方主体之间还有可能形成交易惯例。这种交易惯例不仅可以进一步降低合同风险,还可以成为合同主体双方之间的法律渊源,成为必要时解释合同内容的法律依据。

(四)合同具有营利性

营利,指谋取利润。法律意义上的营利是指法律主体从事经营的主观目的在于通过实施生产、交换等经营行为获取利益,实际获得与否则在所不论。如公司以营利为目的,设立公司的目的及公司的运作,都是为了谋求经济利益。为此,公司必须连续不断地从事某种经济活动,如商品生产、交换或提供某种服务。生产资料交易合同行为作为经营者生产经营活动的一部分,其目标就在于营利。需要指出的是,合同行为具有营利性仅是合同主体的主观目标,而不是结果。就生产资料交易合同行为的结果而言,合同行为客观上是否营利在所不论。从营利机制上看,生产经营者从事生产和再生产的目标是使商品增值以后通过合同行为销售获利。销售经营者以低价买入,高价卖出作为其营利机制。两者都需要依赖于合同行为。可见,合同具有营利性是由合同主体及其标的物——生产资料共同决定的。

同时,生产资料交易合同的营利性也决定了合同行为的经常性和持续性。合同的营利性也可能导致经营者在参与市场竞争的过程中违背道德和法律界限,从而不利于市场秩序和市场稳定。合同的营利性也有可能使经营者为实现营利目的,力求交易迅捷,而不会过分强调公平;否则,将会增加烦琐程序,就可能使商家贻误时机。体现在具体规则上，如短期时效规则、交易定型化等。当然，当合同主体双方都注重营利时，合同营利性也就成了合同双方主体利益冲突的根源。这也是生产资料商品交易合同与一般民事合同的区分所在。值得一提的是，我国《民法典》第五百八十四条规定，当事人一方不履行合同义务或者履行合同义务不符合约定，造成对方损失的，损失赔偿额应当相当于因违约所造成的损失，包括合同履行后可以获得的利益；但是，不得超过违约一方订立合同时预见到或者应当预见到的因违约可能造成的损失。其中"包括合同履行后可以获得的利益"可以理解为是合同经营者的可期待利益。生产资料交易合同的经营者的合同目的本身就是营利。承认经营者的可期待利益符合当事人的本意，并与其他国家商法的可期待利益规则趋向一致。

二、合同主体平等原则

合同主体平等是指生产资料交易合同当事人的法律地位平等。所谓法律地位平等是指合同当事人得依自己独立的意思表示决定合同是否订立、订立什么样的合同、与谁订立合同等事宜，不受合同相对人的命令和胁迫等。这种以意思表示是否自由、独立为判断标准的法律地位平等是一种形式上的平等。它是传统民法抽象人格的体现。传统民法忽略掉不同主体之间存在的身份、经济实力、性别、年龄、身体健康状况等方面的差别，把所有民事法律主体视为同质的人格。抽象人格是对自然意义上人格的超越，是人被抹去作为具体的人所具有的体质、外貌、欲望、爱好、需要等各种自然个性，而在法律上被等同看待的状态。[①] 事实上，世界上并不存在两个完全同质的主体，他们在上述各方面中存在或多或少的差异，从而导致客观上不能或者无法做出自由、独立的意思表示。即人与人之间的这种客观差异有可能导致合同主体之间存在实质上的不平等。

但是，就生产资料交易合同而言，合同双方主体之间却是相对平等的。这种平等即包括形式上的平等，也包括实质上的平等。形式上的平等自然毋庸置疑。实质上的平等则由以下几个方面决定。一是作为经营者，一般均以企业组

① 王延川：《抽象人格演进的文化解释与民法典的整合和分解》，载《河北法学》2009 年第 5 期。

织形式开展生产经营活动,具有相当的经济实力。二是经营者作为专业人员,合同双方主体对商品信息和市场行情都充分了解,信息对称。三是合同主体均以营利性为目的,其合同行为在动机上具有同质性。四是双方主体的营利目的使他们在同一合同法律关系中,具有零和博弈的特点。这种特点反过来要求合同双方的法律地位必须平等,否则必将体现为利益分配的失衡,从而导致结果的不公。可见,生产资料交易合同主体平等不仅仅因为它具备合同的外在形式,也是因为生产资料交易合同本身内在的特点决定的。

合同主体平等原则对于生产资料交易合同而言具有重要意义。它不仅关系到合同主体双方之间的权益,而且关系到商品流通的整体效率。由商品流通效率可知,市场机制发挥资源配置作用是提高商品流通整体效率的关键要素和路径。只要合同主体有一个形式平等和实质平等的市场竞争环境,那么在其自由利益驱动下,他们就能提高商品的品质或者降低商品的价格,提供符合市场需求的商品,发挥市场机制,使市场达到均衡状态。可见,合同主体平等原则是商品流通高效运行的重要条件之一。

三、生产资料交易合同的法律适用

生产资料交易合同首先是合同,当然适用有关合同的法律规范。只是如果在民商分立的立法模式下,如前所述,生产资料交易合同显然直接适用商法的规定,由商法调整。我国采用的是民商合一的立法模式,在这种立法模式下,生产资料交易合同作为买卖合同之一,属于典型合同,显然应当适用《民法典》关于合同的规定。根据法理及我国《民法典》的规定,生产资料交易合同法律关系属于私法范畴,在法律没有禁止和限制的前提下,合同当事人之间的约定本身就具有法律效力,应当优先适用。合同当事人没有约定的,可以适用民法典的规定,具体而言,可以按照《民法典》中买卖合同的规定、合同编通则的规定、民法典总则的规定的顺序逐个适用。生产资料交易合同涉及国际商品流通的,则可以根据合同中的具体情况选择适用国际惯例、国内法规定与国际私法冲突规范、国际货物买卖公约等规范。

第二节　生活资料交易合同

一、生活资料交易合同的特征

(一)合同标的物为生活资料

生活资料交易合同的标的物为生活资料。生活资料亦称“消费资料”或“消费品”,是用来满足人们物质和文化生活需要的那部分社会产品。作为生活资料交易合同标的物的生活资料是指用来满足人们物质和文化生活需要的有形商品,如各种吃、穿、住、用、行方面的生存资料和用于发展体力、智力的体育、文化用品等发展资料等。生活资料是社会主体作为生物学意义上的人生存的物质基础,也是社会劳动力再生产的物质保证。生活资料对社会主体个人和社会化大生产都具有重要意义。

(二)合同主体一方为消费者

一般认为,社会主体个人购买生活资料用于生活需要的,属于消费者。我国《消费者权益保护法》把消费者列为专门的保护对象,规定“消费者为生活消费需要购买、使用商品或者接受服务的,适用该法”。该法实施条例也明确规定,自然人等以谋利为目的购买、使用商品或接受服务的,不作为消费者予以特别保护。可见,生活资料交易合同的一方主体应当是消费者。消费者购买生活资料商品具有以下特点。一是合同标的物数量少金额小。这是由消费者的消费行为本身所决定。生活资料是消费者日常生活需要的商品。其特点在于购买频次高,单次需求量小,且单件商品的金额一般都不高。二是消费者与同一经营者之间的交易不具有重复性。一般都属于一次性交易。三是生产资料对于消费者而言属于刚性需求,其购买动机主要在于自身的健康安全或者社会交际需要。四是在现代社会化大生产的背景下,消费者无法掌握足够的商品信息,与经营者之间存在信息不对称的现象。五是消费者的非营利性。事实上,非营利性是消费者区别于生产资料商品购买都的重大区别之一。因为消费者具有非营利的特点,消费者对成本的概念就相对较弱,对商品内在信息的关注也就不多,关注更多的在于商品的外在功能和外观等。消费者的这些特点与经营者采购生产资料时总是重复采购同种类商品的情况存在明显区别。根据市场交易规律,消费者的这些特点也将使消费者在订立合同过程中议价能力弱化,整体上处于一个不利的地位。

(三)合同标的物经过多次流转

商品流通是商品从生产者向消费者转移的过程。生活资料更是如此。生活资料从生产者完成产品的生产到消费者实际获得该商品之间存在许多环节。这些环节包括但不限于生产厂家、批发商、仓储商、运输商、零售商等不同的经营者。在这些不同的流通环节中,商品有可能因为与不同经营者的接触而出现瑕疵或者缺陷,从而给消费者的人身与财产安全带来隐患。

(四)合同行为涉及消费者个人信息

与传统的线下商品流通不同,现代商品流通在网络通信技术的支持下得到了极大的发展。面对面的线下购物反而成了少数。在传统商品流通中,消费者直接在线下消费,支付的是纸币现金,除了完成商品交付和货款支付以外,消费者基本不会在经营者处留下任何有关个人信息的痕迹。相反,在现代商品流通活动中,线上消费、第三方物流等商品流通运行模式客观上要求消费者登录各种平台、提供各种个人信息。尤其在物联网技术支持下,很多通常不为人知晓的个人隐私也无处藏身,如果网络采购的商品可以反映消费者的消费习惯;个人使用的药品可以反映消费者的身体健康状况。现代科技发展为人们的日常生活带来了很大的便捷,提高了效率,但也带来了很多安全隐患。这些变化需要立法者从法律层面加以调整和规范,确保消费者个人信息安全。

案例参考 1　商品交易合同消费者主体资格认定①

2018 年 10 月 15 日,贾某杰在糙某公司经营的糙某家微信店铺购买银麸纤维粉

① 北京市第一中级人民法院(2022)京 01 民终 1730 号民事判决书。

10盒，单价268元每盒，共计2680元，订单编号：E20181015082×××××600014。2018年11月4日，贾某杰在同一微信店铺再次购买银麸纤维粉16盒，单价268元每盒，共计4288元，订单编号：E2018110418301200××××57。

2019年1月，贾某杰通过北京市“12345”热线投诉举报糙某公司销售的银麸纤维粉没有食品生产许可证，没有生产地址，且销售金额巨大涉嫌刑事犯罪等问题。2019年6月26日，北京市朝阳区市场监督管理局作出（京朝）市监食罚（2019）290449号行政处罚决定书，载明糙某公司于2018年9月11日至11月21日从海南永某保健品开发有限公司（以下简称永某公司）购进预包装食品银麸纤维粉共100盒，供货方永某公司也是原料进口/加工商，并认定糙某公司经营了未取得生产许可证生产的食品。该产品标签中未标注“净含量”三个汉字作为净含量标示的组成部分，未标注生产者的地址、联系方式、贮存条件、营养成分表，故糙某公司经营了标签不符合规定的食品。该处罚决定书还列明了其他违法事实，决定对糙某公司给予以下行政处罚：1. 警告；2. 没收违法所得26,305元；3. 并处货值金额11倍罚款294,800元。

糙某公司为证明贾某杰并非普通消费者，提交了青岛市李沧区人民法院（2019）鲁0213民初3921号民事判决书、山东省青岛市中级人民法院（2020）鲁02民终2155号民事判决书，上述两份判决书中原审原告张某英，其委托诉讼代理人陈某（张某英之子，本案原告贾某杰之夫），一审法院认定张某英并不属于普通意义上的消费者，据此驳回了原告的全部诉讼请求。二审法院维持了上述判决内容。糙某公司另提交（2015）浦民一（民）初字第4670号之一号民事裁定书、（2015）浦民一（民）初字第35639号民事裁定书、（2018）鲁0281民初1232号民事裁定书、（2021）鲁02民辖终234号民事裁定书，上述裁定书中原告（上诉人）均为本案贾某杰诉讼代理人陈某，案由为网络购物合同纠纷、买卖合同纠纷。以上事实，经一审法院审理查明。

一审法院认为，依据现有证据并结合双方诉辩意见以及本案查明的事实，本案的争议焦点为：

1. 本案是否已过诉讼时效。最高人民法院《关于适用〈民法总则〉诉讼时效制度若干问题的解释》* 第一条:民法总则施行后诉讼时效期间开始计算的,应当适用《民法总则》第一百八十八条关于三年诉讼时效期间的规定。第五条本解释自2018年7月23日起施行。本案中,张某英购买银麸纤维粉发生在2018年10月15日、2018年11月4日,均发生在最高人民法院《关于适用〈民法总则〉诉讼时效制度若干问题的解释》实施之后,故应当适用民法总则关于三年诉讼时效期间的规定。张某英于2021年5月20日向法院提起诉讼,即使自购买之日起计算诉讼时效亦未超过三年,故法院认为张某英对本案的起诉并未超过诉讼时效。

2. 涉案产品是否符合食品安全标准,糙某公司是否应当承担退款并赔偿十倍价款的责任。贾某杰在糙某公司经营的微信店铺上购买涉案商品,双方之间形成买卖合同关系。该合同是双方当事人的真实意思表示,不违反法律、行政法规的强制性规定,合法有效。《食品安全法》第三十五条规定:"国家对食品生产经营实行许可制度。从事食品生产、食品销售、餐饮服务,应当依法取得许可。"第六十七条规定:"预包装食品的包装上应当有标签。标签应当标明下列事项:(一)名称、规格、净含量、生产日期;(二)成分或者配料表;(三)生产者的名称、地址、联系方式;(四)保质期;(五)产品标准代号;(六)贮存条件;(七)所使用的食品添加剂在国家标准中的通用名称;(八)生产许可证编号;(九)法律、法规或者食品安全标准规定应当标明的其他事项。"本案中,北京市朝阳区市场监督管理局行政处罚决定书显示,糙某公司销售未取得生产许可证的食品,该局对糙某公司亦作出了处罚。故糙某公司应向贾某杰退还货款。由于涉案商品不符合食品安全,贾某杰自称已服用部分产品,且全部涉案商品已过保质期,依据其性质而言不再适合进行退货,故贾某杰可自行对上述产品销毁或委托相关行政管理部门予以处理。

根据已查明的事实,贾某杰两次大量购买存在问题的商品,购买之后向法院起诉主张销售者给予十倍赔偿。其委托诉讼代理人陈某作为原告以及作为张某英的委托诉讼代理人多次以消费者身份提起诉讼。贾某杰及其委托诉讼代理人对商品的类似瑕疵的认知要远远高于普通的消费者,类似的商品瑕疵和

* 本书案例引用法律时效以案例作出时为准。以下同。——编者注

缺陷已不足以对其形成误导,且贾某杰并未提交证据证明其因购买涉案商品遭受其他实际损失,故法院对贾某杰有关十倍损失的赔偿请求不予支持。

综上所述,依照《食品安全法》第三十五条、第六十七条,《民法总则》第一百八十八条,最高人民法院《关于适用〈民法总则〉诉讼时效制度若干问题的解释》第一条之规定,判决:(1)北京糙某科技有限公司于判决生效之日起七日内返还贾某杰货款6968元;(2)驳回贾某杰的其他诉讼请求。

二审认为,争议焦点在于一审认定贾某杰是否有权向糙某公司主张十倍赔偿。根据《食品安全法》第一百四十八条规定,生产不符合食品安全标准的食品或者经营明知是不符合食品安全标准的食品,消费者除要求赔偿损失外,还可以向生产者或者经营者要求支付价款十倍或者损失三倍的赔偿金。本案中,根据北京市朝阳区市场监督管理局行政处罚决定书显示,糙某公司存在销售未取得生产许可证食品的行为,因此其销售的涉案商品不符合食品安全标准。但根据本案查明事实,贾某杰于2018年10月15日、11月4日分别购买糙某公司10盒、16盒银麸纤维粉,购买的数量明显超过普通消费者的购买数量。而贾某杰的代理人陈某本身作为原告及作为张某英的委托诉讼代理人多次以消费者身份提起类似诉讼,其与其代理人对商品类似瑕疵的认知要远远高于普通消费者,类似商品瑕疵和缺陷已不足以对其形成误导。且根据《消费者权益保护法》第二条的规定,消费者是为生活消费需要购买、使用商品或者接受服务。而贾某杰、陈某、张某英一家与消费者为了生活需要购买、使用商品的目的明显不同,其系以索赔为目的进行的购买商品活动,购买商品是其向商家主张索赔的其中一个环节,其行为整体具有营利性,故其并非前述《食品安全法》第一百四十八条所述的"消费者"。故一审法院对贾某杰要求支付十倍赔偿的诉讼请求不予支持并无不当,本院予以维持,贾某杰所持一审法院对涉案商品的"类似瑕疵和缺陷"描述不清,其主张十倍赔偿于法有据的上诉理由不能成立,本院不予采纳。

贾某杰上诉主张一审法院把与本案毫无关联的人作为涉案食品购买人和诉讼提起人错误,因本院二审已经对一审文书中的错误名字进行了纠正,而该错误并不影响一审法院对本案法律关系的认定,故贾某杰的该项上诉理由所涉事实虽属实,但其以该理由主张一审判决结果错误于法无据;陈某本人及其作为其配偶、母亲代理人提起多起主张十倍赔偿案件,且其三人身份上具有最亲密的亲属关系,一审法院根据这些客观情况进行认定并无不当,贾某杰所持一审法院以其诉讼代理人的经历和认知作为理由进行认定错误的上诉理由不能成立,本院不予采纳;贾某杰又主张一审法院更改其诉讼请求程序错误,对此本院认为,其一审的诉讼请求系退还货款及十倍赔偿,一审法院结合其未遭受其他实际损失及其他事实,在综合考虑的基础上认定其关于十倍赔偿的诉讼请求不能成立正确,一审法院并未更改其诉讼请求,故其所持该项上诉理由不能成立,本院亦不予采纳。

综上所述,驳回上诉,维持原判。

案例分析指引

1. 如何理解消费者主体资格认定在生活资料流通合同中的法律意义？本案中排除原告消费者主体资格的依据是什么？

2. 如何理解本案中二审法院认为"原先与其代理人对商品类似瑕疵的认知要远远高于普通消费者,类似商品瑕疵和缺陷已不足以对其形成误导。"这一观点？这一观点与消费者主体资格认定是否存在关联？

二、消费者权益保护原则

(一)消费者权益保护的含义

消费者权益保护是指在消费者为生活消费需要购买、使用商品或者接受服务时,根据《消费者权益保护法》享有的特别保护。《消费者权益保护法》是民法的特别法,是基于消费者这一身份而专门制定的。基于身份而予以特别保护似乎是英国历史法学派的奠基人亨利·梅因所谓的"从身份到契约"的倒退。因为他在其名著《古代法》中曾言"所有进步社会的运动,到此为止,是一个'从身份到契约'的运动。"其实不然,梅因所谓的"身份"在古代社会中,是一个人在"家族"中所有权利和特权的来源,即身份是权利取得的基础和依据。"契约"是指个人可以通过订立协定而为自己创设权利、义务和社会地位。即"旧的法律是在人出生时就不可改变地确定了一个人的社会地位、现代法律则允许他用协议的方法来为自己创设社会地位……承认过去和现在之间的这种差别,是最著名的现代思想的实质。”显然,消费者这一身份并不是基于所谓的“家族”身份,而是基于其消费行为而赋予的一种相对于经营者而言的身份。其权利义务的获取仍然以当事人的合意为基础,即通过“契约”达到权利义务的约定。例如,我国《消费者权益保护法》第四条规定,经营者与消费者进行交易,应当遵循自愿、平等、公平、诚实信用的原则。因此,消费者这一身份不仅不会像梅因所说的“身份”那样带来社会不公,而是对消费者与经营者之间前者处于弱势地位的一种纠正。对消费者权益进行特别保护反而是一种社会追求实质平等的反映。另外,消费者在现代社会经济生活中的作用和重要地位也决定了对消费者的特别保护很有必要。

(二)消费者权益保护的理由与意义

1. 消费者权益特别保护的理由

通说认为,消费者权益保护的理由是因为消费者在与经营者的交易过程中处于弱势地位。从商品流通的角度看,消费者的弱势性表现为消费者为满足生活需要在购买、使用经营者所提供的商品的过程中缺乏相关商品有关的知识、信息等,即消费者与经营者之间存在显著的信息不对称现象。笔者认为,除了信息不对象这一原因以外,消费者的身份特点,即为生活需要而购买的刚性合同目的、一次性交易、单次消费商品的数量少金额小等也客观上决定了消费者在购买过程中的弱势地位。另外,现代市场经济简化商品交换程序、加快流通速度的客观要求使消费合同具有了定式合同或者附从合同的特点。有关商品和服务的交易条件由经营者事先确定,消费者处于只能单纯地表示接受或者不接受合同内容的地位。上述这些因素都在实质上影响了消费者做出真实意思表示的可能性,从而使合同本身所要求的主体之间地位平等的要件受到了损害。这种情况下的合同主体平等只能是形式上平等,而没有实质平等可言。在现代市场交易活动中,消费者多为个人,经营者多是有组织的企业法人实体,双方经济实力存在很大的差异,经营者享有更大的交易优势。特别是面对集团化的大型垄断企业,消费者往往被迫接受垄断高价。这也是需要加强对消费者权益特别保护的原因。

2. 消费者权益特别保护的意义

消费者权益受到法律特别保护也是由消费者在现代社会经济生活中的地位所决定的。事实上,从意义的角度看,与其说是保护消费者,不如说是保护消费行为。消费行为是指消费者为了生活需要从市场上购买生活资料的过程。在生产力低下,物质缺乏的时代,供不应求,消费受到生产的限制。当时,尽可能多地生产出产品是社会生产的第一任务。生产在社会中的地位远高于消费,因为社会经济增长完全取决于生产,而不是消费。20 世纪初,西方国家的生产力极大发展,产品供应大大增加,消费运动开始掀起。当社会产品的供应远大于社会消费需求时,社会经济的增长就不再是依赖于生产,而改由消费决定。消费在社会经济生活中的先导地位逐步得到确立。与生产约束型经济以生产者为中心不同,在需求约束型经济中,消费者成了经济增长的决定性因素。因此,自 20 世纪初开始,促进消费成为社会经济生活的重要任务。消费者在经济生活中的地位也是水涨船高,得到了前所未有的重视。面对现实经济生活中消费者的知情权、财产权、健康权,甚至生命权不断受到侵害的现象,美国、德国、日本等各国政府也陆续出台了有关保护消费者权益的法律。我国《消费者权益保护法》还特别规定了“保护消费者的合法权益是全社会的共同责任”。可见,消费者权益受到特别保护与消费者在现代社会经济生活中的地位的重要性是分不开的,与社会经济增长呈密切的正相关关系。

(三)消费者合同权益保护

《消费者权益保护法》对消费者权益的保护主要体现在对消费者合同权益的保护。消费者合同权益是指消费者在消费过程中与经营者订立的合同内容相关的权益。具体而言,至少包括如下权益。一是知情权。消费者享有知悉其购买、使用的商品或者接受的服务的真实情况的权利,可以要求经营者提供商品的价格、产地、生产者、用途、性能、规格、等级、主要成分、生产日期、有效期限、检验合格证明、使用方法说明书、售后服务,或者服务的内容、规格、费用等相关情况。二是自主选择权。消费者有权自主选择提供商品的经营者和其提供的商品,并有权进行比较、鉴别和挑选。三是公平交易权。消费者享有公平交易的权利。消费者在购买商品或者接受服务时,有权获得质量保障、价格合理、计量正确等公平交易条件，有权拒绝经营者的强制交易行为。四是瑕疵担保权。消费者购买或使用的商品有瑕疵的，有权要求经营者承担修理、退货、换货的责任。消费者合同权益既可以依据《民法典》的规定寻求救济，也可以依据《消费者权益保护法》要求经营者承担责任。

（四）消费者固有权益保护

消费者固有权益的保护是指消费者在消费过程中除了购买的商品以外的财产或人身受到损害时的权益保护。消费合同约定的商品以外的财产和人身权益属于消费者的固有权益。一般民法理论认为，合同违约责任以补偿为原则。我国《民法典》第五百八十四条规定，当事人一方不履行合同义务或者履行合同义务不符合约定，造成对方损失的，损失赔偿额应当相当于因违约所造成的损失，包括合同履行后可以获得的利益；但是，不得超过违约一方订立合同时预见到或者应当预见到的因违约可能造成的损失。可见，消费者的固有权益损害，因没有纳入合同内容，当然也就不能依据合同的法律规定获得赔偿。但是，这并不妨碍消费者可以通过其他法律规定获得相应的损害赔偿。具体如下，一是人格尊严权。消费者在购买、使用商品和接受服务时，享有其人格尊严、民族风俗习惯得到尊重的权利。人格尊严受到侵害，并有损害的，可以根据我国民法典有关人格权的规定要求赔偿。二是人身财产安全保障权。消费者在购买、使用商品时享有人身、财产安全不受损害的权利。消费者有权要求经营者提供的商品符合保障人身、财产安全的要求。消费者因购买、使用商品受到人身、财产损害的，享有依法获得赔偿的权利。三是精神损害赔偿请求权。《民法典》第九百九十六条规定，因当事人一方的违约行为，损害对方人格权并造成严重精神损害，受损害方选择请求其承担违约责任的，不影响受损害方请求精神损害赔偿。

三、生活资料交易合同经营者法定义务与责任

合同属于当事人意思自治的私法领域。只要法律没有禁止或者限制性规定，当事人在合同中的约定都具有法律效力。生活资料交易合同消费者与经营者之间有权根据当事人自由的意思表示就商品交易事宜约定双方权利义务。

但是,为了特别保护消费者权益,属于生活资料交易合同的,即使当事人没有在合同中约定,经营者一方也必须承担法律规定的义务或责任。

(一)明码标价的义务

明码标价是商业经营者向消费者提供商品时应当将商品的名称、规格、等级、货号、计量单位、产地、零售价格等内容通过一定载体标明,以便消费者了解商品价格信息的一项制度。明码标价是消费者行使商家和商品选择权的基础,消费者可以在购物消费时选择更好的消费方向,货比三家,择优选购。明码标价从形式上看是商品经营者的要约行为。根据合同法原理,要约是合同当事人的自由行为,属于合同订立过程,不属于合同约定的内容。是否发出要约,发出什么内容的要约应当由合同当事人自行决定。但是法律规定商品经营者向消费者发出要约时,必须包含价格条款。即商品经营者明码标价的义务是由法律强制规定的。因为这样可以简化消费者与经营者之间的议价过程,加快交易速度,降低交易成本,提高商品流通效率。明码标价还可以利用经营者之间的竞争机制防止经营者虚报价格,侵害消费者权益。明码标价同时也使经营者之间形成一种良性的价格竞争机制,使商品价格成为真正的市场价格,并使市场竞争秩序更加稳定有序。我国《消费者权益保护法》明确规定,商店提供商品应当明码标价。

(二)保证商品质量合格的义务

一般来说,质量条款是一个商品交易合同中的主要条款,由合同当事人就商品质量进行的约定。尤其在生产资料交易合同中,商品往往作为经营者生产或再生产的原材料或零部件。经营者对于该商品的性能、功能、材质等会有具体的质量标准和要求。该质量标准会成为供货方生产产品和收货方验货时的标准。即在生产资料交易合同中,质量条款是当事人合同中的一个重要条款,由当事人具体约定。但是,在生活资料交易合同中,这种观念却并非如此。消费者似乎有一种共识,即认为商品质量合格是商品买卖中的应有之义,即使消费者从来不与经营者进行个别约定,商品质量也应当是合格的。其实,消费者这种“应有之义”的共识并非空穴来风,而是有现实的法律基础的。因为法律规定商品生产者和经营者有义务保证商品质量合格。而且,根据我国《产品质量法》的规定,商品质量合格的内容至少应当包括以下三个方面。(1)产品不存在危及人身、财产安全的不合理危险。有保障人体健康、人身财产安全的国家标准、行业标准的,应当符合该标准。这是要求生产者在产品的设计、制造过程中按国家或行业标准进行。在产品设计方面,确保各种系数做到安全可靠;在产品制造方面,确保精度要求;在产品标识方面,保证清晰、完整。没有制订标准的,应以人们使用、消费该产品不会给人身、财产带来危害的要求作为判别依据。(2)具备产品应当具备的使用性能,但是,对产品存在使用性能上的瑕疵作出说明的除外。产品的使用性能是产品存在价值的前提,其使用性能应达到在产品说明书中阐明的功效,并与产品质量标准一致。对由于主观或客观原因而使产品性能有缺陷,但生产者已说明的,生产者可免除承担责任。(3)产品质量符合在产品或者包装上注明采用的产品标准,符合以产品说明等方式表明的质量状况。产品的内在质量应当与生产者对自身产品作出的说明一致,与该产品的国家、行业标准一致,与实物样品一致。当然我国《产品质量法》关于产品的规定与作为生活资料的商品并不完全一致。《产品质量法》所指的产品是指经过加工、制作,并用于销售的产品。显然初级农产品等未被包含在内。关于农产品的质量标准,我国《农产品质量安全法》规定,农产品质量安全是指农产品质量符合保障人的健康、安全的要求。对此,我国《消费者权益保护法》做出统一规定,即经营者向消费者提供商品或者服务,应当依照《产品质量法》和其他有关法律、法规的规定履行义务。可见,如果消费者对商品质量没有特别的要求,经营者对生活资料商品的质量保证义务是由法律规定的,不需要消费者自行进行约定。法律对经营者应当保证商品质量合格的义务进行规定,一方面,与明码标价一样,节约了当事人之间的协商成本,减少了质量纠纷的发生,提高了商品流通的效率;另一方面,统一的国家质量标准和行业标准以及严格的质量监管制度也为消费者安全提供了法律保障。

(三)包修、包换和包退等法定责任

包修、包换、包退义务是指商品经营者出售质量不合格商品时,经营者应当承担修理、更换和退货的义务,以下简称三包义务。《工业产品质量责任条例》

(1986)最早规定了三包义务的内容。该条例规定:产品质量不符合国家的有关法规、质量标准以及合同规定的对产品适用、安全和其他特性的要求的,产品的生产者、销售者“应当负责修理、更换、退货,赔偿实际经济损失”。并且,该条例第一条明确规定其立法目的在于保护用户和消费者的合法权益。当时,我国还没有颁布《合同法》,法学理论研究滞后,当然没有关于合同义务和责任的规定。该条例把商品经营者的三包责任直接规定为法定义务,用最直接的方式起到了保护用户和消费者合法权益的作用。后来,《产品质量法》和《消费者权益保护法》进一步以法律形式明确规定了商品经营者的三包义务。

从利益角度看,商品的包修、包换、包退属于当事人的合同权益。商品经营者的包修、包换、包退责任是其违反瑕疵担保义务而承担的责任,属于违约责任。我国在制定《民法典》时也直接继承了原合同法关于商品经营者三包义务的规定,即第五百八十二条规定,履行不符合约定的,应当按照当事人的约定承担违约责任。对违约责任没有约定或者约定不明确,受损害方根据标的的性质以及损失的大小,可以合理选择请求对方承担修理、重作、更换、退货、减少价款或者报酬等违约责任。笔者认为,与民法典作为一般法的规定相比,《消费者权益保护法》等特别法的规定更能体现包修、包换、包退具有法定义务的特点。该法第五十二条规定,经营者提供商品或者服务,造成消费者财产损害的,应当依照法律规定或者当事人约定承担修理、重作、更换、退货、补足商品数量、退还货款和服务费用或者赔偿损失等民事责任。值得一提的,商品经营者的包修、包换、包退责任从来都不仅只是商品的修理、更换和退货三种方式,而是包括了消费者权益保护法规定的多种民事责任方式。所谓的三包责任只是对三包责任条款的一个概括。

(四)冷静期无条件接受退货义务

冷静期无条件接受退货义务是指商品经营者应当接受消费者在购买商品后的合理期限内无条件退货的义务。从消费者角度看,它是指消费者在一定期限内享有无条件取消其购买商品或者预订服务的合同权利的制度,又名为撤销权、反悔权、无理由退货制度。

一般认为,规定商品经营者冷静期接受退货义务的理由如下。第一,保护处于弱势地位的消费者。在现代网络购物中,消费者对商品的了解仅限于经营者的展示与说明,无法实际接触和体验商品实物。经营者总是会过分宣传商品,以刷单骗取消费者信赖的经营者也不在少数,这很容易使消费者对预购商品信息处于一个不对称的状态,导致消费者在收到实物后发现其并非符合自己所期待。在此情况下,立法者引入冷静期制度,赋予消费者一定条件的反悔权,是倾斜保护弱者的体现,也是法律切实保障和落实消费者知情权、自主选择权的表现。第二,合同实质平等之追求。冷静期制度看似违背契约自由,实则不然。它是对信息不对称的一种补救措施。合同是消费者与经营者自愿订立之事实不容否认,但在交易之始,经营者就具备先天性优势地位。消费者无论对商品质量还是商品功能都无从判断其好坏,大多只能远程凭借感觉购买。严重的信息不对称造成了消费者在合同订立过程中出现意思表示失真的事实。规定商品经营者的冷静期接受退货义务能够让消费者通过接触商品实物,并对其作出相对客观的判断,重新赋予其选择权,以达到追求契约实质平等之效果。第三,经营者诚信经营之督促。诚信是经济者持续经营之根本。在网络购物中,经营者是整个交易过程的掌控方,难免会出现虚假宣传、欺诈等背离公平交易原则的行为。冷静期制度要求经营者承担无条件接受退货的义务,使经营者有可能承担退货的不利后果。为避免此种情形发生,经营者最明智的解决之道就是主动保证商品质量、商品功能抑或商品颜色等的真实性,使消费者尽可能通过网络实现类真实的体验,最大限度地减少退货情形的发生。从这一意义而言,冷静期制度的设计能够督促经营者提升商品质量,提高自身素质、诚信经营。

从消费者角度看,冷静期制度的本质在于赋予了消费者一次撤销生效合同的机会。这在事实上导致合同效力处于一种不稳定状态。即虽然合同已经生效,但有可能因为消费者行使撤销权而归于无效。消费者的这种权利不是消费合同中约定的权利,相对应的,商品经营者的无条件接受退货义务也不是合同约定的义务,而是由法律直接规定的。因此,商品经营者的冷静期无条件接受退货义务属于一种法定义务。当然,就我国目前立法看,商品经营者的冷静期无条件接受退货义务并不适用于所有的生活资料交易合同。根据《消费者权益保护法》第二十五条的规定,经营者无条件接受退货义务适用于采用网络、电视、电话、邮购等方式销售的商品。对于通过这些方式销售的商品,消费者有权自收到商品之日起七日内退货,且无须说明理由。但不适用于(1)消费者定作的;(2)鲜活易腐的;(3)在线下载或者消费者拆封的音像制品、计算机软件等数字化商品;(4)交付的报纸、期刊,以及其他根据商品性质并经消费者在购买时确认不宜退货的商品。此外,消费者退货的商品应当完好。经营者应当自收到退回商品之日起七日内返还消费者支付的商品价款。退回商品的运费由消费者承担;经营者和消费者另有约定的,按照约定。

需要指出的是,七日冷静期和适用的商品种类是法律对商品经营者义务内容的规定。如果商品经营者愿意在合同中承诺更长时间的冷静期期限,或者适用更多种类的商品,那么即使是线下实体店销售方式,这种承诺或者约定也是具有法律效力的。只不过这种法律效力来自当事人的约定,而不是法定。例如,在英国,允许顾客退换货已经成为商家经营策略的一部分。英国塞夫韦连锁超市集团在其商品收据上这样写道:购买商品之后如果发现不十分满意,任何商品都可以退货或更换。国际知名品牌 BALLY 皮鞋专卖店的收据上是这样写的:对于购买后没有穿过的鞋子,按原价购买者可在 3 个月之内原价退货,促销价商品可在 28 天之内按购买价格退货。品牌兼零售商马莎连锁店则更加慷慨,凡是从该公司零售店购买的商品,只要未曾用过且没有损坏、可以再出售,且收据还在,退货一概无时间限制。正如英国公平交易局的一份报告指出,英国经济已经越来越受消费者主导。因此,尽量满足消费者的需求,完善售后服务和实施退换货经营策略,是商家追求利益化不可忽略的重要一环。

(五)惩罚性赔偿责任

惩罚性赔偿是指民事主体违反民事法律规定,通过法院判处的由侵害人向被侵害人支付超过实际损失的金额的一种损害赔偿。惩罚性赔偿的含义至少应包括如下几层含义:第一,它是民事主体在承担补偿性赔偿的前提下承担的责任,体现了对违法行为一方的惩罚性。第二,它是由法院审理决定,也就是某个具体案件是否适用惩罚性赔偿必由人民法院以判决的形式作出,当事人不能预先约定,体现了法律对违法行为主体的制裁性。如果当事人有约定,即使赔偿金额大于法律规定的金额,也不属于惩罚性赔偿。第三,判处的惩罚性赔偿金是由民事主体向另一平等民事主体支付,而非交给国家。它表明这种惩罚性赔偿的性质仍在于平等主体之间的赔偿。第四,作为对民事责任补偿性原则的突破,惩罚性赔偿必须依民事特别法的明确规定才能适用。我国《消费者权益保护法》规定的商品经营者惩罚性赔偿是指商品经营者提供商品或者服务有欺诈行为的,应当按照消费者的要求增加赔偿其受到损失的制度。其中,商品经营者是惩罚性赔偿的义务主体。《消费者权益保护法》首次引入惩罚性赔偿制度是我国民事法律的一项重大突破。它为后来我国在其他民事法律制度,如知识产权法领域引进惩罚性赔偿制度奠定了基础。

惩罚性赔偿制度是源自英美法中的一种民事损害赔偿制度,是与大陆法系传统的补偿性赔偿制度相对应的赔偿制度。但是,惩罚性赔偿制度即使在英美法中也是颇具争议的法律制度之一。其原因在于,第一,惩罚性赔偿制度混淆了公私法的划分。第二,惩罚性赔偿制度确立的赔偿金因数额过高,且法律对之未做限制性规定,容易产生新的不公平现象。第三,由于惩罚性赔偿制度本身建构上的缺陷,适用惩罚性赔偿制度可能导致过分预防或预防不足的问题。对此,有学者认为,第一,关于是否混淆公私法的划分或是否为一种混合制度的问题。专家认为惩罚性赔偿制度是一种民事法律制度,而并非一种混合制度,也并不违反公私法的划分,它具有的惩罚和威慑功能不违背私法精神。民法是私法,不仅具有补偿的功能,也具有惩罚和威慑的功能,《民法典》规定的民事责任就包括了训诫、责令具结悔过等具有惩罚因素的责任形式,因此,惩罚和威慑功能是民法所固有的。惩罚性赔偿的惩罚、威慑功能是对民法责任形式的进一步拓展和体现。它仍是一种民事法律制度。第二,关于原告获得高额惩罚性赔偿的合理性问题。专家认为,消费者获得的惩罚性赔偿是合理的。其一,如果不采用惩罚性赔偿,消费者有可能得不到完全的赔偿;其二,诉讼是维护侵权制度有效威慑的必要措施。实行惩罚性赔偿制度,可以激励受害人积极起诉,通过诉讼保护自己的权利。可见,关于惩罚性赔偿制度的争议确实存在。笔者认为,关于惩罚性赔偿的公私法属性的争议更多的是理论上的意义。法律制度本身应当为现实社会经济生活服务。其功能应当在调节社会经济关系中得到体现。惩罚性赔偿制度对于欺诈等违法行为的威慑作用是显而易见的,可以使违法主体更加谨慎和收敛。对消费者而言,也确实能够提高其维权的积极性,保护自己的合法权益。从这一意义看,在消费者权益保护领域引进惩罚性赔偿制度具有较强的现实意义。

我国于1993年颁布的《消费者权益保护法》首次以特别法的形式确定了惩罚性赔偿制度。该法第四十九条规定,经营者提供商品或者服务有欺诈行为的,应当按照消费者的要求增加赔偿其受到的损失,增加赔偿的金额为消费者购买商品的价款或者接受服务的费用的一倍。修改后的《消费者权益保护法》第五十五条又将惩罚性赔偿的金额提高到三倍,并规定增加赔偿的金额不足五百元的,为五百元。同时,《食品安全法》第一百四十八条规定,生产不符合食品安全标准的食品或者经营明知是不符合食品安全标准的食品,消费者除要求赔偿损失外,还可以向生产者或者经营者要求支付价款十倍或者损失三倍的赔偿金;增加赔偿的金额不足一千元的,为一千元。根据上述有关惩罚性赔偿的法律规定,惩罚性赔偿的适用要件如下:(1)消费者为惩罚性赔偿的权利主体。关于消费者的概念,虽然《消费者权益保护法》明确规定以生活需要来界定,但是笔者认为,凡是不以生产或营利目的的商品购买者,均应当认定为消费者。因为非营利性才是消费者与生产经营主体的最大差别。(2)商品的生产者、经营者是惩罚性赔偿的义务主体,非经营者不适用关于惩罚性赔偿的规定。(3)经营者应当有欺诈行为。关于欺诈行为的认定。通说认为,经营者应当有欺诈的主观状态和欺诈行为。笔者认为"欺诈"本身就包含有主观状态的含义,但主观状态很难证明,因此,笔者认为主要应当以商品经营者的客观的"欺诈行为"作为认定标准。即通过经营者的"欺诈行为"推定其主观欺诈的状态。如果经营者能够证明其主观上确实不存在欺诈故意或过失,那么就不构成消费欺诈。事实上,如何认定消费欺诈行为一直是执法与司法的难点。为了解决这一难题,《侵害消费者权益行为处罚办法》第五条、第十三条、第十六条规定,明确列举了部分典型的消费欺诈行为。其中把以下十二种行为直接认为为属于欺诈行为。

(1)在销售的商品中掺杂、掺假,以假充真,以次充好,以不合格商品冒充合格商品;

(2)销售国家明令淘汰并停止销售的商品;

(3)提供商品或者服务中故意使用不合格的计量器具或者破坏计量器具准确度;

(4)骗取消费者价款或者费用而不提供或者不按照约定提供商品或者

服务；

(5)不以真实名称和标记提供商品或者服务；

(6)以虚假或者引人误解的商品说明、商品标准、实物样品等方式销售商品或者服务；

(7)作虚假或者引人误解的现场说明和演示；

(8)采用虚构交易、虚标成交量、虚假评论或者雇佣他人等方式进行欺骗性销售诱导；

(9)以虚假的“清仓价”“甩卖价”“最低价”“优惠价”或者其他欺骗性价格表示销售商品或者服务；

(10)以虚假的“有奖销售”“还本销售”“体验销售”等方式销售商品或者服务；

(11)谎称正品销售“处理品”“残次品”“等外品”等商品；

(12)夸大或隐瞒所提供的商品或者服务的数量、质量、性能等与消费者有重大利害关系的信息误导消费者。

对以下六种行为推定属于欺诈行为，经营者负有证明自己并非欺骗、误导消费者的义务。

(1)销售的商品或者提供的服务不符合保障人身、财产安全要求；

(2)销售失效、变质的商品；

(3)销售伪造产地、伪造或者冒用他人的厂名、厂址、篡改生产日期的商品；

(4)销售伪造或者冒用认证标志等质量标志的商品；

(5)销售的商品或者提供的服务侵犯他人注册商标专用权；

(6)销售伪造或者冒用知名商品特有的名称、包装、装潢的商品。

案例参考2 食品药品经营者十倍惩罚性赔偿法律要件①

2020年7月18日、7月25日，李某臣在富某华酒店购买“靖某号”保靖黄

① 湖南省长沙市中级人民法院(2021)湘01民终3697号民事判决书。

金茶 30 盒,每盒单价 680 元,共付款 20,400 元。富某华酒店向李某臣开具了共计 20,400 元的三张增值税普通发票(No. 160 × × ×00、No. 160 × × ×01、No. 160 × × ×04)。该商品外包装样式为棕色包装盒,内包装形式为若干蓝色分装袋。该商品外包装盒背面记载有"品类:黄金红茶;贮藏方式:干燥通风处;生产厂家:湖南省靖某号茶业有限公司;保质期:长期;原料产地:湖南省保靖县葫芦镇瓦厂村;生产地址:保靖县。"但该商品未标明规格、生产日期、成分、生产许可证编号等。以上事实,经一审法院审理查明。

一审法院认为:李某臣在富某华酒店购买茶叶并支付价款,富某华酒店交付货物并出具了票据,李某臣与富某华酒店之间构成了买卖合同关系,双方均应按照合同约定及法律规定履行各自义务。关于返还茶叶货款的问题。根据李某臣提供的样品及照片,案涉茶叶均系包装好的茶叶,符合预先定量包装的特征,应认定为预包装食品。根据《食品安全法》第六十七条第一款的规定,预包装食品的包装上应当有标签,标签应当标明名称、规格、净含量、生产日期、成分或者配料表、生产者的名称、地址、保质期等内容,富某华酒店销售的茶叶均没有上述标签标识,违反法律规定,故李某臣要求富某华酒店返还货款 20,400 元的诉讼请求,予以支持。与此同时,李某臣应当将购买的"靖某号"保靖黄金茶 30 盒退还富某华酒店,如不能退回则可按实际购买价款减少应退货款(按照 680 元每盒计算)。

关于茶叶价款十倍赔偿的问题。其一,根据《食品安全法》第一百四十八条第二款"生产不符合食品安全标准的食品或者经营明知是不符合食品安全标准的食品,消费者除要求赔偿损失外,还可以向生产者或者经营者要求支付价款十倍或者损失三倍的赔偿金"的规定,富某华酒店作为食品销售者,负有保证食品安全的法定义务,现其明知而销售无生产厂家、无生产日期、无保质期等包装内容的茶叶,系不履行法定安全审查义务的行为,应当被认定为销售明知是不符合食品安全标准的食品;其二,根据最高人民法院《关于审理食品药品纠纷案件适用法律若干问题的规定》第三条"因食品、药品质量问题发生纠纷,购买者向生产者、销售者主张权利,生产者、销售者以购买者明知食品、药品存在质量问题而仍然购买为由进行抗辩的,人民法院不予支持"的规定,李某臣虽明知富某华酒店销售的茶叶存在质量问题而仍然购买,但其有权主张惩罚性赔偿。李某臣要求富某华酒店赔偿其十倍货款204,000元符合法律规定,予以支持。

综上所述,依照《合同法》第九十七条、第一百三十条,《食品安全法》第二十六条、第六十七条第一款、第一百四十八条第二款、第一百五十条,最高人民法院《关于审理食品药品纠纷案件适用法律若干问题的规定》第三条之规定,判决:1. 富某华酒店于判决生效之日起十日内退还李某臣货款20,400元;李某臣同时向富某华酒店退还“靖某号”保靖黄金茶30盒,如届时退货缺少,则富某华酒店可按每盒680元的价格减少应退的货款。2. 富某华酒店于判决生效之日起十日内支付给李某臣赔偿金204,000元。

二审法院认为,本案上诉争议的焦点在于上诉人富某华酒店是否应当承担十倍赔偿责任。根据《消费者权益保护法》第二条规定,消费者为生活消费需要购买、使用商品或者接受服务,其权益受本法保护。《食品安全法》第一百四十八条第二款规定:“生产不符合食品安全标准的食品或者经营明知是不符合食品安全标准的食品,消费者除要求赔偿损失外,还可以向生产者或者经营者要求支付价款十倍或者损失三倍的赔偿金;增加赔偿的金额不足一千元的,为一千元。但是,食品的标签、说明书存在不影响食品安全且不会对消费者造成误导的瑕疵的除外。”由此可知,适用惩罚性赔偿应同时满足两个条件:其一是以生活消费为目的,其二是符合惩罚性赔偿的适用前提。本案中,李某臣多次向法院提起类似诉讼,短期内大量购入不同品种的茶叶,数量明显超出生活所需,并非以生活消费为目的,且李某臣并未提供任何证据证明其所购茶叶存在不符合食品安全标准的情形。因此,对李某臣要求富某华酒店支付十倍赔偿金的诉请本院依法不予支持。但鉴于富某华酒店销售的涉案茶叶确系违反了食品标注的相关规定,对李某臣诉请返还货款的请求应予支持,但李某臣应将涉诉茶叶返还给富某华酒店。

综上所述,一审判决认定事实清楚,但适用法律不当,本院依法予以纠正。依照《民事诉讼法》第一百七十条第一款第(二)项之规定,判决如下:(1)维持湖南省长沙市芙蓉区人民法院(2020)湘0102民初13848号民事判决第一项;(2)撤销湖南省长沙市芙蓉区人民法院(2020)湘0102民初13848号民事判决第二项。

案例分析指引

1. 食品药品经营者承担十倍惩罚性赔偿的法律要件有哪些？如何理解“以生活消费为目的”“知假买假”和“购买者明知食品、药品存在质量问题而仍然购买”之间的区别？

2. 食品药品与其他普通商品在涉及消费者权益侵害方面的法律适用有何不同？

第三节　商品交易合同关系人的法定义务与责任

商品交易合同关系人是商品流通过程的相关参与人，具体而言，是指与商品交易合同的某个要素相关，但不属于商品交易合同主体的第三方主体。商品交易合同关系人的法定义务是指根据法律规定由该关系人对商品交易合同特定主体或潜在主体及有关人员承担的义务。按照成为商品交易合同关系人的关联要素不同，商品交易合同关系人可以分为市场经营者、平台经营者、生产者、物流经营者、连锁经营者等。商品交易合同关系人法定义务的内容和对应的权利人因其与商品交易合同关联要素的不同而有所不同。

一、市场经营者的安全保障义务

市场经营者是指组织、管理和运营有形市场的经营者。此处的市场是指买方和卖方按照市场机制进行商品交易的有形场所。如菜市场、集贸市场、批发市场等。市场是买卖双方订立买卖合同，达成交易的场所，是商品交易合同的签订地。市场经营者与市场内经营者不同，后者是指直接与消费者或者顾客订立商品交易合同的市场主体。市场经营者的安全保障义务是指市场经营者对消费者、潜在消费者或者进入市场的其他人员之人身、财产安全依法承担的安全保障义务。就商品流通领域而言，市场经营者包括商品流通市场的所有者、管理者、承包经营者等对该市场负有法定安全保障义务或者对商品流通市场组织、管理和运营具有事实上控制力的公民、法人或其他社会组织。需要指出的是，单纯出租市场经营场所的不动产所有权人不应认定为市场经营者，因为该不动产所有权人没有参与市场的组织、管理和运行，不承担安全保障义务。另外,自身从事商品经营的市场经营者既是市场经营者,也是市场内经营者,即商品交易合同的主体。此时,市场经营者与市场内经营的身份发生重合。对此,市场经营者和市场内经营者应当分别按照法定的安全保障义务和约定的合同义务关系分别承担相应的义务。与市场经营者的安全保障义务相对应的权利主体是消费者或者潜在的消费者、实际进入该市场的其他任何人。权利主体是消费者还是潜在消费者,生产资料消费者还是生活资料消费者均在所不论,都属于市场经营者安全保障义务的相应权利人。

经营者安全保障义务的法理基础是社会活动安全注意义务。社会活动安全注意义务由诚实信用原则派生而来的。它来源德国法院法官从判例中发展起来的社会活动安全注意义务或者一般安全注意义务理论。社会活动安全注意义务原先指维持交通安全而言,其后扩张于其他社会交往活动,是指组织者在自己负有责任的领域范围内,应当负有"采取必要的、可期待的防范措施,保护第三人免于危险"的义务。市场经营者承担安全保障义务的法理依据为:第一,收益与风险相一致的原则。市场是经营者用于营利的场所,其收益来自市场经营本身,对市场经营应当承担更多注意义务和相应风险。第二,危险控制理论。该理论认为危险源辨识、危险性评价、危险源控制是危险控制的核心。经营者负责市场的组织、管理和运营,是危险控制的主体。第三,从经济学角度来看,由经营者承担安全保障义务更加具有经济性。这是由市场经营者的危险控制主体这一身份决定的。第四,从社会学角度看,根据现代公司法社会责任理论,经营者是强势群体,应尽到安全保障这一社会义务。事实上,从世界立法思潮来看,让经营者承担安全保障义务也是符合世界立法思想潮流的。

关于安全保障义务,我国 1993 年《消费者权益保护法》第七条做了比较笼统的规定。即消费者在购买、使用商品和接受服务时享有人身、财产安全不受损害的权利。2013 年《消费者权益保护法》修订后,第十八条第二款规定,宾馆、商场、餐馆、银行、机场、车站、港口、影剧院等经营场所的经营者,应当对消费者尽到安全保障义务。这一规定使关于安全保障的特别法规定更加具体化。作为一般安全保障义务则较早规定在 2004 年的最高人民法院《关于审理人身损害赔偿案件适用法律若干问题的解释》之中,其第六条规定从事住宿、餐饮、娱乐等经营活动或者其他社会活动的自然人、法人、其他组织,未尽合理限度范围内的安全保障义务致使他人遭受人身损害,赔偿权利人请求其承担相应赔偿责任的,人民法院应予支持。因第三人侵权导致损害结果发生的,由实施侵权行为的第三人承担赔偿责任。安全保障义务人有过错的,应当在其能够防止或者制止损害的范围内承担相应的补充赔偿责任。安全保障义务人承担责任后,可以向第三人追偿。赔偿权利人起诉安全保障义务人的,应当将第三人作为共同被告,但第三人不能确定的除外。一般安全保障义务正式纳入法律规定则是在2010年的《侵权责任法》第三十七条规定,宾馆、商场、银行、车站、娱乐场所等公共场所的管理人或者群众性活动的组织者,未尽到安全保障义务,造成他人损害的,应当承担侵权责任。后被我国《民法典》吸收,《民法典》第一千一百九十八条规定,宾馆、商场、银行、车站、机场、体育场馆、娱乐场所等经营场所、公共场所的经营者、管理者或者群众性活动的组织者,未尽到安全保障义务,造成他人损害的,应当承担侵权责任。

事实上,市场经营者的安全保障义务是立法者在综合考虑了经营者在商业活动中承担这种义务的社会经济价值及道德需要后,依据诚信及公平原则确立的法定义务。该义务的主要内容是:在特定的商品经营场所,权利人的人身和财产安全应当得到保障。义务人应当对这种人身和财产安全履行相应的积极作为或者消极不作为义务。如市场经营者应当对市场内的电梯运行、消防安全设施、楼梯扶手、地面设施等的安全性负有义务。市场经营者违反市场经营者安全保障义务的,应当对相关的商品流通参与主体承担赔偿责任。

案例参考3 市场经营者安全保障义务与责任认定①

2021年7月23日下午,原告何某晗及其妈妈等人在被告某某高邵阳新天地购物,经过卖水产品区域时,原告何某晗跑步追赶同行的另一男孩,在即将追上转弯时摔倒,造成口腔及牙齿受伤。原告受伤后,到邵阳市中心医院就诊,其中原告支付医药费168元(凭发票),被告支付医药费518.2元(凭发票)。2021年9月13日,原告何某晗经湖南天某律师事务所委托邵阳市人民司法鉴

① 邵阳市双清区人民法院(2022)湘0502民初67号民事判决书。

定所对其伤残、三期评定、后期治疗费进行鉴定，邵阳市人民司法鉴定所于9月29日以邵人民司鉴所〔2021〕临鉴字第569号司法鉴定意见书出具鉴定意见：被鉴定人何某晗不构成伤残，护理7天，营养30天，因未成年难以评估牙冠修复费用，建议10,000元左右（或双方协商处理），原告为此花费鉴定费2300元。

庭审中，原告和被告都分别提交了被告卖水产区域地面录像和事发时的监控，从原告提交的录像上看，卖水产品区域附近地面上有水，地面潮湿，但不是原告摔倒的地方；从被告提交事发时的监控录像上看，因拍摄距离较远，地面上是否有水不是很清晰，但能明确看到原告是在追赶过程中摔倒。双方均认可被告在卖水产品区域设置了安全警示牌。以上事实，经一审法院审理查明。

法院认为，本案属违反安全保障义务纠纷。公民依法享有生命健康权，公民、法人由于过错侵害他人人身的，应当承担民事责任。宾馆、商场、银行、车站、机场、体育场馆、娱乐场所等经营场所、公共场所的经营者、管理者或者群众性活动的组织者，未尽到安全保障义务，造成他人损害的，应当承担侵权责任。本案中，被告某某高邵阳新天地作为购物的经营场所，应当为消费者提供安全的消费环境，保证其经营场地、服务设施等符合保障人身安全的要求。现有监控由于距离问题看不清原告摔倒时地面一定有水，但从现场环境、摔倒地点是在水产区域来分析，原告主张其摔倒位置地面有水的事实具有高度盖然性，本院予以确认。被告虽设置了安全警示牌，但没有采用防滑垫等措施，增加原告摔倒风险，被告应承担侵权责任。同时，原告何某晗已年满九岁，应当知道在商场尤其是在有水的地板上追赶可能会摔倒，其一同购物的监护人也应对在商场购物追赶的安全问题有清醒的认识，原告何某晗对由此造成的损害后果自身负有较大的过错，应减轻被告的赔偿责任。综合考虑事故原因、损害后果以及事发现场环境等因素，本院酌定某某高邵阳新天地对何某晗的损失承担40%的赔偿责任，何某晗自担60%的责任。因原告受伤所发生的各项损失计算如下：（1）医疗费686元（凭医疗费票据，四舍五入计）。（2）关于护理费计算的问题，①护理费的标准，原告未提供护理人员工资及护理费票据，故应按不能提供护理费票据但确有护理需要的，参照"湖南省城镇私营单位从业人员上一年度年平均工资标准"中对应行业标准，即按居民服务、维修和其他服务业42081元/年计算，本院酌情予以认定；②护理天数，依法医鉴定确定其护理天数为7天，计算为807元(42081/年÷365天×7天)。(3)营养费900元(以不超过30元/天为标准,依鉴定认定为30元/天,30元/天×30天),本院予以认可。(4)后续治疗费10,000元,被告主张治疗费尚未发生,尚不能确定必然发生,不予认可。本院考虑到原告治疗周期较长,后期修复费用系其必要开支,故参照法医鉴定意见,对原告要求赔偿后期治疗费10,000元的诉讼请求,本院酌情予以支持。(5)鉴定费2300元,本院予以认可。(6)交通费100元,本院予以认可。以上损失合计14,793元,其中应当由被告承担40%即5917元,扣除被告已付医药费518元,被告还应赔偿原告5399元。据此,依照《民法典》第一千一百六十五条、第一千一百七十三条、第一千一百七十九条、第一千一百九十八条,最高人民法院《关于审理人身损害赔偿案件适用法律若干问题的解释》第六条、第八条、第九条、第十一条规定,判决如下:(1)被告某某高商业连锁股份有限公司邵阳新天地在本判决生效后十日内赔偿原告何某晗5399元;(2)驳回原告何某晗的其他诉讼请求。

案例分析指引

1. 本案中法院判决原被告双方分担责任的法律依据是什么?

2. 如何理解"被告虽设置了安全警示牌,但没有采用防滑垫等措施,增加原告摔倒风险,被告应承担侵权责任。"这一观点?

二、平台经营者的安全保障义务

平台经营者,是指在电子商务中为交易双方或者多方提供网络经营场所、交易撮合、信息发布等服务,供交易双方或者多方独立开展交易活动的法人或者非法人组织。通过电子商务平台销售商品或者提供服务的电子商务经营者称为平台内经营者。从形式上看,平台经营者与市场经营者有一定的相似之处,两者都是为商品交易双方完成交易提供服务的市场经营主体。不同之处在于,市场经营者是利用线下的实体场所为商品交易双方完成交易提供服务。平台经营者则是利用现代网络信息技术支持下的线上虚拟交易平台为商品交易双方完成交易提供服务。线上和线下的区别导致两者具有不同内容的法定义务和责任。平台经营者对商品交易合同主体主要承担两项法定义务。即个人信息安全保障义务和对平台内销售的商品及其服务提供的安全保障义务。

(一)个人信息安全保障义务

根据我国《个人信息保护法》第四条的规定,个人信息是以电子或者其他方式记录的与已识别或者可识别的自然人有关的各种信息,不包括匿名化处理后的信息。个人信息的处理包括个人信息的收集、存储、使用、加工、传输、提供、公开、删除等。

关于个人信息保护的学说[①]主要有以下几种:一是人格权说。个人信息纳入人格权的根本原因在于个人信息的可识别性。可识别性是个人信息的主要特征。根据权利内容的确定性不同,人格权又区分为一般人格权和具体人格权。一般人格权是德国联邦最高法院以判例的形式援引德国基本法而形成的框架性权利,它的突出特点是"不确定性"。但与自由、尊严等不确定性相结合,个人信息却又具有相对确定的特点,尽管其外延仍然较为宽泛。因此,将个人信息权界定为具体人格权予以保护的学说,是人格权说的通说,如王利明认为"个人信息权应作为独立的民事权利,而且应该作为一种具体人格权予以保护"[②]。二是隐私权说。隐私权说主要源自美国。在美国,个人信息保护是以隐私权为权利基础的。《1974 年隐私权法》首次确认了个人信息隐私权[③]。美国学者认为个人信息本质上是一种隐私,据此在法律上对其加以保护,可以界定其权利范围[④]。在我国,隐私权说得到了众多学者的支持,甚至有学者认为,在个人信息保护立法中,隐私权与个人信息保护概念可以互换使用[⑤]。在司法实践中,隐私权学说得到了充分贯彻,并通过一系列案件判决形成了较为全面的个人信息保护体系[⑥]。三是所有权说。顾名思义,即将个人信息作为民法上之"物",赋予其所有权,对之采取物权之保护手段。该学说认为,作为个人信

---

① 任龙龙:《个人信息民法保护的理论基础》,载《河北法学》2017 年第 3 期。

② 王利明:《论个人信息权在人格权法中的地位》,载《苏州大学学报(哲学社会科学版)》2012 年第 12 期。

③ David M·O'Brien, *Privacy, Law and Public Policy*, Praeger Publishers, 1979, p. 204.

④ Daniel J. Solove & Paul M. Schwartz, *Information Privacy Law*, Wolters Kluwer, 2009, p. 2. 转引自王利明:《论个人信息权的法律保护——以个人信息权和隐私权的界分为中心》,载《现代法学》2013 年第 7 期。

⑤ 周汉华:《个人信息保护法(专家建议稿)及立法研究报告》,法律出版社 2006 年版,第 30 页。

⑥ 刘静:《个人信息的一般人格性》,载《阜阳师范学院学报(社会科学版)》2013 年第 5 期。

息的生成者,自然人理应为个人信息的所有者,“只要不与法律和公共利益相抵触,所有权人均享有对个人信息的占有、使用、收益和处分权”①。波斯纳在《论隐私权》中认为信息是具有经济价值的物,人们需要支付代价去获得。故而他将人作为信息主体,赋予信息产权②。

笔者认为以上学说无疑都具有合理性。个人信息在现代网络技术背景下兼具人格权、隐私权和所有权的特点。但是就商品流通领域而言,消费者安全是商品流通安全的重要内容之一。消费者登录平台从事商品交易合同行为时,鉴于平台的电子商务属性,势必将必要的信息提供给平台,从而使平台成为消费者个人信息的处理者。平台经营者作为商品流通活动的参与者,主要应当从两个方面保护消费者个人信息。一是个人信息的可识别性给消费者带来的安全问题。如电话号码、个人姓名及个人生物识别信息等。二是个人购物信息中包含的消费者个人隐私信息。如特定商品反映出的个人癖好、特殊药品反映出个人的健康信息等。至于,个人信息的财产性对消费者而言反而并不是最重要的。对商品流通领域涉及的个人信息问题,立法者首先把个人信息的处置权交给消费者个人。我国2021年《个人信息保护法》第十六条规定,个人信息处理者不得以个人不同意处理其个人信息或者撤回同意为由,拒绝提供产品或者服务;处理个人信息属于提供产品或者服务所必需的除外。其次,对于消费者已经提交给平台经营者或者平台内经营者的个人信息的保护问题。《民法典》第一千一百九十四条规定,网络用户、网络服务提供者利用网络侵害他人民事权益的,应当承担侵权责任。法律另有规定的,依照其规定。这是民法作为一般法就网络侵权承担损害赔偿的规定。《电子商务法》第二十三条规定,电子商务经营者收集、使用其用户的个人信息,应当遵守法律、行政法规有关个人信息保护的规定。根据《个人信息保护法》第六十九条规定“处理个人信息侵害个人信息权益造成损害,个人信息处理者不能证明自己没有过错的,应当承担损害赔偿等侵权责任。”可见,侵害个人信息的平台经营者应当对消费者承担损害赔偿责任。

---

① 汤擎:《试论个人数据与相关的法律关系》,载《华东政法学院学报》2000年第9期。

② [美]理查德·A.波斯纳:《论隐私权》,常鹏翱译,载梁慧星主编:《民商法论丛》第21卷,金桥文化出版有限公司2001年版,第345~381页。

案例参考4 平台经营者个人信息保护界限①

唯某会公司系唯某会平台的运营主体,用户可通过网站和App使用该平台;周某聪系唯某会平台的注册用户。周某聪提交的唯某会账户个人中心页面截图显示:在“个人中心”界面可以设置、查阅“个人资料”“账户与安全”“我的足迹”“我的订单”。通过庭审现场勘验,周某聪在“个人资料”页面设置了头像、收货地址、购物习惯(购买对象、喜欢的商品);在“账户与安全”界面,绑定了156××××541的手机号码;在“我的足迹”可以查阅周某聪在一个月内的浏览商品记录;在“我的订单”可以查询周某聪的订单详情,包括收件人姓名、收货地址、手机号码。周某聪未提供的信息包括:邮箱、昵称、生日、实名认证、关联账号以及支付信息。唯某会后台调取了周某聪的信息,调取出来以文档格式展示:登录账号、绑定账号为15×××41;注册时间为2019年2月1日;昵称为唯某会会员,性别女;无任何微信、QQ、小程序等登录过程中收集到的信息;两个收件人信息,收货人均标注为“周缦卿”,收货手机号与登录账号相同。

2021年3月1日,周某聪致电唯某会客服,表示其系唯某会客户,因其母亲接到陌生电话对方对周某聪购物留下来的个人信息有所了解,故担心个人信息泄露,想知道唯某会收集了哪些个人信息,希望唯某会披露所收集到的其个人信息(如姓名、性别、出生年月、家庭信息、常用地址、联系方式,账户信息、设备型号操作系统版本、唯一的设备识别符、位置信息、IP地址等)。唯某会客服表示:“用户有填写的信息,可以在App个人中心予以查看,且这些信息采取了加密的保护措施,不会泄露;对于用户没有填写的信息,唯某会是没有办法展示的,且鉴于登录账号6541用户即周某聪本人账户没有实名认证,唯某会也是没有办法知道的。”同日,周某聪通过电子邮件“周缦卿〈zho×××@163.com〉”向唯某会隐私专职部门邮箱发送邮件,邮件内容称其刚致电了唯某会客服,客服称目前没有渠道向其披露公司所收集的个人信息,因焦虑个人信息被过多收集,请求公司披露相关内容,请求披露的内容同案涉起诉附件清单。唯某会公司未回复该邮件。

① 广州互联网法院(2021)粤0192民初17422号民事判决书。

周某聪提交了电话号码156××××××××的实名信息，显示该号码身份证实名认证主体为周某聪本人。唯某会提交了安全等级保护三级认证、ISO 27001:2013 认证，拟证明唯某会已根据法律法规规定，采取了符合业务标准、合理可行的安全防护措施以保护用户的个人信息安全。

庭审中，唯某会确认平台收集周某聪的信息包括：一是周某聪自行提供的信息；二是系统自动收集、生产的信息。结合周某聪申请披露的个人信息列表，唯某会公司确认其公司收集到的个人信息如下：(1)账户信息：账户注册时间、账号、昵称、头像。(2)个人基本信息：性别、居住地、手机号码。(3)设备信息：设备型号、操作系统版本、唯一设备标识符。(4)日志信息：浏览记录、订单信息、IP 地址。(5)原告的收货信息：收货人姓名、收货地址以及手机号码，及相应的订单号、所购商品或服务信息、支付的货款金额。唯某会陈述并未查询到周某聪有通过 PC 电脑端使用唯某会的情形，对此，周某聪予以确认。

另查，经过庭审勘验周某聪的手机系统权限设置，显示周某聪授权唯某会 App 的权限如下：使用时允许唯某会收集位置信息；储存空间处于可访问状态；麦克风、相机、电话、通讯录、短信、悬浮式等权限均处于拒绝唯某会访问状态。以上事实，由本院予以确认。

本院认为，本案系个人信息保护纠纷。案涉纠纷发生于《个人信息保护法》生效之前，但该法律事实持续至《个人信息保护法》施行后，因此，本案可适用个人信息保护法的相关规定。本案的争议焦点为：

一、周某聪要求查阅、复制的信息是否属于个人信息

《民法典》第一千零三十四条规定："个人信息是以电子或者其他方式记录的能够单独或者与其他信息结合识别特定自然人的各种信息，包括自然人的姓名、出生日期、身份证件号码、生物识别信息、住址、电话号码、电子邮箱、健康信息、行踪信息等。"《个人信息保护法》第四条规定："个人信息是以电子或者其他方式记录的与已识别或者可识别的自然人有关的各种信息，不包括匿名化处理后的信息。"

根据上述规定，个人信息认定的关键因素是"识别"，只有可以直接或间接识别特定自然人的信息才是个人信息。本案中，周某聪要求唯某会公司披露的信息，其中个人资料中的姓名、电话号码、订单信息在一般情况下可以直接识别

到特定自然人的身份和财产状况；其他如设备信息、位置信息、浏览记录等信息，虽然仅凭借该信息无法识别出特定的自然人，但与其他信息进行结合就可以识别出特定的自然人。因此，周某聪诉请唯某会公司披露的以上信息属于个人信息的范围。

关于唯某会公司抗辩设备信息以及日志信息是系统自动记录的信息，兼具商业运营信息的属性，企业有权在合理范围内且在不损害用户权益的基础上加以利用。本院认为，设备信息是用户在使用唯某会 App 过程中所持有的个人常用设备型号、唯一设备识别码等硬件信息；日志信息，特别是其中的订单信息涉及用户姓名、收件人姓名、收件地址与收货电话号码。以上信息显然是用户主动提供的，可以指向用户的身份信息、财产信息、上网记录信息以及个人常用设备信息，属于个人信息，即便唯某会要利用设备信息和日志信息进行商业运营，亦不影响其个人信息的界定，自然人许可他人使用个人信息，而这种许可并不视为自然人放弃或者转让了其个人信息权益。因此，周某聪对其诉请唯某会公司披露的设备信息和日志信息具有个人信息权益，唯某会公司不应以商业利益为由拒绝周某聪对设备信息和日志信息行使权利。

二、个人信息查阅权、复制权的范围

《民法典》第一千零三十七条第一款规定："自然人可以依法向信息处理者查阅或者复制其个人信息。"《个人信息保护法》第四十五条第一款亦规定了个人有向个人信息处理者查阅、复制其个人信息的权利。据此，个人享有向个人信息处理者查阅、复制其个人信息的权利，周某聪作为个人信息主体，有权向收集、处理其个人信息的唯某会公司查阅、复制其个人信息。

参考国家标准 GB/T 35273—2020《信息安全技术个人信息安全规范》，其中第 8.1 条将查阅的内容规定为："个人信息控制者所持有的个人信息或者个人信息的类型；上述个人信息的来源、所用于的目的；已经获得上述个人信息的第三人身份或类型。"可知，个人信息查阅权、复制权的客体"个人信息"，不仅包括个人信息本身，还应该包括个人信息处理的相关情况。本案中，周某聪诉请唯某会公司披露收集到的其所有个人信息，其请求内容不仅包括个人信息，也包含了个人信息处理的相关情况。唯某会公司确认收集到的个人信息属于唯某会公司正在处理的个人信息，应当依法提供给个人信息主体进行查阅和复

制。至于周某聪诉请披露的清单中所列其他个人信息以及个人信息处理的相关情况是否应在查阅、复制的范围,本院具体分析如下:

(1)关于周某聪所列清单中的“第三方 SDK 从唯某会公司收集到的其个人信息”。根据《唯某会隐私政策》中“您授权我们收集和使用您个人信息的情形——为您提供安全保障”条款约定“我们还可能在应用程序中嵌入我们合作的第三方合作伙伴开发的应用安全类的软件工具开发包(在本隐私政策中简称‘SDK’)收集您的设备信息、服务日志信息”可见,唯某会公司有向 SDK 共享用户信息的可能。至于第三方 SDK 实际收集了周某聪的何种信息,虽然附件一第三方 SDK 目录中列明了可能嵌入的第三方 SDK 名称、用途以及手机个人信息类型,但实际内嵌于唯某会 App 中的第三方 SDK 以及该 SDK 实际收集的用户具体个人信息,用户是无法查阅的。因此,唯某会公司仍有必要向周某聪清晰列出实际内嵌第三方 SDK 收集的周某聪个人信息,包括第三方 SDK 的具体名称,以及第三方 SDK 已经收集到的周某聪个人信息基本情况,包括信息类型、信息内容、使用目的和使用场景。

(2)关于周某聪所列清单中的“哪些信息被用于用户画像”。参考国家标准 GB/T 35273—2020《信息安全技术个人信息安全规范》第 3.8 条规定,用户画像是指“通过收集、汇聚、分析个人信息,对某特定自然人个人特征,如职业、经济、健康、教育、个人喜好、信用、行为等方面作出分析或预测,形成其个人特征模型的过程。”可知,用户画像是通过算法对个人信息的集合或部分集合进行自动化决策的过程。根据《个人信息保护法》第二十四条第三款规定,通过自动化决策方式作出对个人权益有重大影响的决定,个人有权要求个人信息处理者予以说明,并有权拒绝个人信息处理者仅通过自动化决策的方式作出决定。本案中,周某聪并未提交证据证明唯某会公司作出了对其个人权益有重大影响的自动化决策,其诉求唯某会公司披露具体哪些信息被用于用户画像,无事实和法律依据,本院不予支持。

(3)关于周某聪诉请披露的“对外分享的信息:共享给第三方的信息以及第三方的具体名称”。根据《唯某会隐私政策》的规定,唯某会公司可能会将用户的个人信息与其关联方、授权合作伙伴共享,合作伙伴包括商品或技术服务的供应商、第三方商家以及委托唯某会公司进行推广的合作伙伴。该隐私政策并未披露共享个人信息的关联方以及授权合作伙伴的具体名称，根据《个人信息保护法》第二十三条的规定，“个人信息处理者向其他个人信息处理者提供其处理的个人信息的，应当向个人告知接收方的名称或者姓名、联系方式、处理目的、处理方式和个人信息的种类，并取得个人的单独同意。”据此，唯某会公司有必要根据周某聪的申请披露与第三方共享个人信息清单，列明第三方的具体名称以及共享给第三方的周某聪个人信息，包括信息种类、信息内容、使用目的、使用场景和共享方式。

(4)关于周某聪所列清单中的“支付信息：与唯某会合作的第三方支付机构从唯某会收集到的账户信息”，该信息仍属于上述唯某会公司共享给第三方的个人信息范畴，唯某会公司应根据周某聪的申请予以披露。

(5)至于周某聪所列清单的其他信息：姓名、出生年月日、电子邮箱；设备名称、移动应用列表、应用程序版本、语言设置、运营商网络类型等软硬件特征信息；GPS 位置以及能够提供相关信息的 WLAN 接入点、蓝牙和基站；搜索内容、浏览器类型、访问日期、时间以及访问的网页记录等，唯某会公司未确认已收集以上个人信息，周某聪亦无证据证明唯某会存在收集行为，故周某聪主张查阅、复制以上个人信息，无事实和法律依据，本院不予支持。

三、唯某会公司是否侵害了周某聪的查阅复制权，如侵权成立，唯某会公司应以何种方式保障查阅复制权的行使

1. 唯某会公司是否侵害了周某聪的查阅权和复制权

个人信息查阅复制权，系个人信息处理公开透明原则的具体要求，是个人对个人信息处理享有知情权的具体体现，也是保障个人信息决定权的重要前提。关于唯某会公司抗辩提出的个人信息查阅权“可诉性”的问题，《个人信息保护法》第五十条规定：“个人信息处理者应当建立便捷的个人行使权利的申请受理和处理机制。拒绝个人行使权利的请求的，应当说明理由。个人信息处理者拒绝个人行使权利的请求的，个人可以依法向人民法院提起诉讼。”据此，个人的查阅复制权被个人信息处理者无理由拒绝后，个人有权寻求司法救济，通过向法院提起诉讼而请求排除妨碍。考量周某聪个人信息查阅权、复制权是否被侵害，应当从以下两个维度进行：①周某聪是否已行使查阅复制请求权；②唯某会公司是否存在无正当理由拒绝的行为。结合本案，具体分析如下：

(1)周某聪已行使查阅复制请求权

查阅复制权是个人在个人信息处理活动中的权利,但是,法律并未明确规定该权利行使的前提条件,对此,本院认为,个人只需要能够证明自己属于个人信息主体即可以行使查阅复制权。案涉周某聪注册的唯某会账号虽然未进行实名认证,但周某聪使用了其手机号码进行注册并绑定了账号,收货联系人手机号码亦与账号一致,且案涉周某聪的手机号码已实名登记。根据《全国人民代表大会常务委员会关于加强网络信息保护的决定》第六条规定,电话号码必须实名登记,据此,电话号码这一信息可以识别出特定的自然人。周某聪通过实名登记的移动电话联系了唯某会公司的客服,客服亦通过周某聪的来电核实到周某聪的注册账号,因此,周某聪已经证明了其属于案涉账号的信息主体。

根据唯某会隐私政策的约定,用户在无法通过个人账户访问其个人信息或是使用产品过程中产生的其他个人信息时,可以通过拨打客服电话或者向唯某会隐私专职保护部门发送邮件的方式要求访问。周某聪根据隐私政策的规定,先后通过致电客服和发送邮件的方式提出了查阅复制其个人信息的请求,可认定其已向唯某会公司行使了查阅复制请求权。

(2)唯某会公司存在无正当理由拒绝周某聪行使查阅、复制权的行为

其一,周某聪通过唯某会客服查询个人信息,唯某会客服陈述"用户有填写的信息,可以在App个人中心予以查看;对于用户没有填写的信息,唯某会是没有办法展示的",但根据唯某会隐私政策以及唯某会公司庭审中所确认的,除了周某聪自行提供的个人信息,系统还会自动收集、生产信息,包括:设备信息(设备的型号、操作系统版本、唯一设备标识符)以及日志信息(订单信息、浏览信息、IP地址)。经过庭审勘验,可以确认周某聪通过唯某会App并无法查阅设备信息以及日志信息中的IP地址。《个人信息保护法》第四十五条第一款规定了个人不得行使查阅、复制的两种情形:第一,本法第十八条第一款规定"法律、行政法规规定应当保密或者不需要告知的情形";第二,本法第三十五条规定"国家机关为履行法定职责处理个人信息,告知将妨碍国家机关履行法定职责的"。显然,设备信息和IP地址并不属于以上规定的两种情形,唯某会公司应当予以告知。

其二,关于周某聪向唯某会公司个人信息专职保护部门发送邮件的请求,虽然周某聪未附有个人的身份信息,其注册账号亦未提供电子邮箱,但周某聪使用了其收货人姓名“周缦卿”作为邮件发送方,唯某会公司是可以向周某聪验证身份的。《电子商务法》第二十四条规定:“电子商务经营者应当明示用户信息查询、更正、删除以及用户注销的方式、程序,不得对用户信息查询、更正、删除以及用户注销设置不合理条件。电子商务经营者收到用户信息查询或者更正、删除的申请的,应当在核实身份后及时提供查询或者更正、删除用户信息。”参考国家标准 GB/T 35273—2020《信息安全技术个人信息安全规范》第8.7 条规定,“响应个人信息主体的请求,对个人信息控制者的要求包括:在验证个人信息主体身份后,应及时响应个人信息主体的请求,应在30 天内或法律规定的期限内做出答复及合理解释,并告知个人信息主体外部纠纷解决途径。”《唯某会隐私政策》中亦规定“为了保障安全,我们可能需要您提供书面请求,或以其他方式证明您的身份,我们将在收到您反馈并验证您的身份后的15天内答复您的请求。”可见,不论基于法律法规规定、国家相关标准,还是唯某会公司与周某聪之间的约定,唯某会公司在接到周某聪请求时的首要工作是验证其个人信息主体身份,然后在合理的期间做出答复,但唯某会公司在收到周某聪发送的邮件后,并未作出任何处理,实质上是拒绝了周某聪的申请。且在周某聪对唯某会公司提起诉讼后,唯某会公司已经核实了周某聪的个人信息主体身份,仍拒绝披露周某聪在 App 个人资料页面无法查看的信息。综上,本院认定唯某会公司存在无正当理由拒绝周某聪行使查阅、复制权的行为。

2. 唯某会公司应以何种方式保障查阅复制权的行使

法律规定个人信息主体有权复制其个人信息,与之相对的就是个人信息处理者应当提供正在处理的个人信息的副本,这种副本的形式应当包括纸质的,也包括电子化的,其应当是结构化的、通用的及可读的。庭审中,唯某会公司陈述可以通过截屏的方式获取个人资料的个人信息,但截屏显然不属于通用的个人信息副本形式。鉴于唯某会公司在隐私政策中明确约定用户可以获取个人信息副本,因此,唯某会公司有必要提供一种通用的、可下载的个人信息副本方式,考虑到周某聪以电子方式提出请求,唯某会公司也应当以常用的电子形式提供个人信息副本,如 Excel 表格、Word 文档等。

综上，唯某会公司存在拒绝周某聪个人行使权利请求的行为，且拒绝理由不充分，周某聪向唯某会公司主张个人信息查阅、复制的请求权，有事实和法律依据，本院依法予以支持。根据周某聪的申请，唯某会公司应当披露的内容包括：①唯某会公司确认收集的周某聪个人信息；②嵌入唯某会App第三方SDK的名称以及收集的周某聪个人信息基本情况；③唯某会公司共享给第三方的周某聪个人信息基本情况。

庭审中，周某聪确认其未使用过唯某会电商网站（××），因此，其诉请唯某会公司披露在使用网站期间收集到的所有个人信息，无事实和法律依据，本院不予支持。

四、周某聪要求唯某会删除相关"非必要个人信息"的诉请能否得到支持

关于周某聪删除权的诉请，本院认为，第一，应探究唯某会公司收集的相关个人信息是否取得了周某聪的同意；第二，应分析唯某会公司是否存在主动删除周某聪相关个人信息的情形。

第一，根据《个人信息保护法》第十三条第一款第一项规定，"取得个人的同意，个人信息处理者可处理个人信息。"唯某会公司提交的注册流程显示，用户注册唯某会App时需"仔细阅读、充分理解《唯某会服务条款》《隐私条款》《唯品支付服务协议》中的条款内容后再点击同意注册"，周某聪注册了唯某会App用户，即表示其已经阅读并同意了《唯某会隐私政策》。根据隐私政策约定，唯某会公司可根据用户的授权收集设备信息、网络日志、收集用户消费习惯形成用户画像等，且根据庭审勘验，周某聪可通过手机权限选择是否授权唯某会使用位置信息、相机、储存等信息。可见，唯某会公司虽然收集了周某聪主张的"非必要个人信息"，但取得了周某聪本人的同意。

第二，《个人信息保护法》第四十七条第一款规定："有下列情形之一的，个人信息处理者应当主动删除个人信息；个人信息处理者未删除的，个人有权请求删除：（一）处理目的已实现、无法实现或者为实现处理目的不再必要；（二）个人信息处理者停止提供产品或者服务，或者保存期限已届满；（三）个人撤回同意；（四）个人信息处理者违反法律、行政法规或者违反约定处理个人信息；（五）法律、行政法规规定的其他情形。"本案并无证据表明唯某会公司存在以上应当主动删除周某聪个人信息的情形，周某聪述称其有理由怀疑唯某会公

司收集“非必要个人信息”用于商业营销之用，并无证据予以证实。

综上，周某聪未提交证据证明唯某会公司存在应当主动删除其个人信息的情形，唯某会公司根据周某聪的授权同意收集了相关个人信息，周某聪现要求唯某会公司予以删除，无事实和法律依据，本院对此不予支持。

综上所述，唯某会公司作为大型的网络购物平台，应当践行保护个人信息知情权的理念，优化产品设计，提供更加便捷的个人信息查阅复制途径，充分保障个人信息主体的查阅权和复制权，本院对周某聪的诉讼请求，予以部分支持。依照《民法典》第一千零三十四条、第一千零三十七条，《个人信息保护法》第四条、第六条、第七条、第十三条第一款、第十八条第一款、第二十三条、第二十四条、第三十五条、第四十五条、第四十七条、第五十条，《电子商务法》第二十四条，《民事诉讼法》第六十四条之规定，判决如下：(1)被告广州唯某会电子商务有限公司于本判决发生法律效力之日起十日内提供自原告周某聪注册唯某会App之日起至本判决发生法律效力之日止的已收集到的个人信息以及个人信息处理的相关情况供原告周某聪查阅、复制。具体包括①账户信息：账户注册时间、账号、昵称、头像。②个人基本信息：性别、居住地、手机号码。③设备信息：设备型号、操作系统版本、唯一设备标识符。④日志信息：浏览记录、订单信息、IP地址。⑤收货信息：收货人姓名、收货地址以及手机号码，及相应的订单号、所购商品或服务信息、支付的货款金额及支付方式。⑥购物习惯。⑦第三方SDK收集的个人信息清单：第三方SDK的名称，第三方SDK已经收集到的周某聪个人信息，包括信息类型、信息内容、使用目的和使用场景。⑧与第三方(包括第三方支付机构)共享的个人信息清单：第三方的具体名称以及共享给第三方的周某聪个人信息，包括信息种类、信息内容、使用目的、使用场景和共享方式。⑨以上信息生成电子化的个人信息副本。(2)驳回原告周某聪的其他诉讼请求。

案例分析指引

1. 个人信息的核心特征是什么？如何理解“自然人许可他人使用个人信息，而这种许可并不视为自然人放弃或者转让了其个人信息权益”？

2. 个人信息查阅权、复制权的范围包括哪些？该范围还应当包括个人信息处理的相关情况，如何认识这个观点？

3. 什么是用户画像？如何理解对个人权益有重大影响的自动化决策？

（二）商品及其相关服务的连带安全保障义务

电子商务平台内经营者向消费者提供商品及服务是平台内经营者与消费者之间的合同内容，与平台经营者没有直接的权利义务关系。平台经营者对平台内销售的商品及服务的安全担保义务不属于合同义务，而是一种法定义务。需要指出的是，此处的服务是指与销售商品相关的配套服务。纯粹的服务行为标的，虽然也属于平台经营者的安全担保义务范围，但因不属于商品流通领域，故不属于本书讨论的范围。

关于平台经营者对其平台内销售的商品及服务的安全责任问题，《食品安全法》第一百三十一条第二款规定：消费者通过网络食品交易第三方平台购买食品，其合法权益受到损害的，可以向入网食品经营者或者食品生产者要求赔偿。网络食品交易第三方平台不能提供入网食品经营者的真实名称、地址和有效联系方式的，由食品交易第三方平台赔偿；最高人民法院《关于审理食品药品纠纷案件适用法律若干问题的规定》第九条第一款规定：消费者通过网络交易平台购买食品、药品遭受损害，网络交易平台提供者不能提供食品、药品的生产者或者销售者的真实名称、地址与有效联系方式请求网络交易平台提供者承担责任的，人民法院应予支持。《消费者权益保护法》第四十四条第二款规定，网络交易平台提供者明知或者应知销售者或者服务者利用其平台侵害消费者合法权益，未采取必要措施的，依法与该销售者或者服务者承担连带责任。《电子商务法》（2021）第三十八条第一款规定，电子商务平台经营者知道或者应当知道平台内经营者销售的商品或者提供的服务不符合保障人身、财产安全的要求，或者有其他侵害消费者合法权益行为，未采取必要措施的，依法与该平台内经营者承担连带责任。第二款规定，对关系消费者生命健康的商品或者服务，电子商务平台经营者对平台内经营者的资质资格未尽到审核义务，或者对消费者未尽到安全保障义务，造成消费者损害的，依法承担相应的责任。

该条第一款规定平台经营者未采取必要措施的，与平台内经营者承担连带责任。据此，平台经营者承担连带责任的条件有三：（1）主观状态的恶意；（2）任何不符合保障人身、财产安全的商品；（3）没有履行采取必要措施的积极义务。条件 2 说明平台经营者应当预防。条件 1 和条件 3 说明平台经营者能够预防。作为平台经营的组织、管理和运营主体，平台经营者承担此种程度的安全保障义务符合经营者安全保障义务理论。另外，此处平台内经营者的责任应当是明确的，即平台内经营者因销售的商品不符合保障人身、财产安全而应承担的产品责任范围内的损害赔偿责任。平台经营者对此承担间接连带责任。

第二款规定平台经营者没有尽到平台内经营者的资质资格审核义务的，依法承担相应责任。平台经营者作为平台经营活动的组织、管理和运营主体，对经营特定商品的平台内经营者的资质资格进行审核实质上是对其控制的经营活动范围内的准入审查，是保障消费者生命健康安全的第一道关口。同时，消费者一般都是基于信任平台的前提下才选择在特定平台购买商品及其服务的。对于消费者的这种信任，平台经营者有义务为消费者提供安全保障。因平台经营者没有尽到平台内经营者的资质资格审核义务的，平台经营者应当对消费者承担直接责任。故此处的平台经营者依法承担责任应当指平台经营者对消费者的直接赔偿责任。至于是否承担行政责任，根据《电子商务法》第八十三条规定，违反上述两款规定的情形的，平台经营者均有可能承担行政责任。

值得一提的是，经营海外购的平台经营者的安全保障义务问题。笔者认为虽然海外购平台的平台内经营者属于外国主体，其与消费者之间的合同属于涉外合同，其权利义务和法律适用应当由相关国内法和国际私法冲突规范调整，但这仅限于合同权益本身。如果涉及的消费者个人信息和商品及其服务的安全保障问题，仍然得适用我国《个人信息保护法》和《电子商务法》等国内法的规定。此外，关于平台经营者先行赔偿的问题，目前尚没有关于平台经营者直接责任的规定。《消费者权益保护法》第四十四条仅规定了平台经营者的补充责任，即网络交易平台提供者不能提供销售者或者服务者的真实名称、地址和有效联系方式的，消费者也可以向网络交易平台提供者要求赔偿。至于平台经营者自行承诺先行赔偿的，应当作为平台经营的信用承诺，属于单方承诺行为，具有法律效力。网络交易平台提供者作出更有利于消费者的承诺的，应当履行承诺。

案例参考5　经营者欺诈认定与平台经营者连带责任[①]

原告何某艳因生活需要，于2015年7月31日在上海易某电子商务发展有限公司经营的“易某网”中，看到索尼（SNOY）牌KDL－55W800B型号、55英寸、全高清3D、LED液晶电视（黑色）网页上宣传“抄底价最后一天、促销价5099元”等内容，遂通过该网站购买了该品牌、型号的商品一台，并支付货款5099元。后被告圆某公司送货上门，并向原告开具发票。此后，原告经家人告知，上海易某电子商务发展有限公司因上述宣传用语违反《价格法》规定，被上海市徐汇区市场监督管理局作出行政处罚。现原告认为其在网络购物中遭遇价格欺诈，故向法院起诉。审理中，原告以对赔偿款作让步为由变更第一项诉请，即要求被告圆某公司退还原告货款5099元并赔偿原告10,000元。另，上海易某电子商务发展有限公司经上海市工商行政管理局核准，变更企业名称为上海智某信息技术有限公司（以下简称智某公司），故原告要求被告智某公司承担相应责任。

被告圆某公司、智某公司辩称，被告圆某公司同意退款退货，但不同意对原告做任何赔偿；被告智某公司不同意承担连带责任。事实及理由：被告智某公司确系“易某网”经营者，涉案商品确系被告圆某公司在该网络交易平台销售。被告圆某公司销售的涉案商品性能、功能与网页中宣称的一致，涉案商品并无质量问题，且原告亦未提出质量问题及产生损失，因此被告圆某公司不存在故意欺诈原告的行为。

原告围绕诉讼请求依法提交了被告圆某公司开具的购物发票、订单网页截图、上海市徐汇区市场监督管理局行政处罚决定书，本院组织当事人进行了证据交换和质证。两被告对上述证据真实性、合法性均无异议，但认为订单与购物发票记载的价格一致，可印证被告圆某公司不存在价格欺诈行为；价格违法行为不同于欺诈，是否构成欺诈，市场监督管理部门无权认定，应由法院根据相关民事法律认定；被告圆某公司在网页中已对涉案商品的信息作出全面、真实阐述，且原告未提出异议，故被告圆某公司不存在欺诈行为。对上述证据的关

---

① 上海市嘉定区人民法院(2016)沪0114民初10176号民事判决书。

联性,本院结合案情予以综合认证。根据原、被告的庭审陈述及上述证据,本院确认如下事实:

被告智某公司系“易某网”经营者,上海易某电子商务发展有限公司经上海市工商行政管理局核准,企业名称变更为智某公司。2015 年 7 月 31 日,原告在“易某网”中购买了被告圆某公司销售的索尼(SNOY)牌、KDL－55W800B 型号、55 英寸、全高清 3D、LED 液晶电视(黑色)一台,被告圆某公司在销售网页中宣传“抄底价最后一天、促销价 5099 元”,故原告支付货款 5099 元。此后,被告圆某公司按约送货,并向原告开具购物发票。2015 年 11 月 9 日,上海市徐汇区市场监督管理局对上海易某电子商务发展有限公司即被告智某公司作出行政处罚决定书,主要内容:“当事人使用促销用语‘抄底价最后一天’宣传方式持续了 6 天;上述索尼电视机在 2015 年 7 月 30 日至 8 月 3 日期间的销售数量是 7 台,销售单价是 5099 元;责令当事人改正价格违法行为、罚款人民币捌万元整。”现原告认为在网络购物中被被告圆某公司欺诈,故诉至本院。

法院认为,原告何某艳与被告圆某公司的网络购物合同成立,对双方均有法律约束力。当事人在履行合同中应当遵循诚实信用原则,经营者向消费者提供有关商品或者服务的质量、性能、用途、有效期限等信息,应当真实、全面,不得作虚假或者引人误解的宣传。本案争议焦点在于被告圆某公司的行为是否构成民事欺诈。根据最高人民法院《关于贯彻执行〈民法通则〉若干问题的意见(试行)》第六十八条规定,一方当事人故意告知对方虚假情况,或者故意隐瞒真实情况,诱使对方当事人作出错误意思表示的,可以认定为欺诈行为。本案中,被告圆某公司在销售涉案商品的网页中连续 6 天宣传“抄底价最后一天”,上海市徐汇区市场监督管理局亦就该行为认定违反《价格法》且作出了行政处罚,故本院认定被告圆某公司在与原告的网络购物合同中存在虚假宣传、故意欺诈原告的行为。故对原告要求被告圆某公司退还货款并予以“三倍赔偿”之诉请,本院予以支持。鉴于原告对赔偿金额作出让步即要求被告圆某公司赔偿 10,000 元,系其对自身权利的处分,于法不悖,本院予以照准。被告智某公司作为网络交易平台,其应当知道被告圆某公司利用其平台侵害消费者合法权益,未采取必要措施,且被上海市徐汇区市场监督管理局作出行政处罚,故依法应与被告圆某公司承担连带责任。故对原告该项诉请,本院亦予以支持。据此,依照《合同法》第六条、第八条,最高人民法院《关于贯彻执行〈民法通则〉若干问题的意见(试行)》第六十八条,《消费者权益保护法》第二十条第一款、第四十一条、第四十四条第二款、第五十五条第一款,《民事诉讼法》第十三条第二款之规定,判决被告圆某公司应于本判决生效之日起十日内退还原告何某艳货款5099元;原告何某艳应于收到退款同时返还被告圆某公司索尼(SONY)牌、KDL-55W800B型号、55英寸、全高清3D、LED液晶电视(黑色)一台。被告圆某公司应于本判决生效之日起十日内赔偿原告何某艳10,000元。被告智某公司对被告圆某公司承担连带责任。

案例分析指引

1. 如何理解本案被告主张的"涉案商品并无质量问题,且原告亦未提出质量问题及产生损失,因此被告圆某公司不存在故意欺诈原告的行为"这一观点?民事欺诈的法律要件有哪些?

2. 上海智某信息技术有限公司承担连带责任的法律依据是什么?该责任是否属于法定责任?

案例参考6　平台经营者的连带责任[①]

张某于2019年7月18日使用京某账号,在沭阳温某某商贸有限公司开设的京某店铺:温某某滋补养生专营店购买三七片总价款2022元,京某订单编号:10000××××221。该涉案三七片商品标签宣传涉及疾病预防、治疗功能。该产品无生产厂家、无生产地址、无联系电话、无生产许可证、无执行标准。以上事实,经一审法院审理查明。

张某以购买的涉案三七片产品是不符合食品安全标准的产品为由,请求法院依法判令:(1)温某某商贸公司退还货款2022元;(2)请求法院依法判令温某某商贸公司赔偿张某20,220元;(3)请求法院判令京某商务公司承担给付22,242元的连带赔偿责任等诉讼请求。

一审法院认为,本案争议焦点有二:(1)关于涉案产品是否为不符合食品

① 安徽省亳州市中级人民法院(2020)皖16民终2574号民事判决书。

安全标准的产品，(2)京某商务公司、温某某商贸公司应否承担退还购物价款并支付价款十倍赔偿金的民事责任。对于争议焦点一，关于涉案产品是否为不符合食品安全标准的产品。张某、京某商务公司、温某某商贸公司买卖双方没有签订书面合同，张某提供了由其持有的所购物品的部分原物、涉案商品网页展示和购买记录等，能够证明张某与沭阳温某某商贸有限公司之间存在买卖三七片的事实，买卖合意是双方的真实意思表示，不违反法律、行政法规的禁止性规定，合法有效。根据《食品安全法》的有关规定：食品和食品添加剂的标签、说明书，不得含有虚假内容，不得涉及疾病预防、治疗功能；食品经营者应当标明食品的名称、生产日期或者生产批号、保质期、生产者名称及联系方式等内容。涉案三七片无生产厂家、无生产地址、无联系电话、无生产许可证、无执行标准等《食品安全法》明文规定的标识，有标签、标示瑕疵，并涉及疾病预防、治疗功能的不妥宣传。涉案三七片标注瑕疵可能对消费者产生误导，损害了消费者的知情权，影响该产品的食用安全。综上，张某认为涉案的三七片不符合食品安全标准的意见，一审法院予以采纳。对于争议焦点二，即京某商务公司、温某某商贸公司应否承担退还购物价款并支付价款十倍赔偿金的民事责任。涉案的三七片无生产厂家、无生产地址、无联系电话、无生产许可证、无执行标准等《食品安全法》明文规定的标识，不符合食品安全标准。《食品安全法》有关规定，造成人身、财产或者其他损害的，依法承担赔偿责任。生产不符合食品安全标准的食品或者销售明知是不符合食品安全标准的食品，消费者除要求赔偿损失外，还可以向生产者或者销售者要求支付价款十倍的赔偿金。本案中，温某某商贸公司明知本案涉案的三七片无生产厂家、无生产地址、无联系电话、无生产许可证、无执行标准等《食品安全法》明文规定的标识，并涉及疾病预防、治疗功能的不妥宣传，而继续销售案涉三七片，显然违反《食品安全法》的相关规定，温某某商贸公司应当承担相应的法律责任。张某要求温某某商贸公司退还张某购物款2022元及赔偿张某损失20,220元的请求有法可依，一审法院予以支持。京某商务公司对温某某商贸公司销售的商品应进行全面、全程注意和监督，保障温某某商贸公司销售的商品符合安全标准，以保护消费者合法权益，京某商务公司对温某某商贸公司销售案涉三七片注意和监督措施不力，致使不符合食品安全标准的案涉三七片进行销售，京某商务公司在本案中存在过错，应承担相应的民事责任，对张某要求京某商务公司退还张某购物款2022元及赔偿张某损失20，220元承担连带责任的诉讼请求，一审法院予以支持。

京某商务公司不服上述判决，提出上诉。京某商务公司认为其身份是网络交易平台的提供者，根据《消费者权益保护法》第四十四条规定，承担责任的前提条件是明知或者应知销售者利用其平台侵害消费者合法权益，未采取必要措施的，而在本案中，京某商务公司作为网络交易平台的提供者，在涉案商品销售者（即温某某商贸公司）入驻京某商务公司平台时，已审查过温某某商贸公司的相关资质证照，特别是食品经营许可证，确认其具有经营食品的资质，另外就涉案商品，在收到本案诉讼材料后，法院尚未认定涉案商家是否需要承担责任前，京某商务公司就已协调涉案商品销售者下架涉案商品，已采取了必要措施，不存在任何明知或者应知销售者利用其平台侵害消费者合法权益而未采取必要措施的行为。因此一审法院判决京某商务公司承担连带责任无事实依据。关于一审法院认为京某商务公司应对商家销售的商品进行全面、全程注意和监督，既没有法律依据，也不具有现实可操作性，没有考虑到网络交易平台的特殊性质。网络交易平台是在网上搭建的虚拟交易平台，不同于现实中商场，商场管理者可以与入驻的商家进行面对面沟通，也可以对其店铺中的商品进行现场检查，或许在一定程度上可以进行全面、全程注意和监督；而网络交易平台的入驻商家遍布全国各地，商家数量高达几十万家，若达到一审法院所要求的全面、全程注意和监督，则需要安排几十万员工到商家处，时刻不停监督商家，显然不具有现实可能性。但是国家也并没有放任对网络交易平台的监管，依法需要承担责任的时候，法院必然会依法判决网络交易平台承担责任，但前提是必须有法律依据，目前尚没有任何法律法规规定网络交易平台必须进行全面、全程注意和监督，因此一审法院判决京某商务公司承担连带责任无法律依据。京某商务公司涉及平台责任的案件有很多，判决平台承担责任的几乎没有，更没有法院以一审法院的理由来判决京某商务公司承担连带责任。我们国家的电子商务发达，特别是在网络购物方面，无任何一个国家可以媲美，就此正是得益于国家的正确领导，适度监管以及鼓励促进，若在没有法律明确规定的前提下，无凭无据的加重企业的责任和负担，无疑是在扼杀一个行业的发展，必然也会影响经济及社会的进步和发展。

二审法院认为，本案的争议焦点为：京某商务公司是否应承担本案的连带责任。

《食品安全法》第一百三十一条第二款规定：消费者通过网络食品交易第三方平台购买食品，其合法权益受到损害的，可以向入网食品经营者或者食品生产者要求赔偿。网络食品交易第三方平台提供者不能提供入网食品经营者的真实名称、地址和有效联系方式的，由食品交易第三方平台赔偿；最高人民法院《关于审理食品药品纠纷案件适用法律若干问题的规定》第九条第一款规定：消费者通过网络交易平台购买食品、药品遭受损害，网络交易平台提供者不能提供食品、药品的生产者或者销售者的真实名称、地址与有效联系方式请求网络交易平台提供者承担责任的，人民法院应予支持；《电子商务法》第三十八条第一款规定：电子商务平台经营者知道或者应当知道平台内经营者销售的商品或者提供的服务不符合保证人身、财产安全的要求，或者有其他侵害消费者合法权益的行为，未采取必要措施的，依法与该平台内经营者承担连带责任。本案中，京某商务公司作为网络交易平台的提供者能够提供销售者的真实名称、地址和有效联系方式等证据能够证明京某商务公司在温某某商贸公司入驻网络交易平台时对该公司相关资质尽到了合理审查和注意义务，不符合承担赔偿责任或者连带赔偿责任的有关规定；现有证据不能证明京某商务公司在案发前对温某某商贸公司销售不符合食品安全标准商品的行为知晓，且一审证据显示，京某商务公司在案发后已采取了必要措施，对案涉产品进行了下架处理，故张某要求京某商务公司就本案承担连带责任没有事实和法律依据，本院不予支持。

综上，京某商务公司的上诉请求成立，一审认定事实清楚，适用法律正确，依法应予维持。依照《民事诉讼法》第一百七十条第一款第二项规定，判决撤销安徽省涡阳县人民法院（2019）皖1621民初6389号民事判决第二项：北京京某商务公司承担给付上述款22,242元的连带责任。

案例分析指引

1. 如何理解平台经营者的连带责任？与该连带责任相对应的平台经营者义务是合同义务还是法定义务？

2. 一审法院认为“京某商务公司对温某某商贸公司销售的商品应进行全面、全程注意和监督”，如何认识这个观点？

三、生产者和销售者的产品责任

(一)生产者与产品责任的含义

生产者是指完成商品生产的主体,即实施产品生产行为的人。在商品流通过程中,生产者可以是直接将商品销售给消费者的合同主体。此时,其生产者身份与销售者合一,该生产者既要承担作为生产者的产品责任,也要承担作为销售者的合同义务。销售者是把商品销售给消费者的主体,即实施销售行为的人。销售者包括供货者。[①] 在这种情况下,最后把商品销售给消费者的商品经营者和消费者一起成为商品交易合同的主体。此时,生产者或者供货者不是该商品交易合同的主体,不承担相应的合同义务,只承担作为生产者的产品责任。

产品责任是指由于产品存在缺陷,造成了产品的消费者、使用者或其他第三者的人身伤害或财产损失,依法应由生产者负责赔偿的一种法定责任。产品责任的权利主体包括购买该商品的消费者,但不限于消费者。它还包括将产品用于社会集团消费和生产消费的企业、事业单位和社会组织等。[②] 即使其他生产经营者购买了该产品,只要属于产品责任,则生产者和销售者[③]都应当承担相应的产品责任。产品责任的责任主体是生产者和销售者。产品缺陷由生产者导致的,生产者为产品责任义务主体。产品缺陷由销售者的过错导致的,销售者为产品责任的责任主体。为了加强保护产品责任受害人的权益,2018 年修正的《产品质量法》第四十三条规定生产者与销售者对产品责任承担不真正连带责任。即因产品存在缺陷造成人身、他人财产损害的,受害人可以向产品的生产者要求赔偿,也可以向产品的销售者要求赔偿。属于产品生产者的责任,产品销售者赔偿的,产品销售者有权向产品的生产者追偿。属于产品销售者的责任,产品生产者赔偿的,产品生产者有权向产品销售者追偿。

---

① 《产品责任法》司法解释第 3 条。

② 《产品质量法》司法解释第 1 条。

③ 此时销售者承担产品责任的身份并非基于其合同主体的身份,而是以因为过错导致商品产生危害人身或财产安全的行为人的身份存在的,属于侵权责任人。故仍视为商品交易合同的关系人存在。

(二)产品责任产生的理论基础

一般认为,产品责任的出现与现代社会化大生产和消费者在社会经济生活中的地位提升有着密切的关系。科学技术的发展使现代商品,尤其是工业品本身容易出现危害人身和财产安全的潜在缺陷,有可能给消费者和用户带来损害。即商品本身的危险性相较于传统农产品和手工艺品大大增加。随着这种产品危险性的增加,产品生产者在利用产品营利的同时就应当承担更高的风险注意义务。与此高度风险注意义务相对应的就是产品责任。即一旦出现产品存在缺陷,并致消费者或用户人身或财产损害,生产者就应当承担赔偿责任。另外,随着生产力发展,社会物质从供不应求转变为供过于求,生产者与消费者的地位在社会经济生活中的主导作用发生了替换。消费者成了社会经济增长的主要引擎,发挥引导作用。消费者地位的提升为消费者得到更多的保护提供了社会现实基础。产品责任主要表现为对消费者或用户的人身损害和固有财产损害的补偿,对消费者或用户的利益保护极为重要。因此,随着世界主要国家消费运动的兴起,产品责任相关法律纷纷出台,并有效保护了消费者和用户的权益。

(三)产品责任的历史发展

产品责任理论的发展经过两个阶段,即制造者责任阶段和产品责任阶段。制造者责任是产品责任发展的早期阶段。1842 年“温特博特姆诉怀特”案要求产品致损的赔偿应以契约关系的存在作为责任成立的前提。1916 年“麦克弗森诉别克汽车公司”案以危险性关联突破了原有的契约关系责任理论,认为“制造者给予合理注意的责任不受契约关系影响”。但无论哪个案例都是以产品制造者为责任承担主体。真正将制造者责任改称为产品责任的则是 1963 年“格林曼诉尤巴电力产品公司案”。该案判决提出,如果某一产品被证明含有致人受害的缺陷,则该制造商即负有严格的产品责任。自此,产品责任的重点从制造商的行为转移到产品的安全性能上,即在于产品本身及其使用所引起的危险的认定上。[①] 上述产品责任的历史发展阶段表明，产品责任经过了一个由过失责任向严格责任，由人的行为认定向物的缺陷认定转变的过程。这种变化从根本上来说是由生产力发展水平和社会产业结构变化所决定的。即在消费社会未完全到来之前，生产与销售的社会分工并没有完成，产品生产者大多也是销售者，通过契约责任使生产者承担产品致损责任，有其合理性。因为生产者与销售者具有身份合一的特点，能够满足受害人的损失赔偿要求。随着生产力的极大发展，社会分工更加细化。不仅生产与销售发生了显著分离，商品流通成为一个独立的产业，而且生产过程和销售过程内部也发生了更加具体的分工。生产过程可能介入许多其他参与主体，如设计者、零件制造者、半成品制造者、原材料供应者等；销售过程的介入主体也有很多，如批发商、零售商、旧货商、仓储商、运输商、修理商等众多销售环节和主体。在这种情形下，仍然以制造者责任来表达产品责任显然有失偏颇。因此，现代产品责任理论以产品存在致人身和财产损害的客观缺陷为判断基准，把生产者和销售者都纳入产品责任主体范围之内，并把上述介入生产过程和销售过程的各类主体都包含在内，把生产者和销售者的概念做广义解释。如《德国产品责任法》明确规定产品责任的责任主体是：生产者，包括成品制造者、任何原材料的生产者和零部件的制造者以及将其名字、商标或其他识别特征标示于产品上表明自己是生产者的人；在商业活动过程中，为销售、出租或为其他经济目的的任何形式的分销，将产品进口到适用欧洲共同条约的地区的人，也应视为生产者；在生产者不能确认的情况下，供应者应当视为生产者。《英国消费者保护法》规定，产品责任的义务主体包括：制造商、加工商、提供原材料和零部件的供应商、进口商以及产品牌号的专有权人乃至装配商、批发商、修理商。美国产品责任的义务主体更加宽泛，包括产品制造、销售过程中因制造、销售缺陷而不合理地危害使用者或消费者。

（四）我国关于产品责任主体的法律规定

我国对产品责任主体的规定经历了一个由窄到宽，逐渐宽泛的过程。2009

---

① 刘静：《产品责任论》，中国政法大学出版社2000年版，第3页。

年的《民法通则》第一百二十二条曾规定，因产品质量不合格造成他人财产、人身损害的，产品制造者、销售者应当依法承担民事责任。运输者、仓储者对此负有责任的，产品制造者、销售者有权要求赔偿损失。2021 年的《民法典》继承并扩大了上述规定的主体范围。第一千二百零四条规定，因运输者、仓储者等第三人的过错使产品存在缺陷，造成他人损害的，产品的生产者、销售者赔偿后，有权向第三人追偿。其中“运输者、仓储者等第三人的过错”的规定为产品责任主体的扩大范围留下了司法空间。另外，最高人民法院司法解释也确认了将自己的姓名、名称、商标或者可识别的其他标识体现在产品上，表示其为产品制造者的企业或个人，均属于《民法典》和《产品质量法》规定的“生产者”。[①] 不仅如此，《民法典》第一千二百零七条还专门规定了产品责任相关的惩罚性赔偿。即明知产品存在缺陷仍然生产、销售，或者没有依据前条规定采取有效补救措施，造成他人死亡或者健康严重损害的，被侵权人有权请求相应的惩罚性赔偿。

案例参考 7　生产者与销售者的产品责任范围[②]

祁某麟系西北某某科技大学在读研究生，为撰写论文雇佣韦某杰等人进行土壤采集。2018 年 5 月 30 日，祁某麟在金某电器行购买铁锤 1 把，并支付价款 60 元。当日，祁某麟的雇佣人员何某某、韦某杰在定西巉口林场提取土壤，由韦某杰固定采样工具，何某某用铁锤敲打采样工具进入地面取土。在使用铁锤过程中，铁锤手柄断裂导致铁锤脱落将韦某杰右手臂桡骨砸伤。治疗期间祁某麟向韦某杰支付医疗费 15,000 元，于 2018 年 9 月 2 日向韦某杰的护理人员张某文支付护理费 650 元。金某电器行于 2018 年 6 月 13 日向祁某麟支付韦某杰的医疗费 7500 元，于 2018 年 9 月 2 日向韦某杰的护理人员张某文支付护理费 550 元。韦某杰于 2018 年 9 月 26 日以提供劳务者受害责任纠纷将祁某麟诉至定西市安定区人民法院，定西市安定区人民法院(2018)甘 1102 民初 4241

① 最高人民法院《关于产品侵权案件的受害人能否以产品的商标所有人为被告提起民事诉讼的批复》(法释〔2002〕22 号)。

② 甘肃省定西市中级人民法院(2019)甘 11 民终 1509 号民事判决书。

号民事判决书及定西市中级人民法院(2019)甘11民终364号民事判决书确认,铁锤手柄在使用过程中断裂导致铁锤脱落砸伤韦某杰,韦某杰无过错,判决由祁某麟赔偿韦某杰医疗费等64,662.6元(不包含祁某麟和金某电器行已支付的医疗费及护理费16,200元);负担诉讼费合计3573元。判决履行期限届满后,祁某麟未履行生效判决,韦某杰申请强制执行,祁某麟于2019年7月11日交执行标的款20,000元。同时查明,铁锤、手柄由金某电器行销售人员康某成安装,且铁锤、手柄均无生产厂家、厂址的标识,也无使用说明书及产品的质量检验合格证等。庭审中经询问,双方均不要求对铁锤及手柄是否有质量问题等进行鉴定。以上事实,经一审法院审理查明。

一审法院认为,《产品质量法》第四十三条规定,因产品存在缺陷造成人身、他人财产损害的,受害人可以向产品的生产者要求赔偿,也可以向产品的销售者要求赔偿。《侵权责任法》第四十三条规定,因产品存在缺陷造成损害的,被侵权人可以向产品的生产者要求赔偿,也可以向产品的销售者要求赔偿。根据本案查明的相关事实,祁某麟既是消费者也是受害者,故其选择向铁锤的销售者金某电器行主张侵权赔偿责任,符合法律规定;被告请求追加供货商城关区焦家湾路新万隆五金批发部作为共同被告参加诉讼,本院依法予以驳回。金某电器销售无产品质量检验合格的铁锤手柄在使用过程中断裂导致铁锤脱落砸伤韦某杰,属产品质量问题,损害的发生与产品质量具有因果关系,故金某电器行应承担赔偿祁某麟的经济损失的责任。祁某麟主张赔偿提供劳务者受害责任纠纷一案诉讼费的诉请,符合法律规定,予以支持。祁某麟主张赔偿提供劳务者受害责任纠纷一案执行费的诉请,系祁某麟未在期限内履行义务产生的费用,故对该诉请不予支持。综上,本院确认祁某麟的经济损失医疗费等80,862.6元及诉讼费3573元,合计84,435.6元,扣除金某电器已支付的8050元后为76,385.6元。《消费者权益保护法》第二十四条规定,经营者提供的商品或者服务不符合质量要求的,消费者可以依照国家规定、当事人约定退货。祁某麟要求返还货款的诉请,符合法律规定,予以支持。依照《产品质量法》第四十三条、第四十四条,《侵权责任法》第四十三条,《消费者权益保护法》第二十四条规定,判决:(1)由被告安定区金某电器百货行于本判决生效后三十日内向原告祁某麟返还货款60元;(2)由被告安定区金某电器百货行于本判决生效后三十日内向原告祁某麟赔偿经济损失76,385.6元。

二审法院审查认为，金某电器行向祁某麟出售铁锤时锤头与把柄均未附检验合格证，一审中金某电器行称“一般市场上对铁锤、手柄没有生产厂家厂址的标识、使用说明及产品的质量检验合格证。”二审中金某电器行提交的“合格证”未注明出厂日期，产品名称、执行标准、检验员均系手工填写，故该“合格证”不符合证据的“三性”要求，不能作为认定案件事实的依据予以认定。

关于祁某麟在使用案涉铁锤中引发的经济损失数额问题。祁某麟雇佣韦某杰等人使用其从金某电器行购买的铁锤从事土壤采集活动中，铁锤手柄断裂致伤韦某杰，双方协商未果，韦某杰以其从事雇佣活动中人身受到伤害为由提起诉讼，要求祁某麟赔偿医疗费等经济损失并负担诉讼费用，诉讼中祁某麟未举证证明韦某杰具有过错，法院依法判决由其承担举证不能的不利后果，即赔偿韦某杰医疗费等64,662.6元（不包含祁某麟、金某电器行已预付的医疗费、护理费16,200元），并负担一审、二审案件受理费合计3573元。据此，本案一审判决认定祁某麟的经济损失为84,435.6元有法律事实依据，本院予以确认。

关于案涉铁锤把柄断裂原因及责任承担问题。1. 本案中，金某电器行向祁某麟出售的案涉铁锤是由其销售人员将锤头与手柄组装的，并非生产厂家原始组装，且锤头与手柄均无生产厂家标识、使用说明、产品质量检验合格证等；同时案涉铁锤系可能危及人体健康和安全的商品，金某电器行未举证证明其向祁某麟出售铁锤时说明正确使用的方法和明确的警示，故应由金某电器行承担案涉铁锤质量合格及其已履行经营者附随义务的举证证明责任及举证不能的不利后果。2. 商品应当具有的使用性能受限于商品质量，商品质量通常与其市场价值相匹配，也就是说，同一种（类）商品因其生产者不同，销售价格往往不等，产品质量及其应当具有的使用性能亦不同。作为商品使用者或消费者，通常在购买商品时，既根据其购买目的、购买能力等主观因素选择销售者和意向商品，又根据商品生产者公示、销售者出示或介绍的产品质量、价格、使用范围或方式方法等客观因素选择定购商品。本案中，祁某麟根据其采集土壤样本的实际需求，选择从金某电器行购买案涉铁锤时，支付货款60元，购买的铁锤并非由生产厂家原始组装，且锤头与手柄均无相应的生产厂家标识、使用说明及产品质量检验合格证等，故祁某麟所购案涉铁锤应当具有的使用性能必然受限于该铁锤的质量状况，若其使用频率、强度、范围或方式方法等与该铁锤应当具有的使用性能不匹配，同样会引发铁锤把柄断裂等事故而致使人身、财产受损等结果发生。因此，案涉铁锤在韦某杰等人从事雇佣活动中发生把柄断裂的原因不具有唯一性。换言之，金某电器行与祁某麟就案涉铁锤手柄断裂原因的主张均未完成相应的排他性举证证明责任，且在一审中双方均表示对案涉铁锤质量问题不申请鉴定。故根据民事主体从事民事活动应遵循的公平、诚信等原则，结合本案事故情节及造成的损害后果，一审判决由金某电器行承担全部赔偿责任不当，本院应予纠正，并酌定对祁某麟的上述经济损失，由金某电器行承担主要责任（70%），祁某麟自行承担次要责任（30%），金某电器行承担责任时对其已预付的8050元予以扣减。

关于祁某麟要求金某电器行返还货款的诉请应否支持的问题。根据《消费者权益保护法》第四十八条规定"依法经有关行政部门认定为不合格的商品，消费者要求退货的，经营者应当负责退货。"故案涉铁锤未经有关行政部门依法认定，是否属于具备应当具有的使用性能的商品，或者是否属于不合格商品尚无定论，对此情形双方亦无明确约定，一审判决支持祁某麟的该项诉请无事实和法律依据，本院应予纠正。

综上所述，金某电器行的部分上诉请求成立，应予支持。原判认定部分事实不清，适用法律不当，应予纠正。依照《侵权责任法》第四十三条，《产品质量法》第四十三条，《消费者权益保护法》第七条、第十一条、第二十二条第一款、第三十五条第二款、第四十条第二项、第四十八条，《最高人民法院关于民事诉讼证据的若干规定》第二条，《民事诉讼法》第一百七十条第一款第二项、第三项规定，判决安定区金某电器百货行于本判决生效后三十日内向祁某麟赔偿经济损失51,054.92元（84,435.6元×70% -8050元）。

案件分析指引

1. 产品责任中产品缺陷的类型有哪些？本案中的产品缺陷属于哪一类型？

2. 生产者与销售者承担产品责任的法律要件分别是什么？本案中，如何理解金某电器承担产品责任的身份？

3. 如何理解二审纠正一审判决支持"祁某麟要求金某电器行返还货款的诉请"的判决？其与二审判决要求金某电器承担产品责任是否矛盾？

案例参考8 生产者与销售者连带产品责任①

天某公司在互联网购物平台经营一家昵称为“甘肃天某创客”的店铺，其在所销售的“红滋已”牌雪菊红枣茶页面宣传该商品具有补虚益气、养血降脂、健肝明目作用。2017年3月23日，徐某根向天某公司经营的上述店铺购买了90盒“红滋已”牌雪菊红枣茶，每盒25.8元，徐某根共计向天某公司支付货款2317元。此后，徐某根在厦门市湖里区收到天某公司寄来的90盒雪菊红枣茶。该雪菊红枣茶包装盒显示：生产商为张掖市亚某生物科技有限公司，委托商为泽某公司，配料为红枣、雪菊、红茶，生产日期为2017年2月22日。该商品包装盒还注明了产品标准代号、食品生产许可证编号。徐某根收到天某公司寄送的90盒雪菊红枣茶后，认为该商品不符合食品安全标准，遂与天某公司进行沟通。此后，徐某根向天某公司退还89盒雪菊红枣茶，天某公司向徐某根退还货款2291.2元。

另查明：天某公司提交的《委托加工生产合同》原件显示：合同签订于2016年12月20日；双方当事人分别为泽某公司（甲方）与张掖市亚某生物科技有限公司（乙方）；约定主要内容为甲方委托乙方生产加工包括雪菊红枣茶在内的11类产品，委托期限自2017年1月1日至2018年12月31日，乙方实为甲方的生产工厂，甲方负责销售，乙方不收取甲方加工费，产品原辅材料、包材均由甲方负责提供，乙方在生产过程中必须按照甲方提供的标准进行生产。

2017年1月3日，国家卫生和计划生育委员会办公厅向食品药品监管总局办公厅作出一份国卫办食品函(2017)6号《国家卫生计生委办公厅关于雪菊问题的复函》，载明：菊花列入《既是食品又是药品的物品名单》；《药典》(2015版)中菊花为菊科植物，根据菊干燥头状花序分为亳菊、滁菊、贡菊、杭菊、怀菊；《中国植物志》记载两色金鸡菊、蛇目菊植物学信息，没有雪菊、天山雪菊相关信息；雪菊与菊花不同，如需开发为新食品原料，应当按照《新食品原料安全性审查管理办法》规定进行安全性评估。

2017年5月18日，张掖市甘州区食品药品监督管理局作出一份《关于省

① 厦门市湖里区人民法院(2017)闽0206民初3196号民事判决书。

食药监局转办甘肃泽某农业科技有限公司雪菊红枣茶质量问题投诉案件的复函》，其中载明：经调查核实，泽某公司于2017年3月在互联网看到《国家卫生计生委办公厅关于雪菊问题的复函》后，立即停止了对雪菊红枣袋泡茶的生产，并对未销售完的300盒雪菊红枣袋泡茶全部进行召回，并停止该产品销售；“红滋已”牌雪菊红枣袋泡茶由泽某公司委托张掖市亚某生物科技有限公司生产，张掖市亚某生物科技有限公司属具有合法生产经营资质的食品生产企业，取得雪菊红枣袋泡茶食品生产许可证（证书编号：QS6××××04），根据批准的品种明细，对“雪菊红枣袋泡茶”产品进行了试生产，该产品自生产及上市销售以来经检验均为合格产品。

法院认为，泽某公司经本院传票传唤，无正当理由拒不到庭参加诉讼，亦未提出答辩意见和提交证据，视为其放弃抗辩和举证的权利。徐某根在天某公司经营的“甘肃天某创客”上购买雪菊红枣茶并支付2317元价款，双方之间存在买卖合同关系。天某公司作为销售者，应当忠实履行合同义务，确保其提供的食品质量符合双方约定和法律、行政法规关于该食品的规定，并对食品符合质量标准承担举证责任。雪菊红枣茶的配料中含有雪菊，根据国家卫生和计划生育委员会办公厅作出的《国家卫生计生委办公厅关于雪菊问题的复函》内容表明，雪菊尚不属于食品原料，尚未按照《新食品原料安全性审查管理办法》的规定进行安全性审查，不具备作为食品原料进行生产经营的条件。徐某据此认为其所购买的雪菊红枣茶的质量不符合食品安全标准。天某公司负有证明其所销售产品的质量合格、进货渠道正当等义务而未举证予以证明，应承担举证不能的不利后果，本院对徐某根关于雪菊红枣茶质量不符合食品安全标准的诉讼主张予以采信。天某公司销售质量不符合标准的食品，徐某根购买该食品并支出价款2317元，依照《食品安全法》第一百四十八条第二款关于“生产不符合食品安全标准的食品或者经营明知是不符合食品安全标准的食品，消费者除要求赔偿损失外，还可以向生产者或者经营者要求支付价款十倍或者损失三倍的赔偿金”的规定，徐某根要求天某公司支付十倍价款的赔偿金23,170元，有事实和法律依据，本院予以支持。徐某根已按上述标准提出支付赔偿金请求后，又再要求天某公司按照已付价款三倍的标准支付赔偿金6951元，于法无据，本院不予支持。天某公司抗辩称徐某根明知雪菊不属于食品而购买雪菊红枣茶，不属于消费者,不应得到保护。因在食品、药品的销售领域,“知假买假”并不能排除购买者的赔偿请求权,故本院对天某公司的上述抗辩意见不予采纳。泽某公司作为生产者,在生产雪菊红枣茶过程中,将未经过安全性评估且尚不属于食品原料的雪菊作为产品配料,应当与销售者承担共同责任。徐某根主张泽某公司应对天某公司支付赔偿款23,170元的债务承担连带责任,本院予以支持。

综上所述,天某公司、泽某公司应连带赔偿徐某根23,170元。徐某根的其他诉讼请求缺乏法律依据,本院不予支持。泽某公司经本院传票传唤,无正当理由拒不到庭参加诉讼,本院依法进行缺席审理和判决。依照《食品安全法》第一百四十八条第二款,最高人民法院《关于审理食品药品纠纷案件适用法律若干问题的规定》第二条第一款、第三条、第六条、第十五条,《民事诉讼法》第六十四条第一款、第一百四十四条规定,判决甘肃天某电子商务有限责任公司、甘肃泽某农业科技有限公司应于本判决生效之日起十日内连带赔偿徐某根23,170元。

案例分析指引

1. 如何理解本案中生产者与销售者承担连带产品责任,该连带责任的属性为何?

2. 如何理解“在食品、药品的销售领域,‘知假买假’并不能排除购买者的赔偿请求权”这一观点?其法律依据是什么?

四、物流服务经营者的信息安全保障义务

物流是商品流通过程中的重要环节,物流目的实现依赖于物流服务行为。根据物流服务行为的具体内容,物流服务主要包括:运输、仓储、装卸搬运、包装、流通加工、配送和信息处理等类别。物流服务经营者是指依法从事物流服务行为的企业或个人。物流服务经营者的信息安全保障义务是指物流服务经营者对其从事物流服务行为过程中知悉的用户信息负有安全保障的义务。笔者认为,此处的用户信息应当至少包括两个方面。一是企业或个人主体信息;二是有关用户的商品信息,特别是涉及企业秘密或个人隐私的应当予以保护的重要商品信息。

(一)自物流模式下的信息安全保障义务

自物流模式是指物流服务行为由买卖合同双方主体中的一方承担的物流模式。自物流模式包括第一方物流和第二方物流。在自物流模式下,物流服务没有从买卖双方主体中独立出来,由买方或卖方提供。此时的物流服务活动构成买卖合同履行的一部分。信息安全保障义务由实施物流服务的合同主体承担。根据合同法的一般原理,合同主体应当依据诚实信用原则承担附随义务,即对合同主体、商品信息等合同相关信息承担保密义务。如我国《民法典》第五百五十八条规定,债权债务终止后,当事人应当遵循诚信原则,根据交易习惯履行通知、协助、保密、旧物回收等义务。在自物流模式中,物流服务提供者作为合同主体一方当然应当依诚实信用原则承担相关信息的安全保障义务,而且该义务性质上属于合同附随义务,属于法定义务。

(二)他物流模式下的信息安全保障义务

他物流是指物流服务由买卖合同以外的第三方实施的物流模式。他物流模式包括第三方物流和第四方物流。他物流模式的最大特征就是物流服务主体与买卖合同主体相分离,即买卖合同的物流服务由第三方物流经营者提供。因此,在他物流模式下,物流服务经营者一般仅与买卖合同一方主体订立物流服务合同,另一方合同主体与物流服务经营者之间不存在相应的合同法律关系。由是,与物流经营者不存在物流服务合同法律关系的合同主体就无法依据合同附随义务要求物流服务经营者承担相应的信息安全保障义务,从而有可能因信息泄露遭受损失。

另外,随着物流服务行业分工的进一步发展和现代物流规模化、共同化、短路化、自动化和信息化等的推进,物流服务经营者很可能需要通过与从事运输、仓储、信息处理等专门物流服务的经营者开展业务合作。这些物流服务经营者之间的合作合同当然不会有原来的商品交易合同主体参与。同时,这些共同合作的物流服务经营者有可能因为业务关系知悉相关的用户信息。在这种情况下,买卖合同双方主体均无法通过合同附随义务寻求信息安全保障。在第三方物流、第四方物流,甚至智能物流等依赖于发达的网络通信技术的现代物流日益发展的背景下,法律直接规定物流服务经营者的信息安全保障义务就很有必要。

(三)物流服务经营者信息安全保障义务的内容

物流服务经营者信息安全保障义务分为积极义务和消极义务。前者是指物流服务经营者应当积极采取措施保障用户信息的安全。如《个人信息保护法》第九条规定,个人信息处理者应当对其个人信息处理活动负责,并采取必要措施保障所处理的个人信息的安全。第十条第二款规定,个人信息处理者应当根据个人信息的处理目的、处理方式、个人信息的种类以及对个人权益的影响、可能存在的安全风险等,采取下列措施确保个人信息处理活动符合法律、行政法规的规定,并防止未经授权的访问以及个人信息泄露、篡改、丢失。(1)制定内部管理制度和操作规程;(2)对个人信息实行分类管理;(3)采取相应的加密、去标识化等安全技术措施;(4)合理确定个人信息处理的操作权限,并定期对从业人员进行安全教育和培训;(5)制定并组织实施个人信息安全事件应急预案;(6)法律、行政法规规定的其他措施。后者是指物流服务经营者为了保障用户信息安全不得作为的义务。如《个人信息保护法》第十条规定,任何组织、个人不得非法收集、使用、加工、传输他人个人信息,不得非法买卖、提供或者公开他人个人信息;不得从事危害国家安全、公共利益的个人信息处理活动。2009 年《邮政法》第三十五条规定,任何单位和个人不得私自开拆、隐匿、毁弃他人邮件。除法律另有规定外,邮政企业及其从业人员不得向任何单位或者个人泄露用户使用邮政服务的信息。2013 年修正的《快递市场管理办法》规定快递企业和快递从业人员不得违法提供在从事快递服务过程中知悉的用户信息。

第四章　商品流通服务合同

商品流通服务合同是指为了完成商品流通目标而订立的以服务为内容的合同。商品流通是一种社会运行方式,是由多方社会主体参与并完成的社会经济活动。在这一过程中,既有以商品所有权交易为内容的当事人之间商品交易合同,也有为了达成和履行商品交易合同而订立的各种服务合同。可见,从合同的角度,商品流通过程就是多个合同共同作用的结果,其法律本质就是多个合同的集合。这些合同既有相关性,又有独立性。本节主要介绍以下几种主要的商品流通服务合同,即平台服务合同、物流服务合同、保险服务合同。在这些合同中,有的是经营者与经营者之间的合同,有的属于消费者与经营者之间的合同。除了《消费者权益保护法》等特别法规定以外,依据民法原理,这两类合同主要通过当事人之间的意思自治完成合同的订立和履行过程,并承担相应的法律后果。

第一节　平台服务合同

平台服务合同是指为了当事人能够利用电子商务平台资源达成商品交易合同而与平台经营者达成的合同。此处的电子商务平台是指在电子商务中为交易双方或者多方提供网络经营场所、交易撮合、信息发布等服务,供交易双方或者多方独立开展交易活动的虚拟场所。平台经营者则是指经营电子商务平台的法人或者非法人组织。通过电子商务平台销售商品或者提供服务的电子商务经营者,称为平台内经营者。

一、平台服务合同当事人

依平台服务合同主体不同,平台服务合同可以分为平台内经营者与平台经营者之间的合同和消费者或用户与平台经营者之间的合同。为了利用电子商务平台资源,经营者与消费者或用户都应当分别与平台经营者订立平台服务合同。前者合同的当事人是平台内经营者与平台经营者。后者合同当事人是消费者或用户和平台经营者。平台内经营者是指能够为消费者或者用户提供商品及相关服务的经营者。消费者或用户是指利用电子商务平台购买商品的自然人、法人或非法人组织。平台经营者也可以经营自营商品,即平台经营者直接利用自身的电子商务平台为消费者或用户提供商品或服务。《电子商务法》第三十七条规定,电子商务平台经营者在其平台上开展自营业务的,应当以显著方式区分标记自营业务和平台内经营者开展的业务,不得误导消费者。电子商务平台经营者对其标记为自营的业务依法承担商品销售者或者服务提供者的民事责任。因此,平台经营者自营商品的,属于平台经营者与消费者或用户之间的商品交易合同,不属于平台服务合同。此时,平台经营者与消费者当然也就不是平台服务合同的当事人。

二、平台服务合同与交易规则

从内容上看,平台服务合同的内容应当由合同当事人双方协商确定。合同内容主要包括服务内容、商家“入驻”资格要求及证明文件、“商家后台管理系统”权限开通及调整条款、协议方权利及义务条款、商家声明及保证条款、费用和结算条款、保密义务条款、违约责任条款、有限责任及免责条款、协议有效期条款、协议终止条款、通知及送达条款、争议解决条款等。鉴于平台的电子商务属性和商家或者消费者、用户的同质性以及平台经营者一对多的客观情况,出于效率考量,平台服务合同通常采用格式条款的形式。合同内容由平台经营者拟定并公示。商家、消费者或用户可以选择接受或者不接受,也可以在可选择的范围内选择接受一部分,或不接受另一部分。从形式看,平台服务合同内容应当在平台首页显著位置持续公示。可见,平台服务合同应当具备书面形式,且属于格式合同。因此,平台服务合同适用《民法典》合同编关于格式合同的规定。即提供格式条款的一方应当遵循公平原则确定当事人之间的权利和义务,并采取合理的方式提示对方注意免除或者减轻其责任等与对方有重大利害关系的条款,按照对方的要求,对该条款予以说明。提供格式条款的一方未履行提示或者说明义务,致使对方没有注意或者理解与其有重大利害关系的条款的,对方可以主张该条款无效。同时,提供格式条款一方不合理地免除或者减轻其责任、加重对方责任、限制和排除对方主要权利的,该条款无效。对格式条款的理解发生争议的,应当按照通常理解予以解释。对格式条款有两种以上解释的,应当作出不利于提供格式条款一方的解释。

与平台服务合同同时在平台首页显著位置持续公示的还有交易规则。交易规则是平台经营者作为平台的组织、管理和运营者,为了平台安全高效有序运行而制定的平台内部规则。笔者认为,交易规则相当于平台内部的规章制度,平台经营活动的参与者都应当遵守,是适用于平台经营者自身和商家以及消费者或用户的内部规章制度。从这一意义而言,持续公示中的交易规则也是商家、消费者或用户应当承担的义务内容。作为内部规章制度,不同平台可以有不同的规定,但总体上差异不大。如有的平台交易规则包括招商合作类、平台秩序类、营销推广类、消费者保障类四大类别。有的平台规则划分为招商入驻规则、商品管理规则、经营管理规则、营销推广规则、消费者保障规则五大类。除此之外,平台一般还设置规则评审团或规则众议院用以在规则变更时征求意见;平台自营的,还设置有供应商经营平台规则等。

根据《电子商务法》第三十二条规定,电子商务平台经营者应当遵循公开、公平、公正的原则,制定平台服务协议和交易规则,明确进入和退出平台、商品和服务质量保障、消费者权益保护、个人信息保护等方面的权利和义务。第三十三条规定,电子商务平台经营者应当在其首页显著位置持续公示平台服务协议和交易规则信息或者上述信息的链接标识,并保证经营者和消费者能够便利、完整地阅览和下载。第三十四条规定,电子商务平台经营者修改平台服务协议和交易规则,应当在其首页显著位置公开征求意见,采取合理措施确保有关各方能够及时充分表达意见。修改内容应当至少在实施前七日予以公示。平台内经营者不接受修改内容,要求退出平台的,电子商务平台经营者不得阻止,并按照修改前的服务协议和交易规则承担相关责任。

三、平台经营者的管理义务

平台经营管理者管理义务的主要对象是平台内经营者。第一是经营者资质资格审核义务。电子商务平台经营者应当要求申请进入平台销售商品或者提供服务的平台内经营者提交其身份、地址、联系方式、行政许可等真实信息，进行核验、登记，建立登记档案，并定期核验更新。

第二是平台内经营者的交易信息记录和保存义务。电子商务平台经营者应当记录、保存平台上发布的商品和服务信息、交易信息，并确保信息的完整性、保密性、可用性。商品和服务信息、交易信息保存时间自交易完成之日起不少于三年；法律、行政法规另有规定的，依照其规定。

第三是平台内经营者信用公示义务。电子商务平台经营者依据平台服务协议和交易规则对平台内经营者违反法律、法规的行为实施警示、暂停或者终止服务等措施的，应当及时公示。电子商务平台经营者应当建立健全信用评价制度，公示信用评价规则，为消费者提供对平台内销售的商品或者提供的服务进行评价的途径。电子商务平台经营者不得删除消费者对其平台内销售的商品或者提供的服务的评价。

第四是侵权损害预防和防止损害后果扩大义务。该义务主要表现在两个方面。一是平台内经营者有可能存在知识产权侵权时，平台经营者在收到知识产权权利人相关通知和初步证据后，应当对平台内经营者采取删除、屏蔽、断开链接、终止交易和服务等必要措施，并成为知识产权人和平台内经营者之间的中间联络人。平台经营者向知识产权权利人转送平台内经营者提交的不存在侵权行为的声明和初步证明，并告知其可以向有关主管部门投诉或者向人民法院起诉。平台经营者在转送声明到达知识产权权利人后十五日内，未收到权利人已经投诉或者起诉通知的，应当及时终止所采取的措施。二是平台经营者知道或者应当知道平台内经营者销售的商品或者提供的服务不符合保障人身、财产安全的要求，或者有其他侵害消费者合法权益行为，未采取必要措施的，依法与该平台内经营者承担连带责任。

案例参考 9 网络购物案件管辖权①

2018 年 10 月 26 日，二原告王某军、贾某强与被告南某暖通公司在被告京

① 焦作市解放区人民法院(2019)豫 0802 民初 624 号民事裁定书。

某电商公司的平台上洽谈购买暖气片及相应阀门事宜,原告依据被告南某暖通公司在京某平台上的企业宣传和对其TE－D型铜铝双水道132×600暖气片的标注、介绍,对被告南某暖通公司的南某旗舰店标注“单柱宽:132mm、中心距600mm、单柱重量2.3kg、价格194元的TE－D型铜铝双水道132×600暖气片”产生购买兴趣并决定购买,支付了定金99元。2018年10月30日,二原告决定购买上述暖气片42柱,其中6柱4组、8柱1组、10柱1组和对应的角阀、直阀,以及单价为618元的小背篓2个。经被告南某暖通公司在被告京某电商公司平台上的南某旗舰店客服确认,最终优惠前总价款为10,572元,优惠折扣率为8.8折,优惠后实付价款为9315元,相关商品通过某丰快递送至二原告家中,运费由被告南某暖通公司京某旗舰店负担。其中的42柱暖气片,二原告实际支付价款为7170.24元。2018年11月16日,二原告购买的商品到货后,经二原告称重,暖气片单柱平均重量为1.875kg,与标注的2.3kg相差0.425kg,实际重量与被告南某暖通公司京某旗舰店网页上标注、约定的重量明显不符。二原告认为被告南某暖通公司的行为已构成欺诈,对二原告的合法权益造成侵害。按照《消费者权益保护法》的规定,应承担三倍赔偿责任。作为提供网络交易平台的被告京某电商公司在接到原告投诉后,不能提交商品销售者的真实名称、地址和有效联系方式作为共同被告参与诉讼并承担连带赔偿责任。为维护自身合法权益,并净化网络购物环境,原告特诉至法院。

被告南某暖通公司在提交答辩状期间,对管辖权提出异议认为:本案系买卖合同纠纷,无论被告南某暖通公司的住所地,还是合同履行地,均在山东省龙口市。根据《民事诉讼法》第二十一条、第二十三条的规定,本案应由山东省龙口市人民法院管辖。

法院经审查后认为,本案系消费者通过网络电商平台与产品生产者签订买卖合同而引起的网络购物合同纠纷。《民事诉讼法》第二十三条规定:“因合同纠纷提起的诉讼,由被告住所地或者合同履行地人民法院管辖。”最高人民法院《关于适用〈民事诉讼法〉的解释》第二十条进一步规定:“以信息网络方式订立的买卖合同,通过信息网络交付标的的,以买受人住所地为合同履行地;通过其他方式交付标的的,收货地为合同履行地。合同对履行地有约定的,从其约定。”本案中,二原告与被告南某暖通公司就购买涉案争议暖气片系通过信息网络签订买卖合同，商品系通过快递方式送至二原告指定的收货地即二原告家中，被告南某暖通公司也未提供证据证明与二原告的买卖合同就合同履行地有特别约定，故双方买卖合同的履行地应为二原告的住所地，作为二原告住所地的人民法院，本院对本案有管辖权。同时，按照《民事诉讼法》第三十五条之规定："两个以上人民法院都有管辖权的诉讼，原告可以向其中一个人民法院起诉；原告向两个以上有管辖权的人民法院起诉的，由最先立案的人民法院管辖。"本案由二原告向本院提起诉讼，本院已立案。故依照《民事诉讼法》第二十三条、第三十五条、第一百二十七条第一款，最高人民法院《关于适用〈民事诉讼法〉的解释》第二十条之规定，裁定驳回被告山东南某暖通新材料有限公司对本案的管辖权异议。

案例分析指引

1. 买卖合同管辖权的一般规则是什么？如何理解买卖合同管辖权的法定与意定？

2. 网络购物案件管辖权的特殊设定的法理基础是什么？如何理解"信息网络交付标的"这种交付方式，它与其他交付方式有何不同？

第二节　物流服务合同

物流是商品流通中的重要环节，在现代社会经济生活中，可以说没有物流就没有商品流通活动。物流服务合同是物流服务经营者与物流服务需求方之间，或者物流服务经营者之间为完成物流服务活动而订立的协议。物流服务合同是为商品交易合同的实现服务的。关于物流服务的争议和说法很多。一般认为物流服务行为涵盖范围广，法律适用具有综合性、多样性、广泛性和复杂性、国际性和技术性等特点。鉴于合同的权利义务应当由双方自行决定，笔者并不打算对物流服务合同的内容做过多解释，而只就以下三点做一些说明。即物流服务合同的法律属性、物流服务合同的特殊性和物流服务合同的法律适用。

一、物流服务合同的法律属性

物流是一个统称。根据《物流术语》的规定，物流是指物品从供应地向接收地的实体流动过程，是根据实际需要将运输、储存、装卸、搬运、流通加工、信息处理等基本功能有机结合的活动。因此，物流服务是指以运输、储存、装卸、搬运、流通加工、信息处理等为内容的服务行为。《物流服务合同准则》把物流服务合同定义为“平等主体的自然人、法人、其他组织之间，针对特定物流服务行为设立、变更、终止民事权利关系的协议。”这个定义自然是准确的。物流服务合同作为合同的一个下位概念，它与其他合同的差别主要体现在客体方面。物流服务合同的客体是各种物流服务行为。因此，物流服务合同的定义可以简化为：物流服务合同是以提供物流服务为内容的合同。有学者认为，物流服务合同属于混合合同，即“合同本身由数个合同的内容组成，其显著特点是虽然内容上可划分为几个有名合同，但该合同为一个合同而非几个合同。”现代物流服务往往包含运输、仓储等多个物流服务行为，该几个独立的物流服务行为均由单独的有名合同加以调整。因此，以多个物流服务行为为客体的物流服务合同的确符合混合合同的概念。但这并不能说所有的物流服务合同都是混合合同。当只有提供一项物流服务时，该物流服务合同就不能认定为是混合合同。当然，该学者主张只提供单项物流服务的合同不是物流服务合同。其理由是国家税务总局《关于物流企业缴纳企业所得税问题的通知》规定，物流企业必须至少能提供“运输和仓储两种以上的一体化服务”。[①] 笔者认为，这个理由存在逻辑上的疑问。国家税务总局的规定是有关物流企业纳税的标准，不是确定合同属性的标准，以此为由似有不妥。另外，有观点根据物流的定义，运输服务是物流系统中起核心主导功能的环节，没有运输服务内容，就不能认定为物流服务合同。这个理由就更加牵强。作为现代物流集成中的一个环节，运输以外的物流服务行为显然也是极其重要的。以至于国家希望鼓励或促进某些种类物流服务行为的发展予以优惠政策等，则又另当别论，但并不能说明其他物流服务行为不重要。更不能将其作为是否属于物流服务合同的标准。笔者认为，物流服务合同就是一个总和的概念，是以各种物流服务行为为合同标的的合同集合。运输合同、仓储合同、物流服务信息处理合同，或者是它们的组合合

---

① 陈喜燕：《论我国现行法律制度下物流服务合同的法律适用》，载《上海海事大学学报》2016 年第 6 期。

同都属于物流服务合同。这与物流是一个统称的概念是相一致的。其实,无论怎么看,物流服务合同的本质不变,即物流服务合同区别于其他合同的本质特征在于其客体——物流服务行为。当然,从物流服务合同的法律属性看,物流服务合同的确属于无名合同,也称非典型合同。《民法典》没有将物流服务合同纳入典型合同之中。笔者认为,立法者的这种处理是非常恰当的。如前所述,物流服务合同就是一个以多种物流服务行为为标的的混合合同,既然多种独立的物流服务行为,如运输、仓储等已经纳入了典型合同的调整,那么又何必重复制造一个所谓物流服务合同的典型合同呢?因此,物流服务合同作为一个非典型合同是比较恰当的。

二、物流服务合同的特殊性

物流服务合同不同于其他合同,有其特殊性。任何事物的特殊性都需要到该事物区别于其他事物的本质特征中去寻求。物流服务合同本质特征在于其客体,即物流服务行为。物流服务行为的特点体现在物流技术上,为了提高现代物流效率,现代物流技术正由传统的机械化向电子化、信息化、系统化、标准化等方向发展。其一,现代物流技术的发展要求人们必须要用新的标准去看待物流服务行为的内容。为了使物流服务合同的当事人尽快达到合意,各项物流服务内容本身在应当尽可能地实现标准化。其目的就是让物流服务合同当事人对物流服务行为的内容产生共识。以配送为例,配送服务的标准到底是配送入户,还是配送到用户楼下快递柜,这是一个行业标准问题。也是加快物流服务合同合意,减少物流服务纠纷的有效方法。其二,物流一体化、系统化是现代物流发展的方向。在这个方向指引下,作为整体的物流肯定需要多方物流服务经营者的参与,参与各方均发挥各自的服务优势,才能形成一个高效的物流系统。此时如果把物流服务合同看成一个必须包含多种物流服务行为的合同,那么势必影响不同优势服务资源的整合。相反,各就其位,各司其职的物流信息系统化才是更好的选择。因此,笔者认为,物流服务合同的特殊性并不在于其所涉法律关系的复杂性,而在于现代物流技术的复杂。随着物流技术的不断发展,尽快出台更多更新的物流技术法规,统一物流术语,并将其运用于物流服务合同的理论与实践之中很有必要。

三、物流服务合同的法律适用

如果说物流服务合同的法律属性是重要的,那么物流服务合同的法律适用就是关键。如果物流服务合同的法律适用存在问题,那才是最大的问题。虽然物流服务合同的客体具有特殊性,而且现代物流技术越来越复杂,但物流服务合同的法律适用并没有那么复杂。因为法律适用对象是人与人之间的关系,物流服务经营者为物流需求方提供物流服务,其法律主体相对简单。即使在同一件商品的物流过程中存在多个物流经营主体,该多个物流经营主体也不是同时出现,同时提供物流服务行为,而是一个环节接着一个环节,在这环环相扣的物流过程中,物流服务合同也是一个接着一个,由不同的物流经营主体构成各自独立的物流服务合同。只要在物流技术的衔接上没有问题,各个物流经营主体都能够根据物流术语、物流法规理解自己应承担的物流服务义务,那么物流服务合同的法律适用就不会有问题。理由如下:

第一,物流服务合同说到底仍然是合同。合同属于私法规范,作为私法规范的合同中的最高法律就是当事人之间的约定。《民法典》规定,在不违反法律禁止和限制规定的前提下,当事人的约定优先。只要物流服务经营者的物流服务业务水平足够高,物流服务活动参与人之间关于物流服务技术的共识足够强,那么物流服务合同的约定就可以足够的细致,就不会发生或者尽可能地少发生合同纠纷。笔者认为,在私法规范领域,与其让法律规范约束当事人,为当事人分配权利和义务,还不如当事人自行约定。当然,前提是当事人必须有足够强的物流服务业务能力。事实上,所谓的有名合同,即典型合同的存在本身就是立法者担心合同当事人的立约能力不足,法律才规定典型合同。到了21世纪20年代,我国社会的法治观念有了很大的进步,法治思想也逐渐为人接受。此时,在私法规范领域,与其抱怨立法不足,不如提升当事人自己的物流服务水平和法律水平,争取当事人自己制定出一个最适合自身的合同。

第二,物流服务合同虽然是非典型合同,是无名合同,但并不需要直接适用合同的通则规定。因为大部分物流服务合同都属于混合合同。即使是单项物流服务的合同,该单项物流服务行为也可能正好纳入某个典型合同调整。如运输服务合同,就是可以适用《民法典》中的典型合同——运输合同。如果物流服务合同属于典型合同,那么根据物流服务合同的具体条款规定,仍然可以根据该具体条款所属的典型合同的规范加以调整。如果物流服务合同或者其中的所有条款都不属于典型合同规定的范围,那么物流服务合同还可以适用《民法典》中的合同通则。仍然不行的,还可以适用《民法典》总则的规定。这样由合同条款到典型合同到合同通则再到民法典的法律适用顺序,不仅适用于物流服务合同,也适用于其他任何民法意义上的合同。所以,物流服务合同的法律适用与其他民事法律关系的法律适用是完全一样的,并不存在特殊性。唯一的区别就是物流服务合同为混合合同时,需要拆解物流服务合同的各条款分别选择适用对应的典型合同。

另外,国际物流服务合同的法律适用也与调整其他民事关系的国际合同的法律适用一样,依据涉外民事法律关系法,或者国内法和国际私法上的冲突规范具体适用。

案例参考 10 物流服务合同成立、变更和撤销①

2018 年 1 月 16 日,原告许某敏从浙江义乌市商家“某尚库存”批发衣物。2018 年 1 月 18 日,由义乌商家委托物流公司代为办理,委托被告陈某涛将部分衣物以箱、袋装形式(内装件数不等)从义乌运输至濮阳市 × × 区铁邱村,约定运费 5300 元,到货后由原告许某敏支付。2018 年 1 月 19 日下午,被告陈某涛驾驶豫 J× × × × × 号货车将衣物运至目的地后,卸货过程中因与原告等发生纠纷,被告陈某涛遂在未卸完货物的情况下开车驶离。原告等在追赶途中,因发生车辆剐蹭及打架纠纷遂报警,经濮阳市公安局濮水分局社区警务大队处理,双方就车辆剐蹭和打架纠纷和解,并同意于次日解决卸货纠纷。2018 年 1 月 20 日,被告陈某涛将车从公安部门开走,并将车、货驻留于山东阳谷县城。2018 年 1 月 23 日,原告前往阳谷县要求被告陈某涛交付衣物,因未同意被告陈某涛先行额外支付“押车费”要求,被告陈某涛拒绝见面交付衣物,未果。2018 年 2 月 1 日,原告与其夫程元海二次前往阳谷,并于第二日向被告陈某涛

① 濮阳市华龙区人民法院(2018)豫 0902 民初 4649 号民事判决书。

支付运费及“押车费”共计16,000元后,开始卸货。当日,原告许某敏向被告陈某涛出具收据1份,内容为:今拉走货品241箱5264件,已卸157箱。被告陈某涛向原告出具书面手续两份,其中一份内容为:“今收到程元海一万六千元整运费加押车费”;另一份内容为:“我卸自己的一千件,59箱”。又查明,豫J×××××号货车登记车主为被告台前县某亿汽车运输有限公司,被告陈某涛为实际车主。以上事实,经法院审理查明。

原告许某敏诉请法院依法判令:(1)被告因违约并非法扣押原告货物造成的损失4万元。(2)被告返还原告超额支付的运费11,700元。(3)被告返还原告的货物1957件。(4)二被告承担连带责任。(5)涉案费用由被告承担。庭审中,原告变更了诉讼请求:(1)要求二被告赔偿原告许某敏损失47,611元(包括原告超额支付的运费10,700元、原告为追逃货物花费的交通、餐饮、住宿花费共计3624元及货物损失33,269元);(2)二被告承担连带责任;(3)本案诉讼费由被告承担。

被告辩称,被告给原告运输服装共计398箱,拉货的时候多了59箱,原告不愿购买,商家将59箱货物卖给了被告一并拉回。货物拉到指定地点后由于原告把烂箱挑出,双方发生争执,原告拒绝与商家协商,并恶意用自己的车挡在被告的前面扣留约12小时。之后报警,被告将车开到派出所。因货物纠纷未达成和解,被告将车开回山东省阳谷县后给原告的丈夫打电话,通知原告把货物运回。一直到第13天原告要求运回货物,被告要求原告支付期间对被告无法正常运输的损失,双方在当地派出所的调解下,达成协议,原告支付给被告运费及车辆停运费11,700元。被告没有违法扣押原告的货物,且没有任何事实和法律依据。综上,请法院查清事实后,依法驳回原告的诉讼请求。

法院认为,本案为公路货物运输合同纠纷。根据庭审查明,货物运抵目的地后,被告通过将货物拉离目的地、拒绝卸货等方式,迫使原告许某敏在原约定运输费用5300元基础上加付“押车费”10,700元,应认定为系以胁迫、乘人之危的方式对原协议约定进行变更,该变更违背原告许某敏的真实意思。原告许某敏要求被告退还该加付费用,实为行使对该协议内容变更部分的撤销权,符合法律规定。原告许某敏向被告交付的“押车费”10,700元,被告陈某涛主张为“停运损失”。经查,被告陈某涛在车辆剐蹭和打架纠纷已经妥善解决的情况下,未经与原告许某敏协商,即将车货移往阳谷,属违约变更交货地点,此后,在原告于第3日前往阳谷要求交货的情况下,仍拒绝交付货物,由此产生车辆占用损失非原告原因所引起,应由被告自行承担,因此,原告许某敏要求被告陈某涛退还收取“押车费”的诉讼请求,本院予以支持。同时,原告需另行安排车辆运回并产生额外运费之损失乃客观情理,该耗费系被告陈某涛变更交货地点之违约行为所致,原告许某敏要求被告陈某涛赔偿该项损失的诉讼请求,符合法律规定,本院予以支持;该项损失的数额,因原告提交的证据缺乏证明力,本院结合实情及被告陈某涛庭审中承认的数额,确定为800元。原告许某敏另要求被告赔偿其追债过程中发生的伙食、误工等费用的诉讼请求,无事实基础和法律依据,本院不予支持。再据庭审查明,原、被告第一次卸货157箱(袋),因发生纠纷未清点具体数量,第二次卸货后亦未见其当面向被告主张衣物短缺损害,现提出该主张,被告陈某涛不予认可。此种“当面交货未清点、事后追究”情形,在货物的交付责任履行上,属于双方均存在过错的情形,故不能以被告负有交货责任而将证明责任均施于被告,进而推定被告交货数量不足。涉案衣物箱(袋)装数量规格不一,虽能确定原告许某敏第一次收货箱(袋)数量,但确不能推论出第一次收到衣物的数量。故原告关于衣物短缺的主张,本院无法查明,不予采信,其据此要求被告予以赔偿的诉讼请求,本院不予支持。被告台前县某亿汽车运输有限公司系被告陈某涛挂靠单位,为运输合同名义当事人,原告要求该公司对上述款项承担连带责任,符合法律规定,本院予以支持。综上,根据《合同法》第五十四条第二款、第六十条、第二百八十八条之规定,判决撤销原告许某敏与被告陈某涛运输合同中关于运输费用的变更部分内容,被告陈某涛返还原告许某敏“押车费”10,700元并赔偿原告运费800元,共计11,500元,于判决生效后十日内付清。被告台前县某亿汽车运输有限公司对上述债务承担连带责任。

案例分析指引

1. 本案中物流服务合同的主体为谁?物流服务合同是否属于为第三人利益订立的合同?

2. 如何理解物流服务合同成立、变更和撤销的法律要件?本案中物流服务合同撤销变更内容的法律依据属于《民法典》规定中哪一条规定?

3. 如何理解法院判决中"被告台前县某亿汽车运输有限公司对上述债务承担连带责任"这一观点？

案例参考 11　仓储合同的成立要件与保管人责任①

2020 年 10 月 11 日，果业气调库（甲方）与果蔬有限公司（乙方）签订《租库储果合同书》，甲方提供 2 号库、3 号库、4 号库给乙方储果，库容约 300 万市斤，对乙方因故空置的库位可另行安排客户。同时双方对其他权利义务作出约定。

2020 年 11 月 20 日，原告果蔬有限公司将 1708 筐即 1,004,880 斤苹果存入被告长武昌盛果业有限公司 11 号库内，双方未签订书面仓储合同。11 号库内货物为涉案诉争苹果。

2021 年 7 月 29 日，原告果蔬有限公司发现存入 11 号库的苹果出现长毛、腐烂现象。

2021 年 8 月 6 日，原告向被告送达《告知函》：因被告方制冷及各环节出现问题，造成原告方存储在 11 号库的苹果损坏特别严重，以至于无法销售，影响外贸订单，给原告造成严重的经济损失，要求被告十日内给出解决方案。2021 年 8 月 12 日。被告向原告作出《回复函》：原告存入库内苹果为后期入库苹果，苹果质量有差异，迟迟未能出库，导致苹果出现问题属正常现象。2021 年 10 月 30 日，被告向原告作出《告知函》：限原告公司于 2021 年 11 月 10 日前将在被告处 11 号库内储存的秦冠苹果全部出库，逾期未全部出库，被告将对 11 号库予以清腾。2021 年 11 月 6 日，泰国进出口有限公司向原告作出《违约索赔函》：因原告公司于 2021 年 8 月、9 月均未完成向该公司的出口规划，导致该公司未达成向当地销售商的供货计划，根据其双方签订的《果品出口销售合同》，要求原告承担违约责任。以上事实，经一审法院审理查明。

一审法院认为，仓储合同是保管人储存存货人交付的仓储物，存货人支付仓储费的合同，仓储合同自保管人和存货人意思表示一致时成立。储存期内，因保管不善造成仓储物毁损、灭失的，保管人应当承担赔偿责任。因仓储物本

① 陕西省咸阳市中级人民法院（2022）陕 04 民终 959 号民事判决书。

身的自然性质、包装不符合约定或者超过储存期造成仓储物变质、损坏的，保管人不承担赔偿责任。本案中，原告、被告双方虽未签订书面仓储合同，但原告、被告双方对原告苹果存入被告果库且被告直接向原告出具了入库凭证的事实并无异议，其行为特征符合仓储合同的构成要件，原告、被告意思表示一致，故应确认原告为存货人，被告为保管人，原告、被告之间的仓储合同成立。当事人对自己提出的主张，有责任提供证据。根据“谁主张、谁举证”的原则，原告有义务就其所储存于被告果库的苹果变质原因及经济损失提供充分、有效的证据予以证明。但原告未能提供充分、有效的证据，致使在本案中对原告储存于被告果库中苹果变质、腐烂的责任难以划分，原告的经济损失也难以确定。综上，因原告未能提供充分、有效的证据来支持其诉讼主张，故对原告的诉讼请求不予支持，待原告有新的证据后可另案起诉。依照《民法典》第九百零四条、第九百零五条、第九百一十七条及《民事诉讼法》第六十四条第一款、最高人民法院《关于适用〈中华人民共和国民事诉讼法〉的解释》第九十条之规定，判决如下：驳回原告果蔬有限公司的诉讼请求。案件受理费 19,789 元，减半收取 9894.5 元，由原告果蔬有限公司负担。

二审法院认为：仓储合同是保管人储存存货人交付的仓储物，存货人支付仓储费的合同，仓储合同自保管人和存货人意思表示一致时成立。本案中，虽然上诉人与被上诉人签订的《租库储果合同书》只约定了 2 号库、3 号库、4 号库，但在实际履行过程中，因上诉人收储苹果量超过预期又实际增加了西 1 库及 11 号库。对于增加的西 1 库及 11 号库，也应适用双方签订的《租库储果合同书》的规定。

对于上诉人在 11 号库储存的部分苹果在仓储期间发生长毛、腐烂现象，双方当事人对此事实均无异议。本案的核心争议是上诉人储存的苹果发生病变现象的具体原因、损失数额及责任承担问题。上诉人于 2020 年 10 月 11 日到 11 月 20 日将收购的苹果储存在被上诉人的以上 5 个库里。涉案的 11 号库里储存的苹果全部是上诉人的，涉案 5 个库里存放的苹果都是在同一地区 ×× 段进库的，被上诉人也对储存的苹果在进库前都要经过相应验收程序，但是只有涉案的 11 号库在 2020 年 7 月发现极少数苹果发生长毛、腐烂现象，上诉人在其他几个库里储藏的苹果存放的时间比 11 号库时间还长，但都未发生以上现象，故根据以上几个库的对比分析，涉案 11 号库储存的苹果发生长毛、腐烂现象应该是由于被上诉人 11 号仓库温度不合格等自身管理原因造成的。被上诉人主张 11 号库苹果发生问题是由于该苹果属于后期果等苹果自身原因造成的，与其储存无关的主张依据不足，本院对此不予支持。

对于损失及责任承担问题。首先，涉案的 11 号库存放苹果 1,004,880 斤，已经出库苹果 267,000 斤，剩余 737,890 斤。双方当事人于 2020 年 7 月发现 11 号库里发生长毛、腐烂现象的苹果为极少数，上诉人在庭审中也称只有剩余苹果的 10%~20%。上诉人在发现以上问题时应该积极采取措施将未出现问题的苹果尽快出库，并且也要将出现问题的苹果尽快处理以止损，但是上诉人却未积极应对，并且因为争议问题采取更换出其他储存库的苹果，对于 11 号库储存的苹果出现的问题放任之，任意其损失的扩大，对于其放任扩大的损失，尤其自行承担。其次，上诉人无法提供证据证明其 11 号库苹果的单价，其所谓的 2.05 元/斤针对所储存的所有苹果的平均单价，并且 11 号库里 2020 年 7 月出现问题的苹果为极少数，且具体数量无法确认。但确实因为被上诉人冷库存在问题造成了上诉人储存的少部分苹果在 2020 年 7 月发生病变导致产生了相应的损失，本院根据已查明的事实酌情认定被上诉人应该承担损失数额为 130,000 元。一审法院对此判处不当，本院予以纠正。对于上诉人主张的违约金 20,000 元，被上诉人在履行合同中确实存在相应的违约行为，故对此其该诉请予以支持。

综上所述，上诉人的部分上诉请求成立，本院予以支持。根据《民事诉讼法》第一百七十七条第一款第二项规定，判决被上诉人长武昌盛果业有限公司于本判决生效后十日内赔偿上诉人果蔬有限公司损失 130,000 元；判决被上诉人长武昌盛果业有限公司于本判决生效后十日内支付上诉人果蔬有限公司违约金 20,000 元。

案件分析指引

1. 仓储合同的成立要件有哪些？如何理解“增加的西 1 库及 11 号库，也应适用双方签订的《租库储果合同书》的约定”？

2. 如何确定和区分仓储合同保管人责任和存货人责任的边界？

3. 如何理解本案中二审法院同时判决被上诉人承担违约责任和损害赔偿？有关违约责任和损害赔偿的法律规定是怎样的？

第三节 物流保险服务合同

商品流通的安全有效运行依赖于安全物流。在商品流通的整个过程中,物流是风险最大,也是最不确定的环节。在物流活动过程中,商品所处的天气、地理等环境不断变化,货物运输工具发生交通事故、拆装卸过程导致货物损失等都有可能发生。这些损失的发生是客观存在的,不可能完全通过事前预防来避免发生。最好的办法就是在事故或事件发生之后能够分散或转移风险。这种分散和转移风险是物流行业的内在需求,也是保险制度的功能所在。正如金银天然是货币一样,物流行业对保险的需求也具有天然性。回顾保险的发展历史,近现代意义上的保险起源于欧洲中世纪末期的海上保险。当时,船主或者货主在船舶开航之前,从资本持有人处融通资金,以船舶或者货物的风险作为融通资金的条件。如果船舶或者货物在航海期间遭遇海难,则依照其损害程度相应免除船主或者货主负担的债务之全部或部分;如果船舶或者是货物安全到达目的地,则船主或货主应当向资本持有人偿还本金和利息。这些规则和经验被意大利沿海城邦国家于12世纪颁布的《康索拉多海事法例》(Ⅲ Consolato det Mare)吸收,形成了具有近代风格和特征的海上保险。① 可见,把保险引入物流行业,通过物流保险尽可能地分散和转移物流风险自古已经存在。物流保险服务合同就是利用保险机制,降低物流经营者风险,保障商品物流高效运行的服务合同。

一、保险与保险合同

(一)保险及基本原则

保险是一种社会经济现象。在人类社会发展过程中,客观的危险常常与人相伴。这一点无论科学技术如何发展,人类本身多么努力都是无法改变的事实。为了保障人们社会经济生活的安定,需要有一种方法,对社会成员或群体

① 邹海林:《保险法》,社会科学文献出版社2017年版,第3页。

因为特定危险事故或者特定事件受到的损失给予经济上的补偿,以实现经济的互助。这种方法就是保险。所以,保险在经济学上就是一种经济互助的方式,体现为一种互助经济制度。这种互助机制使保险成为抵御和防范危险的一种特殊工具。所谓一方有难,八方相助。保险作为一种抵御危险的工具,其基本功能在于分散风险和消化损失。从形式上看,保险是把有可能遭遇同类危险的成员集中起来,大家友好合作,成立社会共济或补偿基金,并将该基金使用于实际遭遇危险的个别成员,以便共同承担或者分散风险的制度。为了实现保险分散风险、分担损失的经济互助目标,根据风险的特点和损失补偿机制,保险的有效运行依赖于以下基本原理或者原则,即大数法则、保险利益原则、最大诚信原则、近因原则和损失补偿原则。

1. 大数法则

大数法则是指大量的,在一定条件下重复出现的随机事件将呈现出一定的规律性和稳定性。大数法则是保险业得以建立和发展的基础。保险是通过积累大量的小额资金,以补偿少数人大金额损失的制度。没有大量的,在一定条件下重复出现的随机风险事件,保险就没有存在的基础。此法则的意义在于:风险单位数量越多,实际损失的结果会越接近从无限单位数量得出的预期损失可能的结果。据此,保险人就可以比较精确地预测危险,合理地厘定保险费率,使在保险期限内收取的保险费和损失赔偿及其他费用开支相平衡。大数法则是近代保险业赖以建立的数理基础。保险公司正是利用在个别情形下存在的不确定性将在大数中消失的这种规则性,来分析承保标的发生损失的相对稳定性。按照大数法则,保险公司承保的每类标的数目必须足够大,否则,缺少一定的数量基础,就不能产生所需要的数量规律。

2. 保险利益原则

保险利益原则也称可保利益原则,是指被保险人对要求保障的标的必须具备法律承认的经济利益。保险利益表现在财产保险中,是指投保的财产标的在遭受危险事故时会对被保险人造成经济损失。保险利益表现在人身保险中,是指投保的人身标的在遭受意外事故或丧失劳动能力时会对被保险人或其家属带来经济困难。也就是说,保险标的遭到事故而导致被保险人在经济上有所损失。确认保险利益原则具有如下作用。第一,可以防止变保险合同为赌博性合同。众所周知,保险不是赌博,划分保险合同和赌博性合同的界限在于被保险人对其投保的标的是否具有可保利益。如果被保险人在没有可保利益的情况下与保险人签订了合同,则这个合同就是以他人的生命、财产进行赌博的合同。如果保险法对利用保险合同进行赌博没有任何限制,那么任何对保险标的没有利害关系的人都可以通过保险标的的损失获得赔偿。即被保险人不是获得损失赔偿而是通过损失发财,这就背离了保险的宗旨,并将保险引入歧途。可保利益原则的确立,要求投保人或被保险人必须对保险标的具有可保利益,才能同保险人订立有效的保险合同。这一规定可以最大限度地避免保险合同变为赌博性合同。第二,可以防止被保险人的道德危险。所谓道德危险,是指被保险人为获得保险赔款而故意地作为或不作为,造成或扩大保险标的损失。如果《保险法》不规定保险必须具有可保利益,则保险的开办势必纵容了被保险人的道德危险,破坏了社会道德,导致社会道德标准的下降,增加社会财富受损的机会。有了可保利益原则,在保险事故发生时,保险赔款的支付,以被保险人对保险标的具有合法的利害关系为前提。保险标的的损失或灭失,只能给被保险人带来损失,不会带来好处,这样便可有效地防止道德危险的发生。第三,可以限制保险补偿的程度。被保险人参加保险后,当保险标的发生损失时,保险人只能按照损失发生时被保险人对保险标的所具有的经济利益进行赔偿。即被保险人可以获得的赔偿金额,不能超过其对保险标的所具有的可保利益的金额,否则就是违背了保险经济补偿的目的,并且会诱发被保险人的道德危险。所以可保利益应该是保险补偿的最高限度。

3. 最大诚信原则

最大诚信原则是保险法的基本原则之一。保险法中的最大诚信原则与一般民法中的诚实信用原则在内容上有相似之处,在来源上却略有差异。一般民法中的诚实信用原则要求所有的民事主体在进行民事活动时,应当具有诚实人格的道德标准,在不损害他人利益和社会公共利益的前提下追求自己利益。可见,一般民法中的诚实信用原则更多的是一种从道德标准出发的法律一般原则。它存在的价值更多的是从违反诚实信用原则的后果逆推而出,即一方面会损害行为相对人的利益,另一方面则更可能侵害公共利益,直接影响和破坏市场经济秩序或社会秩序①。保险法中的最大诚信原则源自保险法所规定的社会经济关系的客观现实。即保险人与投保人或被保险人之间存在客观上的信息不对称现象。这与保险关系本身的特征有关。在保险关系之中,这种信息不对称现象体现在两个方面。一是从保险人的角度看,保险人提供的保险合同格式条款的内容,与理赔时保险合同执行标准方面存在差异,即保险人与投保人或被保险人之间就理赔内容和数量存在较大的信息不对称现象。二是从投保人角度看。保险合同的标的是投保人或被保险人的财产或人身,或者由投保人或被保险人占有,或者就是其自身。保险人的义务是在保险标的发现意外损失时承担补偿责任,因此,保险标的的现实危险状况就成为保险人判断是否承保和保险费金额的决定依据。此时,投保人或者被保险人对保险标的的现实危险状况最为了解,而保险人则很难发现真实的免除状况。这就构成了保险关系中的另一个信息不对称现象。从历史发展看,早期的最大诚信原则更多的是保险人对投保人或被保险人的诚实告知的要求,要求投保人或被保险人诚实告知保险标的的实际危险状况。这就是投保人或被保险人的告知义务。后来,为了保护投保人或被保险人的利益,防止保险公司恶意抗辩、恶意拒赔,各国保险法相继修改,将该原则扩大,逐渐也成了对保险人的要求。即保险人有义务对投保人或保险人就保险合同格式条款的内容、理赔的标准和责任免除等重要事项对投保人或被保险人作出如实说明,承担说明义务。可见,最大诚信义务在保险法中是有具体内容的,即保险人的说明义务,和投保人或被保险人的告知义务。在这一点上,它与一般民法中所指的诚实信用原则是有区别的。但是,这并不妨碍一般民法中的诚实信用原则仍然可以适用于保险法,并贯穿于保险法的整个实现过程之中。

4. 近因原则

近因原则是指当风险发生时,保险公司只能以引起风险发生的最直接的、最有效的、最起决定作用的原因为依据,进行赔偿或给付保险金。也就是说,保险事故的发生与损失事实的形成之间必须有直接因果关系的存在,才能构成保险赔偿的条件。这是保险理赔过程中必须遵循的原则。在现实中,当意外事件

① 邹海林:《保险法》,社会科学文献出版社2017年版,第37页。

发生时,导致这一意外事件发生或损失发生的原因往往是多方面的。保险合同的保险范围则是当事人事先确定的,保险人对不同险种承担不同程度的风险。按照近因原则,当被保险人的损失是直接由于保险责任范围内的事故造成的,保险人才予以赔偿。如A女士在马路上正常行走,被一辆低速行驶的轿车轻微碰擦了一下,顿觉胸闷头晕,不幸在送往医院途中病情加重,最后在医院不治身亡。医院的死亡证明书指出死亡原因是心肌梗死,死者家属拿着意外保单及死亡证明等资料,向保险公司索赔。保险公司以导致死亡的事故为非保险事故,不属于意外伤害为由,拒绝理赔。在这个案件中,A女士被汽车轻微碰擦,发生在一般健康人身上,是不会导致死亡的。女士身故的原因是心脏病所致。虽然车辆碰擦是意外,但不是导致其死亡的近因,所以保险公司不予赔偿符合近因原则。

5. 损失补偿原则

损失补偿原则,是指保险赔偿的损失以投保人或被保险人的损失为限承担补偿责任。损失补偿原则是保险制度的初心所在。保险制度的目标就是通过大数法则对少数客观受损失的投保人或保险人予以补偿。如果损失补偿高过实际损失,则保险制度必将面临道德风险的挑战,而保险自身也会身陷赌博之中。损失补偿原则常见于财产保险和费用补偿型的医疗保险中。

案例参考12 物流责任保险合同保险人说明义务①

2017年9月,被告致某物流公司在被告太某洋财险公司航运保险中心处投保了一份物流责任险。2017年9月22日,被告太某洋财险公司航运保险中心签发了一份《物流责任险保险单》(保险单号AHYXH××××××281U),载明:本保险内容主要包括明细表、保险条款等;本保险单还包括投保申请书及其附件,以及本公司今后以批单方式增加的内容。

《中国太某洋财产保险股份有限公司物流责任保险条款》中载明:本合同所称物流是指被保险人接受委托,将运输、储存、装卸、搬运、包装、流通加工、配

① 南京市秦淮区人民法院(2020)苏0104民初1568号民事判决书。

送和信息处理等基本功能有机结合,使物品从供应地向接收地实体流动的过程;本合同所称物流货物是指被保险人接受委托进行物流的物品。且该条款第四条保险责任载明:在保险期间内,被保险人在境内经营物流业务过程中,因下列意外事故造成物流货物的毁损、灭失,依据法律应由被保险人承担的经济赔偿责任,保险人按照本合同约定负责赔偿:(一)火灾、爆炸……

《保险单明细表》中载明:"被告险人为被告致某物流公司,保险期限自2017年9月22日0时起至2018年9月21日24时止,责任限额为物流责任累计赔偿限额300万元、每次赔偿限额100万元。"且第十六条特别约定载明:"(1)保险合同其他部分与本特别约定相抵触之处,以本特别约定为准;本特别约定未尽之处,以保险合同其他部分为准……(6)仓储:本保单仅覆盖运输过程中的临时仓储,临时仓储时限为24小时(货物起运地及目的地的仓储以及仓储期间的火灾事故,均为本保险除外责任)……(11)每次事故总的赔偿限额人民币100万元,其中,盗窃、抢劫事故的单次赔偿限额人民币20万元,盗窃、抢劫事故的累计赔偿限额人民币40万元,临时仓储期间事故的单次赔偿限额人民币20万元,临时仓储期间的累计赔偿限额人民币40万元,保单累计总的赔偿限额人民币300万元。"

另查明,2016年12月7日,案外人南京某隆科技股份有限公司(以下简称某隆科技公司)与原告某邦物流公司签订了《第三方仓储及物流服务合同》,约定某隆科技公司委托某邦物流公司储存、保管并依某隆科技公司的指令配送其交付的货物,货物的具体品名、批号、数量以双方每次交付保管时的入库验收单为准。2016年12月13日,原告某邦物流公司(乙方)与被告致某物流公司(甲方)签订《第三方仓储及物流服务合同》,约定:甲方委托乙方储存、保管并依甲方的指令配送其交付给乙方的货物,货物的具体品名、批号、规格、数量以甲乙双方每次交付保管时的入库验收单为准;仓库地址在重庆,乙方应承诺随时提供足够的仓储面积用于存放甲方货物;本合同有效期限为甲乙双方业务存续期内,乙方提供7天免费存储期,按每批货到货日期计算免费期,超出此期限,按双方约定价格支付仓储费用;乙方按照本协议附件规定的收费标准收取各项费用,费用支付期限60天;由于乙方的过失或疏忽造成甲方货物灭失、短少、污染、损坏的,导致无法正常销售的,乙方将承担甲方由此造成的损失。2016年

12月14日，被告致某物流公司与案外人重庆川某子物流有限公司（以下简称川某子物流公司）签订《第三方仓储及物流服务合同》，约定川某子物流公司依据致某物流公司的指令配送接收货物、双方以致某物流公司货运交接、收支明细清单为依据核对货物的具体品名、批号、规格及数量；川某子物流公司承诺随时提供足够的仓储面积用于存放致某物流公司的货物。2017年1月1日，川某子物流公司与重庆市某海物流市场管理有限公司（以下简称某海物流公司）签订《租赁合同》，约定某海物流公司将位于重庆市九龙坡区内的房屋租给川某子物流公司，面积为552平方米，编号为B5－12号、B5－13号、B5－14号，川某子物流公司作为物流经营使用；租赁期限为两年，即从2017年1月1日起至2019年12月31日止。

上述合同签订后，某邦物流公司依某隆科技公司的指令，川某子物流公司依据致某物流公司的指令，川某子物流公司先后接收某隆科技公司的货物（主要为聚丙烯、聚酰胺－6、聚酰胺－6.6等塑料颗粒）存放于其租赁某海物流公司的库房之中。2017年10月25日1时37分许，位于九龙坡区内发生火灾，起火位为川某子物流公司库房西南侧。根据某隆科技公司的送货单、致某物流公司货运交接、收支明细单的记载，此次火灾共导致存放货物148.65吨、价值2,004,158元的损失。火灾发生后，某隆科技公司于2018年2月1日向某邦物流公司发出《索赔通知》，要求照价赔偿2,004,158元。同日，某隆科技公司还向某邦物流公司发出《索赔回复通知》，要求用某隆科技公司未支付的运输款冲抵赔偿款，并提出了冲抵的明细表。

2019年11月25日，原告某邦物流公司（甲方）与被告致某物流公司（乙方）签订《赔偿协议书》，就2017年10月25日乙方存放货物的库房发生火灾导致货物烧毁的损失赔偿事宜达成协议如下：(1)火灾造成货物损失金额为2,004,158元，由乙方承担全部赔偿责任；(2)因乙方向太某洋财险公司航运保险中心投保了物流责任险，每次事故总的赔偿限额为1,000,000元，事故发生在保险期限内，乙方应立即办理保险理赔手续，保险金用于赔偿甲方损失，不足赔偿部分，以甲乙双方合作的运费抵扣。以上事实，经法院审理查明。

法院认为，根据《保险法》的规定，责任保险的被保险人给第三者造成损害，被保险人对第三者应负的赔偿责任确定的，根据被保险人的请求，保险人应当直接向该第三者赔偿保险金;被保险人怠于请求的,第三者有权就其应获赔偿部分直接向保险人请求赔偿保险金。本案中,被告致某物流公司作为被保险人对原告的赔偿责任已通过《赔偿协议书》予以确定,但被告致某物流公司怠于向作为保险人的被告太某洋财险公司航运保险中心请求,故原告有权依法将保险人和被保险人作为共同被告起诉。关于争议的保险责任问题,案涉《物流责任保险条款》第四条明确约定保险责任包括因火灾造成物流货物的毁损、灭失,且条款中亦约定物流包含储存,故案涉货物在物流储存中因火灾毁损、灭失,属于保险责任范围。关于损失金额,生效的仲裁裁决书已确认损失2,004,158元,对此金额本院予以确认。被告太某洋财险公司航运保险中心辩称超过24小时以上的仓储期间火灾事故不属于保险赔偿范围以及24小时内仓储期间事故单次赔偿限额200,000元的依据均为《保险单明细表》第十六条特别约定的内容,因其系格式条款,被告太某洋财险公司航运保险中心未能举证证明其已履行了明确说明义务,故该条款不产生效力,本院对被告太某洋财险公司航运保险中心的相关辩称意见不予采信。综上,原告主张被告太某洋财险公司航运保险中心在单次保险责任限额1,000,000元范围内赔付其损失的诉请,合法有据,本院予以支持。根据《保险法》第十六条、第十七条、第六十五条,最高人民法院《关于适用〈保险法〉若干问题的解释(二)》第十三条、第十四条,最高人民法院《关于适用〈保险法〉若干问题的解释(四)》第十四条、第十五条,《民事诉讼法》第六十四条第一款、第一百四十二条之规定,判决被告中国太某洋财产保险股份有限公司航运保险事业营运中心于本判决发生法律效力之日起十日内向原告江苏某邦国际物流股份有限公司支付保险赔偿款1,000,000元。

案例分析指引

1. 结合本案,如何理解物流服务行为的复杂性?物流责任保险的保险范围与物流服务行为内容是否完全一致?

2. 法院认为"告致某物流公司怠于向作为保险人的被告太某洋财险公司航运保险中心请求,故原告有权依法将保险人和被保险人作为共同被告起诉"。如何理解其法理基础和法律依据?

3. 法院认为"被告太某洋财险公司航运保险中心未能举证证明其已履行了明确说明义务,故该条款不产生效力",如何理解说明义务在《保险法》中的法律意义？

案例参考13 物流经营主体投保时的保险标的与保险利益①

2021年3月20日，舟山华某远洋渔业发展有限公司与益某公司签订销售合同，约定益某公司从舟山华某远洋渔业发展有限公司处购买鱿鱼181.616吨，单价8300元/吨，于2021年4月30日前交货，且益某公司法定代表人李载某向舟山华某远洋渔业发展有限公司法定代表人汪明某转账支付1,507,410元。2021年4月18日孙承某自舟山华某远洋渔业发展有限公司处取得33吨鱿鱼，驾驶登记在丹东天某平安物流有限公司名下的辽FL××××号车自浙江舟山起运。同日14时，平安财险辽宁公司出具国内水路、陆路货物运输保险单，记载被保险人孙承某，运输工具辽FL××××，起运时间2021年4月18日17时，自舟山市至东港市，保险金额200,000元，保险货物35吨冻鱿鱼，同时约定："1.保险货物遭受损失时，保险人按承保险别的责任范围负赔偿责任。基本险：(1)因火灾、爆炸、雷电、冰雹、暴风、暴雨、洪水、地震、海啸、地陷、崖崩、滑坡、泥石流所造成的损失；(2)由于运输工具发生碰撞、搁浅、触礁、倾覆、沉没、出轨或隧道、码头坍塌所造成的损失(2)综合险：本保险除包括基本险责任外，保险人还负责赔偿：因受震动、碰撞、积压而造成货物破碎、弯曲、凹瘪、折断、开裂或包装破裂致使货物损失的损失。2.本保险对每次事故绝对免赔为1000元或损失金额的10%，以高者为准。3.本保险只负责因道路交通事故造成的损失。"2021年4月19日孙承某驾驶辽FL××××号货车行至山东威海后，搭载"中华富时"轮前往大连。2021年4月19日23时25分许，"中华富时"轮发生火灾，致辽FL××××号货车及车载货物受损。现孙承某以上述火灾事故符合保险理赔条件为由，将平安财险辽宁公司诉至法院，主张保险理赔。

庭审时，孙承某为证实其载运货物的损失金额，向法庭提交如下证据：益某公司与孙承某于2021年6月22日签订的货损确认书一份，记载益某公司的33吨冻鱿鱼(价值273,900元)由孙承某自舟山载运回东港，后因船上火灾事故

① 山东省威海市中级人民法院(2022)鲁10民终276号民事判决书。

全损，孙承某应赔偿273,900元，且于2022年12月31日前赔偿。经质证，平安财险辽宁公司对证据的真实性及内容均有异议，即便是真实的，该两人达成的协议无效，孙承某未对货主进行赔偿，没有实际损失，故孙承某没有主张理赔的主体资格；益某公司认可协议的真实性，并称截至法庭辩论终结前，孙承某并未履行该协议。

平安财险辽宁公司主张称孙承某系丹东天某平安物流有限公司雇佣的司机，并提交其委托代理人与公司宋姓经理电话录音一段，主要内容包括：孙承某原系该公司雇佣的司机，每月工资8000元，出车补助100元/天，发生事故（涉案）后辞职。

经质证，孙承某对通话录音的真实性没有异议，但宋姓经理是否系法定代表人无法确定，且通话录音系以问答的方式进行，对方没有时机做更详细的披露，同时孙承某与公司并未签订劳动合同，不发放固定工资，而是根据每月完成的任务数领取款项。益某公司未发表具体质证意见。

通过当事人举证、质证，并结合无争议事实，一审法院对争议事实分析、认定如下：其一，孙承某提交的货损确认书经货主确认属实，虽未实际履行，亦不影响协议本身的真实性，且与买卖合同中购货价格相同，亦与一般市场价格契合，可据此确定车载货物的价值为273,900元。其二，从通话录音的内容来看，丹东天某平安物流有限公司认可孙承某系该公司雇佣的司机，且平安财险辽宁公司并无证据证明双方间存在挂靠经营、合作经营等情况，故可据此确认孙承某与丹东天某平安物流有限公司间系雇佣关系。以上事实经一审法院查明认定。

一审法院认为，本案系财产保险合同纠纷，平安财险辽宁公司出具的保险单系保险合同重要组成内容之一，虽然被告称该保险单附属于预约货物险协议，但未向法庭提交预约货物险协议与涉案保险单间存在关联性的证据，仅凭平安财险辽宁公司自述的投保人，不足以证实该主张，应以保险单确定双方权利义务。故本案争议的焦点在于投保利益以及赔偿方式的认定，对此分析如下：

首先，保险利益是指投保人或被保险人对保险标的所具有的利害关系，在财产保险合同中，主要是指投保人或被保险人对保险标的所具有的因保险事故的发生而受损失或因保险事故不发生而免受损失的利害关系,并以保险事故发生时为限。虽然孙承某受雇于丹东天某平安物流有限公司,并非法律意义上的承运人,但保险利益不以法定利害关系为限,亦不排除客观利害关系,且从本案已查明的情况来看,孙承某已与货主,也就是益某公司签订赔偿协议,涉案保险事故的发生已经导致其受损的客观状况,故而孙承某对保险标的具有保险利益。

其次,本案保险单对保险责任进行限制性约定,包括仅赔偿交通事故导致的损失、免赔及免赔额等,虽记载于保险单中,但保险公司并未就其已对上述免责事由向投保人尽到提示和说明义务进行举证,且免赔额条款应适用先免后限的原则,在实际货损超过保险限额的情况下,不应适用免赔额条款。

最后,孙承某系货物保险合同的被保险人,仅为涉案保险标的物的承运人和保管人,其并未向实际货主赔偿货损,不存在利息损失,且孙承某并无证据证明其在本案诉讼前曾向平安财险辽宁公司提出过理赔的要求,故其主张的利息无相应依据,不予支持。根据《保险法》第十七条、第四十八条之规定,判决:(1)中国平安财产保险股份有限公司辽宁分公司赔偿孙承某保险理赔款200,000元,于判决生效之日起十日内付清。如采取转账付款,请将赔偿款及相应诉讼费付至孙承某的指定账号(开户名:孙承某,开户银行:中国农业银行东港市前阳支行,账号:6228××××4613)。(2)驳回孙承某其他诉讼请求。如果未按判决指定的期间履行给付金钱义务,应当根据《民事诉讼法》第二百五十三条之规定,加倍支付迟延履行期间的债务利息。案件受理费减半收取4300元,由中国平安财产保险股份有限公司辽宁分公司负担。

二审中,当事人没有提交新证据。本院二审查明,案涉《国内水路、陆路货物运输保险单》记载被保险人孙承某的联系人系顾某月,平安财险辽宁公司认可顾某月系其工作人员。

二审法院认为,本案二审当事人争议的焦点问题是:(1)涉案保险合同是否有效,孙承某对涉案货物是否存在保险利益;(2)平安财险辽宁公司对案涉事故造成的损失应否承担保险赔偿责任,如承担保险责任,保险赔偿金额如何确定。

关于焦点一,本案为财产保险合同纠纷,涉案保险合同系双方当事人真实意思表示,其内容亦不违反法律法规的强制性规定,应为合法有效,双方当事人均应按合同约定履行各自义务。《保险法》第十二条第六款规定,财产保险的被保险人在保险事故发生时,对保险标的应当具有保险利益。财产保险是以财产及其有关利益为保险标的的保险。保险利益是指投保人或者被保险人对保险标的具有法律上承认的利益。本案保险是应货主益某公司要求,孙承某作为投保人进行的保险,被保险人亦系孙承某,但实际受益人是益某公司。如果孙承某不投保运输货物保险,保险事故发生所产生的损失必然由孙承某向益某公司赔偿,故孙承某投保国内水路、陆路货物运输保险基本险符合孙承某的利益,亦不违反《国内水路、陆路货物运输保险条款》的要求,且孙承某已与益某公司达成赔偿协议,涉案保险事故的发生已经导致其利益受损,故一审法院认定孙承某对案涉货物具有保险利益有事实及法律依据,本院对此予以确认。

关于焦点二,平安财险辽宁公司上诉主张涉案保险为国内货物运输预约保险协议,投保人是东港市某物流有限公司,且要求被保险人应为货物的实际所有人,但并未提供充分证据予以证实;而孙承某系通过平安财险辽宁公司工作人员顾某月购买涉案保险,保险单记载保险货物为35吨冻鱿鱼,被保险人为孙承某,并未载明被保险人须为货物所有权人,故对平安财险辽宁公司的该项主张,本院不予采信。且如其上述主张属实,平安财险辽宁公司在审核该保险合同时,应知晓孙承某并非货物所有权人,但其并未提醒孙承某应购买何种险种,对孙承某购买的涉案保险也未提出异议,保险公司对此存在明显过错。故一审法院判令平安财险辽宁公司承担保险赔偿责任并无不当。

《保险法》第十七条第二款规定,保险人在订立合同时应当对免除保险人责任的条款向投保人作出明确说明,未作明确说明的,该条款不产生效力。最高人民法院《关于适用〈中华人民共和国保险法〉若干问题的解释(二)》第十三条第一款规定,保险人对其履行了明确说明义务负举证责任。本案中,平安财险辽宁公司并未举证证明其对保险合同中的免责条款履行了明确说明义务,故涉案保险合同中的免责条款不发生法律效力,一审法院认定本案不适用免赔额条款有法律依据,应予维持。

综上所述,平安财险辽宁公司的上诉请求不能成立,应予驳回。

案例分析指引

1. 结合本案如何理解财产保险合同中的保险利益?物流经营主体投保和

货主自身投保时的保险标的有什么不同?

2. 本案中的水路、陆路货物运输险属于物流财产损失险还是物流责任险?

3. 如何理解保险人的说明义务及相应的举证责任?财产保险人的说明义务通常包括哪些内容?

(二)保险合同

1. 保险合同定义及特征

保险合同,是指投保人与保险人就保险权利义务关系达成的合意。投保人,是指与保险人订立保险合同,并按照合同约定负有支付保险费义务的人。保险人,是指与投保人订立保险合同,并按照合同约定承担赔偿或者给付保险金责任的保险公司或者其他保险组织。在保险合同权利义务关系中,除了投保人和保险人以外,还有被保险人(受益人)。被保险人以其财产或人身为保险标的,享有保险合同项下的保险金给付请求权。被保险人不一定参与合同的订立,也不一定承担交纳保险费的义务。保险合同为投保人与保险人的双方法律行为。依法成立的保险合同,对投保人和保险人具有约束力。同时,保险合同是基于对不确定危险的估计作出的权利义务安排,投保人缺乏对危险的判断或控制能力或经验。允许投保人在合同成立后适时调整其对保险合同的期待,以决定是否解除保险合同免受约束,符合保险法上的诚实信用原则。因此,除非法律另有规定或保险合同另有约定,投保人可以随时解除保险合同而免受保险合同的约束。①

保险合同属于典型的私法规范范畴。保险合同中的权利义务由投保人和保险人依意思自治决定并行使权利或履行义务。但是有关保险合同仍有以下几点需要特别注意。第一,保险合同虽不属于《民法典》规定的典型合同,但仍然属于典型合同或有名合同。因为保险合同是基于《保险法》这一特别法规定的合同。除当事人的意思以外,保险合同由《保险法》规范。保险合同的效力和内容不明确的,原则上应当适用《保险法》的规定或依照保险惯例予以确定。第二,保险合同这一名称仅能用于保险营业。保险营业实行准入许可制度。在

---

① 《保险法》(2015 修正)第 15 条。

法定的保险营业之外，不得使用“保险合同”这一名称。未经保险监管管理机构批准，任何主体不得开展名为“保险”的营业。第三，保险合同具有涉他性。即被保险人(受益人)并非保险合同的当事人，而是作为受保险合同保障的利害关系人。故与投保人和保险人均须具有民事行为能力相比，被保险人不以其具有民事行为能为必要。

2. 保险合同属于射幸合同

保险合同属于射幸合同。射幸合同，是指合同成立时当事人一方的权利或义务内容尚未确定，其发生与否取决于特定偶然事件的合同。换言之，在射幸合同关系中，合同当事人一方支付代价所获得的只是一个机会。在保险合同关系之中，对投保人而言，他有可能获得远远大于所支付的保险费的效益，但也可能没有利益可获；对保险人而言，他所赔付的保险金可能远远大于其所收取的保险费，但也可能只收取保险费而不承担支付保险金的责任。其结果完全取决于双方约定的偶然事件或损失发生与否。保险合同的这种射幸性质是由保险事故的发生具有偶然性的特点决定的，即保险人承保的危险或者保险合同约定的给付保险金的条件的发生与否，均为不确定。可见，保险合同的射幸性属于保险的天然属性。

3. 保险合同属于格式条款

保险合同属于格式条款。我国《民法典》第四百九十六条规定，格式条款是当事人为了重复使用而预先拟定，并在制定合同时未与对方协商的条款。保险合同的格式化是指当事人订立保险合同时普遍使用保险人制定的保险格式条款。在保险领域，当事人订立保险合同时使用保险人制定的保险格式条款已经成为保险合同的常态。现代保险业已经全面实现了保险合同的格式化。一方面，保险合同格式化是保险业规模化的重要保障，可以节约大量的协议成本，并可以向公众提供规范和标准的保险服务；另一方面，笔者认为，保险合同的格式化是由保险事业本身的特点所决定的。保险以大数法则为前提，只有大量的同质性偶然事件或损失的存在，才能实现利用大多数人的小额资金帮助少数人的大额损失的互助补偿机制。这种大量同质性偶然事件或损失的存在为保险合同格式化提供了现实基础。

保险合同格式化，使投保人被排除在保险合同的制定过程之外。投保人事实上只能选择接受或者拒绝保险人提出的合同条件,直接限制了投保人的缔约自由权。为此,保险法等相关法律有必要对格式条款的使用加以制约。如《保险法》第十九条规定,“采用保险人提供的格式条款订立的保险合同中的下列条款无效。(一)免除保险人依法应承担的义务或者加重投保人、被保险人责任的;(二)排除投保人、被保险人或者受益人依法享有的权利的。”第十七条第二款规定,“对保险合同中免除保险人责任的条款,保险人在订立合同时应当在投保单、保险单或者其他保险凭证上作出足以引起投保人注意的提示,并对该条款的内容以书面或者口头形式向投保人作出明确说明,未作提示或者明确说明的,该条款不产生法律效力。”第三十条规定,“利用保险人提供的格式条款订立的保险合同,保险人与投保人、被保险人或者受益人对合同条款有争议的,应当按照通常理解予以解释。对合同条款有两种以上解释的,人民法院或者仲裁机构应当作出有利于被保险人和受益人的解释。”

案例参考 14　保险合同主体认定与保险公司代位求偿权①

2018 年 11 月 22 日,江苏安某物流有限公司(以下简称安某物流)作为投保人及被保险人向中国某保武汉分公司投保了国内公路货物运输保险,保险单载明:启运地为常州市,目的地为深圳市,车牌号为赣 GP××××,启运日期为 2018 年 11 月 23 日,联运方式为国内公路,货物名称百货,件数整车,保险金额 3,000,000 元,主险费率 10‰,保险费 30,000 元。特别约定:每次事故绝对免赔额 5000 元或损失金额的 10%,取高。

2018 年 11 月 23 日,安某物流为甲方、刘某涛为乙方签订运输协议 1 份,约定:车号为赣 GP××××,由常州运货到深圳,共计运费 13,100 元。乙方要保证在 2018 年 11 月 25 日前安全到达目的地,如有遗失损坏由乙方负责赔偿。

2018 年 11 月 24 日,刘某涛驾驶赣 GP××××/赣 E××××挂号重型半挂车沿樟吉高速公路由北往南方向行驶,当车辆行驶至樟吉高速公路 73 公里 690 米时,撞上前方车辆,造成两车车辆、高速公路路产及两车车上所载货物不

---

① 江苏省常州市中级人民法院(2022)苏 04 民终 193 号民事判决书。

同程度受损的道路交通事故。后,交警部门认定刘某涛在本次交通事故中承担全部责任。

安某物流向其14户托运方赔付货物损失188,764.37元。2020年6月22日,中国某保武汉分公司核定安某物流上述损失金额为154,837.41元,根据保险合同约定的免赔额计算理赔金额为131,611.79元。同日,中国某保武汉分公司将131,611.79元支付给安某物流。

另,车牌号为赣GP××××重型半挂牵引车行驶证所有人及道路运输证登记业主为聚某公司,车牌号为赣E××××挂的重型低平板半挂车行驶证所有人及道路运输证登记业主为宏某公司。

刘某涛与聚某公司之间签订挂靠协议,约定将赣GP××××重型半挂牵引车挂靠在聚某公司经营。刘某涛在庭审中自认系车牌号为赣E××××挂车辆的实际车主,与宏某公司存在挂靠关系。以上事实经一审法院审理查明。

一审法院认为,因第三者对保险标的的损害而造成保险事故的,保险人自向被保险人赔偿保险金之日起,在赔偿金额范围内代位行使被保险人对第三者请求赔偿的权利。对于刘某涛辩称其系案涉保险被保险人的意见,该院认为,其一,虽然安某物流出具证明载明刘某涛与其为长期合同车关系,每次运输在运费中扣减100元,购买运输货物保险,但案涉保险合同明确载明被保险人为安某物流,且案涉运输合同刘某涛认可安某物流尚未支付运费,故扣减保费是否实际发生并无证据证明。其二,本案系保险代位求偿权纠纷,保险人行使原属于被保险人的赔偿请求权,刘某涛对于保险人与被保险人之间保险法律关系的异议并不属于本案审查范围,故该院对刘某涛该辩称意见不予采纳。对于刘某涛对受损货物损失金额的异议,该院认为,安某物流向中国某保武汉分公司提供了受损货物托运单、赔款依据,中国某保武汉分公司亦对受损货物进行了现场勘查核验,中国某保武汉分公司对受损货物的损失在安某物流报价基础上进行了评估,定损金额低于被保险人费用支出,刘某涛并未提供充分证据证明中国某保武汉分公司定损过程存在明显瑕疵,故该院对中国某保武汉分公司确定的货物损失金额予以确认。对于刘某涛辩称安某物流并无向其求偿权利的意见,该院认为,其一,刘某涛并未提供充分证据证明安某物流同意免除承运人对承运货物损失的赔偿责任;其二,刘某涛认为挂车仅可运送不可拆解物体,但刘某涛在明知货物为可拆解物体情况下仍予以承运，其应对自身行为承担责任。因此，刘某涛主张不承担赔偿责任的抗辩意见该院不予采纳。

综上，刘某涛作为承运人，其驾驶车辆发生交通事故，并承担事故全部责任，导致安某物流托运的货物遭受损失，刘某涛应当承担违约责任，赔偿安某物流的损失。案涉车辆赣GP××××重型半挂牵引车、赣E××××挂重型低平板半挂车登记车主及道路运输证业主分别为聚某公司、宏某公司，刘某涛自认上述两车辆均为挂靠，聚某公司及宏某公司作为具有运输资质的企业，应当对驾驶员及案涉车辆承担安全管理责任和义务，故两公司应当对事故损失承担连带赔偿责任。

综上，一审判决：(1)刘某涛于判决发生法律效力之日起十日内向中国某保武汉分公司支付131,611.79元；(2)聚某公司、宏某公司对刘某涛的上述付款责任承担连带责任。

二审法院认为，首先，虽然安某物流一审中出具证明，称在每次刘某涛运输时均在运费中扣减100元用于购买运输货物保险。但该情形只能表明安某物流对运输货物投保货物运输险的保险费用成本系由刘某涛承担，不能由此得出相应的保险理赔权益也归刘某涛所有的结论。因此刘某涛关于其为案涉保险合同的被保险人或被保险人组成人员的主张缺乏事实和法律依据，本院依法不予支持。

其次，刘某涛关于安某物流曾明确告知其无须承担货物损失赔偿责任的主张，并未提交相应的证据加以证明。而现有证据也未反映出，案涉交通事故的发生系因案涉车辆运送的是可拆解物体。刘某涛之所以在本案中应承担赔偿责任，系因其在案涉交通事故中负全责。而非不考虑事故责任归属、运输货损风险均由其承担的意思。因此刘某涛关于安某物流对其没有请求赔偿权利的主张，缺乏相应的事实和法律依据，本院依法不予支持。

再次，中国某保武汉分公司就其代位求偿的金额构成，已经提交了充分的证据加以证明。刘某涛未能提供相应反证，仅以安某物流未参与本案诉讼为由，对中国某保武汉分公司主张的货损金额不予认可，缺乏事实和法律依据，本院依法不予支持。

最后，虽然与安某物流建立长期合同车关系、签订运输协议的是刘某涛个人。但案涉车辆行驶证的登记所有人和道路运输证的登记业主分别为聚某公司和宏某公司。刘某涛也在二审中自认,其在与安某物流建立业务关系时向安某物流提交了上述证件。本院有理由相信,安某物流是基于刘某涛的车辆拥有上述证照资质而与刘某涛建立了运输合同关系。因此,一审判决聚某公司和宏某公司就刘某涛的付款责任承担连带责任并无不当。

综上所述,驳回上诉,维持原判。

案例分析指引

1. 本案中保险公司之代位求偿权是不是属于债的保全之债权代位权,如不是,两者有何区别?如果刘某涛能够证明安某物流同意免除承运人对承运货物损失的赔偿责任,则保险公司当如何救济?

2. 结合本案,保险合同主体的认定要件应当如何确定?承担保险费用的主体是否必然构成保险合同主体?

3. 如何理解本案中法院判决聚某公司和宏某公司承担连带赔偿责任?

二、物流保险的种类

(一)物流保险属于财产保险

按照保险理论,以保险标的种类为标准,保险可以分为人身保险和财产保险。人身保险是以人的寿命和身体为标的的保险。财产保险是以财产及同财产有关的利益为保险标的的保险。人身保险和财产保险的分类在我国具有重要意义。它是我国《保险法》对两者分别规定行为规范和裁判规范的基础。人身保险和财产保险的法律规范,不能交互适用。同时,我国《保险法》也将保险公司的业务主要划分为人身保险业务和财产保险业务,并实行相对严格的保险分业经营制度。同一保险人原则上不得同时经营人身保险业务和财产保险业务。根据这一分类,物流保险显然属于财产保险。财产保险的原始形态和基本形式为海上保险。现代意义上的财产保险,起源于海上保险,构造了填补被保险人损失的制度架构,承保现实生活中影响被保险人的“财产及财产利益”安全的各种损失风险。[①] 以财产及利益的形式不同,财产保险又可分为财产损失保险、责任保险、信用保险和保证保险。有学者认为,物流保险包括物流货物保险和物流责任保险。笔者认为,物流货物保险属于财产损失保险,物流责任保险属于责任保险。把这两者都纳入物流保险的范围,说明这两种保险都适用于物流领域。因此,物流保险的提法是以保险适用行业为标准而定。就目前我国物流现实状况看,物流领域的保险应当结合传统保险分类的标准,将物流财产保险分为物流财产损失保险和物流责任保险比较合理。

(二)物流财产损失保险

物流财产损失保险以物流过程中的财产为标的。物流财产损失保险合同的当事人为与物流财产有保险利益的人,主要是货主。即物流的财产损失保险合同是由货主与保险人订立的以物流过程中的财产为标的的保险合同。物流的财产损失保险合同的具体保险条款因物流服务行为的不同而有不同的表现形式。如铁路货物运输保险条款、国内邮(快)递物品保险条款、邮包险条款等。

(三)物流责任保险

物流责任保险以物流经营者依法应当承担的赔偿责任为标的。物流责任保险合同的当事人是与物流赔偿责任有保险利益的人,主要是物流经营者。即物流责任保险合同是由物流经营者作为被保险人与保险人以物流责任为标的订立的保险合同。与物流的财产损失保险相比,我国物流责任保险的发展要晚得多。2004 年,中国人民财产保险公司推出我国首款物流责任保险产品。笔者认为,物流责任保险晚于财产损失保险从根本上来说是由我国的物流发展水平决定的。改革开放后,我国物流曾经长期处于第一方物流和第二方物流时期。第一、二方物流的实质是由买方或者卖方承担物流业务,以解决货物的物理移动问题。事实上,在第一、二方物流时期,多数制造企业或规模较大的商业部门都备有自己的运输工具和储存商品的仓库,以满足自身物流的需要。从法

① 邹海林:《保险法》,社会科学文献出版社 2017 年版,第 14 ~ 15 页。

律的角度看,买卖关系的实质是货物所有权在买方与卖方之间的转移,其中所有权转移的时间、地点以及货物灭失、毁损的风险负担在双方之间的分配方式均有法律规定或买卖合同加以约定。一般来说,在第一方物流的情况下,货物的所有权在交付给物资需求者时发生转移,同时由于是物资提供者自己承担物流业务,物流过程中的风险当然也由物资提供者自己负担。在这种情况下,货主与货物的物流责任承担者是一致的。同理,在第二方物流的情况下,也可以得出这样的结论。即在第一、二方物流时期,货主与货物的物流责任承担者发生了重合,系同一人,即货主。此时,我们可以确认,第一,货物风险的发生与否在很大程度上由货主自己控制,即风险具有一定程度上的可控制性;第二,如果货物发生风险,则根据风险的来源又可以分为三种情况。第一,源于物流提供方的行为,即货主本身,则当然由货主自己承担;第二,源于第三人侵权行为,则由第三人承担责任;第三,源于自然灾害、意外事故等,则货主可通过财产保险方式(传统的货物运输保险方式)规避风险。因此,在第一、二方物流时期,对物流保险产品的需求只要有货物运输保险(财产损失保险)即可满足物流保险市场的需要。因为货物运输保险就是指以运输过程中的货物作为保险标的,保险人对保险货物在运输过程中发生保险责任范围内的保险事故而造成的财产损失承担补偿责任的财产保险。随着经济的发展,物流经营者作为独立的第三方专门从事物流服务。物流经营市场对物流责任保险产品产生了急迫的需求。自此,物流责任保险真正开始在我国出现并发展至今。

案例参考 15　财产损失保险和保险利益[1]

2017 年 1 月,原告与被告签订《国内货物运输预约保险单保险合同》,保单号为 OPLN××××0002 号。合同约定,保险期限为 2017 年 1 月 6 日 0 时起至 2018 年 1 月 5 日 24 时止,凡是在原告经营范围内运输的货物,原告具有保险利益的,并需要有被告办理保险的,应经过行业包装,符合安全运输要求,以下类别货物除非经过保险人事先书面确认外均不作为本保险合的保险标的:

① 辽宁省沈阳市中级人民法院(2022)辽 01 民终 4425 号民事判决书。

1 活植物、活树木 5 爆炸品、焰火制品、火柴等危险品。6 酒精、甲醇、甲醛、放射性物品等 15 汽车玻璃、纯玻璃制品。保险人对被保险人转载的每车运输货物保险额为 2,000,000 元,每次事故限额为 2,000,000 元,盗抢每次事故赔偿限额为 500,000 元,全年累计赔款限额为 5,000,000 元。运输路线为:从辽宁省至安徽省、江苏省全线。运输方式和运输工具限于:公路运输,专业运输公司的集装箱卡车或者全封闭式汽车运输。投保方式在发货前将被告公司下发的保险单号打在小票或者马单上,进行投保确认。保险价值的确定方式:本保险的保险价值按销售发票金额确定,保险金与保险价值相等,投保金额低于保险价值的按保险金额与保险比例赔偿。预计投保金额 1.5 亿元,全年保险费30,000 元,首期交费人民币 15,000 元整,在 2017 年 5 月 20 日前把剩余保险费人民币 15,000 元交全,如未按期交费被告不负责保险赔偿责任,全年最低保险费为:人民币 30,000 元,即发生退保时最低保费不予退还。每次事故绝对免赔额为 3000 元人民币,或货物损失金额的 10%,两者以高者为准。合同签订后告交纳保险费 15,000 元,被告于 2017 年 1 月 4 日向原告出具了 PYAB × × ×0002 号保险单,其中载明保险期限为 2017 年 1 月 6 日 0 时起至 2018 年 1 月 5 日 24 时止。原告后于 2017 年 7 月 9 日 5 时 56 分缴纳了 15,000 元保费,被告于 2017 年 7 月 12 日出具批单,就保费由 15,000 元变更为 30,000 元,保险金额由 7500 万元变更为 1.5 亿元,加收保费 15,000 元,总保费 30,000 元,本保单所载其他条件不变,特此批注。另查明,2017 年 7 月 9 日 4 时 30 分,车牌号为皖 C－× × × × ×的解放牌货车停放在蚌埠市禹会区厂院内发生火灾,造成车载货物及车体部分被烧毁,火灾原因不能排除运输的化学品自燃引发火灾的可能。再查明,根据原告提供的托运单及向货主索赔损失包括:(1)原告已赔偿沈阳某医疗器械有限公司输液贴损失 1500 元(收条);(2)沈阳市某公司油菜、白菜种子货物损失 2400 元(价格清单);(3)沈阳市于洪区某货运信息站委托原告运输的沈阳市某工厂货物损失 35,500 元;(4)沈阳某物流有限公司委托原告运输的沈阳某离合器有限公司离合器组件等物品损失 23,305.6 元(索赔函及发票);(5)白城市某物流中心委托原告运输的上海某汽车物流有限公司货物损失 314,861.75 元(索赔函);(6)吉林某物流有限公司委托原告运输吉林某医药药材有限公司的药品损失 576,700 元(索赔函);(7)沈阳某物流有限公司委托原告运输的鱼缸损失4100元、木门套件损失5490元(索赔函);(8)沈阳市某装饰材料有限公司材料损失68,346.5元(索赔函);(9)安庆某公司防锈纸货物损失57,794.84元(情况说明及发票);(10)沈阳某管件有限公司管件损失3000元(索赔函);(11)沈阳某货运有限公司凤城分公司委托原告运输凤城市某增压器制造有限公司增压器、机芯货物损失60,955元(索赔函);(12)沈阳某运输有限公司委托原告运输的纱窗货物损失1550元(索赔函);(13)沈阳市铁西区某经销处委托原告运输的货物损失3150元(索赔函);(14)沈阳市大东区某货运信息站委托原告运输的货物损失855元(索赔函);(15)辽宁某叉车有限公司货物损失6432元(索赔函);(16)吉林省某物流有限公司委托原告运输的扶余市某器材商行货物损失34,650元;(17)铁岭经济开发区某配货站委托原告运输的阀门损失13,780元(索赔函);(18)沈阳市某运输公司运输沈阳某股份有限公司机床损失67,500元(索赔函)。上述托运单标注保险单号、货物与原告运输的货物一致。以上事实由一审法院审理查明。

一审法院认为,原告与被告签订的国内货物运输预约保险单保险合同系双方的真实意思表示,合法有效,应受法律保护。预约合同签订后,原告支付保费1.5万元,被告为原告出具了保单,并在保费一栏显示为1.5万元,预计保险金额为7500万元,保险期限自2017年1月6日起至2018年1月5日止,原告于2017年7月9日补交第二期保费1.5万元后,被告于2017年7月12日出具批单,将保险金额变更为1.5亿元,上述批单应属于原、被告保险金额的确认,即原告投保的保险金额由7500万元提高至1.5亿元,结合预约保险单、保险单及批单的内容可知,预约保险单约定内容系双方间权利义务的明确,对原、被告双方均有约束力,原告分两期支付保险费用,即便原告存在发生火灾事故后才支付第二期保费1.5万元的违约行为,但被告出具批单的行为应属于就双方就保险金额的变更约定,从保险合同约定内容及实际履行情况来看,双方的保险合同并未因原告的违约行为而解除,发生保险事故时仍处于保险期间,原告索赔的货物损失亦在保险金额7500万元的理赔范围之内,且未超过每车运输货物发生事故保险金额200万元的上限,原告提供托运单所标注的保险单号与被告出具的保险单号相一致,从预约保单约定的内容可知,发生事故时原告运输的货物属于其经营范围内,原告就车牌号为皖C-×××××货车承运的货物享有保险利益,故上述货物的损失被告应承担理赔责任。关于被告理赔范围及理赔数额认定问题,原告索赔的货物损失由18份托运单构成,上述损失的价值原告以生效法律文书、货主方、委托运输方出具的索赔函、部分发票、买卖合同、报价单及货运清单为依据,原告系物流运输企业,在此次事故中亦遭受损失,发生火灾事故后,货物基本被烧毁,原告作为承运人在发生事故后,应赔偿托运人的货物损失,上述索赔依据均系第三方提供,即便原告未提供上述货物的全部销售发票确认货物价值的情况下,原告在完成初步举证责任的情况下,上述货物损失依据应具有一定的客观性,予以采信,故原告的货物损失数额为1,281,871元。预约保单第四条就特殊的类别货物予以明确,在运输上述货物前原告应经被告事先书面确认,否则将不予理赔。根据原告提供的托运单标注的货物种类,不存在应事先经被告书面确认的货物,故上述运输货物不存在不予理赔事项。另根据预约保单第十三条约定,每次事故绝对免赔额为3000元人民币,或货物损失金额的10%,两者以高者为准。原告、被告就免赔数额明确约定,现货物损失部分被告应承担赔偿数额为1,153,684元(1,281,871元×90%)。关于原告主张被告赔偿利息的诉请,原告、被告间系保险合同纠纷,原告的该项主张无事实及法律依据,故不予支持。综上所述,根据《合同法》第四十四条、第四十六条、第六十条之规定,判决被告某华农业保险股份有限公司沈阳中心支公司于本判决生效后十日内赔偿原告六安某浩物流有限公司货物损失1,153,684元。

二审法院认为,2017年7月9日4时30分火灾事故发生后,被上诉人于当日5时56分缴纳了15,000元保费,于当日7时24分向上诉人报案。2017年7月12日被上诉人向上诉人提交保险事项变更申请单,请求按合同约定补交保费15,000元,同日,上诉人出具批单,载明:经被保险人申请,本公司同意自2017年7月13日0时起,对保险单号码为PYAB×××0002号保单作如下调整:改前承保保险金额7500万元,改后承保保险金额1.5亿元,现总保费3万元。故可以认定上诉人在被上诉人出险后同意了被上诉人补交保费,因此上诉人关于被上诉人没有按期缴纳保费,依据合同约定上诉人对本次事故不承担保险赔偿责任的主张,并不成立。因案涉《国内货物运输预约保险单保险合同》(OPLN××××0002号)已约定,投保方式在发货前将上诉人公司下发的保险单号打在小票或者马单上,进行投保确认。而一审被上诉人提交的某浩物流货物托运单上打印有保险单号 PYAB×××0002,故可以认定被上诉人对货损具有保险利益。上诉人关于被上诉人对事故车辆没有保险利益的主张,理由并不成立。关于上诉人二审提出的货损异议问题,对一审认定的第 10 单沈阳某管件有限公司管件损失 3000 元,因被上诉人提交的某浩物流货物托运单上未显示有打印的保险单号,故依合同约定,该单货物不属于上诉人承保货物,管件损失 3000 元不应计算在理赔范围内;对一审认定的第 6 单吉林某物流有限公司委托原告运输吉林某医药药材有限公司的药品损失 576,700 元,因上诉人一审提交的索赔函总额与所附明细表计算总额对应不上,且明细表已列明购货单位为 4 个医药公司及收货地址,还列明了药品名称单价数量和金额、零售价和金额。经企查查检索,明细表上的收货地址均为医药公司登记地址,亦与托运单地址一致,故上诉人抗辩医药公司购药应按单价及金额计算货损,不应按零售价及金额计算货损的主张符合证据内容及常理,在索赔函与明细表体现的数额并不一致、且被上诉人未提交补强证据的情况下,单凭索赔函数额计算药品损失依据不足,应按明细表的单价及金额计算货损为 270,600 元。对于上诉人关于托运物品中背景墙和鱼缸属于玻璃制品,不属于保险标的的主张,因上诉人未证明该背景墙和鱼缸属于纯玻璃制品,故本院不予支持。对于上诉人的其他抗辩,因上诉人未提交足以推翻火灾导致案涉货损的证据,本院不予支持。综上,本案应理赔货损额为:875,493.9 元(1,281,871 - 3000 - 576,700 + 270,600)×90%。

案例分析指引

1. 如何理解本案的保险标的?财产损失保险与物流责任保险如何区分?
2. 结合本案,请解释何为“保险利益”?

三、物流保险合同

(一)物流保险合同与保险条款

物流保险合同属于商业保险,是物流保险经济关系的法律化。凡是商业保险最终均须转化为保险合同才能得到实现。物流保险也无法脱离保险合同这一最基本的法律形式。显然,物流保险合同是保险合同的一种。它是保险机制在物流经济生活中的运用。如果要给物流保险合同下一个定义。笔者认为,物流保险合同就是投保人与保险人订立的以商品物流过程中的货物或货物损失责任为标的的保险合同。作为保险合同之一,格式化也是物流保险合同的重要特征。格式化意味着存在大量的不同物流经营者与同一保险人订立了一份同质内容的物流保险合同。这是由物流保险的大数法则决定的,即在商品物流过程中存在着大量具有同质性的偶发意外事件或风险。这些同质性的偶发意外事件或风险经过保险公司的市场需求测算、产品技术设计、保险费率厘定等财务计算后转化为保险条款。这种针对某一同质性的偶发意外事件或风险制定出的保险条款就构成了一个独立的物流保险产品,是物流保险合同的主要内容。从法律意义上看,当保险人向保险需求方销售保险产品时,其本质就是在推销保险条款所包含的内容,其行为构成要约。一旦保险需求方同意该条款,那么就意味着保险合同成立,进而生效。可见,如果说物流保险合同是特定当事人之间具有法律效力的文件,那么作为保险公司产品的保险条款就是物流保险合同文本的主要内容。因此,物流保险合同当事人之间的合意的背后,实质上是物流经营者的保险需求与保险人提供的保险条款的内容达成了一致。它是当事人之间达成的合意,也是物流保险合同成立的前提。

(二)物流保险需求与保险条款的客观性

如上所述,物流保险需求与保险条款的匹配性是物流保险合同能否成立的关键。笔者认为,物流保险需求与保险条款之间的匹配与否并不是当事人主观臆想的结果,也不是双方的主观意志可以决定的,而是由其客观性决定的。

物流保险需求的客观性是指物流货物货主或物流经营者对保险需求具有客观性。以货主的保险需求为例,货主的保险需求在于货物损失的保险补偿。依保险理论,保险补偿的依据是货物本身及其价值。显然,后两者都属于客观的存在,具有明显的客观性。又以物流经营者的保险需求为例,物流经营者的保险需求在于经营者依法应当承担的赔偿责任的保险需求。显然,赔偿责任的基础在于物流经营者的物流服务行为。如装卸人员违反操作规程进行装卸、搬运,运输工具发生碰撞、出轨、倾覆、坠落、搁浅、触礁、沉没,或隧道、桥梁、码头坍塌等。不同的物流服务行为具有不同的风险,物流经营者的保险需求也就不同。可见,物流经营者的保险需求真正依赖的是其具体实施的物流服务行为。而每一个物流经营者所从事的物流服务内容显然也是客观的,同样具有客观性。

保险条款的客观性是指保险条款的内容具有客观性。保险条款的内容虽然是由保险人经过市场需求、风险测算、财产计算等综合评估得出的结果,具有一定的主观预测性,但保险人进行综合评估的依据都是客观的。依据保险的原理,保险产品设计的根本基础就是基于大数法则确定的大量偶发意外事件或风险。这些偶发意外事件或风险都是客观上存在的,只是具体发生在哪个主体身上,何时发生并不确定,但这并不影响偶发意外事件或风险的客观性。以物流财产损失保险为例,在大量的物流活动中,因偶发的意外事件或风险导致物流货物损失具有客观性,以至于导致货物损失的具体原因和风险种类则在所不论。具体何种原因或风险可以纳入保险范围,那是双方主体合同博弈的结果。同样,物流责任保险的保险条款也具有客观性,它表现为物流经营者依法应当赔偿的责任是客观的。保险条款的制定必须依赖于这种大量偶发的意外事件或风险导致的赔偿责任。

案例参考16　物流责任保险合同保险人赔偿责任①

2016年8月17日,案外人深圳市中某供应链管理有限公司委托案外人东莞市某奥供应链管理有限公司于2016年8月18日到南山区月亮湾大道1077号保利佐川物流园内运送货物HGIS至深圳盐田码头,东莞市某奥供应链管理有限公司转委托原告承运。原告接受委托后派司机戴某驾驶车辆粤B××××××及挂车粤L×××××进行运输,车辆行驶至北环/深云立交桥处,货物顶部与桥桐下沿发生碰撞造成货物损坏。事故发生后,东莞市某奥供应链管理有限公司依据(2018)粤0391民初2188号《民事调解书》需向深圳市中某供应链管理有限公司承担23万元的赔偿责任,原告称东莞市某奥供应链管理有限公司履行上述赔偿义务后,与原告达成《赔偿协议书》,约定由原告承担12万元

① 深圳市盐田区人民法院(2020)粤0308民初2177号民事判决书。

的赔偿责任,并从原告的运费中抵扣,原告已履行完毕。原告在被告处投保了物流责任保险,保险期间为2015年11月19日0时起至2016年11月18日24时止,赔偿限额为每次事故100万元赔偿限额、每辆车累计150万元赔偿限额、保单累计总赔偿限额300万元,上述事故发生在保险期间内;原告、被告在《物流责任保险单》的明细表中关于保险标的的约定为"普通货物",不包含物品第11条为"超宽或超高货物",并约定在任何情况下,保险人不对被保险人承运的"不承保货物"的损失进行认定和赔付,也不对"不承保货物"造成的其他货物的损失进行认定和赔付;在物流责任保险条款部分第二十一条约定:"被保险人应严格遵守国家法律、法规、规章和制度,加强管理,采取合理的预防措施,避免或者减少责任事故的发生。对于因被保险人未遵守上述约定而导致责任事故的,保险人有权拒绝赔偿。"上述条款在《物流责任保险单》中均用加粗字体显示。广州某江保险公估有限公司于2018年1月12日对本涉案事故出具了《检验报告》(编号HAS/2016/1199/HL),该报告对涉案车辆货物装车后的高度认定为518cm。被告于2018年1月30日向原告出具《拒赔通知书》,认为原告承运的货物不属于承保标的,且原告员工存在重大过失,被告对事故不予赔偿。以上事实,经法院审理查明。

法院认为,本案属责任保险合同纠纷。《道路交通安全法实施条例》第五十四条第一款第一项规定:"重型、中型载货汽车,半挂车载物,高度从地面起不得超过4米,载运集装箱的车辆不得超过4.2米。"本案中,被告提交的公估报告中关于涉案车辆载货高度认定为518cm,已超过上述规定的限高;原告主张该报告没有公估师的签名和公估机构的印章,也无公估人员和公估机构的资质证书,不能作为本案认定事实的依据;被告于庭后提交了上述报告的原件和相关资质证书,综合全案案件事实及双方的陈述和辩解,本院对被告关于涉案车辆超高的辩解予以采信。

原告、被告双方在《物流责任保险单》中约定了保险标的不包括"超宽或超高货物",且原告因未遵守国家法律、法规、规章和制度而导致责任事故的,被告有权拒绝赔偿。原告主张被告在原告投保时未就责任免除的情形、法律后果、范围进行过任何形式的解释、说明和告知,且"超宽或超高货物"的标准、含义不清,在双方产生争议时,应当作出有利于被保险人的解释。本院认为,被告在投保单上已对上述条款作了加粗显示，与普通条款明显区分，投保单上原告签章处载明"投保人及被保险人在此确认，已对本保险合同的构成、条款适用、条款内容、承保条件、承保范围、免赔及限额设定、缴费方式约定等有了必要且充分地理解，并据此才做出有效的投保决定。"原告在该签章处盖章，应当认定被告履行了提示义务。最高人民法院《关于适用〈中华人民共和国保险法〉若干问题的解释（二）》第十条规定："保险人将法律、行政法规中的禁止性规定情形作为保险合同免责条款的免责事由，保险人对该条款作出提示后，投保人、被保险人或者受益人以保险人未履行明确说明义务为由主张该条款不生效的，人民法院不予支持。"故本院对原告的该项主张不予采纳；原告、被告对"超宽或超高货物"虽未明确约定标准，但原告作为物流企业，应当清楚了解物流行业相关法律法规的规定，涉案车辆载货高度已超过行政法规规定的限高，应当然认定为"超高货物"，同时涉案事故情形亦符合保单中物流责任保险条款部分第二十一条约定的免赔情形，故本院对原告的该项主张不予采纳。

原告主张即便涉案事故是超高所引起的，也应当适用《物流责任保险单》特别约定第四项，被告在扣除免赔后对剩余损失金额的50%进行理赔；被告辩称超高货物属于《物流责任保险单》明确约定的不包含在保险标的内的货物，被告不应进行理赔。本院认为，即使涉案事故需适用《物流责任保险单》特别约定第四项，但涉案货物因超高不属于双方约定的保险标的物，故本院对被告的辩解予以采信。

被告辩称原告的起诉已超过法律规定的诉讼时效；原告主张其在2019年11月14日才与案外人东莞市某奥供应链管理有限公司达成赔偿协议并支付赔偿款项，原告的损失此时才产生，原告并未超过诉讼时效。本院认为，原告与案外人东莞市某奥供应链管理有限公司达成的赔偿协议是基于运输合同关系，而向被告请求保险金之诉系基于责任保险合同关系，原告与案外人的赔偿协议不能作为本案诉讼时效中断事由；《保险法》第二十六条第一款规定："人寿保险以外的其他保险的被保险人或者受益人，向保险人请求赔偿或者给付保险金的诉讼时效期间为二年，自其知道或者应当知道保险事故发生之日起计算。"涉案事故发生在2016年8月18日，被告于2018年1月30日即向原告送达了《拒赔通知书》，但原告于2020年9月7日才向本院提起诉讼，已超过了上述法律规定的诉讼时效,本院对被告的辩解予以采信。

综上,依照《民事诉讼法》第六十四条、第一百五十二条规定,判决驳回原告深圳市鸿和祥物流有限公司的诉讼请求。

案例分析指引

1. 如何理解物流责任保险合同中的保险人赔偿范围？本案中的保险标的“普通货物”应当作何理解？

2. 结合本案,如何理解“涉案车辆载货高度已超过行政法规规定的限高,应当然认定为‘超高货物’”这一观点？

3. 本案中保险人是如何完成其说明义务的？具体包括哪些形式？

四、物流责任保险的困境与发展方向

(一)物流责任保险的发展困境

物流财产损失保险条款和物流责任保险条款虽然都具有客观性的特点,但它们之间又存在着很大的差异。这种差异也是使物流责任保险发展陷入困境的原因所在。与财产损失的概率确定性相比,物流责任保险相关的损失概率确定性却因物流服务行为的不同而不同。即不同种类的物流服务行为产生的损失概率不具有同质性。这就要求责任保险条款的设计者只能按照物流服务行为的内容进行设计,从而使不同的物流服务行为适用不同的责任保险条款。简而言之,物流责任保险条款只有根据不同的物流服务行为单独开发设计。事实上,即使保险人能够设计出针对各种物流服务行为的保险条款,其与物流经营者的保险需求也不一定匹配。众所周知,我国目前的物流市场中,既有仅从事一种物流服务行为的物流经营者,也有同时从事多种物流服务行为的现代物流经营者。既有一次仅提供一种物流服务行为的业务,也有同时提供多个物流服务行为的业务。也就是说,目前我国物流经营者从事的物流服务行为种类并不一定是单一的,具有组合性。这是由我国当前的物流发展水平和市场结构所决定的。如果保险人的保险条款是针对单一的物流服务行为的,那么对于物流经营者而言,即使同一个业务可能也需要根据物流服务行为的不同而购买多个不同的保险产品。显然,这与物流经营者希望能够一站式的解决物流保险的需求是不相符的。而这也正是目前物流责任保险发展的最大困境所在。

（二）物流责任保险的发展方向

如前所述，物流责任保险的困境在于物流经营者多种物流服务行为的一体化责任保险需求和保险人的按物流服务行为推出保险条款之间的矛盾。从物流发达的国外发展情况看，这一矛盾并非不可解决。有的国家把物流作业过程中涉及的人身保险、财产保险、责任保险等条款全部标准化，并在一张保单上就可以全部呈现出来，大大提高了双方当事人的办事效率，节约了时间成本。如美国很早就出现了十分完善的物流保险方案，可以覆盖被保险人提供的所有服务。英国物流保险市场比较具有代表性的是联运保赔协会。其承保范围十分广泛，基本涵盖了物流活动经营过程中所产生的所有赔偿责任。可见，解决我国当前物流责任保险发展困境是可能的，关键在于把不同物流服务行为的赔偿责任进行整合。笔者认为，基本的方法应当是把不同物流服务行为的偶发事件或风险导致的赔偿责任按各自权重进行整合，并根据整合结果设计保险条款，厘定保险费率。当然这需要保险人对物流行业进行深入调查，同时物流行业也应当根据现实的物流运营数据为保险人设计和开发产品提供依据。从我国物流保险的运营实践看，市场上也已经出现了部分以物流综合险命名的保险产品，如物流监管责任综合保险条款、物流综合责任保险协议等。笔者深信，我国物流保险终将适应现代物流发展的需求，向实现一体化的物流综合责任保险方向发展。届时，物流保险或许就真的成为一个独立的险种。

第五章　商品流通行政保障法律制度

第一节　商品流通行政保障的含义与特征

一、商品流通行政保障的含义

商品流通行政保障是指行政机关依法运用行政权力和行政手段保障商品流通安全高效可持续运行的保障模式。商品流通行政保障的本质特征是运用行政权力和行政手段干预商品流通经济活动。其价值或功能在于实现商品流通的安全高效运行。依据经济学的一般原理，社会资源的有效配置主要依赖于“有形之手”的行政机制和“无形之手”的市场机制。两者共同发挥作用，实现社会资源的有效配置。商品流通行政保障就是在市场机制发挥基础作用的前提下，利用行政权力这一只“有形之手”实行资源配置，确保商品流通过程安全高效可持续运行。商品流通行政保障的内容主要包括商品流通设施保障、特定商品储备保障、商品流通应急保障、商品流通技术促进保障等。

二、商品流通行政保障的特征

与商品流通过程中发挥基础性作用的市场机制相比，以行政权力和行政手段保障商品流通安全高效可持续运行的方式具有如下特征。

（一）商品流通行政保障应当依法行政

商品流通行政保障是行政机关直接运用行政权力和行政手段保障商品流通安全高效可持续运行的一种保障模式。行政权力作为一种公权力，其行使和运用应当符合公权力行使和运用的一般规律，即依法行政。所谓权力来自人民，任何公权力均是政府受人民所托而行使，其权力行使范围必须在所托范围之内。该权力范围应当由立法机关制定的法律规定,或者经相关法律或有权机关授权。即任何公权力的行使都应当在法律规定的范围内行使,超出范围者即为违法。商品流通行政保障虽以实现商品流通安全高效可持续运行为目标,有时甚至不得不在极为特殊或紧急的情形下行使权力,但仍必须遵守依法行政的规律,不得违法侵害当事人的任何权益。依法行政在商品流通行政保障领域具体体现为两个方面。一是运用行政权力和行政手段保障商品流通安全高效可持续运行的主体应当是行政机关,或者法律授权的具有行政机关性质的组织或实体。二是该行政机关或有权机关的法定职责和职能中包含有商品流通行政保障的内容。

(二)商品流通行政保障具有直接性

商品流通行政保障具有直接性,是指与通过市场机制、市场规律配置社会资源的间接性相比,商品流通行政保障利用行政权力和行政手段配置社会资源具有直接性的特点。该直接性主要体现在两个方面。一是运用行政权力与行政手段的行政机关之间存在上下级之间的垂直领导关系。即一个上级组织领导和指挥着若干个下级组织,上级组织就有权向下级组织发布命令。采用行政命令手段,上级可以直接左右下级的行动,要求下级绝对服从。这一点在行政经济管理活动中表现得比较突出。在政府行政管理中,凡采用行政命令手段的地方,必然存在着这种直接指挥和服从的关系。二是商品流通行政机关可以直接利用经济规律达到保障商品流通安全高效可持续运行的效果。即在商品流通行政保障过程中,行政机关完全可以直接运用经济手段实现其保障商品流通的职能,如粮食、猪肉等商品的收储和释放可以平抑市场价格波动,保障重要商品的市场供需稳定。商品流通行政保障的直接性能够确保在组织商品流通过程中具有迅速和高效的特点。当社会经济关系遭遇突发事件或者处于紧急情形时,这种迅速和高效的特点尤其重要,是市场机制无法替代的。

(三)商品流通行政保障具有补充性

商品流通行政保障的补充性,是指与市场机制在商品流通保障中发挥基础性作用相比,商品流通行政保障处于辅助地位,具有补充性。商品流通行政保障的补充性是由一个国家的社会经济体制决定的。在计划经济体制下,商品流通行政保障作用是主要的,占据主导地位。这一点在我国计划经济时代的经济实践中可以得到验证。在社会主义市场经济体制下,市场机制往往发挥着基础性作用,绝大多数商品流通经济活动都是在市场机制的作用下得以顺利完成。只有市场机制无法发挥作用,或者对于社会经济生活有着重大意义的商品流通经济活动才通过行政保障的方式实现。商品流通行政保障的补充性具体包含以下几点内容。一是商品流通行政保障的不可缺性。即商品流通行政保障不是可有可无的,而是必须存在的,因为在商品流通经济活动中,总是存在市场机制无法发挥作用的领域,并且总是存在对社会经济生活有着重大影响的活动。它们都需要行政保障职能的存在。二是商品流通行政保障的范围必须受到限制。如果市场机制能够有效地发挥保障商品流通经济活动的作用,那么就不需要,也不能允许行政手段介入。这是由市场机制和行政机制配置资源的差异本身所决定的。商品流通行政保障的范围主要通过法律规定进行限定。这是由商品流通行政保障本身的特点所决定的,因为商品流通行政保障行使的是行政权力,行政权力必须依法行使。其行使的范围也必须由法律明确规定。不在法律规定范围的商品流通经济活动,不能受行政权力的干预。

三、商品流通行政保障法律的形式与内容

商品流通行政保障法律,是指调整行政机关保障商品流通安全高效可持续运行过程中发生的行政经济关系的法律原则与规则的总称。依法律形式,商品流通行政保障法律包括法律、行政法规、地方性法规、部门规章等规范性文件,和国务院或者各地方政府依法颁布的具有命令、指示、规定、通知等形式的临时性政府文件。依商品流通行政保障的内容,商品流通行政保障法律制度主要包括商品流通设施保障法律制度、特定商品储备保障法律制度、商品流通应急保障法律制度、商品流通技术促进保障法律制度等。

第二节　我国商品流通行政保障体制及机构的改革发展

商品流通行政保障体制是指保障商品流通运行的组织结构和管理制度的总称。商品流通行政保障机构是依法履行商品流通行政保障职能的行政机构或经授权的组织或实体。商品流通行政保障体制及机构与我国社会经济发展所处的阶段和当时实行的经济体制有着密切的联系。按照不同的经济体制,我国商品流通行政保障及机构的发展可以分为三个阶段。

一、计划经济阶段的商品流通行政保障体制及机构

我国于1949年至1978年实行计划经济体制。依据商业的发展情况,又可以分为两个时期。首先是社会主义商业的建立和发展阶段,时间为1949年至1957年。这一阶段,公私合营,统一贸易。1949年,为了加强全国贸易工作的统一领导,国家在中央商业处的基础上成立了中央贸易部,统一管理国内外贸易。各省级地方则对应设立了贸易部或商业厅(局),各县市地方则分别设立了商业局(科)或工商局(科),作为各级地方政府领导商业工作的领导部门,形成了垂直管理的行政体制。1950年,中华全国合作社联合总社成立。第一个五年计划(1953—1957年)前,1952年,根据《关于调整中央人民政府机构的决议》,原中央贸易部,分别成立粮食部、中央商业部和对外贸易部。各地方政府也相应做了调整。之后,经国务院批准又把原中央企业局改为中央工商行政管理局。1955年到1956年,成立了农产品采购部,水产部,城市服务部。各级地方政府贸易管理机构和产品经营管理职能也做出相应调整。其次是计划经济阶段,时间为1958年到1978年。这一阶段的商业实行计划经济、流通渠道单一,工业产品统购统销、农副产品多种收购政策,市场供应按计划执行。在此阶段期间,行政保障体制和机构进行了多次调整。第一次调整(1958—1960年)的目标是实行政企合一,下放部分管理权限,精简、合并行政机构。具体而言,1958年2月,将原商业部改为第一商业部,将原城市服务部和全国供销合作总社合并成立第二商业部。1958年9月,又将第一、第二商业部合并成商业部,管理经营行业有百货、化工、五金、纺织、生资、石油、食品、棉麻、土产、苹果、饮

服等。1960年成立国家经委物资管理总局。第二次调整(1961—1965年)目标是实行政企分设、统一管理、城乡分开。具体而言是恢复全国供销合作总社,成立国家物资管理总局,后改名为国家物资局,并把城乡分工恢复到1957年状态。第三次调整(1966—1972年)时,商业体制处于停滞局面,机构大撤大并,下放管理权限。商业部、粮食部、供销合作总社、中央工商行政管理局合并组成商业部。第四次调整(1973—1978年)再次把机构分设,权限上收。商业部恢复部、局、处三级建制,供销合作总社从商业部分离并主管农业生产资料,成立国家物流总局,原商业批发第一、第二部级企业分别上收部、省管理。1978年,新成立国家医药管理总局管理经营医药、中药。工商行政管理管理局单独设立,负责工商企业登记、商标管理、合同与市场管理。① 总而言之,计划经济阶段的商品流通行政管理体制具有以下特点。第一,行政机构全面全权管理商品流通行业,产销分离,不存在市场机制运行的空间;第二,行政机构管理权限以商品所属行业作为基本的区分标准;第三,商品流通行政保障的垂直行政管理模式基本形成;第四,随着经济与社会的发展,行政机构权限与机构设置本身摇摆不定,收权放权、合并分设,没有形成稳定的行政保障和管理体制。

二、社会主义商品经济阶段的商品流通行政保障体制及机构

我国实行社会主义商品经济阶段的时间是1979年到1997年。该阶段可以分为三个时期。第一个时期是计划经济与商品经济相互结合阶段(1979—1984年),这个阶段的商业经济体制改革主要有多种经济形式并存、多渠道商品流通、多种经济成分共存,简政放权、扩大企业自主权,产销合一、改革产品购销政策。机构改革包括成立粮食部,中国丝绸公司和烟草专卖局(中国烟草总公司)。后来又将商业部、粮食部、全国供销合作总社合并成为商业部,并成立国家物资局管理经营煤炭业务。第二个时期是有计划的商品阶段(1985—1991年)。该时期多种经济成分共存,多种经营形式、多种商品流通渠道共存,调放结合,以放权为主。机构改革包括原国家物资局改为国家物资部,1991年成立

① 闻景发、李冀、王宁:《建国以来商品流通行政管理体制的历史与现状》,载《商场现代化》1998年第3期。

国家粮食储备局分管粮食储备。第三个时期是向社会主义市场经济转变阶段(1992—1997 年)。这一时期的改革内容主要有行政体制向统管社会商业过渡,多种经济并存和共同发展,建立商品市场体系,推进现代企业制度改革。1993 年,政府改革方案决定撤销商业部、物资部,并组建国家贸易部并主管全国商品流通。1995 年,中华全国供销合作总社从内贸部分离,主管供销合作社系统,专门经营农业生产资料。① 另外改革开放后,针对我国商品经济改革的目标,我国陆续出台了许多法律制度。1981 年制定《经济合同法》;1985 年制定《涉外经济合同法》;1987 年制定《技术合同法》。1986 年制定《民法通则》为商品交易提供了基本的法律基础;1993 年制定《公司法》为建立现代企业提供了法律依据;1993 年制定《反不正当竞争法》为商品交易和商品流通秩序提供了法律保障。社会主义商品经济阶段的商品流通行政管理体制及机构改革发展具有以下特点。第一,市场机制开始进入商品流通领域并逐渐发展成为重要的社会资源配置机制;第二,有关商品交易的法律制定速度加快,为商品流通的快速发展提供了法律基础;第三,商品流通的行政管理体制向企业化管理体制转变,很多行政机构完成向企业组织的转换;第四,重点行业和商品仍然坚持由专门的行政机构负责管理,如粮食,农业生产资料等。

三、社会主义市场经济阶段的商品流通行政保障体制及机构

社会主义市场经济阶段,市场机制在社会资源配置中发挥基础性作用,商品流通行政保障体制和机构的改革发展也取得了很大成就。1998 年 3 月,第九届人大一次会议决定,国内贸易部改组为国内贸易局,成为国家经贸委管理的主管国内商品流通行业的行政机构。2000 年,《国家经贸委管理的国家机构改革和国家经贸委机关内设机构调整方案》及国务院办公厅的国发〔2000〕81 号文正式宣布撤销国家内贸局,有关职能由国家经贸委行使。2003 年 3 月,商务部正式挂牌运行,分割半个世纪的内外贸管理体制重归统一,从组织形式上实现了内外贸一体化。② 2002 年我国成功加入世界贸易组织进一步加快了我

---

① 闻景发、李冀、王宁:《建国以来商品流通行政管理体制的历史与现状》,载《商场现代化》1998 年第 3 期。

② 商务部研究院编:《中国现代流通 30 年》,中国商务出版社 2008 年版,第 47 ~48 页。

国社会主义市场经济改革的速度。特别是国家商品流通交易和商品流通得到了很大的发展，国有企业、私有企业和外商企业各自发挥了重要的商品流通功能，促进了我国商品流通的市场化。从立法工作来看，1999 年制定了统一的《合同法》，加入 WTO 以后，我国有关商品交易和商品流通的立法工作进一步得到加强，2006 年制定了《物权法》、2007 年制定了《反垄断法》、2021 年制定了《民法典》，其间，还有很多法律按照我国加入 WTO 时的承诺进行了修改和修订，这些立法和法律修订工作为我国商品流通经济的法治化提供了坚定的法治保障。总体而言，这一阶段我国商品流通行政保障体制及机构改革的特点主要表现为以下几点。第一，市场机制发挥基本性资源配置作用得到强化，并成为主要的资源配置机制；第二，商品流通的主管行政机构统一为商务部，形成了统一管理国内外商品流通的局面；第三，商品流通的基础性法治建设基本完成，为商品交易和商品流通提供了法治保障；第四，国际商品流通得到了极大发展。

第三节　商业网点规划与建设保障法律制度

一、商业网点的含义与意义

（一）商业网点的含义

商业网点，是指为实现商品由生产向消费领域转移，经营者从事商品批发、零售、配送、仓储以及其他物流服务业等经营活动的固定场所。关于商业网点的定义尚未形成共识。在学界，有的认为商业网点是场所；有的认为是经营单位[①]；有的认为商业网点是某个经营场所[②]，是众多商业经营场所中的某一个点；有的认为商业网点是商业设施的总和，是一个网的概念。商品业网点被定义为符合城市总体规划、永久性经营、有固定营业场所和相应面积，专门从事商

---

① 陈姚、朱韬、李石华：《基于 GIS 的零售商业网点选址模型研究》，载《云南地理环境研究》（昆明）2005 年第 6 期。向毅文：《沈阳大型零售商业网点布局问题及对策研究》，沈阳理工大学 2008 年硕士学位论文。

② 孙昊：《城市商业网点规划布局研究（以东山为例）》，西南科技大学 2008 年硕士学位论文。

业、金融、饮食、服务、修理等经营活动的门点和集贸市场。[①] 有观点认为，商业网点是指以各种经济形式从事的商业、饮食业、服务业的固定性的零售场所、批发场所、服务场所、仓储场所。[②] 商业网点是指按国家有关规定建设的与居民日常生活密切相关的便民商业网点。[③] 有的指从事为居民日常生活服务的商品交换和经营性服务的固定场所。[④] 考察上述学界和地方规范性文件中关于商业网点的表述可以发现，虽然对商业网点从事经营的具体商业活动的内容存在分歧，但认为商业网点是指从事商业经营活动的固定场所的观点比较一致。笔者也赞成这一观点。

关于商业网点的内容，作为商品流通设施，笔者认为，界定“商业”的内涵颇为重要。关于商业，在西方国家，商业的范围广泛，包括批发业、零售业、进出口贸易、转口贸易以及为进行贸易而实行的一切服务业，如银行业、保险业、储运业等所有的交易形式。在苏联东欧等国家，商业又仅仅局限于组织消费品流通的行业，并不包括对外贸易、生产企业销售和生产资料流通等，我国理论界也曾一直沿用这一狭义的商业概念。在我国现行统计指标体系中，“商业”一词仅指“批发零售贸易和餐饮业”（进出口业和商业经济代理业包括在内），不包括各类附属商业机构的统计数据。2008 年《国务院关于机构设置的通知》规定设立商务部，并规定由商务部“负责推进流通产业结构调整，指导流通企业改革、商贸服务业和社区商业发展，提出促进商贸中小企业发展的政策建议”，“拟订国内贸易发展规划，促进城乡市场发展，研究提出引导国内外资金投向市场体系建设的政策，指导大宗产品批发市场规划和城市商业网点规划、商业体系建设工作，推进农村市场体系建设，组织实施农村现代流通网络工程。”根据上述表述，笔者认为，商务部是“商业网点”工作的管理部门。“商业网点”中

① 《大同市商业网点建设管理办法》（1991 年）第 3 条；《长沙市城市商业网点建设管理条例》（1997 年修正）第 3 条。

② 《大同市商业网点建设管理条例》（1993 年）第 2 条；《太原市商业网点管理办法》（2000 年修正）第 3 条。

③ 《大连市城市商业网点规划建设管理条例》（1997 年）第 2 条；《包头市商业网点规划建设管理条例》（1999 年）第 3 条。

④ 《齐齐哈尔市商业网点建设管理条例》（1995 年）第 3 条；《济南市城市商业网点管理办法》（1997 年）第 3 条。

的“商业”的含义应当结合商务部的职责范围确定。考察商务部“三定方案”中关于内贸的职责，不难发现，商业网点中的“商业”主要是指商品从生产环节向消费环节转移过程中的市场流通经营活动，主要包括批发业、零售业和相关的服务业。其中，配送业、仓储业是随着经济发展、制度创新，以及适应现代流通方式需要而产生的新的服务行业。在现代经济生活中，配送业和仓储业已经成为市场流通经营活动的重要内容。另外，随着现代信息技术和流通技术的发展和运用，批发业在流通中的作用相对弱化。因此，商业网点中的“商业”除了包括传统的批发业、零售业、服务业以外，还包括配送业、仓储业、物流信息处理等现代流通业的内容。此外，考虑现代经济将不断发展，商业模式仍在不断创新之中，商业网点的定义还应当有一定的开放性、前瞻性。

综上所述，笔者认为，商业网点是指为实现商品由生产向消费领域转移，经营者从事商品批发、零售、配送、仓储以及其他物流服务业等经营活动的固定场所。

（二）商业网点的意义

商品网点的意义体现在两个方面，一是指商业网点对商品流通这一经济活动的意义。显然，商业网点是商品流通的现实载体，是商品流通过程中的一个个节点，也是商品流通的物理基础。虽然现代社会网络信息技术发达，网络购物、线上交易成为商品流通的一个重要渠道，但归根结底无法彻底替代线下商业网点的功能。线下商业网点仍然是商品流通的主要渠道。另外，物流，仓储、配送等也都需要商业网点的存在。从这个意义上说，商业网点本身是就是商品流通的一部分。商业网点的合理布局、建设能够充分发挥商业网点的流通渠道作用，增强城市综合服务功能，方便居民生产与生活，提高生活质量，促进社会和经济可持续发展。

二是指商业网点作为行政保障对象的意义。有一种观点认为，商业网点纯粹是商业网点经营者参与市场竞争的载体，商业网点的选址、规模都与经营者自身的利益密切相关，应当完全适用市场机制，由市场主体通过竞争自发形成商业网点，政府不应予以干预，没有必要通过行政手段予以保障。笔者认为，商业网点是否需要干预，关键要考察商业网点是否存在市场机制本身无法作用的领域,是否包含有需要通过政府干预予以保障的公共利益。显然,商业网点不仅存在着市场机制本身无法作用的领域,同时也包含有需要通过政府干预予以保障的公共利益。出于弥补市场机制的不足和保护公共利益的现实需要,商业网点有必要被纳入行政保障作用的范围。

二、商业网点的自然、社会和公共利益属性

商业网点的属性是指商业网点本身所有且特有的性质或特点,是其内在属性。根据事物发展的规律,内在属性是事物发展的决定性因素。只有从商业网点的内在属性出发,才能真正理解商业网点在现代经济生活中的存在及其重要性,才能据此分析商业网点的建设、管理和发展是否需要政府干预,才能最大限度地把商业网点规划好、建设好、管理好。笔者认为,商业网点的属性主要表现在自然属性、社会属性和公共利益属性三个方面。

(一)商业网点的自然属性

商业网点的自然属性是指,商业网点是一个客观存在的经营场所,是特定地区的某一个具体的点,是可以用坐标确定的一个地理位置。商业网点的自然属性无论对网点经营者,还是消费者以及市场管理者而言都具有重要意义。

对商业网点经营者而言,确定网点的地理位置就是商业选址问题。商业选址直接关系到商业网点经营者的战略决策,是经营者贯彻以消费者为中心观点的重要体现,是影响经营者效益的一个决定性因素,同时也是制定经营者经营目标和经营策略的重要依据。一方面,商业网点选址关系到所在区域的土地资源、交通资源、人力资源、消费人群,经营者必须优化配置各类资源,使之与网点的商业业态相适应,并与商业环境协调发展;另一方面,一旦商业网点的选址确定,那么,该商业网点面向的消费人群、竞争对手、交通状况、土地成本等网点的生存环境就基本确定,网点经营者只有在这些确定的条件下选择相应的经营策略以便从商业竞争中胜出。因此,商业网点的自然属性对商业网点经营者而言意义重大。

对作为市场管理者的政府而言,一方面,商业网点作为一个确定的地理位置和经营场所,政府可以将其作为管理对象,引导经营者的经营行为,使经营

者的经营活动融入周围的整体环境之中，创造一个更加宜居的生活环境；另一方面，商业网点作为一个客观存在的物理空间，是政府部门统筹考虑土地利用规划，把商业网点纳入城市总体规划，以实现城市多重管理目标的工具和载体。

（二）商业网点的社会属性

商业网点的社会属性是指基于商业网点经营者的经营活动而形成的社会关系。它和自然属性一样，也是商业网点本身具有的特性。它们是商业网点特性的两个方面。商业网点的社会属性主要通过承载于经营场所的商业经营活动体现出来。商业网点作为从事经营活动的场所，经营者在经营活动过程中必然与不同的主体发生交易活动或者参与到其他社会活动之中，这些活动就构成了商业网点社会属性的具体内容。笔者认为，商业网点对于不同的主体而言，具有不同的属性内容。具体如下：

1. 对于经营者而言，商业网点作为一个从事经营活动的物理空间，不可能独立存在，总是与其他经营者的商业网点存在空间上连接。这种空间上的连接必定使经营者与其他经营者之间存在利益上的联系。这种利益联系可能是有利的，也可能是不利的。如果其他经营者在该网点隔壁新开一家同质经营的商业网点，显然，两者具有竞争关系。相反，如果与其他经营者的经营内容属于互补关系，那么其带来的效果就可能是商业的集聚效应。可见，商业网点可能成为经营者之间竞争关系的连接点。

2. 对于消费者而言，商业网点是消费者获取生活消费品的直接、主要的渠道。不仅关系到消费者是否能够便利、快捷的购物，同时还是消费者能否安全消费、舒适消费的关键。随着消费者消费需求趋向多元化，商业网点不仅要满足消费者油盐米面、蔬菜水果等日常生活必需品的需求，还要满足消费者日益提升的文化、休闲、娱乐等更高层次的需求。从这一意义看，商业网点也是经营者与消费者之间产生经济关系的重要节点。商业网点的规划、建设、管理与消费者利益息息相关。

3. 对于生产者而言，商业网点是生产者产品销售的主要渠道或终端。随着经济发展，生产与零售的分工更加清晰，生产商往往成为零售商的供应商。

在需求主导的经济社会中,零售商与消费者近距离接触,相比于生产商而言具有天然的优势。尤其是大型零售商,由于其控制了零售商业网点这一销售渠道,其相对于生产者的优势就非常明显,以至于有可能使生产者对大型零售商产生渠道依赖,从而失去与其平等交易的机会,导致不公平交易的发生。

4. 对于政府管理者而言,商业网点是政府管理者切入管理的重要接口。在市场经济中,经营者应当在市场机制作用下开展公平有效的竞争。但实际情况并非如此,市场本身并非万能,存在缺陷,这就意味着政府对市场的干预是必要的。商业网点是经营者、消费者、生产者等相关利害关系人的集中点和关联点,也是商品由生产环节向消费环节转移的必经渠道。管理好商业网点对处理好相关利害关系的平衡,保护公共利益,促进商品流通安全有效可持续运行有很大益处。

(三)商业网点的公共利益属性

商业网点的利益属性,是指商业网点的属性中包含了利益的内容。按照利益的性质区分,利益有私人利益和公共利益之分。私人利益属于个别利益,在商业网点中,个别利益就是商业网点经营者的利益。商业作为营利活动,其存在的本意就是实现经营者的利益最大化。可见,每一个商业网点都具有个别利益的属性,这是由商业网点中商业的营利属性本身所决定的。

问题在于商业网点是否具有公共利益的属性。关于公共利益,虽然我国宪法、法律中出现了"公共利益"的表述,但立法者并未给"公共利益"作出范围限定。究其原因,在于公共利益内容本身的不确定性。尽管公共利益的内容在法律上没有明确,在制定具体相关法律法规,尤其是制定有关行政权力行使的相关法律法规时,作为立法的出发点,公共利益仍然是我们必须予以考量的内容。在学理上,学者们从不同角度对公共利益进行了界定。美国 Sorauf 教授总结了大致五种比较典型的定义,包括公共利益是共同拥有的价值、是一种明智或者优越的利益、是一种道德需要、是利益的平衡及是不可定义的。[①] 关保英和梁硼教授在《论公共利益的法律限定》一文中明确指出公共利益是个复杂的概

---

① Frank J · Sorauf, *The Public Interest Reconsidered*, The Journal of Politics, Vol. 19, 195. 转引自徐键:《城市规划中公共利益的内涵界定》,载《行政法学研究》2007 年第 1 期。

念,“不能通过单一的标准对其做出一劳永逸的阐释”,对此他们提出了四个可供选择的判定标准:“以实质性受益作为标准”,“以可持续发展作为标准”,“以科学论证作为标准”和“以全球趋同作为标准”。他们在阐述“以实质性受益作为标准”时指出:“公共利益并不是一个仅具有抽象意义的法律概念,而是与公众密切相关,能够为公众所亲身感受和体会的、具有实质内容的利益。在判断某种利益是否为公共利益时,应当以实质性受益作为标准。”①根据这样的判断标准,我们可以对商业网点是否包含有公共利益属性进行判定。

一方面,商业网点是商品流通渠道的具体表现形式。商品流通渠道同时关系到生产者和消费者的利益,是连接生产者与消费者的纽带,是商品从生产领域流向消费领域的重要通道。从这一意义上看,商品流通渠道本身是一种社会资源,也是一种公共资源,当然也就具有公共利益的属性。此外,商业网点作为流通渠道载体,其在保障商品安全,特别是食品安全,打击假冒伪劣商品的过程中都具有很重要的意义。控制和管理好商业网点,也就在一定程度上控制好了商品的质量和安全问题。因此,商业网点包含有公共利益属性实际是由其作为商品流通渠道的本质属性决定的。

另一方面,商业网点种类繁多,不同种类的商业网点所包含的公共利益的内容并不相同。按照网点经营的商品分类,有经营农产品、食品等的商业网点,如菜市场。有经营一般日常品的商业网点,如百货店、超市等。有经营餐饮服务的商业网点,如餐馆、饭店等。按照商业网点的经营规模分类,有大型商业网点和中小型商业网点。按照区域分类,有城市商业网点和农村商业网点。不同类别的商业网点承载的功能不尽相同,所包含的公共利益的具体内容也有所不同。②

三、大型商业网点规划保障

(一)大型商业网点规划的含义与意义

商业网点规划是指政府根据所在地区的人口、交通、土地价值、经济发展水

---

① 关保英、梁硐:《论公共利益的法律限定》,载《学术研究》2006年第4期。

② 李惠阳:《商业网点中的公共利益分析》,载《商业时代》2012年第23期。

平等要素制定有关商业网点总量、网点布局和业态结构等内容的计划,是对所在地区网点总量、网点布局、业态结构等内容的宏观把握。商业网点规划的意义在于使商业网点以及城市的未来发展更具确定性,使商业网点的发展能够克服市场机制的不足,在政府的引导下更好发挥商业网点应有的作用,促进商业发展和消费,最终为实现社会福利最大化这一目标服务。从这一意义上说,商业网点规划是政府对商业网点的一种干预行为,也是对以商业网点为载体的商业经营活动的一种干预。

商业网点布局的形成基于以下几种机制:一是通过自然竞争形成,即通过商业网点经营者之间的竞争自然形成商业网点总量、网点格局和业态结构。二是完全在政府的计划之下建设商业网点,我国改革开放以前的商业网点形成模式就是在纯粹的计划体制下形成的。三是综合形成,即在以市场机制发挥主要作用的前提下,由政府对商业网点的形成进行一定的规划,在规划范围内形成商业网点的总量、网点布局和业态结构等。如上所述,商业网点规划属于政府对商业网点形成的行政干预。显然,与中小商业网点相比,大型商业网点承载的公共利益更加显著。按照行政保障的补充性特点,这种行政保障的干预仅对大型商业网点适用。关于大型商业网点的定义,各国根据具体情况略有不同。如日本规定,凡是1000平方米以上的商业设施都算大型商业设施,均在审批范围之内。法国规定,新建和改建营业面积300平方米以上的食品商店及1000平方米以上的非食品商店须经政府审批。

(二)大型商业网点规划的形成机制

商业网点规划的形成机制,是指商业网点规划从提出、设计、论证并到最终形成规划的整个有机过程。根据市场理论,如果任由市场机制发挥作用,那么,商业网点的形成从根本上说也是商业经营主体参与市场竞争的结果,是商业投资者的经营决策和消费者消费决策共同作用的结果。但是,大型商业网点所涉及的利益主体并非只有经营者和消费者,附近的居民、社区管理者,规划专业技术人员等都有必要参与到大型商业网点的规划过程之中。因此,商业网点规划的形成机制问题实际上就是商业网点相关利益主体如何共同参与完成商业网点规划的问题。在这一过程中,市场主体、社会主体和政府等多方主体的参与和听证等法定程序是最核心的要素。在现代法治和民主社会中,相关公众主体参与和讨论决定大规模的公共建设项目的方法正在逐渐取代单一标准和政治精英和经济精英决定城市商业网点规划的传统规划决策过程。城市商业网点规划决策权力分散在政府、市场、社会的手中,城市政府精英、经济精英、社会都拥有城市管治的资源,社会有选择政府的权力和参与城市事务的权利,政府不可能拥有绝对的能力,独立制定和执行政策。同样,私人部门也不能独立制定政策来促进城市的发展。城市商业网点规划需政府、市场、社会等参与城市商业网点问题的解决中,打破原有蓝图式的城市规划,建立过程性的城市商业网点规划体系。我国自改革开放以来,社会职业结构发生了巨大变化,社会出现分层,社会关系复杂化,公众需求出现多样化。在当前情况下,城市建设不再仅仅是政府单方面的行为,投资主体多元化,在价值选择、利益取向方面各不相同,甚至存在矛盾。通过公众参与可以最大限度地保证规划切合实际,保证各方的利益,被公众普遍接受,保证城市健康发展。商业网点规划与管理正是政府、市场和社会共同作用的载体和平台,科学完善的商业网点规划形成机制是商业网点规划科学性、合理性的重要保证。例如,英国关于公众参与规划的社区参与陈述方式值得我们借鉴。在英国,社区参与陈述是在规划编制的前期阶段,规划机构为筹备规划而咨询当地社区与其他利益相关者的组织方式与时间安排。社区参与陈述的一个重要结果是鼓励"前着陆",即在每个发展文件编制的前期阶段开始咨询,使社区能够充分地参与规划的编制。每份社区参与陈述必须提供信息的公开渠道,积极鼓励社区公众提出有建设性的意见,规划机构对此做出合格的、及时的反馈。社区参与的一般方式具体有:(1)在咨询期间,在中心区图书馆、地方图书馆,当地规划机构办公室可提供(草案)文件咨询;(2)写信给法定机构;(3)网络(网站、电子邮箱);(4)多媒体(报纸与广播);(5)传单或者宣传册;(6)公开展示、电视、路边广告栏展示;(7)信件、正式的书面咨询、问卷、社区调查;(8)(电话)专线;(9)公开会议;(10)与相邻地区委员会的会议;(11)讨论组、研讨会;(12)规划援助。①

---

① 缪春胜:《英国城市规划体系改革研究及其借鉴》,中山大学2009年硕士学位论文。

四、特殊商业网点建设保障

(一)特殊商业网点建设的界定

商业网点建设是指政府根据法律或政策的规定投入一定的物力、财力直接或鼓励建设一些特殊商业网点的政府行为。与商业网点规划的间接干预不同，商业网点建设是政府直接把资金投入商业网点建设之中，是一种直接干预。与商业网点规划相比，商业网点建设具有效率方面的优势。但作为直接干预，商业网点建设对市场机制的损害也是显而易见的，它可能直接导致市场主体之间的不公平竞争。因此，商业网点建设应当谨慎使用。只有在商业网点建设具有公共利益时才能运用行政手段，直接向该类商业网点建设投入资金。

(二)特殊商业网点建设的社会经济背景及界限

特殊商业网点建设所处的社会经济背景主要包括以下几个方面。第一，经济发展区域不平衡。东部、中部、西部的经济发展差距较大，表现在商业网点总量、网点布局和业态结构等各个方面。东部相对经济比较发达，社会人均消费总额较高，商业网点总量较大，能够较好地满足居民生活需要，中部不如东部，但也基本能够满足居民生活需要，西部相对落后，业态结构相对落后，需要政府加强对西部商业网点建设的投入。第二，农村商业网点的业态结构过于传统，流通效率有待提高。与城市相比，农村地区的商业网点数量和质量都比较落后，很难满足日益增长的农村居民的生活水平需要。第三，社会正处于城市化的过程中，新建社区数量庞大，但新建社区中的菜市场数量有限，有的甚至根本就没有菜市场。菜市场建设是一个投入成本高，投资回收周期长的行业，市场资本不愿意投入类似投资周期较长的项目，因此，需要政府在这方面能有所投入。

如果说商业网点建设所处的相关背景是政府投入资金建设商业网点的必要性所在，那么商业网点建设的界限就是指商业网点建设必须受到严格限制，并非所有的商业网点都应当或者可以通过政府投入资金完成建设的。对于市场完全能够自行完成的商业网点，对于无关社会公共利益的商业网点，应当由商业网点经营者通过自己力量，在市场竞争中完成建设。商业网点建设的界限就在于该商业网点建设是否符合当前社会经济背景下公共利益的判断标准。

（三）特殊商业网点建设实现的公共利益分析

在前述商业网点利益属性的公共利益中，以下几个方面的公共利益是可以通过建设特殊商业网点实现的。

首先，食品店、菜市场中包含的公共利益需要政府有所投入才能实现。以菜市场为例，我国菜市场有以下几个特点，它们决定了我们政府需要在这方面有所投入，为居民日常生活创造一个便利的生活环境。第一，我国农产品价格相对较低，利润空间较小，菜市场建设投入回收周期较长，社会资本不愿意在这方面过多的投入。第二，菜市场的购物环境一直是一个比较突出的问题，改造或者新建菜市场有利于改善居民在菜市场中的购物环境，特别是生鲜市场的建设问题。第三，菜市场货物以食品为主，食品安全是我国近些年，也将是未来较长一段时间内需要关注的问题。菜市场作为一个重要的流通节点，建设和管理好菜市场，需要政府在菜市场方面有所投入。第四，我国农民收入相对较低，农产品价格的上升是提高农民直接收入的重要渠道。菜市场是把作为生产者的农民和作为流通者的流通经营者对接的一个重要平台，在可能的情况下，尽量让农民纯粹的生产者的身份转变为半生产者半流通者的身份，使农民也能分享流通环节中的利润，提高和稳定农民的收入，同时也能解决好农产品的供销两难问题。

其次，欠发达地区的商业网点体系建设也是公共利益所在。与东部发达地区相比，中西部经济发展比较落后，现代流通方式、现代流通业态才刚刚开始进入。商业网点体系建设实际是局部地区的商业网点布局的问题。商业网点布局本身是属于规划的内容，但在经济落后地区，仅有规划也很难完成，商业网点体系的建设缺乏资金，凭借地方自身经济实力，很难完成商业网点体系的建设，或者推进的速度非常缓慢。为了尽快改善经济落后地区的购物环境，促进商品流通，同时也进一步拉动内需，政府需要投入资金，尽快完成经济落后地区的商业网点体系建设。

最后，农村地区的商业网点建设一直是一个薄弱环节。农村地区一般以小型村落为单位生活,村落之间有一定的距离间隔,同时每个村落的人口数量有限,消费数量也不是很大,从经济学的角度看,商业网点的设置并不具有经济性。因此,农村的商业网点还是传统的流通方式较多,现代物流、现代流通业态并未真正进入农村领域。国家或者政府如何在这方面进行投入,建立类似镇配送中心的机构,把农村传统的流通业态改造成现代流通业态是一个需要政府解决的课题。

(四)商业网点建设与规划的机制比较

商业网点建设的机制是指以政府直接投入资金,以经济杠杆作为工具介入市场,完成商业网点建设的制度。以“万村千乡”专项建设为例,5 年之间完成了基本的商业网点体系建设,其效率之快是其他活动无法相比的。特别是与商业网点规划相比,虽然商业网点规划也基本按照计划完成,县级以上城市基本完成了商业网点规划,但除了一些地区的领导特别重视,部分地区落实了规划以外,很多地区的规划只是完成了规划,基本没有具体实施,或者实施困难很大。而“万村千乡”商业网点建设活动却取得了相对较好的效果。究其原因,不难发现,商业网点建设中有资金这一经济杠杆作为工具或者手段,有一个具体的抓手,而商业网点规划却没有一个具体的手段可供商务主管部门使用。

但商业网点建设也并非全部顺利,一旦遇到规划问题,商业网点建设也没法实施。如新建社区的菜市场建设问题,由于城市规划中没有明确菜市场的建设问题,同时商业网点规划又不具有法律效力,因此,此时即使有了资金这一经济杠杆,其实施仍然困难重重。因为,城市里的不动产价格过高,是菜市场这样一个薄利行业所无法承受的。另外,商业网点建设虽然具有见效快的特点,但其毕竟是一种对市场的直接干预,而且需要政府有大量资金的投入,其作用范围受到天然的限制,不可能大范围的普遍适用于一般的商业网点建设。其效果只能在个别的,特殊的商业网点,特殊的地区的商业网点建设上有所表现。这是我们必须认识到的一个客观现实。商业网点建设只能作为一种例外的手段予以使用,而不能普遍适用。从这一意义上而言,作为财政支出的一部分,商业网点建设也需要有明确的法律依据,包括商业网点建设的进入和退出机制,需要法律予以明确规定。

五、商业网点信息采集保障

(一)商业网点信息采集管理的意义

商业网点信息采集管理,是指商务主管部门根据规定向相关管理部门或者商业网点采集相关信息的制度。商业网点信息主要是指与商业网点的规划、建设相关的信息。相关管理部门和商业网点是相关信息的信息源,非经相关部门和商业网点提供,商务主管部门无从知晓。商务主管部门只有掌握好商业网点的相关信息,才能科学、合理地做好商业网点的规划和建设工作,实现公共利益。

(二)商业网点信息采集的种类及相应公共利益

商业网点规划和建设所涉及的信息种类繁多,根据不同信息保障公共利益的不同,笔者把商业网点信息分为以下几类。

1. 应急管理信息。如前所述,应急管理属于公共利益的范围。商业网点是商品流通的末端,直接与消费者接触,是消费者采购信息的最先接触者,也是第一时间了解消费者采购信息变化的终端。正因如此,商业网点的信息渠道作用就具有了特别的价值。在社会上发生应急事项时,消费者采购信息第一个就传导到了商业网点。如 2003 年,“非典”期间醋和中药以及部分日常用品的抢购;2011 年日本地震引起的核泄漏导致的盐抢购风波,第一时间传导到了商业网点。但由于信息采集和管理制度不健全,两次的抢购事件在当时都引起了一定程度的社会恐慌。如果能够做好商业网点信息采集工作,并制定相应的制度,这样的事件不致发生。例如,规定商业网点经营者在发生类似事件时对相应商品即刻采取限购措施,并同时向政府主管部门报告。根据《生活必需品市场供应应急管理办法》的规定,商务部负责建立全国市场异常波动应急报告制度和市场异常波动信息报告系统。大型批发、零售企业等有关单位发现有本办法第十八条第三款规定情形之一的,应当在 1 小时内向发生地县级以上商务主管部门报告。①

---

① 《生活必需品市场供应应急管理办法》(2012)第 18 条、第 19 条。

2. 规划所需的商业网点基本信息。商业网点基本信息是指与商业网点自然属性相关的信息。如商业网点的建筑面积、营业面积、网点业态、从业人员、停车场车位数量、销售收入、营业时间,甚至包括厕所设置情况等信息。这些信息能够反映该商业网点所在区域的竞争状况、交通拥堵状况和消费者购物环境,是商业网点规划所需的重要参考依据。

3. 规划所需的其他信息。商业网点规划包括商业网点总量、商业网点布局和商业网点业态结构。除了商业网点基本信息以外,还需要商业网点规划所在地区的城市规划内容、人口数量、消费总量、人口结构、房地产开发数据、地理特点、文化文物保护、交通特点等其他信息。这类信息也是商业网点规划的重要信息,需要商务主管部门动态的监测与关注,才能做好商业网点规划与建设工作。

第四节　特殊商品储备保障法律制度

特殊商品储备从本质上看就是物资储备。在 20 世纪初期,世界上就有许多国家开始进行专门的物资储备,逐渐建立起符合各国实际需要的物资储备制度。美国自 20 世纪 30 年代开始建立物资储备制度。苏联在 20 世纪 20 年代初期即已组建了专门机构,建立了物资储备制度。同时,其他各国都相应制定了一整套法律、法规,使物资储备制度化、法治化、规范化。特殊商品储备作为商品流通的构成部分,将其保障制度纳入商品流通法进行研究很有必要。

一、特殊商品储备的含义

特殊商品储备,是指为了实现国家发展战略和国家安全、应对突发事件和参与宏观调控,有权机关依法储存特定商品以备使用的制度。仅从商品的“储以备用”的角度观察,商品储备存在于社会再生产的整个过程之中。依社会再生产的四个环节,商品储备可以分为以生产为目的的储备、以分配为目的的分配储备、以交换为目的的交换储备和以消费为目的的消费储备。按照商品流通的定义,其中的交换储备也可以称为流通储备。特殊商品储备与以上储备并不相同,具有特殊性,其特殊性主要体现在以下几个方面。

第一,特殊商品储备的储备目的具有特殊性。特殊储备的目的并不是社会再生产的各个环节,即商品储备并不是以生产、分配、流通和消费为直接目的,而是为了解决社会的特殊需要而储备商品。这些特殊需要包括实现国家发展战略和国家安全、应对突发事件和参与宏观调控等。

第二,特殊商品储备的商品具有特殊性。与社会再生产的商品储备涵盖所有商品种类不同,特殊商品储备的商品必须是能够满足特殊需要的商品。并非所有品类的商品都可以成为特殊商品储备的对象,而是根据特殊需要确定商品的种类和数量。

第三,特殊商品储备的商品运动规律具有特殊性。特殊商品储备的商品虽然属于商品,但其运动规律不同于一般商品。一般商品始终处于社会再生产过程之中,受到商品流通规律的制约和支配。特殊商品储备的商品则不完全受商品流通规律的制约和支配。一般商品流通以营利为目的,要求商品周转快,在适应市场供应不断变化的前提下,尽量压缩商品库存,甚至零库存,做到合理储备,提高经营者经济效益。特殊商品储备则恰恰相反,为了满足实现国家发展战略和国家安全、应对突发事件和参与宏观调控等特殊需要,特殊商品储备中的商品流通不以营利为目的,不存在快速周转的需求,有些商品还必须长期储存,不参与商品流通周转。特殊商品储备也没有尽量压缩库存的要求,相反,特殊商品储备必须储存一定规模的商品,以备特殊需要。另外,特殊商品储备的商品运动虽然不受商品运动规律的制约和支配,但在社会主义市场经济条件下,其收储和使用仍然适用商品交换的规律,有时甚至利用商品交换规律才能使其发挥作用,如参与宏观调控。可见,特殊商品储备仍然不能完全脱离商品流通而独立存在。特殊商品储备中的商品就像是商品中的“预备队”,它平时总是处于静默状态,游离于商品流通之外,一旦需要,它就进入商品流通领域,为满足特殊需要发挥作用。

二、特殊商品储备的种类

依照特殊商品储备的目的和作用,特殊商品储备可以分为以下几类。为实现国家发展战略和国家安全的作用的储备,即战略性商品储备;为参与宏观调控的特殊商品储备,即宏观调控商品储备;为应对突发事件和紧急状态的特殊商品储备,即应急商品储备。

(一)战略性商品和资源储备

战略性商品储备是指对国计民生、经济安全和国防建设具有关键作用的重要商品进行储备管理的制度安排。对具有关键作用的重要商品的具体认定,则由国家政府当局进行安排。如石油、粮食储备等战略资源,就被许多经济富裕的发达国家当作重要的战略储备,我国《国家安全法》也将其战略性商品储备规定为国家安全保障的重要内容。[①] 除了对现有商品的战略性储备以外,对经济发展和国防安全具有重要作用,且不可再生的能源性资源实行保护性开发和战略性储备也具有重要意义。它可以保证战时的国家安全需要,也可以保证平时的经济安全需要,更重要的是可以在尖端科技研发领域抢先占据优势领先地位。同在重要军事工业领域一样,尖端科技研发领域对稀有金属或稀有矿产的需求也是与日俱增的。当前世界有一种发展趋势,即将资源储备管理与环境保护和生态建设有机结合起来。许多国家不仅没有停止基于国防目的的战略资源储备,而且在很大程度上强化了基于经济安全和科技领先目的的储备。从现实情况来看,我国人口众多,人均资源占有率很低,资源相对短缺,对外依存度日益增大。随着经济的快速发展,水、粮食、石油、稀有金属等战略性资源短缺对我国经济安全与经济发展构成的威胁越来越现实。资源安全已成为 21 世纪影响国家安全的重要内容。为维护国家安全和社会经济的可持续发展,避免其他国家利用“资源牌”对我国进行打压和控制,除了挖掘国内资源潜力,提高资源利用效率外,完全有必要建立我国战略商品和资源储备体系。可以说,战略性商品和资源储备是维护我国国家安全、促进社会经济可持续发展的客观需要。

(二)宏观调控商品储备

参与宏观调控是特殊商品储备的重要目的之一。宏观调控是国家综合运用各种手段对国民经济进行的一种调节与控制,是保证社会再生产协调发展的

---

① 《国家安全法》(2015)第 21 条、第 22 条。

必要条件,是国家管理经济的重要职能。在社会主义市场经济中,商品的供应及需求受价格规律及自由市场机制所影响。市场经济带来经济增长,但会引发通货膨胀,而高潮后所跟随的衰退却使经济停滞甚至倒退,这种周期波动对社会资源及生产力都造成严重影响。所以宏观调控着重以整体社会的经济运作,通过人为调节供应与需求,保持商品供应和价格总水平的基本稳定。宏观调控商品储备是国家实现宏观调控的重要手段之一,储备的商品一般都是有关国计民生的重要生活资料,如粮食、食用油和猪肉等。当商品价格上涨过快时,国家商品储备部门即依法运用储备商品,把商品投入市场,平抑物价;相反,当商品供应过多价格无序下跌时,国家商品储备部门则开始收储相应商品,提升商品价格。宏观调控特殊商品储备就像是一个调节特殊商品市场供求的"蓄水池",调节市场供应关系处于一个安全水平。如美国粮食政策性调控机构商品信贷公司收储的粮食库存量就对美国粮食市场供应起到这个作用。[①] 宏观调控虽然是政府干预经济活动的现象,但利用储备商品收储和动用机制调节市场供应和需求的目的在于弥补市场机制本身的不足。同时该调节本身也是在遵循市场规律的基础上实施的,因此,它是对市场机制的补充,其本身对市场经济的副作用有限。

(三)应急商品储备

应急商品储备是国家为了应对突发事件和紧急状态而对特定商品进行储备管理的制度安排。应急管理是指政府及其他公共机构在突发事件的事前预防、事发应对、事中处置和善后恢复过程中,通过建立必要的应对机制,采取一系列必要措施,应用科学、技术、规划与管理等手段,保障公众生命、健康和财产安全,促进社会和谐健康发展的有关活动。应急商品储备是应急管理的重要一环,主要为应急管理提供物资保障和支持。即使是科学技术高度发达的现代社会,人类对地震、洪灾、海啸、恶劣天气、病毒传播等自然灾害的预防能力仍然有限,对战争、社会动乱等社会紧急状态的发生无法有效控制。这些自然灾害和紧急状态一旦发生,对人类社会的安定和谐生活必然产生极为不利的影响。凡

① 刘清娟、周慧秋:《世界发达国家粮食储备经验及其启示》,载《世界农业》2011 年第 9 期。

事预则立，不预则废。为了最大限度地减少和避免发生重大损失，提前做好相应的救灾应急物资储备就很有必要。由于突发事件和紧急状态的发生时间、地点、规模、类型等具有很强的不确定性，应急商品储备的地点、规模和物资种类也必须符合应急的要求，才能满足应急管理的要求。

三、我国特殊商品储备保障体制与机构

我国物资储备事业，早在1949年以前已有了初步基础。在解放战争时期的东北地区，由东北行政委员会财政委员会物资处统一管理、储备战争和生产建设所需物资，为新中国的物资储备事业奠定了初步基础。1951年，为加强清仓物资的处理调配工作，财政部成立了物资管理总局。1951年4月，政务院财政经济委员会和财政部，根据中国经济建设、国防建设的需要，参照国外建立战略物资储备制度的做法，提出在中国建立国家物资储备制度的建议。1953年1月，经政务院批准，财政部物资管理总局改为国家物资储备局，作为政务院的一个独立局，由财政经济委员会直接领导。从此，中国有了专门的国家战略物资储备机构，建立起了国家战略物资储备制度。①

当前，我国特殊商品储备体制和机构由中央特殊商品储备、地方特殊商品储备和企业特殊商品储备三级构成。我国特殊商品储备保障体制的目标是，充分发挥市场在资源配置中的决定性作用，加强中央储备，完善地方储备，进一步发挥政府储备引导作用，鼓励企业商业储备，推动形成中央储备与地方储备、政府储备与企业储备互为补充的协同发展格局。

（一）中央特殊商品储备保障体制

中央特殊商品储备保障体制是指国家层面的特殊商品储备保障体制。按照我国国家各部委行政职能的划分，国家发展和改革委员会下设国家粮食和物资储备局总体负责中央特殊商品储备职能。其具体职能为：

（1）起草全国粮食流通和物资储备管理的法律法规草案、部门规章。研究

① 陈芳怡、唐珏岚：《新中国国家物资储备体系的发展历程、作用与经验》，载《上海市经济管理干部学院学报》2021年第7版。

提出粮食流通和物资储备体制改革方案并组织实施。

(2)研究提出国家战略物资储备规划、国家储备品种目录的建议。根据国家储备总体发展规划和品种目录,组织实施国家战略和应急储备物资的收储、轮换和日常管理,落实有关动用计划和指令。

(3)管理国家粮食、棉花和食糖储备,负责中央储备粮棉行政管理。监测国际国内粮食和战略物资供求变化并预测预警,承担全国粮食流通宏观调控的具体工作,承担粮食安全省长责任制考核日常工作。

(4)拟订粮食和物资储备仓储管理有关技术标准和规范并组织实施。负责粮食流通、加工行业安全生产工作的监督管理,承担国家物资储备承储单位安全生产的监管责任。

(5)根据国家储备总体发展规划,统一负责储备基础设施建设和管理。拟订国家储备基础设施、粮食流通设施建设规划并组织实施,管理有关储备基础设施和粮食流通设施国家投资项目。

(6)负责对管理的政府储备、企业储备以及储备政策落实情况进行监督检查。负责粮食流通监督检查,负责粮食收购、储存、运输环节粮食质量安全和原粮卫生的监督管理,组织实施全国粮食库存检查工作。

(7)负责粮食流通行业管理,制定行业发展规划、政策,拟订粮食流通和物资储备有关标准、粮食质量标准,制定有关技术规范并监督执行。负责粮食和物资储备的对外合作与交流。

特殊商品储备因储备目的和作用的不同,商品也有所不同。有的商品储备需要专业知识和专业技术才能满足特殊商品储备目的要求。为此,国家粮食和物资储备局除了完成以上的职能以外,与其他相关国家部委之间也存在物资储备方面的合作与职责分工。具体如下:

(1)与国家发展和改革委员会、国家能源局的职责分工。国家发展和改革委员会拟订中央储备粮棉糖等战略物资储备的规划和总量计划。国家能源局拟订石油、天然气战略储备规划,提出国家石油、天然气战略储备收储、动用建议,经国家发展和改革委员会审核后,报国务院审批。国家粮食和物资储备局负责收储、轮换,按照国家发展和改革委员会的动用指令,按程序组织实施。

(2)与应急管理部的职责分工。应急管理部负责提出中央救灾物资的储备需求和动用决策,组织编制中央救灾物资储备规划、品种目录和标准,会同国家粮食和物资储备局等部门确定年度购置计划,根据需要下达动用指令。国家粮食和物资储备局根据中央救灾物资储备规划、品种目录和标准、年度购置计划,负责中央救灾物资的收储、轮换和日常管理,根据应急管理部的动用指令按程序组织调出。

(3)与中国储备粮管理集团有限公司的职责分工。中储粮公司具体负责承储的中央储备粮棉的经营管理,对其数量、质量和储存安全负责。国家粮食和物资储备局依法对中储粮公司承储的中央事权粮棉政策执行和中央储备粮棉管理情况实施监督检查和年度考核。国家发展和改革委员会、国家粮食和物资储备局下达中储粮公司的中央投资项目基本建设计划,由中储粮公司组织实施。

国家粮食和物资储备局应当依据《国家物资储备管理规定》(2015)执行国家物资储备活动。依该规定,国家储备物资是指由中央政府储备和掌握的,国家安全和发展战略所需的关键性矿产品、原材料、成品油以及具有特殊用途的其他物资。除了法律、行政法规规定或国务院决定动用储备物资以外,为应对特别重大、重大突发事件,或宏观调控确需的,应当报国务院批准后实施。储备局应当按照合理布局、经济便捷和安全适用的原则,选择承储单位储存国家储备物资。除国家规定或国务院批准必须实行定向收储、定向动用、定向轮换以外,国家储备物资的收储、动用和轮换原则上应当通过市场化方式进行。

(二)地方特殊商品储备保障体制

地方特殊商品储备保障体制是指县级以上地方政府层面的特殊商品储备保障体制。地方特殊商品储备保障体制主要包括两个方面。一是以地方政府为主,和上级主管部门一起领导,确保国家物资储备仓库安全保卫和安全生产工作,并接受当地公安、安全生产监督管理等部门的指导、监督。地方政府应当统一组织国家物资储备仓库及政府有关部门与周边村镇、街道、企业、事业单位成立保卫工作联防组织。[①] 二是县级以上地方人民政府对本行政区域内突然

① 《国家物资储备管理规定》(2015)第23条、第24条。

发生,造成或者可能造成严重社会危害,需要采取应急处置措施予以应对的自然灾害、事故灾难、公共卫生事件和社会安全事件的应对工作负责。① 县级以上地方人民政府统一领导本行政区域内的生产安全事故应急工作。② 县级以上地方商务主管部门要成立由主要负责人担任总指挥、分管负责人担任副总指挥的应对市场异常波动指挥部,负责领导、指挥本行政区域内市场异常波动应急管理工作。③ 此处的市场异常波动是指因突然发生的自然灾害、事故灾难、公共卫生事件、社会安全事件或其他事件,造成肉类、蔬菜、蛋品、奶制品、边销茶和卫生清洁用品等生活必需品市场供求关系突变,在较大范围内导致价格异常波动或商品脱销、滞销的状态。④

可见,从特殊商品储备角度观察,地方特殊商品储备保障体制的主要目的在于应对突发事件和紧急状态时的物资供应和保障任务。即针对突发事件,设区的市级以上人民政府和突发事件易发、多发地区的县级人民政府应当建立应急救援物资、生活必需品和应急处置装备的储备制度。县级以上地方各级人民政府应当根据本地区的实际情况,与有关企业签订协议,保障应急救援物资、生活必需品和应急处置装备的生产、供给。⑤ 针对生产安全事故,县级以上地方人民政府应当根据本行政区域内可能发生的生产安全事故的特点和危害,储备必要的应急救援装备和物资,并及时更新和补充。⑥ 针对生活必需品市场的异常波动,各省、自治区、直辖市、计划单列市、省会城市商务主管部门,应当根据生活必需品市场供应应急预案的要求,建立完善生活必需品、应急设施、设备等物资储备制度。⑦

(三)企业特殊商品储备保障体制

企业作为市场经营主体,以营利为其目的,一般不参与特殊商品储备活动。

---

① 《突发事件应对法》(2007)第 3 条、第 7 条。
② 《生产安全事故应急条例》(2019)第 3 条。
③ 《生活必需品市场供应应急管理办法》(2012)第 5 条。
④ 《生活必需品市场供应应急管理办法》(2012)第 2 条。
⑤ 《突发事件应对法》(2007)第 32 条第 2 款、第 3 款。
⑥ 《生产安全事故应急条例》(2019)第 13 条第 1 款。
⑦ 《生活必需品市场供应应急管理办法》(2012)第 12 条。

这是由特殊商品储备的本质所决定的。特殊商品储备不适用商品流通规律,也不以营利为目的。因此,从理论上看,企业与特殊商品储备似乎没有任何关系。但是,事实上,与政府物资储备相比,企业储备商品反而有一定的优势。企业作为商品流通的参与主体,其本身具备一定的生产能力和商品储存能力。同时,企业为了营利,其生产和储存的商品总是在不停地进入商品流通过程,能够保证储存商品始终处于有效期限之内。另外,从成本角度分析,政府储备商品时,物资超过质量有效期必须报废或者轮换,成本较高。企业代为储备相应物资时,企业可以在生产中增加一定的物资储备,动态更新储备物质,使储备物资总是处于质量有效期内。当需要运用储备物资时,企业向政府提交预先约定数量的物资,这样就可以大幅减少储备物资浪费,保障储备物资供应渠道畅通。另外,企业与政府合作还可以获取一定的利润,并提高企业自身的运营能力。可以说,企业代为储备特殊商品能够实现政府与企业"双赢"。[①]

事实上,我国立法实践对企业代为储备特殊商品也进行了探索,并为其留出了法治空间。例如,国家根据抢险救灾、疫情防控或者其他需要下达国家订货任务、指令性任务的,物流企业应当优先依照国家订货任务、指令性任务订立合同。[②] 经国家发展改革委员会、财政部批准,国家粮食和物资储备局可以委托其他机构储存保管国家储备物资,并探索建立以政府购买服务方式储存管理国家储备物资的新机制。[③] 县级以上地方各级人民政府应当根据本地区的实际情况,与有关企业签订协议,保障应急救援物资、生活必需品和应急处置装备的生产、供给。[④] 易燃易爆物品、危险化学品等危险物品的生产、经营、储存、运输单位,矿山、金属冶炼、城市轨道交通运营、建筑施工单位,以及宾馆、商场、娱乐场所、旅游景区等人员密集场所经营单位,应当根据本单位可能发生的生产安全事故的特点和危害,配备必要的灭火、排水、通风以及危险物品稀释、掩埋、收集等应急救援器材、设备和物资,并进行经常性维护、保养,保证正常运转。[⑤]

---

① 丁斌、雷秀、孙连禄:《应急物资储备方式选择与成本分摊问题》,载《北京理工大学学报(社会科学版)》2011 年第 12 期。

② 《民法典》第 494 条。

③ 《国家物资储备管理规定》(2015)第 16 条、第 20 条。

④ 《突发事件应对法》(2007)第 32 条。

⑤ 《生产安全事故应急条例》(2019)第 13 条第 1 款。

国家鼓励粮食主产区和主销区以多种形式建立稳定的产销关系,鼓励培育生产、收购、储存、加工、销售一体化的粮食企业,支持建设粮食生产、加工、物流基地或者园区,加强对政府储备粮油仓储物流设施的保护,鼓励发展订单农业。在执行政策性收储时国家给予必要的经济优惠,并在粮食运输方面给予优先安排。①

国外许多国家也充分利用了企业特殊商品储备方面的优势,在实践中委托企业代为储备特殊商品或把企业纳入特殊商品储备体系。如日本的粮食储备就采用了政府与企业共同负责的体制。日本政府通过招标方式把粮食交由社会力量代储,主要是农协或专业的储存公司。对于委托民间代储的粮食,农林水产省负责与代储企业签订合同,规定双方权利和义务。美国在《1996 年联邦农业完善与改革法》实施以后明显增加民间粮食储备的比例。美国农场主可以自己储备粮食,但如果要纳入国家储粮计划,则必须与美国粮食市场的政策性调控机构商品信贷公司签订合同。商品信贷公司按合同规定的数量向农场主支付储备费用和低息贷款。参加储粮计划的农场主必须执行政府的粮食种植计划,对储存的粮食必须在三年内保证质量,且不能自行处置储备粮。农场主只有在符合规定的条件下才能出售储备粮。②

第五节　商品流通技术促进保障法律机制

一、商品流通技术的意义

商品流通技术是指运用于商品流通过程的一切具备技术要素的手段或方法。商品流通技术是科学技术的组成部分,是商品流通领域的第一生产力。商品流通技术决定商品流通制度的内容和发展阶段。随着生产力的发展和生产工具的发明创造,商品流通技术不断变革进步。从 20 世纪 70 年代开始,商品流通技术发展更加迅速,尤其是近二十年来,随着互联网和大数据技术的进步,商品流通技术和商品流通产业的结合更加紧密。以商品流通中的零售产业为

---

① 《粮食流通管理条例》(2021 修订)第 31 条。

② 刘清娟、周慧秋:《世界发达国家粮食储备经验及其启示》,载《世界农业》2011 年第 9 期。

例,商品流通技术经历了集装箱(1960 年)、高层立体货架(1970 年)、自动化仓库管理(1980 年)、条形码仓储管理系统(1990 年)、二维码/射频管理/电子商务(2000 年)等不同的技术发展阶段。[①] 市场需求是技术进步的源动力。商品流通技术的进步也是如此。社会经济的发展提高了消费者的购买力,扩大了其多元化需求。为了满足市场需求,作为商品流通技术载体的商品流通企业为提高自身竞争力,不断努力创新和变革商品流通技术。现代商品流通技术的本质内涵已经不再仅仅局限于商品储存、运输等物流环节,而且包括为了实现消费者在购物过程中体验技术魅力、便捷性和舒适性的技术内容。但是,技术进步本身具有两面性。一方面,技术进步可以促进社会生产效率,降低社会成本;另一方面,技术进步也可能给社会安全和可持续发展带来危害和不可逆的影响。商品流通技术同样如此。以商品流通信息技术的发展为例,商品流通信息技术无疑大大提高了商品流通效率,但其对消费者个人信息安全保护的可能危害也是显而易见的。商品流通技术进步的两面性是商品流通技术进步的客观结果。依据商品流通技术实现结果的不同,商品流通技术可以分为实现商品流通效率的技术、实现商品流通安全的技术和实现商品流通可持续发展的技术。

二、商品流通技术促进保障

商品流通技术促进机制是指促进商品流通技术创新和进步的内在规律。商品流通技术促进机制与商品流通技术实现结果有关。商品流通技术实现结果的不同,商品流通技术促进机制也不相同。这是由商品流通技术实现结果的利益主体不同所决定的。商品流通技术实现结果的利益与作为商品流通技术的载体的主体不同,前者是指商品流通技术创新或进步实现以后受到影响的利益主体,它可以是商品流通经营者,也可以是消费者或用户个人,还可以是社会或国家整体。后者是指商品流通技术创新和进步的承担者,即实现商品流通技术创新和进步的主体。技术本身不可能自行创新和进步,它必然以社会主体作为载体。就商品流通技术而言,商品流通技术的载体只能是商品流通经营者。消费者、用户、社会或者国家有可能通过其需求对商品流通技术的创新和进步

① 吴嘉轶:《商品流通技术变革对零售业商业模式的影响》,载《商业经济研究》2018 年第 11 期。

方向产生影响或引导作用等间接作用,但无法改变商品流通经营者作为商品流通技术的直接载体的属性。以下分别就实现商品流通效率的技术促进机制、实现商品流通安全的技术促进机制和实现商品流通可持续发展的技术促进机制展开讨论。

(一)实现商品流通效率的技术促进机制

实现商品流通效率的技术是指能够提高商品流通效率,降低商品流通成本的技术,以下简称效率技术。在商品流通过程中,商品流通效率的提高既有利于商品流通经营者自身,也有利于消费者、用户,也有利于社会或国家。即商品流通效率的提高对所有利益主体都产生正向利益。简言之,所有商品流通的参与主体都对效率技术的进步存在需求。他们对促进效率技术发展都持积极态度。这种相同的积极态度决定了这些不同的利益主体都有可能在促进效率技术方面发挥作用。商品流通技术创新和进步的承担者只能是商品流通经营者,因此,商品流通经营者、消费者或用户、社会或国家对促进效率技术的作用机制又各不相同。商品流通经营者作为技术承担者和利益主体双重身份的存在,其促进效率技术作用方式最为直接,是直接作用主体。同时,商品流通经营者本身的营利属性也决定了商品流通经营者在促进效率技术方面具有最强的主观能动性。因而商品流通经营者也是效率技术提高的直接利益相关者。可以认为,所有的效率技术的创新和进步首先来自商品流通经营者本身的自动追求,并由此产生对商品流通经营自身内在的利益效应。与此相对,消费者或用户,社会或国家因此受到的利益影响属于效率技术提高的正外部效应。与商品流通经营者直接促进效应技术的作用机制不同,消费者或用户的促进作用是通过其自身的消费需求产生的,是对效率技术发展方向的引导作用。消费者或用户的消费理念、消费类型、消费方式的更新都促使商品流通经营者不断实施效率技术创新。社会或国家对效率技术的促进机制又有所不同。作为商品流通政策与法律的制定者,社会或者国家对商品流通效率技术的促进作用主要通过政策和法律的制定影响商品流通经营者的技术创新和变革行为。一方面,商品流通经营者的技术创新是在市场环境中完成的,有序的市场竞争环境是商品流通经营者完成效率技术创新的客观需求。市场垄断行为和不正当竞争行为的存在完全有可能伤害商品流通经营者技术创新积极性，从而使商品流通效率技术创新和进步无法实现。另一方面，商品流通过程本身就是商品从生产向消费的转移过程。在这一过程中，商品历经多个商品流通经营者，并经过多次转移，商品信息随之流转。如果不同经营者技术制式不同，必将影响商品流通效率。如果能够在一定的技术范围内实现标准化，那么商品流通效率有可能得到提升。这种技术标准化也需要国家或社会制定法律或政策协调解决。总之，商品流通效率技术促进是商品流通经营者、消费者、国家等多方主体共同作用的结果。

（二）实现商品流通安全的技术促进机制

商品流通安全由商品流通对消费者或用户的安全、商品流通对国家的安全两个部分构成。实现商品流通安全的技术是指能够保障消费者或用户安全、国家安全的技术，以下简称安全技术。众所周知，经营者对利润的追求永无止境，只要有足够的利润，法律、道德的束缚都可以视而不见。因此，商品流通经营者作为商品流通技术的承担者并不会自动追求安全技术。与效率技术相比，商品流通经营者对安全技术的追求更多的是一种被动的选择。这种被动选择的原因有可能是出于不得不承担对消费者民事赔偿责任的担忧，如产品责任等损害赔偿责任；也有可能出于国家的强制责任要求，如行政责任或刑事责任。无论是民事责任、行政责任和刑事责任，都是国家制定法律对商品流通经营者的规范和约束。消费者作为商品流通的最终一环，所有社会个体都是一个不特定的消费者。这些不特定个体的利益即具备了社会公共利益的属性。为了保护消费者的利益和国家本身的安全，国家通过制定法律和政策影响商品流通经营者作为技术创新承担者的行为，要求商品经营者实施技术创新时应当符合安全标准，或者直接开发和创新安全技术。此外，从消费者或用户的角度看，安全利益是他们的直接利益。消费者可以通过自己的行为选择淘汰不符合安全标准的经营者或者商品，从而给商品经营者带来促进商品流通安全保障技术的动力。

（三）实现商品流通可持续发展的技术促进机制

可持续发展是指既能满足当代人的需要，又不对后代人满足其需要的能力构成危害的发展。其本质是解决人类代际公平问题，即先要满足当代世界各国人们的基本需要,并将此放在特别优先的地位来考虑。后不对后代人类的基本需要产生危害,即当代人类必须对技术状况和社会组织对环境满足眼前和将来需要的能力施加的限制。可持续发展的具体内容指经济、社会、资源和环境保护协调发展,它们是一个密不可分的系统,既要达到发展经济的目的,又要保护好人类赖以生存的大气、淡水、海洋、土地和森林等自然资源和环境,使子孙后代能够永续发展和安居乐业。商品流通活动作为基本的人类社会经济活动之一当然应当符合可持续发展的目标。可持续发展同时关系到当代人与后代人的共同利益。不同代际人类都作为可持续发展的利益主体存在,其主体代表只能由国家和有关国际组织共同担当。此时,国家或政府既是可持续发展利益主体的代表,又是相关法律、政策的制定者。一方面,可以通过教育、宣传可持续发展理念影响商品流通经营者和消费者或用户树立可持续发展观念,并将使他们将该观念贯穿于经营活动和消费活动之中。另一方面,国家或有关国际组织可以通过制定相关政策和法律以保证商品流通经营者在技术创新与变革中以可持续发展为导向,使其技术创新符合可持续发展的要求。

三、商品流通技术标准化保障体制

(一)技术标准化的意义

标准化是指在经济、技术、科学和管理等社会实践中,对重复性的事物和概念,通过制订、发布和实施标准达到统一,以获得最佳秩序和社会效益。标准化的重要意义是改进产品、过程和服务的适用性,防止贸易壁垒,促进技术合作。技术标准化是指对标准化领域中需要协调统一的技术事项通过制订、发布和实施标准达到统一,以获得最佳秩序和社会效益。技术标准是根据不同时期的科学技术水平和实践经验,针对具有普遍性和重复出现的技术问题提出的最佳解决方案。它的对象既可以是物质的,如组合式集装托盘国家标准(20080043-T-469),也可以是非物质的,如物流信息分类与代码 GB/T 23831—2009 等。技术标准一般分为基础标准、产品标准、方法标准和安全、卫生、环境保护标准等。技术标准是科研、设计、工艺、检验等技术工作以及商品流通中被共同遵守的技术依据,是目前大量存在的、具有重要意义和广泛影响力的标准。

(二)我国标准化工作行政管理体制

我国标准化工作实行“统一管理、分工负责”的管理体制。统一管理，就是政府标准化行政主管部门对标准化工作进行统一管理。根据国务院授权，国家市场监督管理总局负责统一管理标准化工作。依法承担强制性国家标准的立项、编号、对外通报和授权批准发布工作。制定推荐性国家标准。依法协调指导和监督行业标准、地方标准、团体标准制定工作。组织开展标准化国际合作和参与制定、采用国际标准工作；县级以上地方标准化行政主管部门统一管理本行政区域内的标准化工作。为加强统一管理工作，国务院成立了标准化协调推进部际联席会议制度，国务院分管领导担任召集人。设区的市级以上地方人民政府也可以根据工作需要建立标准化协调推进机制，统筹协调本行政区域内标准化工作重大事项。分工负责就是政府有关行政主管部门根据职责分工，负责本部门、本行业的标准化工作。具体来说，国务院有关行政主管部门分工负责本部门、本行业标准化工作，县级以上地方有关行政主管部门分工负责本行政区域内本部门、本行业的标准化工作。

从标准体系构建角度看，我国构建了政府主导制定的标准和市场自主制定的标准协同发展、协调配套的新型标准体系。该体系由五个层级的标准构成，分别是国家标准、行业标准、地方标准、团体标准和企业标准。其中国家标准、行业标准和地方标准属于政府主导制定的标准，团体标准和企业标准属于市场自主制定的标准。

(三)我国商品流通技术标准化保障体制

1. 商品流通与技术标准化

商品流通作为一个独立的产业，其本身的产生、发展演变与商品流通技术紧密相关。正如“标准化”生产刺激了制造业的快速发展，加速了工业化的进程，最后带来了制造业的繁荣。[①] 商品流通作为一个完成商品从生产到消费转

---

① 李福：《从技术标准化的历史演变看产业内涵的变迁》，载《科学技术哲学研究》2016 年第 10 期。

移过程的产业,其本质是不同经营者之间的分工与合作,是不同运输工具之间的衔接,是不同物流设备、工具之间兼容的过程。美国标准化最初就是源于对大量技术兼容的需要。随着运输业的发展,市场和交换范围逐步扩大,不同地区生产的同一用途的材料和零部件互不统一,买主不得不在修正后使用,于是迫切要求在更大范围内实行标准化。19 世纪工业革命以后,从铁路标准开始,到工业生产、商品流通等方面都开始标准化。① 可见,商品流通产业是一个对技术标准化有着天然需求的产业。

2. 我国商品流通技术标准化的目标

根据商品流通技术促进机制,国家或政府、商品流通经营者和消费者或用户都对商品流通技术的促进具有积极作用。商品经营者主要通过满足市场需求、为自身营利目的积极开发商品流通新技术促进商品流通技术变革和进步。消费者或用户主要通过自身的消费行为的选择机制促进商品流通技术的进步和变革。国家或政府则主要通过制定相应的政策或法律支持商品流通经营实行商品流通技术创新或变革。商品流通技术标准化平台是国家或政府、商品经营者和消费者或用户共同参与、分工合作、协同促进商品流通技术创新和变革平台。我国《标准化法》第一条规定,提升产品和服务质量,促进科学技术进步,保障人身健康和生命财产安全,维护国家安全、生态环境安全,提高经济社会发展水平。我国商品流通技术标准化保障体制就是指有关商品流通技术标准化的规范和制度的总称。我国商品流通技术标准化保障体制的目标是通过制定和实施商品流通技术标准化促进商品流通效率技术、安全技术和可持续发展技术的创新和变革。

3. 我国商品流通技术标准化保障机构

(1)国家市场监督管理总局发布商品流通技术国家标准

国家市场监督管理总局负责发布商品流通技术国家标准。我国商品流通技术标准化属于标准化范围之内,属于我国标准化管理范围。依据国务院授权,国家市场监督管理总局是标准化工作的统一负责机构,因此,我国商品流通技术标准化工作应当在国家市场监督管理总局的领导下开展工作。国家市场

① 廖丽、程虹、刘芸:《美国标准化管理体制及对中国的借鉴》,载《管理学报》2013 年第 12 期。

监督管理总局以国家标准化管理委员会名义，下达国家标准计划，批准发布国家标准，审议并发布标准化政策、管理制度、规划、公告等重要文件；开展强制性国家标准对外通报；协调、指导和监督行业、地方、团体、企业标准工作；代表国家参加国际标准化组织、国际电工委员会和其他国际或区域性标准化组织；承担有关国际合作协议签署工作；承担国务院标准化协调机制日常工作。①

(2)商品流通行业行政主管发布商品流通技术行业标准

商品流通相关行业主管部门负责发布行业标准。商品流通相关行政主管部门根据职责分工，负责本部门、本行业的标准化工作。如商务部作为商品流通的行政主管部门，负责推进流通产业结构调整，指导流通企业改革、商贸服务业和社区商业发展，提出促进商贸中小企业发展的政策建议，推动流通标准化和连锁经营、商业特许经营、物流配送、电子商务等现代流通方式的发展。② 交通运输部负责组织拟订综合交通运输标准，协调衔接各种交通运输方式标准；负责组织拟订公路、水路行业科技、信息化政策并监督实施；负责组织协调有关重大科技项目研究；负责有关标准、产品质量和计量工作。③ 国家食品药品监管管理总局组织实施食品药品监督管理重大科技项目，推动食品药品检验检测体系、电子监管追溯体系和信息化建设。拟订食品药品检验检测机构资质认定条件和检验规范并监督实施。组织拟订药品、医疗器械、化妆品标准以及直接接触药品的包装材料和容器产品目录、药用要求、标准，参与拟订食品安全标准。

(3)地方标准化主管部门发布地方商品流通技术地方标准

我国县级以上地方有关行政主管部门分工负责发布本行政区域内本部门、本行业的地方标准。如深圳市市场监督管理局牵头制定的深圳地方标准《深圳市商品交易市场管理规范》(DB4403/T 227—2022)。该标准填补了深圳商品交易市场管理规范领域的相关标准空白，规定了深圳市商品交易市场在运营管理中的相关规范，包括经营管理、商品管理、服务管理、安全管理、环境管理、文化建设、平台管理等方面的要求。

---

① 国家标准化管理委员会官网：http://www.sac.gov.cn/zzjg/jgzz/#。

② 商务部官网：http://www.mofcom.gov.cn/mofcom/zhize.shtml。

③ 交通运输部官网：https://zizhan.mot.gov.cn/sj2019/kejis/201809/t20180920_3091001.html。

(4)企业发布企业内部商品流通技术企业标准。

(四)我国商品流通技术标准化的内容

我国商品流通技术标准化的内容是指纳入标准化管理的商品流通技术的内容。商品流通技术标准化的内容依不同标准可以有不同的分类。依据商品流通技术实现目标,它可以分为效率技术标准化、安全技术标准化和可持续发展技术标准化。依商品流通技术标准化的强制力不同,它可以分为强制性标准和推荐性标准。强制性标准必须执行。国家鼓励采用推荐性标准。依商品流通技术标准化的效力不同可以分为国家标准、行业标准、地方标准和团体标准、企业标准。其中国家标准可以是强制性标准,也可以是推荐性标准。行业标准和地方标准为推荐性标准。[①] 推荐性国家标准、行业标准、地方标准、团体标准、企业标准的技术要求不得低于强制性国家标准的相关技术要求。国家鼓励社会团体、企业制定高于推荐性标准相关技术要求的团体标准、企业标准。[②]

1. 商品流通效率技术标准

商品流通效率技术标准是指为提高商品流通效率而制定的技术标准。商品流通效率是商品经营者竞争力的重要的指标。凡是经营者都十分重视商品流通效率技术的创新与变革。为了追求高质量的产品或服务,提高企业的利润和效益,商品经营者往往会自觉形成事实上的企业标准或者自觉制定企业的内部标准。另外,商品经营者本身是技术标准的使用者,也是技术标准的最大利益相关方,有意愿参与商讨与产品或服务相关的标准化活动,以达成符合自身利益的标准。可见,商品流通效率技术标准宜采用推荐性标准。

2. 商品流通安全技术标准

商品流通安全技术标准主要是与消费者或用户人身财产安全、国家安全和环境保护等可持续发展相关的技术标准。商品流通流通安全技术标准一般应当纳入法律规定,成为强制性标准。例如,食品生产经营者应当依照法律、法规和食品安全标准从事生产经营活动,建立健全食品安全管理制度,采取有效管

---

① 《标准化法》(2017 修订)第 2 条。

② 《标准化法》(2017 修订)第 21 条。

理措施,保证食品安全。食品生产经营者对其生产经营的食品安全负责,对社会和公众负责,承担社会责任。[①] 食品安全标准是强制执行的标准。除食品安全标准外,不得制定其他食品强制性标准。[②] 药品应当符合国家药品标准。经国务院药品监督管理部门核准的药品质量标准高于国家药品标准的,按照经核准的药品质量标准执行;没有国家药品标准的,应当符合经核准的药品质量标准。[③]

3. 商品流通可持续发展技术标准

商品流通可持续发展技术标准是与节约能源、保护环境、碳达峰碳中和相关的商品流通技术标准。商品流通过程中的物流活动,尤其运输行为与可持续发展目标关系密切,直接与节约能源和保护环境相关。交通运输管理部门应当与环境保护部门合作制定商品流通可持续发展行业技术标准。根据我国《环境保护法》的规定,国务院环境保护行政主管部门制定国家环境质量标准。省、自治区、直辖市人民政府对国家环境质量标准中未作规定的项目,可以制定地方环境质量标准,并报国务院环境保护行政主管部门备案。国务院环境保护行政主管部门根据国家环境质量标准和国家经济、技术条件,制定国家污染物排放标准。省、自治区、直辖市人民政府对国家污染物排放标准中未作规定的项目,可以制定地方污染物排放标准;对国家污染物排放标准中已作规定的项目,可以制定严于国家污染物排放标准的地方污染物排放标准。地方污染物排放标准须报国务院环境保护行政主管部门备案。凡是向已有地方污染物排放标准的区域排放污染物的,应当执行地方污染物排放标准。

---

① 《食品安全法实施条例》(2019 修订)第 4 条。

② 《食品安全法实施条例》(2019 修订)第 25 条。

③ 《药品管理法》(2019 修订)第 28 条。

第六章　商品流通行业监管法律制度

第一节　商品流通行业监管理论与边界

一、商品流通行业监管理论

行业监管是指政府从实体和程序两方面对特定行业经营主体的行业准入和退出以及行业合规性进行监督管理，以保证行业监管目标得以实现的制度安排。行业监管的本质是政府运用公权力介入特定行业市场的经济活动这一私人领域的过程。行业监管的理论基础主要来自政府干预市场理论，主要涉及以下理论。

（一）校正市场失灵理论

市场理论认为完全竞争的市场结构是资源配置的最佳方式。狭义市场失灵理论认为，在现实经济中，完全竞争的市场结构只是一种理论上的假设。理论上假设的前提条件过于苛刻，现实中是不可能全部满足的。在垄断、外部性、信息不完全存在的前提下，以及在公共产品领域，仅仅依靠价格机制来配置资源无法实现效率—帕累托最优。此时，市场作为配置资源的一种手段，不能实现资源配置效率的最大化，市场就会出现失灵问题。当市场失灵时，为了实现资源配置效率的最大化，就必须借助于政府的干预。狭义市场失灵理论实际上也明确了政府干预经济的边界。广义市场失灵理论在狭义市场失灵理论的基础上认为，市场不能解决的社会公平和经济稳定问题就需要政府出面化解，从而使得政府的调控边界突破了传统的市场失灵领域而大大扩张。政府干预经济领域的扩张一方面说明政府在市场经济中的作用越来越重要，另一方面政府的组织性质又要求必须对政府的行为加以规范，以提高政府的管理效率。

(二)公共利益理论

公共利益理论的基本观念是公共利益应当反映"公意",代表全体人民,或者"最大多数人民的最大利益。"具体到行政立法领域,官员被假设成了公共利益、公共秩序和行政效率而行使立法权的利他主义者。公共利益本质上是共同体利益和公众利益。它是一个与私人利益相对应的范畴,又与个人利益有着紧密不可分割的关系。公共利益不是个人利益的叠加,也不能简单地理解为个人基于利益关系而产生的共同利益。公共利益具有客观性,尤其是那些外生于共同体的公共利益。之所以如此,是因为这些利益客观地影响共同体整体的生存和发展,也间接地影响共同体每个成员的利益,尽管它们可能并没有被共同体成员明确地意识到。公共利益是共同体成员的共同利益,影响共同体所有成员或绝大多数成员。因此,公共利益具有社会共享性。公共利益的社会共享性表现为两个层面。第一,所谓社会性是指公共利益的相对普遍性或非特定性,即它不是特定的、部分人的利益。第二,所谓共享性既是指"共有性",也是指"共同受益性",即使这种受益不一定表现为直接的、明显的"正受益"。第三,公共利益受到侵害事实上也是对公众利益的潜在威胁。

公共利益理论的发展分成两个阶段,第一阶段重视的是生产者本身的利益,也就是反独占的农业社会运动。学者研究美国农业经济生产活动后,认为农业被下游厂商剥削,下游厂商独占之下形成歧视性定价,从而让垄断厂商拥有过度集中的经济力量。该经济力量形成之后又继续在社会以及政治上造成影响力。此时,政治力量应该立法来阻止垄断行为造成的垄断力。由于对于企业本身的不信任,所以希望立法来限制独占厂商的权利以及控制企业在市场上的经济活动。笔者认为,这一阶段的本质是垄断企业的垄断行为破坏了市场机制,从而要求政府对市场经济活动进行干预。第二阶段的理论重点由强调保护农业生产者改为保护消费者。政府干预市场的主要目的在于防止造成市场无效或是不公平的市场惯例。当独占产生时,管制的主要目的在于回复某种程度的竞争,如因为规模经济而造成的垄断。与校正市场失灵理论相比,公共利益理论是为了保护社会公共利益,由政府对特定行业中的微观经济主体行为进行直接干预的经济理论。

二、商品流通行业监管边界

(一)商品流通行业监管的一般边界

1. 商品流通行业监管内容边界

商品流通行业监管的内容边界是指从监管内容看,商品流通行业监管应当涵盖的范围。行业监管理论表明,政府运用公权力对市场经济活动进行干预是必要的。问题在于如何确定政府干预市场的范围,即行业监管的内容边界问题。从理论上看,行业监管的内容边界由行业监管理论所决定。如基于校正市场失灵理论的行业监管应当以解决市场失灵问题为边界;基于公共利益理论的行业监管应当以保护公共利益为界限。事实上,行业监管的内容边界问题会受到更多政治、经济条件的制约。这些政治、经济条件包括不同国家或者同一国家不同时期的社会经济发展水平、政治制度和经济体制。各个国家以及同一国家不同时期社会经济发展水平、政治制度和经济体制的不同,政府对市场干预的边界也就不同。此外,不同行业的市场失灵情况和公共利益保护状况并不相同。这也决定了不同行业的行业监管内容也不尽相同。可见,行业监管的内容边界问题是一个历史范畴,不同历史时期具有不同的监管内容边界,其本身具有动态变化的特征。因此商品流通行业监管内容边界需要根据商品流通行业所在国家特定时期的社会经济发展水平、政治制度和经济体制确定。

2. 商品流通行业监管效力边界

商品流通行业监管的效力边界是指商品流通行业监管规范的效力范围。商品流通行业监管具有行政监管的属性,其监管规范往往具有强制性,监管相对人应当按照规范要求履行相应的义务。即商品流通行业监管规范属于强制性规范。但是,依据强制性规范效力的不同,又可以分为管理性强制性规范和效力性强制性规范。管理性强制规范的效力仅及于监管相对人,是对监管相对人的强制性约束。监管相对人不履行或没有完全履行管理性强制性规范的,应当承担相应的行政责任。例如,特许人未依照本条例第八条的规定向商务主管部门备案的,由商务主管部门责令限期备案,处 1 万元以上 5 万元以下的罚款;

逾期仍不备案的，处5万元以上10万元以下的罚款，并予以公告。① 效力性强制性规范的效力则延伸到监管相对人的民事法律行为。违反效力性强制性规范的，监管相对人与他人订立的合同等民事法律行为无效。如从事特许经营活动，特许人和被特许人应当采用书面形式订立特许经营合同。② 关于强制性规范对民事法律行为效力的影响，我国《民法典》第一百五十三条规定，违反法律、行政法规的强制性规定的民事法律行为无效。但是，该强制性规定不导致该民事法律行为无效的除外。根据行业监管理论和民事法律行为的私法属性，笔者认为，商品流通行业监管规范的效力边界是指延伸到监管相对人的民事法律行为，主要应当依据合同的履行是否损害国家或者社会公共利益。如北京高级人民法院指导意见规定，特许人应当自首次订立特许经营合同之日起15日内依法向商务主管部门备案。特许人未及时向商务主管部门备案的，一般不影响特许经营合同的效力。③

（二）我国商品流通行业监管边界

1. 我国商品流通行业监管边界演化

从我国商品流通行业发展和行业监管的实践观察，我国商品流通行业监管经历了多个发展阶段。第一阶段是改革开放之前。这一时期，根据我国社会经济发展的实际水平，我国实行计划经济体制。在社会经济活动中，市场机制几乎不发挥作用。所谓的校正市场失灵理论当然也就没有用武之地。商品流通整体在国家行政主管部门的指令性计划之下运行，属于政府对经济活动的全面干预阶段。客观地说，在当时的社会生产力发展水平下，这种政府对经济生活的全面干预最大限度地满足了当时社会物资的生产、分配、流通和消费的需要，适应了当时物资匮乏的现实状况。从某种意义而言，这一阶段的政府全面干预在某种程度上符合了“公共利益理论”。

第二阶段是改革开放开始到社会主义市场经济体制建设之前。这一时期，

---

① 《商业特许经营管理条例》(2007)第8条、第25条。

② 《商业特许经营管理条例》(2007)第11条。

③ 北京市高级人民法院《关于审理商业特许经营合同纠纷案件适用法律若干问题的指导意见》(京高法发〔2011〕49号)第7条。

我国生产力得到了一定程度的发展，经济体制改革和引进外资同步进行。经济体制经历了有计划的商品经济和商品经济阶段，市场机制初步发挥作用。在这一阶段，一方面，受到原有计划经济体制的影响，原有的计划经济观念仍然在行政主管机构有所残留；另一方面，大量国家经营主体的存在导致行政主管部门有意无意地利用行政权力干预商品经济下的微观经济活动。这种现象直到20世纪90年代国家实行政企分离改革之后才有所改观。在这一转变过程中，政府虽然在一定程度上认可了市场机制的存在，但政府对经济干预的程度仍然非常深入，政府干预市场经济活动的边界不够清晰。这一阶段的行政监管与其说是对市场失灵的校正，不如说是政府对市场机制半信半疑之下，犹抱琵琶半遮面式的监管努力。但是，从行业监管程度上看，总体上呈现出了政府干预不断减少，市场经济主体自主权进一步扩大，市场机制发挥作用的空间越来越大的趋势。这为我国进入社会主义市场经济体制奠定了良好的基础。

第三阶段是正式确立社会主义市场经济体制至今。这一时期，社会主义市场机制得到政府和社会各层面的广泛认可和支持，市场机制作为社会资源配置的主要机制，在社会资源配置过程中发挥了基础性作用。政府逐步退出了社会微观经济活动。除了出于公共利益的目的之外，政府不再作为市场经营主体存在。即使是国有企业也完全作为一个独立自主的市场经营主体存在。在市场机制的作用下，我国经济规模得到了飞速发展，政府对市场的干预进一步减少。但是，随着外资企业不断扩大在我国的投资规模以及我国本土企业的不断成长，市场中因规模经济取得交易优势，甚至形成企业垄断的现象逐渐出现。这种垄断现象在一定程度上排除了竞争，对我国市场机制作用的发挥带来了不利影响。同时，随着网络信息技术的发展，新型的商品流通业态不断出现，如直销经营、平台经营模式等。这些新的商品流通业态地出现在提高了商品流通效率的同时，对消费者利益以及社会市场经济秩序带来了一定的副作用。如何解决这些市场机制下出现的新问题和保护消费者利益等成了政府干预市场的新理由。商品流通行业作为贯穿生产到消费全过程的行业，其行业监管边界的适度正成为校正市场失灵和保护公共利益的关键。

2. 现阶段我国商品流通行业监管边界

商品流通作为一个从生产到消费的商品流通过程，其涵盖的范围非常广泛，所涉及的商品流通模式、流通渠道也纷繁复杂。简单的有一手交钱一手交货的面对面交易，复杂的有电子商务购物等。这些不同的商品流通模式引发的市场失灵风险和涉及的公共利益内容并不完全相同，需要区别对待，区分监管。从一般的行业监管理论和我国当前商品流通行业主管部门的职责和分工实践观察，现阶段我国商品流通行业监管边界可以从两个方面加以确定。一方面是商品流通行业监管的内容边界，另一方面是商品流通行业监管的形式边界。内容边界是指从行业监管目的看，符合行业监管理论中的监管目的，应当纳入行业监管的标准。内容边界包括针对市场失灵的校正监管和为了保护公共利益的保护监管。即如果特定的商品流通模式、流通渠道存在显著的市场失灵或者损害公共利益可能的，那么该特定的商品流通模式就应当纳入行业监管的范围。校正市场失灵和保护公共利益的边界标准可以单独适用，也可以综合适用。

形式边界是指商品流通模式、流通渠道的组织形式内部架构复杂，容易导致市场失灵或公共利益受到损害的商品流通组织形式标准。从商品流通组织形式的角度看，如果商品流通组织属于单一主体，那么其与消费者或用户之间的法律关系属于简单的法律关系。如果商品流通组织本身是由多方主体参与，即相对于消费者或用户而言存在内部关系的，该商品流通模式、流通渠道就具有一定的复杂性，容易导致市场失灵或损害公共利益。事实上，随着科学技术和制度创新的不断发展，为了提高商品流通经营效率，商品流通经营者往往利用经济规律，通过复杂的流通组织架构实现其营利目标。需要注意的是，商品流通组织并不是指市场主体组织形式，而是不同商品流通经营者之间为了取得更高的商品流通效益，通过合同关系联合而成的具有相互分工、协作的内部组织。商品流通组织属于多个商品流通经营主体的横向联合体，却仅以其中个别主体与消费者或用户发生直接法律关系，其他主体隐形于商品流通组织内部，从而容易误导或欺骗消费者或用户，甚至给社会稳定等公共利益带来危害。因此，凡是存在内部商品流通组织关系的商品流通模式、流通渠道就可以纳入行业监管范围。如直销经营模式、商业特许经营模式等。

综上，笔者认为，我国商品流通行业监管可以按特定商品流通经营模式实行行业监管，包括直销经营行业监管、特许经营行业监管、电子商务行业监管等。

第二节 直销经营行业监管法律制度

一、直销经营的经济学解释

直销经营作为一种商业营销模式产生于20世纪50年代的美国,之后逐步发展到其他国家,并于20世纪90年代初传入我国。“直销”源自“Direct selling”或“Direct Sale”的翻译。依照直销经营内部架构的不同,直销可以分为单层次直销(Uni – level marketing)和多层次直销(Multi – level marketing)或网络式销售(Network marketing)。从营销学的角度看,直销就是制造商直接与目标客户沟通,以达到销售商品目的的营销活动。从这一意义上讲,早在远古时期人们开始进行商品交换之后,首先学会的就是直销。世界直销协会联盟(World Federation of Direct Selling Associations,WFDSA),以下简称世界直销联盟,把直销定义为:直销是指直接于消费者家中或他人家中,工作地点或零售商店以外的地方进行商品的销售,通常是由直销人员于现场对产品或服务作详细说明或示范。①

按现代经济理论的理解,在传统商品分销方式中,商品往往要经历产品制造者、经销商或批发商、零售商等诸多中间环节才能到达消费者手中。直销经营模式则不同,直销实际上是将产品的部分利润从代理商、分销商、广告商处转移给直销员的一种经营形式。直销能有效地实现缩短销路、贴近顾客,将产品快速送到顾客手中,加快资本运作。直销也可以将顾客的意见、需求更加迅速地反馈回企业,有助于企业的战略调整和战术转换。直销模式就是通过去掉中间商,降低产品的流通环节成本并满足顾客利益最大化需求的一种效率高的营销方式。简言之,就是生产商不经过中间商而是直接把商品销售到顾客手中的减少中间环节和销售成本的一种销售模式。可见,与传统的商品分销方式相比,直销经营模式无疑具有效率上的优势。

---

① 《世界直销商德约法》(1994)第1.2.1条。

二、我国直销经营的发展与管制历程

直销经营自20世纪90年代初传入我国至今已经有三十多年历史。根据直销经营在我国的发展状况,基本可以分为三个阶段。

(一)直销经营野蛮生长阶段

1990年至1998年是我国直销行业发展的野蛮生长阶段。20世纪90年代是我国经济发展的一个特殊阶段。一方面,经过十年改革开放以后,中央层面明确确认了商品经济体制的有效性,并初步形成了社会主义市场经济体制的思想。从市场经营主体的层面看,自主经营、自负盈亏、自由竞争的市场思想十分活跃,对有关市场经营的新思想的接受度很高。从社会成员个体层面看,个人对物质财富的追求非常热烈,急于致富,一切向钱看的思想比较突出。另一方面,规范市场经营者和个人行为的法治建设却远远没有满足蓬勃发展的社会经济生活需求。例如,直到1999年,我国才合并了《经济合同法》《涉外经济合同法》《技术合同法》,形成了新的《合同法》这一规范市场交易行为的基本法律。很多新兴的经营模式不仅对于市场经济者和个人而言从未经历,即使作为行业监管主体的政府部门也是全新的挑战。直销经营模式就是在这样的社会经济和法制背景下进入了中国市场。在此,不得不提的是,即使在法制相对健全的外国,随着直销经营模式的兴起,一些假借多层次直销之名、行诈欺之实的非法商业行为,即诈骗性的金字塔式销售法和销售组织,也悄然兴起,并始终存在。20世纪90年代初,直销经营模式传入我国后,境外和境内的部分不法分子利用我们的市场经济还不规范的缺点,运用法西斯“集中营”式的管理手段,采用坑蒙诱骗的方式逼迫加盟者交纳高额“权利金”并认购相当数量的货品,而且不准退货,再加上不法分子逃税漏税的手段和行径,使合理合法的直销模式蜕变为金字塔式的层层传销活动,从而,极大地干扰了我国刚刚建立起来的市场经济秩序,败坏了直销的社会声誉。直销一度被所谓的“传销”替代,给社会和参与传销的个人和家庭带来了极大的损害。

（二）直销经营封禁阶段

1998 年至 2005 年是我国直销行业的封禁阶段。为了整顿市场秩序，保护广大消费者的合法权益，1998 年，国务院下达了 10 号文件，即《国务院关于禁止传销经营活动的通知》，将非法传销打入“冷宫”。但是，由于直销和传销之间存在很多形似之处，加之有的非法传销人员以加盟雅芳、安利等大型跨国直销企业做掩护，继续以非法传销的手段坑害消费者。为了消除传销在中国的恶劣影响，我国禁止了包括许多拥有合法的优秀传销模式的企业在内的所有的直销经营活动。从此，整个中国直销市场发展陷入停滞状态。

（三）直销经营恢复和有序发展阶段

2005 年至今属于我国直销经营的有序发展阶段。2001 年 12 月 1 日，中国正式加入 WTO，成为 WTO 中的合法成员，从而大大缩短了中国与世界各成员之间的距离。直销经营行业在中国的发展也迎来了新的契机。中国承诺在加入 WTO 的 3 年内，在充分考虑 WTO 成员意见的基础上，就直销问题立法。为适应我国加入 WTO 后的新情况，国家经济贸易委员会开始有计划地加紧有关法律法规草案的起草工作。按照“内外一致，公平竞争，共同发展”的方针，2005 年我国《直销管理条例》正式颁布，并于当年 12 月 1 日起施行。从此，直销经营开始纳入法治化轨道，直销行业也进入了有序发展阶段。

三、我国直销与传销的区分

传销与直销的英文来源其实都出自“Direct selling”或“Direct Sale”。直销经过在我国的野蛮生长阶段以后，逐渐成了一种合法的产品销售模式。传销则成了一个“非法直销”的代名词，其英文翻译也为 Pyramidselling 所代替。为了区分直销和传销行为，我国在制定《直销管理条例》的同时，制定了《禁止传销条例》。依《直销管理条例》规定，直销是指直销企业招募直销员，由直销员在固定营业场所之外直接向最终消费者（以下简称消费者）推销产品的经销方式。根据《禁止传销条例》的规定，传销是指组织者或者经营者发展人员，通过对被发展人员以其直接或者间接发展的人员数量或者销售业绩为依据计算和给付报酬,或者要求被发展人员以交纳一定费用为条件取得加入资格等方式牟取非法利益,扰乱经济秩序,影响社会稳定的行为。[①] 根据《直销管理条例》和《禁止传销条例》的规定,直销与传销主要存在以下区别。

(一)营利目的的实现方式不同

直销与传销行为的最终目的都在于实现营利,但两者实现营利目的的方式不同。直销经营通过销售商品实现营利,销售商品是直销企业营运的基础。直销企业销售的商品不仅具有价格,而且具有使用价值,能够满足消费者或用户的生活需求。同时,使直销员认识和了解直销企业的产品是直销员培训的重点业务内容。与此相反,传销并不一定以销售商品为其收入来源。传销行为人往往以"拉人头"牟利或借销售伪劣或质次价高的产品变相拉人牟利。用于传销的产品往往不具有使用价值,或者产品价格远高于其使用价值对应的正常市场价格。可以认为,是否以销售商品实现营利目的应当是直销与传销的本质区别。

(二)营销人员的入门费不同

直销员加入直销企业无须交付任何高额入门费,也不会被强制认购货品。直销企业不得以交纳费用或者购买商品作为成为直销员的条件。直销企业进行直销员业务培训和考试,不得收取任何费用。[②] 而在传销中,组织者或者经营者通过发展人员,要求被发展人员交纳费用或者以认购商品等方式变相交纳费用,取得加入或者发展其他人员加入的资格,牟取非法利益。[③]

(三)营销人员的计酬方式不同

直销企业至少应当按月支付直销员报酬。直销企业支付给直销员的报酬只能按照直销员本人直接向消费者销售产品的收入计算,报酬总额(包括佣金、奖金、各种形式的奖励以及其他经济利益等)不得超过直销员本人直接向

---

① 《禁止传销条例》(2005)第2条。
② 《直销管理条例》(2017修订)第14条、第18条。
③ 《禁止传销条例》(2005)第7条第2项。

消费者销售产品收入的30%。[①] 即直销员只能按其个人销售额计算报酬，由公司从营运经费中拨出，在公司统一扣税后直接发放至其指定账户，不存在上、下线关系。传销组织者或者经营者通过发展人员，要求被发展人员发展其他人员加入，对发展的人员以其直接或者间接滚动发展的人员数量为依据计算和给付报酬（包括物质奖励和其他经济利益），或者要求被发展人员发展其他人员加入，形成上下线关系，并以下线的销售业绩为依据计算和给付上线报酬，牟取非法利益。[②] 可见，两者营销人员的计酬基数不同，直销员以个人产品销售收入作为计酬基数。传销人员以发展的人员数量或下线销售业绩作为计酬基数。

（四）营销人员、消费者的退货保障不同

直销企业为顾客提供完善的退货保障。直销活动中，直销员自购买直销产品之日起30日内，产品未开封的，可以凭直销企业开具的发票或者售货凭证向直销企业及其分支机构、所在地的服务网点办理换货和退货。直销企业及其分支机构、所在地的服务网点应当自消费者提出换货或者退货要求之日起7日内，按照发票或者售货凭证标明的价款办理换货和退货。消费者除了可以按上述规定要求退换货以外，还可以要求推销产品的直销员退换货。符合其他法律规定的，消费者还可以依照其他法律要求退换货。[③] 而传销通常强制约定不可退货或退货条件非常苛刻，消费者已购的产品难以退货。传销活动中，所谓的“产品”或交纳的入门费通常不予退还，参与者的权益无法得到保障。

值得一提的是，以上有关直销与传销的区分是依据我国法律相关规定得出的结论。直销是合法行为，传销是非法行为。这一区分标准并不一定适用于其他国家。例如，我国《直销管理条例》只认可单层次直销，而外国除了单层次直销以外，也认可多层次直销，允许直销员根据上下线销售业绩为基数按一定比例计算报酬。他们反对的只是假借多层次传销之名、行诈欺之实的非法行为。随着新的商业模式的不断出现，和我国市场经济与消费者市场经济观念的进一步深入，我国对直销和传销的界定也有可能发生新的变化。

---

① 《直销管理条例》(2017修订)第24条。

② 《禁止传销条例》(2005)第7条第1项、第3项。

③ 《直销管理条例》(2017修订)第25条。

四、我国直销经营的行业监管

（一）直销经营行业监管的理论基础

如果说1998年我国对传销经营的封禁是对当时传销经营野蛮生长导致危害社会和家庭稳定的直接反应。那么直销经营模式本身的特点就是对其实行行业监管的理论基础。这些特点一方面使消费者容易受到营销人员的欺骗，出现消费者与经营者信息不对称的现象，并导致消费者人身和财产安全受到危害。另一方面容易导致直销经营蜕变为非法传销，从而使传销行为参与人员本身的人身安全和财产利益受到侵害，从而危害社会稳定和社会成员的家庭幸福，损害社会公共利益。直销经营模式的具体特征如下。

1. 直销企业与直销员身份分离

依据直销经营本身的定义和我国《直销管理条例》的规定，维系直销企业与直销员法律关系的基础是直销产品推销合同。例如，直销企业及其分支机构招募直销员应当与其签订推销合同，未与直销企业或者其分支机构签订推销合同的人员，不得以任何方式从事直销活动。[①] 直销企业的正式员工不得招聘为直销员。[②] 直销员与直销企业之间不订立《劳动合同法》意义上的劳动合同，不存在劳动身份从属关系。直销员与直销企业作为独立的主体，他们之间的关系是基于推销合同的内部协作关系，具有商品流通内部组织的特征。从这一意义上看，直销经营模式中的直销员与传统销售模式中的销售员身份不同，后者是属于企业职务行为，相当于企业的代理人。其销售过程中因职务行为产生的一切权利义务都归属于销售员所在企业。直销员则只是基于推销合同为直销企业销售产品，其推销行为产生的权利义务并不当然由直销企业承担。这也是通常所说的“厂家直销”的“直销”与《直销管理条例》中的“直销”的差异所在。消费者如果不清楚这一点，不了解其中权利义务的实质关系，其权益很有可能受到侵害，甚至可能都无法确定适格违约人或侵权人。

---

① 《直销管理条例》（2017修订）第16条。

② 《直销管理条例》（2017修订）第5条第5项。

2. 直销员准入门槛低

从直销企业招聘直销员的招聘宣传内容可以发现,直销员的准入门槛较低。基本上所有人都可以成为直销员。例如,直销企业招聘直销员的广告内容有:不需要太多的资金;不需要厂房、仓库、设备;不需要从业者具备多高的管理技能和科学技术;不受工作时间约束,可自由支配工作时间;可专职,也可兼职。另外,在分析刺激直销业兴起的原因时,失业人数的不断增加;未来择业越来越困难;不需要太多的资金和高层次的科技管理才能等被列为其中最重要的三大原因。可见,直销业的从业人员不受年龄、职业、学历等限制,无论青年、壮年或者老年,在职、退休、离休人员都可以从事。直销员的低准入门槛条件直接决定了社会成员中的多数人都可以轻易加入这个行业,为行业人员水平参差不齐埋下隐患。利用直销经营模式欺骗、误导消费者的情形就很有可能出现。事实上,为了尽可能减少和避免直销经营中出现欺骗和误导消费者的行为,世界直销协会联盟于 1994 年专门制定了《世界直销商德约法》(World Code of Conduct)并被广泛纳入各国直销行业守则中加以实施。其中规定,直销人员不得有误导、欺骗或不公平的销售行为。① 直销公司须要求其直销人员遵守商德约法或公司之营业守则,以作为拥有公司直销人员资格的条件。②

3. 直销模式中的感情营销

与传统商品营销通过产品宣传、利用广告媒介等针对不特定消费者进行推销的方式不同,直销经营模式中的直销员大多是利用直销员个人的人际关系展开推销行动。其中尤其以亲属、同学、朋友等与直销员有一定感情基础的消费者最容易成为直销员的营销对象。在注重人情的中国式社会关系之中,感情有时确实成为商业营销的重要基础。尤其是从事一些特殊职业的人员,如教师、公务员等,如果他们成为直销员,那么在向其学生或相关人员推销商品时就会具有强大的心理优势,从而导致不公平交易的发生。事实上,从直销蜕变为非法传销的诸多案例中,不难发现,陷入传销团伙或者因传销最终受到损害的往往是整个家庭,甚至整个家族。不得不说,20 世纪 90 年代传销在我国野蛮生

---

① 《世界直销商德约法》(1994)第 2.1 条。

② 《世界直销商德约法》(1994)第 1.5 条。

长期间造成的巨大社会危害也包括我国是个人情社会的原因。

案例参考17　直销行为与传销行为的区分①

一审原告熊某为安徽乐某美容管理咨询有限公司股东，与该公司法定代表人王某为夫妻关系，同时为合肥庐阳区蔻某诗美容店（个体工商户）经营者。安徽某红生物科技有限公司（以下简称某红公司）销售行为被一审被告麻城市场监管局认定为传销行为。2018年4月，安徽乐某美容管理咨询有限公司（以下简称乐某公司）与安徽某红公司签订《咨询管理服务协议》，约定为其提供管理咨询、产品委托加工、产品使用技术培训服务，某红公司平台所售标称某红世家系列产品由熊某负责联系厂家提供。主要销售产品为某红世家富勒烯原液、某红世家富勒烯面膜等系列化妆品。2018年5月至11月26日，某红公司设立网上商场及某红世家微信公众号，以网络销售化妆品的形式开展经营活动，其定制会员推广奖励制度，要求参与人员向公司以认购体验卡或产品的形式缴纳费用成为平台会员，取得会员资格后，继续发展其他人员缴费加入则可获得给付的佣金。某红公司依据缴纳资金数额将会员为分普通某红、某红代言人、某红经理人、某红区域CEO等级别，依据会员推广人数及团队业绩计算报酬，从而发展人员，获取非法利益。熊某先后发展会员7层587人，同时利用蔻某诗美容店财付通商户号收取会员费用3,136,336.90元，并获得某红公司工资奖金1,200,183元。2019年2月，麻城市场监管局为防止熊某转移或隐匿涉案资金，依法向人民法院申请，对熊某和其母亲张某兰涉案资金关联的银行账户予以证据保全。麻城市人民法院于2019年1月29日作出（2019）鄂1181证保3号行政裁定：（1）查封被申请人熊某的开户行中国农业银行合肥瑶海支行，账号62×××76的账户。（2）查封被申请人熊某的开户行中国建设银行济南明湖支行，账号62×××79。2019年5月22日，麻城市场监管局向熊某送达了麻市监听告（2019）G稽002号行政处罚听证告知书；于2019年6月11日，公开举行了听证会；2019年7月19日，依法作出麻市监处字（2019）G稽003号

---

① 湖北省黄冈市中级人民法院（2020）鄂11行终13号行政诉讼判决书。

行政处罚决定书,并送达给熊某。熊某不服该行政处罚决定书,于2019年8月30日,向一审被告麻城市政府邮寄行政复议申请书,提出行政复议申请。2019年10月25日,麻城市政府作出麻府复决(2019)11号行政复议决定,维持上述行政处罚决定。以上事实经一审法院审理查明。

一审法院认为,熊某所服务的某红公司从事传销活动的行为已经被麻城市场监管局查处确定。本案中,熊某以乐某公司为依托为某红公司提供管理咨询及联系厂家供应产品等服务,并多次参与某红公司在全国举办的各类招商会及年会,为其宣传、介绍产品并发展会员加入,先后发展会员7层587人,同时利用蔻某诗美容店财付通商户号收取会员费用3,136,336.90元,并获得某红公司工资奖金1,200,183元。麻城市场监管局对熊某的行为,参照《关于办理组织领导传销活动刑事案件适用法律若干问题的意见》的相关规定,认定熊某的行为违反《禁止传销条例》第二十四条的规定,为传销活动的组织者、领导者的事实清楚,证据确实充分,麻城市场监管局依据《行政处罚法》规定的程序,对熊某作出麻市监处字(2019)G稽003号行政处罚决定书程序合法、适用法律正确。麻城市政府依据《行政复议法》的相关规定,在法定期限内作出的麻府复决(2019)11号行政复议决定,程序亦合法。依照《行政诉讼法》第六十九条之规定,判决驳回熊某的全部诉讼请求。

二审过程中,本院查明,2019年5月6日,四川省开江县公安局因上诉人熊某等10人涉嫌网络传销犯罪予以立案侦查。在此期间,熊某不服被上诉人麻城市场监管局作出的处罚决定及被上诉人麻城市政府作出的复议决定,于2019年11月20日向一审法院提起行政诉讼,请求撤销上述决定。2020年4月10日,一审法院作出(2020)鄂1181行审57号行政裁定,准予强制执行申请执行人麻城市市场监督管理局作出的麻市监处字(2019)G稽003号行政处罚决定书(没收违法所得4,336,519.90元;罚款1,500,000元),并于2020年4月24日作出(2020)鄂1181执517号之一执行裁定,划拨被执行人熊某在农业银行合肥瑶海支行、建设银行济南南明支行及熊某存在其母亲张某兰名下的工商银行荆州荆都支行、建设银行荆州花台支行相关账户内与执行标的相应的存款资金。后熊某等10人涉嫌组织、领导传销活动罪一案,经开江县人民法院审理于2020年12月21日作出(2020)川1723刑初164号刑事判决,以熊某犯组织、领导传销活动罪，判处有期徒刑三年，缓刑四年，并处罚金30,000元。现已发生法律效力。

本院归纳各方争议的焦点问题主要集中以下方面：

1. 被上诉人麻城市场监管局的行政处罚决定是否合法。

本院认为，《禁止传销条例》第四条规定，工商行政管理部门、公安机关应当依照本条例的规定，在各自的职责范围内查处传销行为。依此规定，被上诉人麻城市场监管局具有查处所辖行政区域内传销违法行为的法定职权。

《禁止传销条例》第二条规定：本条例所称传销，是指组织者或者经营者发展人员，通过对被发展人员以其直接或者间接发展的人员数量或者销售业绩为依据计算和给付报酬，或者要求被发展人员以交纳一定费用为条件取得加入资格等方式牟取非法利益，扰乱经济秩序，影响社会稳定的行为。同时，《禁止传销条例》第七条对传销行为进行了列举。根据上述规定，构成传销必须具备两个方面的主要特征，一是传销者有发展人员的行为；二是传销者以被发展人员的数量或销售业绩为依据获取非法利益。本案中，某红公司通过会员推广奖励制度发展会员，即要求参与人员向公司以认购体验卡或产品的形式缴纳费用成为平台会员，取得会员资格后继续发展其他人员缴费加入可获得佣金。该运作模式是按照传销模式进行的，符合传销的特征，某红公司的行为构成传销。

最高人民法院、最高人民检察院、公安部《关于办理组织领导传销活动刑事案件适用法律若干问题的意见》第二条规定："下列人员可以认定为传销活动的组织者、领导者：(一)在传销活动中起发起、策划、操纵作用的人员；(二)在传销活动中承担管理、协调等职责的人员；(三)在传销活动中承担宣传、培训等职责的人员；(四)曾因组织、领导传销活动受过刑事处罚，或者一年以内因组织、领导传销活动受过行政处罚，又直接或者间接发展参与传销活动人员在十五人以上且层级在三级以上的人员；(五)其他对传销活动的实施、传销组织的建立、扩大等起关键作用的人员。"参照上述规定，上诉人熊某为某红公司提供管理咨询，积极参与宣传，并发展会员，对传销活动的实施、传销组织的建立、扩大等起关键作用，截至案发时，熊某共发展会员7层587人，其行为属于组织策划传销活动的违法行为，应当认定为某红公司传销活动的组织者、领导者。

被上诉人麻城市场监管局依照《禁止传销条例》《工商行政管理机关行政

处罚程序规定》对上诉人熊某进行立案查处，依法调查、收集、审核了证据，并进行了处罚告知，组织了听证，其作出的行政处罚决定事实清楚，证据确凿，适用法律、法规正确，符合法定程序，且处罚适当。被上诉人麻城市政府在收到行政复议申请后，依法予以立案，并向麻城市场监管局下达行政答复通知书，在麻城市场监管局提交书面答复意见及证据材料后，经过书面审查，在法定期限内作出被诉行政复议决定并将行政复议决定书送达给熊某，符合法定程序。

2. 上诉人熊某的传销行为已经生效的刑事判决确认，此前作出的行政处罚决定是否应当撤销，对其传销行为分别进行行政处罚和刑事处分是否违背一事不得二罚的原则。

本院认为，《行政处罚法》第二十八条第二款规定：违法行为构成犯罪，人民法院判处罚金时，行政机关已经给予当事人罚款的，应当折抵相应罚金。依上述规定，法律认可同一行为既构成行政违法，亦成立刑事犯罪。本案中，麻城市场监管局认定熊某自 2018 年 4 月至 2018 年 11 月 26 日，以提供管理咨询、网络销售某红世家系列化妆品等手段，实施传销违法行为；四川省开江县人民法院认定熊某伙同郭某忠等人，自 2018 年年初至 2019 年 5 月，以推销商品等经营活动为名，先后采用 1.0 模式、2.0 模式、3.0 模式，直接或者间接以发展人员的数量作为计酬或者返利依据，引诱参加者继续发展他人参加，以此骗取财物，扰乱经济秩序，构成组织、领导传销活动罪。上述两个机关基于不同的法律规范对部分相同的事实分别作出处理，属行政处罚和刑事处分的竞合，不影响行政行为和司法行为各自单独成立，仅在执行同类型的处罚时应当予以折抵（如罚款折抵罚金、拘留折抵刑期）。故麻城市场监管局作出的处罚决定不属于一事二罚，并不因开江县人民法院作出了刑事判决而应当被撤销。

同时参考 2021 年 1 月 22 日修订的《行政处罚法》（自 2021 年 7 月 15 日起实施）第三十五条第二款规定：违法行为构成犯罪，人民法院判处罚金时，行政机关已经给予当事人罚款的，应当折抵相应罚金；行政机关尚未给予当事人罚款的，不再给予罚款。本案中，被上诉人麻城市场监管局于 2019 年 7 月 19 日作出行政处罚并已执行，开江县人民法院于 2020 年 12 月 21 日作出刑事处分，故麻城市场监管局处罚在先的罚款应当折抵罚金，不符合不再给予罚款应当撤销的情形。

综上，驳回上诉，维持原判。

案例分析指引

1. 传销行为的核心特征是什么？传销行业的行政违法构成要件与刑事犯罪构成要件有何不同？

2. 结合本案，谈谈二审法院关于行政处罚与刑事处分的竞合认定是否与"一事不再罚"原则相矛盾？

3. 如何理解《禁止传销条例》规定市场监管局具有查处所辖行政区域内传销违法行为的职权？

（二）直销经营行业准入监管

直销经营行业准入监管的法律意义在于确保直销企业是一个适格的直销经营者。《直销管理条例》分别从直销企业、直销产品和直销员三个角度规定了相应的准入标准。准入行业监管本质上是要求直销经营者在直销业务存续期间应当符合直销行业准入标准。

1. 直销企业准入监管

直销企业是指依法经批准采取直销方式销售产品的企业。国家对直销企业从事直销经营活动的资格实行许可管理制度。直销企业的行业监管部门为国务院商务主管部门。申请人持国务院商务主管部门颁发的直销经营许可证，依法向工商行政管理部门申请变更登记。[①] 直销企业的行业准入标准包括《直销管理条例》规定的实体要件和程序要件。在实体要件中，条例主要对直销企业投资人的诚信信用和直销企业本身的责任信用进行了规定。其中，诚信信用包括投资人的积极资格和消极资格；责任信用包括注册资本和保证金两个方面。

申请人申请从事直销经营活动应当符合的实体要件包括以下(1)至(4)项条件，并提交(5)至(11)项规定的文件和资料。

(1)投资者具有良好的商业信誉，在提出申请前连续5年没有重大违法经营记录；外国投资者还应当有3年以上在中国境外从事直销活动的经验；

---

① 《直销管理条例》(2017修订)第9条第2款。

(2)实缴注册资本不低于人民币8000万元；

(3)依照直销管理条例规定在指定银行足额缴纳了保证金；

(4)依照规定建立了信息报备和披露制度；

(5)符合前述(1)至(4)规定条件的证明材料；

(6)企业章程，属于中外合资、合作企业的，还应当提供合资或者合作企业合同；

(7)市场计划报告书，包括依照本条例第十条规定拟定的经当地县级以上人民政府认可的从事直销活动地区的服务网点方案；

(8)符合国家标准的产品说明；

(9)拟与直销员签订的推销合同样本；

(10)会计师事务所出具的验资报告；

(11)企业与指定银行达成的同意依照规定使用保证金的协议。

申请人申请从事直销经营活动还应当符合以下程序要件：

申请人应当通过所在地省、自治区、直辖市商务主管部门向国务院商务主管部门提出申请。经商务部批准后，申请人持国务院商务主管部门颁发的直销经营许可证，依法向工商行政管理部门申请变更登记。

2. 直销产品的准入监管

《直销管理条例》规定，我国对直销企业的直销产品范围实行准入监管。直销产品的范围由国务院商务主管部门会同国务院工商行政管理部门根据直销业的发展状况和消费者的需求确定、公布。[①] 如根据商务部、工商总局公告2016年第7号的规定，直销产品范围包括化妆品；保洁用品（个人卫生用品及生活用清洁用品）；保健食品；保健器材；小型厨具；家用电器六大类。直销产品应当根据法律法规规定，符合行政许可、强制性认证、强制性标准要求。

3. 直销员的准入资格监管

直销员是指在固定营业场所之外将产品直接推销给消费者的人员。《直销管理条例》规定，直销企业应当对拟招募的直销员进行业务培训和考试，考

---

① 《直销管理条例》(2017修订)第2条。

试合格后由直销企业颁发直销员证。未取得直销员证,任何人不得从事直销活动。[①] 同时考虑到直销活动的特殊性,直销管理条例对直销员作出了消极准入资格的规定。首先,直销员作为直销产品推销人员,其从事的推销行为属于民事法律行为,应当具备完全民事行为能力。无民事行为能力或者限制民事行为能力的人员不得招募为直销员;考虑直销员与直销企业之间不存在劳动关系,其收入主要来自推销产品的业绩收入,不具有稳定性。条例排除了视为完全民事行为能力[②]人招募为直销员的资格。其次,为避免特定人员在推销产品时形成交易优势或带来其他影响,损害交易公平和危害公共利益,《直销管理条例》对特定职业人员作出了消极准入资格的规定。如全日制在校学生、公务员等。最后,从直销员与直销企业的法律关系看,两者不具有基于劳动关系的身份从属关系,其间的推销合同是完全独立的民事主体之间的合同关系。直销企业雇佣的工作人员,行使职务活动时实质上具有直销售企业代理人的身份,如果允许直销企业的正式员工成为直销员,可能出现直销员代理直销企业与自己交易的结果,故条例禁止直销企业的员工成为直销员。总之,根据《直销管理条例》规定,直销企业及其分支机构不得招募下列人员为直销员:

(1)未满18周岁的人员;

(2)无民事行为能力或者限制民事行为能力的人员;

(3)全日制在校学生;

(4)教师、医务人员、公务员和现役军人;

(5)直销企业的正式员工;

(6)境外人员;

(7)法律、行政法规规定不得从事兼职的人员。

(三)直销经营行业合规性监管

直销经营行业的合规性监管是指直销企业在从事直销经营业务期间应当按照《直销管理条例》的要求向国家商务主管部门履行相应的信息报备和披露

---

① 《直销管理条例》(2017修订)第18条第1款。

② 《民法典》第18条第2款。

义务。直销管理条例规定的合规性要求如下。

直销企业应当向符合规定的授课人员颁发直销培训员证,并将取得直销培训员证的人员名单报国务院商务主管部门备案。

直销企业颁发的直销员证、直销培训员证应当依照国务院商务主管部门规定的式样印制。

直销企业应当依照国务院商务主管部门和国务院工商行政管理部门的规定,建立并实行完备的信息报备和披露制度。直销企业信息报备和披露的内容、方式及相关要求,由国务院商务主管部门和国务院工商行政管理部门另行规定。

直销企业应当在国务院商务主管部门和国务院工商行政管理部门共同指定的银行开设专门账户,存入保证金。保证金的数额在直销企业设立时为人民币2000万元;直销企业运营后,保证金应当按月进行调整,其数额应当保持在直销企业上一个月直销产品销售收入15%的水平,但最高不超过人民币1亿元,最低不少于人民币2000万元。保证金的利息属于直销企业。保证金依照《直销管理条例》第三十条规定使用后,直销企业应当在1个月内将保证金的数额补足到该条例第二十九条第二款规定的水平。保证金构成直销企业动态责任信用的一部分,旨在保障消费者和用户的权益。

案例参考18 直销员资格与直销行为认定[①]

盖州市市场监督管理局于2018年12月6日对付某作出《关于付某无食品经营许可证从事经营行为的处罚决定》。无某极App系统内信息能够证明原告2015年9月30日至2017年10月31日之间为公司的直销员,尽管此时间段内原告没有"直销员证",但不能否定其登记在无某极网上系统内的直销员身份。以上事实经一审法院审理查明。

一审法院认为,依据《直销管理条例》第六条、第三十五条之规定,被告具有对直销员的直销活动进行监督管理的行政职权。本案的焦点问题是原告是

① 辽宁省营口市中级人民法院(2020)辽08行终20号行政判决书。

以什么身份经销"可食用保健品",该问题直接关系到被告作出的处罚行为认定事实及对事实定性和适用法律是否正确。本案中,被告没有查清原告的身份及其经营保健品是什么性质的产品。从被告提供的卷宗材料中调取的笔录材料可看出被告开始执法时是以原告无《食品经营许可证》定性并展开调查。在听证程序时原告提供五份证据证明自己的身份是无某极有限公司辽宁分公司的"直销员",与公司之间买售产品及获取收入方式均以手机操作方式在无某极辽宁分公司网上系统内完成。App 系统内信息能够证明原告 2015 年 9 月 30 日至 2017 年 10 月 31 日之间为公司的直销员,尽管此时间段内原告没有"直销员证",但不能否定其登记在无某极网上系统内的直销员身份。被告以原告无"直销员证"给原告定性不是直销员身份,并提供无某极辽宁分公司的函复"我公司未向付某颁发过直销员证"来否认原告的直销员身份,明显证据不足,不能充分有力的驳回原告提供的事实证据和证明的观点。被告对原告作出的处罚决定认定事实不清,定性不准,直接导致适用法律错误。对此本院不予支持。依据《行政诉讼法》第七十条第一项、第二项之规定,判决撤销被告盖州市市场监督管理局 2018 年 12 月 6 日作出的盖市监(食)处字〔2018〕9 号"关于付某无食品经营许可证从事经营行为的处罚决定"。

上诉人盖州市市场监督管理局请求依法撤销一审判决,依法改判驳回被上诉人的诉讼请求。事实及理由:一、一审判决认定事实及适用法律错误。本案争议的主要焦点为被上诉人在 2015 年 9 月 30 日至 2018 年 10 月 31 日是否属于无某极辽宁分公司的直销员。根据无某极辽宁分公司的证明,被上诉人在此期间没有取得直销员证,根据"直销管理条例"第十八条的规定,被上诉人在没有取得直销员证的情况下,不得从事直销活动。一审判决无视无某极公司的上述明确证明及被上诉人直销员证的取得时间,错误的认定被上诉人在 2015 年 9 月 30 日至 2018 年 10 月 31 日取得直销员身份,显然属于认定事实及适用法律错误。二、被上诉人在固定场所没有取得"食品经营许可证"经销保健食品的行为,根据食品安全法第一百二十二条的规定,应当依法给予处罚。在庭审时补充上诉理由:《直销管理条例》第十九条规定,取得直销员证应在国务院相关部门备案;第二十二条规定,直销员推销产品必须出示直销员证,被上诉人在销售的时候并没有取得直销员证。第四十七条规定,直销员违反第二十二条,由工商管理部门没收违法收入,并处罚5万元以上,10万元以下处罚。进行销售的直销员必须有直销员证,没有直销员证就应当处罚。

被上诉人付某答辩称:一审认定事实清楚,适用法律正确,请求二审驳回上诉人的上诉请求。答辩人认为本案的焦点应为盖州市市场监督管理局将答辩人付某作为销售主体依据《食品安全法》第三十五条、第一百二十二条规定,对付某进行处罚是否正确。对此答辩人的观点是付某并不是销售主体,只是无某极产品的推荐人,其与消费者之间没有买卖合同关系,不是《食品安全法》规定的处罚主体。一、《食品安全法》第三十五条、第一百二十二条规定的处罚主体是销售者,而付某不是销售主体,只是无某极产品的销售人员,因此不应对其处罚。预先进货囤货,销售货物以赚取利润,这是销售主体的最基本特征。而付某并不符合上述特征,付某家中并没有任何货物,所摆设的无某极产品均为空盒,上诉人的现场调查也可以证明这一情况。付某只是对无某极产品介绍说明,在消费者订货后,才到无某极公司取相应的产品。最主要的,付某是以无某极公司的原价销售,没有赚取任何利润,付某的收益来源于无某极公司的提成工资,由此可见付某不是销售主体。二、上诉人在上诉状中称付某违反了《直销管理条例》的规定,可见上诉人已认可了付某直销人员的身份,那么即使在付某的销售行为中有瑕疵也应按《直销管理条例》进行处罚,而上诉人按照《食品安全法》进行处罚是错误的。况且付某在家里销售无某极产品的行为是合法的直销行为,不应受到处罚。众所周知,直销人员的进入门槛很低,只要购买了一定数额的直销产品,就可以办理直销资格。直销企业根据直销人员购买产品的数额,将其分成多种等级,如业务员、直销员、经销商等,各等级提成返点不同,这些等级是根据销售额自行转换。比如说无某极公司规定,两个月业务额达1万元就变为经销商,如业务额下降,就又变回直销员。由此可见业务员、直销员、经销商都是广义的直销人员。《直销管理条例》第三条第一项规定“本条例所称直销,是指直销企业招募直销员,由直销员在固定营业场所之外直接向最终消费者(以下简称消费者)推销产品的经销方式。”第三项规定“本条例所称直销员,是指在固定营业场所之外将产品直接推销给消费者的人员。”因此无论等级如何,都是广义的直销人员。另外,因直销人员遍布各地,因此直销企业对直销人员的管理多为松散式管理,取得直销员资格后,直销企业也不会主动发直销证。比如本案中，付某通过无某极 App 接受无某极公司的管理，在一审时答辩人举证了 App 及其截图，显示付某自 2015 年 9 月 30 日起为无某极（中国）有限公司辽宁分公司的销售人员，自 2015 年 11 月起开始销售无某极产品。至今付某虽已一年未销售无某极产品，但其身份仍然是直销人员。目前，其 App 直销人员的有效期已自动更新为 2020 年 10 月 31 日。三、法律规定直销企业销售人员的推销活动，无须办理许可证。营业执照、食品经营许可证是销售主体无某极（中国）有限公司辽宁分公司办理的。《直销管理条例》第十三条规定"直销员的合法推销活动不以无照经营查处。"由此可见，法律认定直销人员的直销行为不需办理营业执照。《食品经营许可管理办法》第九条规定申请食品经营许可，应当先行取得营业执照。由此可见，直销管理条例明确规定了直销人员不需办理营业执照，无营业执照不能申请食品经营许可证，因此直销人员也不需办理食品经营许可。

二审法院经审理查明的事实与原审法院认定事实基本一致。另查，上诉人盖州市市场监督管理局于 2017 年 10 月 18 日接到张某投诉，张某提供了无某极（中国）有限公司购货清单 25 张，其中记载了"持卡人卡号：林"、产品名称价格、"合计点数"、"收款人：付"等相关内容。上诉人盖州市市场监督管理局工作人员于 2017 年 10 月 23 日对"盖州市无某极工作室"进行了现场调查取证，制作了现场检查笔录并进行拍照。在现场有几件无某极产品及一些无某极产品的包装盒，2017 年 10 月 24 日向付某、张某作询问调查，付某与张某均未在询问笔录中体现购买无某极产品之后自行销售的内容。上诉人盖州市市场监督管理局于 2017 年 11 月 1 日立案调查，2018 年 1 月 29 日由于未能找到付某，中止行政处罚程序。于 2018 年 9 月 26 日向被上诉人付某送达了盖市监（食药）罚告〔2017〕003 号《行政处罚听证告知书》，于 2018 年 11 月 6 日举行了听证会，付某陈述其为直销员并提供了无某极（中国）有限公司辽宁分公司企业信息查询；无某极 App、直销员证、直销员行为守则；无某极产品价格一览表等证据。盖州市市场监督管理局于 2018 年 11 月 19 日向无某极（辽宁分公司）下函，请求其对于是否给付某颁发过直销员证答复。无某极（辽宁分公司）2018 年 11 月 22 日答复未向付某颁发过直销员证。盖州市市场监督管理局 2018 年 12 月 6 日依据《食品安全法》第一百二十二条第一款规定对被上诉人付某作出

《关于付某无食品经营许可证从事经营行为的处罚决定》。

二审法院认为，上诉人盖州市市场监督管理局具有对于食品生产销售违法行为行政处罚的职权依据。本案的争议焦点为被上诉人付某销售无某极产品的行为性质，即其是从事个人行为的无某极保健食品销售行为，还是直销无某极产品的行为。在上诉人举行的听证、原审法院和本院调查时均查明，被上诉人付某自2015年9月30日开始销售无某极产品，通过App软件与无某极(中国)有限公司签订了《直销员推销合同》，其行为方式为展示产品样品、进行推销、在无某极公司取得产品交付买受人，价款交无某极公司，并在购货清单中体现出返点的内容。以上事实可以证明被上诉人付某是在无某极公司产品销售系统中进行的直销行为。上诉人盖州市市场监督管理局在已有相关证据的前提下，仍以被上诉人付某无食品销售许可证销售食品的事实认定，依照《食品安全法》进行处罚，属于认定事实不清，适用法律错误。盖市监(食)处字〔2018〕9号“关于付某无食品经营许可证从事经营行为的处罚决定”应予撤销。综上，上诉人的上诉理由认为付某无直销员证所从事的销售行为不是直销行为的理由不成立，上诉请求不予支持，原审判决认定事实和适用法律正确，应予维持。

案例分析指引

1. 如何理解取得直销员资格证的法律意义？直销员取得资格属于强制性法律规范，还是管理性法律规范？

2. 行政监管机关以当事人无直销员证为由否认其直销行为，为何不妥？

3. 如何理解直销员与直销企业的法律关系？直销员的直销行为是否需要单独取得经营资格？

第三节 商业特许经营行业监管法律制度

一、商业特许经营的经济与法律解读

关于特许经营的含义，国际特许经营协会认为，特许经营是特许人和受许人之间的契约关系。特许人对受许人经营中的经营诀窍和培训领域有义务提

供帮助或保持持续的关注。受许人的经营依赖于特许人所有或控制下的一个共同标记或经营模式,并且以自己的资源对其业务进行投资。[①] 欧洲特许经营联合会认为,特许经营是一种营销产品、服务或技术的体系,基于在法律和财务上分离和独立的当事人——特许人和他的单个受许人之间紧密和持续的合作,依靠特许人授予其单个受许人以权利并附加义务,以便根据特许人的概念进行经营。[②] 梳理上述有关特许经营的定义可以发现,特许经营至少包括以下三个特征。第一,特许经营是一种商业经营模式。第二,特许经营是特许人与被特许人之间的内部契约关系,特许人与被特许人依据该契约关系相互分工、协作,由被特许人开展对外经营活动。第三,特许人的义务主要是为被特许人提供知识产权等具有专有权特性的经营资源,被特许人为此支付对价,并在特许人指导和统一要求下开展对外业务。我国《商业特许经营管理条例》将特许经营的适用范围限定在商业范围之内,仅允许企业作为特许人。

(一)商业特许经营的经济学解读

商业特许经营最早产生于20世纪30年代。当时以经营模式的"克隆"为中心的特许经营在美国开始出现。经过20世纪50年代麦当劳、肯德基、假日酒店为代表的特许经营企业的努力,真正具有现代意义的特许经营模式在全美或世界都获得了高速发展。无疑,特许经营模式在商业领域的巨大成功可以从经济学上得到解释。

1. 分工和专业化提高了经营效率

亚当·斯密认为,分工和专业化是经济增长的源泉。[③] 在特许经营模式中,特许人与被特许人之间的分工表现为,特许人掌握有经营诀窍、专利权、商标权等知识产权,被特许人负责提供有形经营资产、资金和劳动力。特许人和被特许人分工基础上的合作使他们能够发挥各自的专业优势,弥补自身的资源不足,从而实现高效率的产出并共享收益。

---

① 肖朝阳:《特许经营法律实务》,中信出版社2003年版,第2页。

② 任学青:《特许经营基本法律问题探析》,载《法学论坛》2002年第7期。

③ [英]亚当·斯密:《国富论》,冉明志译,台海出版社2016年版,第10~11页。

2. 知识产权的专有性和可重复许可性提高了利用效率

在特许经营中,特许人作为持有专利权、商标权、商业秘密等知识产权的一方,其知识产权的专有权受法律保护。特许人可以无限制的专有使用和许可给他人使用。特许人每次许可给被特许人使用的行为,都意味着有更多地被特许人使用该知识产权。知识产权的专有性和可重复许可的特点是特许经营模式的物质基础。

3. 积少成多迅速取得规模效应

新古典经济学将投资作为经济增长的决定因素。投资作为经济增长的三大驱动力之一,在现代社会经济增长具有重要的作用。从特许经营的特许人视角看,在掌握有专利权、商标权或者商业秘密等知识产权之后,如果选择自己生产产品并销售,其规模扩张速度终究有限。如果将其专有的知识产权许可给被特许人使用,利用被特许人的资金和有形资产、劳动力等,则可以迅速扩大投入的资金和其他经营性资产,从而实现迅速扩张经营规模,取得规模经济效应。

4. 合同机制为经营模式创新提供了可能。

传统企业以剩余收益权、剩余财产权的统一控制为核心,自行组织劳动力、资金和经营性资产从事生产活动。生产产品的目的是销售并获得利润。特许经营则打破了传统企业的组织形式,本身不再以生产产品为目的,并让渡了部分剩余收益权与被特许人共享。生产组织形式由传统企业的纵向生产合作模式转变为横向合作模式。横向合作充分发挥了特许人和被特许人的经营优势,形成了“双赢”的格局。合同机制为此种合格模式提供了法律上的工具,在法律上厘清了特许人与被特许人之间的权利义务,为双方合作提供了法律基础。

5. 特许经营模式的社会经济意义

如上所述,特许经营模式具有积少成多的特点。其中的“少”就是指特许经营中的被特许人的规模一般都不大。被特许人不需要自己投入资金进行知识产权等的研发,只要具备小规模的资金、小型的经营场所、少量的人力就可以通过特许合同取得专有权开展经营活动。可见,特许经营模式大大降低了经营者的市场进入门槛。同时,在经营过程中,特许人在技术支持、宣传、市场调研、甚至原材供应等方面也都能同步提供支撑,为经营者解除后顾之忧。因此,特许经营模式自然成为中小企业的优先选择。而中小企业在现代社会经济生活中的意义毋庸置疑,在税收、解决社会就业等方面发挥着重大作用。这也是特许经营模式获得社会普遍认可,并予以法律保障的原因之一。

(二)商业特许经营的法律解读

如果说特许经营的经济学意义是其作为一种经营模式不断发展的内在驱动力,那么特许经营的法律意义就是特许经营能够得以顺利发展的保障。事实上,特许经营从源头上就与法律存在着无法割舍的联系。特许,顾名思义,是指特别许可。在西方国家,一般是指经过国王或政府的特别批准,拥有相关的批准书或特许状,并依特许状记载明细享有相关特权的制度。可见,特许本身即是一种行政权力行使的结果。商业特许经营只不过是公权力的特许方式在商业领域的一种运用。在商业特许经营中,特许的客体不再是公权力,而是具有知识产权特性的私权利。从法律角度看,商业特许经营具有如下特征。

1. 特许合同成为构建特许经营组织的基础

传统企业通过持有自身的经营性财产,并通过劳动合同关系锁定劳动力,形成具有生产经营性质的企业组织,从事生产经营活动。传统企业组织的内部关系、职责分工,分级管理,具有垂直管理的特点。特许经营组织是两个独立主体之间基于合同的商品流通组织。特许人与被特许人之间的合作以合同中约定的权利义务为基础。两者在经营过程中不具有管理和被管理的关系,双方只是按约定履行各自义务,行使各自权利。

2. 特许合同的客体是专有权利

专有权利具有财产属性,体现为该专有权的经济价值,能够为专有权主体带来经济利益。专有权也具有身份属性,由特定主体享有,其他主体负有不得侵害的消极义务。专有权不仅可以自己实施,也可以许可他人实施。特许合同从本质上看,就是特许人把自己享有的相关专有权或准专有权许可给被特许人实施的专有权实施许可合同。

3. 特许合同只是一种形式上的平等

合同的形式平等是基于民法理论的应有之义。抽象人格理论支持了民事法律关系的参与主体都具有同质性,均得以意思自治为法律行为,具有平等性,这就是民法上的形式平等。但是在现实经济生活中,人与人之间存在着经验、经济实力、心智成熟度、信息获取能力等各方面的客观差异。这些差异往往会导致交易一方处于优势,另一方处于劣势,并导致交易结果上的不公。特许合同就是这样一种具有平等的形式,而缺乏平等实质的交易合同。导致特许合同实质上不平等的原因在于特许人与被特许人之间信息不对称的事实。

案例参考19 特许经营合同效力判定与损失赔偿原则①

王某(乙方)与某味公司(甲方)签订自2019年9月1日起至2020年9月1日止的《合作协议书》《品牌使用协议》。《合作协议书》每页的页面右上角载有"北京某味食品科技有限公司"字样。合同载明:"1. 甲方致力于中小型餐饮项目运营管理领域的研究与实践,拥有餐饮运营管理领域所需要的战略远见、丰富的运营管理经验和管理人才储备。同时,甲方通过自身的餐饮服务管理专家建立并形成的一套技术培训、店面选址、营建装修、运营指导等于一体的餐饮运营指导服务体系,能够为餐饮项目投资者提供专业的运营管理咨询服务,帮助餐饮项目投资者快速、高质量的建立餐饮项目的相关体系,大幅降低经营风险,提高投资成功率。2. 乙方因自身发展和投资的需要,在认可和接受甲方所拥有的餐饮运营管理指导服务能力的基础上,委托甲方就本合同约定的餐饮项目的运营管理提供咨询及服务,自愿在本合同约定的地址或区域内设立餐饮门店,并根据甲方的运营指导来开展餐饮项目的经营管理活动。"

合同第一条指导培训服务1.1约定,甲方为乙方"嘻某力"餐饮项目提供营运及管理咨询等服务,具体包括营运指导和技术培训两方面。

1.2约定本服务采取单店营运指导的方式,甲方为乙方提供的指导、培训服务范围仅限于在河北省廊坊市固安县(具体以乙方申请的工商企业登记注册地为准)乙方单店餐饮项目的营运。

1.3甲方指派营运指导人员协助乙方开展餐饮营运服务工作,营运指导人员全面负责双方之间的沟通、联络和咨询,提出相关方案,协助乙方执行并给出可行性建议。

---

① 北京知识产权法院(2021)京73民终1097号民事判决书。

1.4 甲方提供的咨询服务工作分为文案咨询和口头咨询(包括技术咨询、产品咨询、营销咨询、装修咨询等)。

1.5 为了甲乙合作更为畅通,服务结果得到提升,全部营运指导及咨询工作以甲方为主导,乙方给予相应的协助及配合。对于重大营运管理方案,甲方应与乙方共同审议,经审议后由乙方组织实施,甲方负责督导和协作执行。

1.6 本合同采取的单店合作方式,乙方应向甲方支付相关的服务费用,服务收费标准具体为:该项技术培训费 73,500 元、品牌运营服务费 10,000 元,设计费 2000 元,履约保证金 10,000 元。

《品牌使用协议》第一条约定项目标识的许可使用,1.1 约定餐饮项目名称:嘻某力。1.2 约定乙方向甲方一次性缴纳品牌使用费 31,500 元。1.3 约定项目标识许可使用期限自 2019 年 9 月 1 日起至 2020 年 9 月 1 日止。

2019 年 8 月 31 日,王某向某味公司交纳 10,000 元,收款事由为定金;2019 年 9 月 1 日,王某向某味公司交纳 97,000 元,收款事由为补合作款。某味公司认可收到该两笔款。2019 年 11 月 1 日,王某转账给葛某 10,000 元,2019 年 11 月 19 日,王某转账给葛某 8100 元,2019 年 11 月 24 日,王某转账给葛某20,000 元。某味公司称葛某收款后就离开公司了,并没有将上述款项交给公司,某味公司已经就此事报案。

王某提交的商标许可使用授权书载明,某味公司于 2019 年 9 月 1 日授权王某使用注册商标是上部为英文字母“RICHING”,下部为“嘻某力”;许可期限是 2019 年 9 月 1 日至 2020 年 9 月 1 日;商标类别是 33、32、30、29、40;许可区域是河北省廊坊市固安县孔雀城空港一号万利峰小区 36－1－108;许可方式是普通许可;许可权限是被许可人有权在许可区域内授权店铺的门头、装修装潢、产品、宣传中使用许可商标。

某味公司提交的“嘻某力”商标注册证、商标许可使用授权书,载明第 30892554 号“嘻某力”商标注册人系江苏某餐饮管理有限公司(以下简称江苏某公司),注册日期为 2019 年 3 月 21 日,有效期至 2029 年 3 月 20 日,核定使用商品、服务项目系 29 类。江苏某公司于 2019 年 7 月 11 日出具商标许可使用授权书,授权某味公司使用商标注册号为 2019025334 号的“嘻某力”商标,商标类别系 43 类。江苏某公司于 2020 年 11 月 30 日出具商标许可使用授权书授权某味公司使用“嘻某力”商标,许可期限是2019年7月1日至2029年6月30日,商标类别系29类,许可权限包括被许可人有权在许可人授权范围内向合作方进行商标使用许可,被许可人负责商标在许可区域内的市场推广、品牌运作、合作授权、商标使用、售后服务等业务。江苏某公司于2020年12月1日出具情况说明书,载明其作为嘻某力商标所有人,曾于2019年7月1日授权某味公司使用嘻某力29类商标,授权有效期为2019年7月1日至2029年6月30日。

以上事实经一审法院审理查明。一审法院认为,本案中,根据《合作协议书》《品牌使用协议》的约定,某味公司许可王某利用其“嘻某力”标识和经营模式,并为王某提供选址支持、人员培训、技术指导等服务,王某向某味公司支付相应的费用。双方约定的内容符合特许人许可被特许人使用其拥有的经营资源、被特许人遵循合同约定的统一经营模式进行经营等商业特许经营合同的基本特征,故双方形成特许经营关系。某味公司辩称双方不构成特许经营关系,一审法院不予采信。

王某主张解除合同理由是某味公司没有特许经营的资质,构成根本违约,导致合同目的不能实现,并称某味公司在合同履行过程中存在不履行明星包装、迟延发货的违约行为。双方签订的《品牌使用协议》第一条约定了项目标识的许可使用,餐饮项目名称:嘻某力。《合作协议书》第一条指导培训服务1.1约定,甲方为乙方“嘻某力”餐饮项目提供营运及管理咨询等服务,具体包括营运指导和技术培训两方面。从双方签订的合同内容看,特许人许可被特许人使用的应为“嘻某力”餐饮项目而非“嘻某力”注册商标。王某在本案中并未提交证据证明其因“嘻某力”商标的使用受阻导致其无法继续履行合同,因此王某以此为由主张解除合同,缺乏依据,一审法院不予支持。

王某称某味公司在合同履行过程中存在不履行明星包装、迟延发货的违约行为,但双方签订的合同中对此并无约定,王某所提交的微信聊天记录截图不足以证明某味公司存在王某所述行为,因此王某主张以此为由解除合同,一审法院不予支持。

双方签订的合同自2019年9月1日起至2020年9月1日止,现合同已到期终止。关于王某要求的某味公司赔偿加盟费、物料费、广告制作费、工作服服装费、宽带费、店面门头、店面装修费、店面租金及违约金、水、电、物业费、装修管理费等共计441,876元。王某作为被特许人未实际开展经营,尚未实际使用某味公司的经营资源,有权请求返还已经支付的特许经营费用,但考虑到王某起诉时双方合同已经履行了一段时间,对于某味公司应退还的费用可予以酌减。本案中,王某、某味公司双方签订的《合作协议书》约定的服务收费包括该项技术培训费73,500元、品牌运营服务费10,000元,设计费2000元,履约保证金10,000元,《品牌使用协议》约定品牌使用费31,500元,以上共计127,000元。王某主张退还加盟费127,000元。其中,王某分别于2019年8月31日、2019年9月1日向某味公司交纳两笔款共计107,000元,某味公司认可收到该两笔款。另王某主张向某味公司与之交接的工作人员葛某交付了加盟费等,王某提交的与葛某的聊天记录记载有王某向葛某转账的内容,包括2019年11月1日王某转账给葛某10,000元,2019年11月19日王某转账给葛某8100元,2019年11月24日王某转账给葛某20,000元。某味公司虽辩称葛某收款后并没有交给某味公司并离开了公司,某味公司已经就此事报案。但某味公司此项辩解并不能否认王某已向其足额交纳相应加盟费等事实,因此,一审法院根据双方合同已经履行的情况酌情支持王某;关于王某主张的广告制作费等运营成本及其他支出,某味公司对王某该主张的证据的真实性及关联性均不予认可,王某提交的现有证据不足以证明相应支出的必要性及与该特许经营活动的关联性;同时,一审法院认为王某作为自主经营、自负盈亏的被特许人,应对特许经营合同的履行承担相应的经营风险。因此,对于王某关于运营成本及其他支出的诉讼请求,一审法院不予支持。

综上,一审法院作出判决:一、自本判决生效之日起10日内,北京某味食品科技有限公司返还王某80,000元;二、驳回王某的其他诉讼请求。

本院经审理查明的事实与一审法院查明的事实无异,故对一审法院查明的事实予以确认。本院另查明:《合作协议书》第2.1.6条规定:"为了保证产品的出品质量,乙方所售产品的核心原材料及设备必须向甲方进行采购,若乙方私自选用不属于甲方提供的原材料制作产品,视为违约。未经甲方允许,不允许私自在市场上采购,如发现并查实,甲方有权单方面解除合同,并没收保证金。"

根据王某与葛某聊天记录可知,涉案合同签订后至2019年11月、12月期间，王某曾多次催问某味公司发货、并询问带店老师何时到店等事宜，以便及时开业。葛某在答复王某时存在虚构、隐瞒设备物流信息等情形。某味公司在2019年12月之后一段时间内仍未向王某发货。

王某在本案中主张因某味公司违约给其造成的损失包括：加盟费12.7万元，物料费18,167元，广告制作费17,588元，工作服132元，交通费218元，店面租金7万元，店面门头6500元、店面装修费130,460元、店面租金违约金3.5万元，水、电、物业费及装修管理费13,366.96元等，并提交了相关合同、费用支出凭证等证据支持其主张。

本院认为：

本案中，根据《合作协议书》《品牌使用协议》的约定，某味公司许可王某利用其"嘻某力"标识和经营模式，并为王某提供选址支持、人员培训、技术指导等服务，王某向某味公司支付相应的费用。双方约定的内容符合特许人许可被特许人使用其拥有的经营资源、被特许人遵循合同约定的统一经营模式进行经营等商业特许经营合同的基本特征，故双方形成特许经营关系。双方均应当按照《合作协议书》《品牌使用协议》的约定履行各自权利义务。

根据本案查明的事实，涉案合同签订后至2019年11月、12月期间，王某曾多次催问某味公司发货、并询问带店老师何时到店等事宜，以便及时开业。葛某在答复王某时存在虚构、隐瞒设备物流信息等情形，且某味公司在2019年12月之后一段时间内仍未向王某发货，故应认定某味公司未按照《合作协议书》《品牌使用协议》约定履行其人员培训、技术指导及按时发货等义务，构成违约。截至王某提起本案一审诉讼之间，王某作为被特许人仍未实际开展经营，未实际使用某味公司的特许经营资源，在某味公司未提交充分证据证明王某系因自身原因未开展特许经营的情况下，其应当承担举证不能的不利后果。本院综合本案情况，认定某味公司的前述违约行为已经导致合同目的无法实现，王某有权依照《民法典》的相关规定解除涉案合同。王某有关某味公司与其签订涉案合同及合同履行期间内从未进行商业特许经营备案，未履行法定的信息披露义务构成违约等上诉主张，现无证明表明王某曾在一审诉讼中明确提起相关主张，其在二审诉讼中以此为由主张解除涉案合同的依据不足，本院不予支持。

鉴于王某与某味公司签订的涉案合同期限自2019年9月1日起至2020年9月1日止，现涉案合同已到期终止，本院不再判令解除涉案合同。此种情况下，王某请求某味公司返还其加盟费12.7万元于法有据，本院予以支持。特许经营合同未成立、未生效、无效、撤销、解除或到期终止的，无过错的一方当事人可以请求过错当事人赔偿其因订立及履行合同而产生的实际损失。本案中，因某味公司的违约行为导致合同目的无法实现，其依法应当赔偿王某因订立及履行涉案合同而产生的实际损失。王某主张的前述物料费等部分费用支出情况缺乏履行证据支持，部分费用难以认定系为履行涉案合同而实际支出；且王某作为自主经营、自负盈亏的被许可人，应对特许经营合同的履行承担相应的经营风险，在某味公司违约后，其理应采取相应措施以避免或减少损失的扩大。故综合考虑本案情况，本院对王某主张的因某味公司违约给其造成的前述损失不予全额支持，并结合王某提交的在案证据情况，酌定某味公司赔偿王某为订立及履行涉案合同所产生的经济损失10万元。一审判决相关认定有误，本院依法予以改判。

综上所述，本院判决如下：

1. 北京某味食品科技有限公司于本判决生效之日起十日内，返还王某加盟服务费127,000元；2. 北京某味食品科技有限公司于本判决生效之日起十日内，赔偿王某经济损失100,000元；3. 驳回王某的其他诉讼请求。

案例分析指引

1. 结合本案说明特许经营合同法律关系成立的判断要件是什么？

2. 本案中二审法院认定“某味公司的前述违约行为已经导致合同目的无法实现”的理由是什么？为什么一审法院没有作出该认定？

3. 结合本案说明特许经营合同被认为无效后的损失赔偿责任分配原则是什么？

4. 本案中“王某主张解除合同理由是某味公司没有特许经营的资质，构成根本违约”，如何理解这一点？如果某味公司确实没有特许经营资质，法院该如何判决本案？

二、商业特许经营行业监管的理论与实践

(一)商业特许经营行业监管理论

1. 基于信息不对称的市场失灵校正

特许合同是一种典型的双方主体之间缺乏信息对称的合同。特许合同的平等性只是一种形式上的平等。特许人与被特许人之间的信息不对称表现为以下三个方面。第一,被特许人的经营性有形资产和劳动力的普遍可获得性与特许人专有的相关知识产权的稀缺性相比,特许人明显占有优势。特许人对相关经营诀窍、知识产权信息的掌握具有垄断性,被特许人只能被动地依赖于特许人。第二,特许经营模式属于典型的一对多的交易模式。即同样的合同内容,特许人往往与多个不同的被特许人订立合同。这些不同合同的内容是否一致,许可的条件是否存在优劣,限于合同的相对性,被特许人无法知情。第三,特许经营说到底是一种经营模式,在一对多的经营模式下,特许人对特许经营的市场整体经营情况了如指掌,能够对特许经营的真实情况实行动态实时掌握。这一点对被特许人而言,则完全无从知晓。显然,这些信息不对称现象对被特许人明显不利。如果任由特许人自由实施信息告知,必将使被特许人合法利益受损,也有可能使特许经营模式整体上一蹶不振。为了保护被特许人的利益,促进商业特许经营模式发展,法律有必要对特许经营实行相应的行业监管。

2. 基于社会公共利益保护的行业监管

特许合同的存在改变了传统经营企业与消费者或用户之间一对一的简单交易关系。特许人与被特许人共同构成了经营主体的内部关系。特许合同是特许人与被特许人之间的法律关系,合同的客体为具有专有性的知识产权。这些知识产权从来都不是最终的产品,它们只是中间产品。即消费者和用户最终购买的不是这些知识产权本身,而是运用了这些知识产权的商品或服务。在传统经营模式中,销售者往往以单一主体的身份与消费者或用户发生法律关系,属于简单法律关系。在特许经营中,表面上直接与消费者或用户产生法律关系的是被特许人,但实际上,消费者或用户购买的商品中包含有被特许人提供的专利技术、商标等及其相应的配套服务内容。即在特许经营中,实质上的销售

方是特许人与被特许人的联合体。这样商业特许经营就不再仅仅是特许人与被特许人之间的事情,而是与消费者或用户的利益产生了联系。这一点也是特许连锁经营与直营连锁或自愿连锁的区别所在。直营连锁门店均由总部全资或控股开设,在总部的直接领导下统一经营。[①] 其本身具有单一主体特性,责任均由总部承担。自愿连锁的门店均为独立法人,各自的资产所有权关系不变,只是在"总部"的共同指导下从事经营活动。[②] 各门店对外同样具有单一主体属性,责任由门店独立对外承担。因此,即使出于对消费者或用户等公众利益的保护,法律也应当对特许经营行为有所规范和监管。

(二)商业特许经营的行业监管实践

为了校正市场失灵和保护社会公共利益,商业特许经营市场发达的国家和地区对特许经营活动都制定了行业监管规范。从监管内容考察,各国家和地区对特许经营业务的监管内容均侧重于特许经营活动中的信息披露和公示。[③]

1. 信息披露监管规范的立法模式

从特许经营行业监管规范的立法模式看,主要可以分为两类。即专门立法和非专门立法。属于专门立法的国家和地区有美国、澳大利亚、加拿大等。在联邦法层面,美国联邦贸易委员会于 1979 年制定了《关于特许经营及商业机会企业的披露要求及禁止事项》。1995 年北美证券监管联合会发布了《统一特许经营要约公告》。在州立法层面,美国有 17 个州在 1979 年美国联邦贸易委员会规则的基础制定了特许经营法。为了形成统一的联邦特许经营法,2007 年美国联邦贸易委员会颁布了长达 398 页修正案。澳大利亚于 1998 年制定了《特许经营行业准则》,为特许经营合同的订立和续约建立了统一的最低信息披露标准。加拿大没有关于特许经营信息披露的统一立法,但其统一法律协会于 2005 年颁布了《统一特许经营法》供各省参考使用。非专门立法模式的代表是日本、法国。日本公平贸易委员会修订 1983 年特许经营指南后,其第二部分对特许经营信息披露做了详细规定。法国于 1991 年制定的《杜宾法》适用

---

① 《连锁店经营管理规范意见》(1997)第 4 条第 1 项。

② 《连锁店经营管理规范意见》(1997)第 4 条第 2 项。

③ 李建伟:《特许经营信息披露制度的比较法分析》,载《广东社会科学》2011 年第 6 期。

特许经营合同、商标合同、分销协议及许可协议在内的各类信息披露。该法规定，特许人在签订特许经营合同前，应当向潜在的被特许人提交信息披露文件，且披露内容应当符合法律规定的要求。此外，国际统一私法协会于 2002 年颁布了《特许经营信息披露示范法》供各个国家参考。该示范法虽然没有强制力，但具有很强的指导和示范意义。

2. 信息披露监管规范的内容

特许经营信息披露应当保证信息的真实性、完整性、准确性、易解性和及时性。为此，各国关于信息披露的监管内容中，普遍包括信息披露主体、信息披露时间、信息披露形式、信息披露事项。根据特许经营的特点，各国普遍规定信息披露的义务主体为特许人，存在区域分特许人或者特许经营经纪人的情况下，区域分特许人或特许经营经纪人通常也构成特许经营信息披露的义务主体。信息披露时间一般包括特许经营合同签订前的信息披露和特许经营过程中的信息披露。为了保证信息披露的准确、及时和完整，信息披露形式一般都由法律规定，需要符合法定形式，如书面形式。在电子信息技术发达的现代社会，电子签名也逐渐成为部分国家法律认可的形式。信息披露事项的涵盖内容比较丰富，但主要应当是涉及与被特许人的经营风险密切相关的事项。包括特许人及其关联方的基本信息、财务状况、涉诉状况、破产情况；特许经营体系信息，如持有的知识产权状况、门店信息；被特许人签订特许合同的信息，如特许合同条款、特许费用、特许经营宣传信息等。

3. 信息披露义务豁免的规定

特许经营信息披露能够在制度上保障被特许人的利益和社会公共利益的实现，但是信息披露需要一定的经济成本支出。鉴于此，有的国家规定了特许经营信息披露义务豁免的规定。即在特定条件下信息披露义务主体可以无须承担信息披露的义务。首先，从主体上看，如果作为被特许人的主体本身属于成熟投资者，或者基于自身的地位和条件，能够容易地获得特许经营信息并做出准确判断，那么特许人的信息披露义务就可以得到豁免。此处强调的地位和条件通常是指被特许人本身是特许人及其关联主体的董事、经理或高级职员。如国际统一私法协会 2002 年颁布的《特许经营信息披露示范法》规定，在签订特许经营合同前六个月内，潜在被特许人担当特许人及其关联主体的董事、经理和高级职员的,特许人可以不向该被特许人进行信息披露。其次,从资本因素看,小额投资或小比例特许均有可能属于豁免情形。小额投资是指投资低于一定限额的特许经营,此时烦琐的披露程序成本远大于收益,根据成本收益原则,可以豁免信息披露义务。如美国联邦贸易委员会规则规定,特许经营业务开始到开始后的六个月内,特许人支付的标准费用总额在500美元以下的特许经营,可豁免信息披露。小比例特许是指以前被特许人曾经从事过相同或类似的特许经营活动,在此基础小比例增加基于特许经营的收入的特许经营。此种情形下,被特许人对该行业有着丰富的经验和对信息的充分掌握,且增加的收入比例较小,故可以豁免特许人的信息披露义务。最后,特许协议本身已经存在,只是在此原有基础上续约、展期等情况的,也可以豁免特许人的信息披露义务。

三、我国商业特许经营行业监管的内容

(一)特许经营行业的监管立法

商业特许经营模式发端于西方经济发达国家,于20世纪90年代中期传入我国。因为特许经营具有成本低的特点,如特许人可以凭借较低的投入迅速集中控制市场,被特许人可以节约前期的知识产权研发投入,低成本地享受现成的商誉和品牌。特许经营传入我国后就开始蓬勃发展,迅速成为我国重要的商品流通经营模式。为了规范特许经营行业的发展,保护当事人和社会公共利益,我国有关商业特许经营的监管立法也逐渐展开。1997年,原国内贸易部颁布了《连锁店经营管理规范意见》,第一次对特许连锁(或称加盟连锁)进行了界定。即连锁店的门店同总部签订合同,取得使用总部商标、商号、经营技术及销售总部开发商品的特许权,经营权集中于总部。[①] 同时,该规范意见还规定了特许合同应当包含的事项。[②] 1997年11月,原国内贸易部又专门就特许经营颁布了《商业特许经营管理办法(试行)》。或许是受当时法学理论研究水平

---

① 《连锁店经营管理规范意见》(1997)第4条第3项。此处总部相当于特许人,门店相当于被特许人。

② 《连锁店经营管理规范意见》(1997)第11条。

和对特许经营业务认识水平的限制，该管理办法基本按照典型合同的立法模式，把特许人和被特许人置于实质上同等的地位规定了各自的权利义务，[①]忽视了因为双方信息不对称所带来的实质上的不平等，违背了行业监管介入的理论基础。至2004年，以我国加入WTO为契机，为符合并履行我国加入WTO时有关商业特许经营行业开放的承诺和更好地促进特许经营行业在我国的发展，商务部重新颁布了《商业特许经营管理办法》。该办法与试行办法相比有了明显的进步，规定了特许人的行业准入监管标准、信息披露义务等行业监管的重要内容，但仍然规定了包括被特许人权利义务[②]等应当由特许经营合同当事人自行约定的内容。所谓瑕不掩瑜，2004年《商业特许经营管理办法》的颁布进一步完善了我国对商业特许经营活动的监管立法。只是该管理办法的法律位阶过低，仅属于部门规章。直到2007年，国务院颁布《商业特许经营管理条例》，并于同年颁布了《商业特许经营备案管理办法》和《商业特许经营信息披露管理办法》等配套规章，才使商业特许经营的行业监管立法上升到行政法规层级，并初步形成了比较完善的商业特许经营行业监管法律体系。

（二）特许经营行业准入监管

根据我国《商业特许经营管理条例》规定，商业特许经营（以下简称特许经营），是指拥有注册商标、企业标志、专利、专有技术等经营资源的企业（以下简称特许人），以合同形式将其拥有的经营资源许可给其他经营者（以下简称被特许人）使用，被特许人按照合同约定在统一的经营模式下开展业务，并向特许人支付特许经营费用的经营活动。[③] 我国特许经营的行业监管机构是商务主管部门。[④]

关于特许经营的行业准入监管，我国《商业特许经营管理条例》规定了积极资格准入和消极资格准入。消极准入资格的规定是指，企业以外的其他单位

① 《商业特许经营管理办法（试行）》（1997，已失效）第8～11条。
② 《商业特许经营管理办法》（2004，已失效）第11条、第12条。
③ 《商业特许经营管理条例》（2007）第3条第1款。
④ 《商业特许经营管理条例》（2007）第5条。

和个人不得作为特许人从事特许经营活动。① 消极准入资格进一步强调了本条例的适用范围仅限于商业特许经营,排除了政府特许经营的适用。积极准入资格的规定是指,特许人从事特许经营活动应当拥有成熟的经营模式,并具备为被特许人持续提供经营指导、技术支持和业务培训等服务的能力。特许人从事特许经营活动应当拥有至少 2 个直营店,并且经营时间超过 1 年。② 积极准入资格是特许经营的特许人进入特许经营市场的实质要件,是法律对特许人的行业准入要求。从司法审判实践看,该规范属于管理性行政规范,违反该规定的特许人应当承担相应的行政责任,但不影响特许人与他人之间民事法律行为效力。③

依据其他法律的规定,特许经营的产品需要符合市场准入监管的,特许人应当提交相应的市场准入批准文件。④

除了实体准入资格监管以外,特许经营的特许人还应当按照《商业特许经营备案管理办法》的要求,到商务主管部门完成备案程序。

(三)特许经营信息披露监管

1. 信息披露义务主体

我国特许经营的信息披露主体为特许人⑤,即拥有注册商标、企业标志、专利、专有技术等经营资源,并将其许可给其他经营者使用的企业。我国条例没有明确把分特许人⑥和特许经纪人⑦纳入特许经营信息披露义务主体的范围。但如果在现实经济活动中存在分特许人和特许经纪人,那么从分特许经纪人

---

① 《商业特许经营管理条例》(2007)第 3 条第 2 款。

② 《商业特许经营管理条例》(2007)第 7 条。

③ 浙江省温州市中级人民法院(2020)浙 03 民初第 16 号民事判决书。

④ 《商业特许经营管理条例》(2007)第 8 条第 3 款。

⑤ 《商业特许经营管理条例》(2007)第 20 条。

⑥ 分特许人是指区域特许中被授权的被特许人。依据《商业特许经营管理办法(试行)》(1997,已失效)第 5 条第 2 款规定,区域特许是指由特许者将在指定区域内的独家特许经营权授予被特许者,该被特许者可将特许经营权再授予其他申请者,也可由自己在该地区开设特许网点,从事经营活动。

⑦ 特许经营经纪人是指除了特许人之外的所有直接或间接向被特许人进行特许推销的主体,只出售自有门店的被特许人不包括在内。参见李建伟:《特许经营信息披露制度的比较法分析》,载《广东社会科学》2011 年第 6 期。

和特许经纪人在特许经营业务活动中实际地位考察，笔者认为其相当于具备特许人的特许信息优势地位，应当将其视为特许人，并承担特许经营信息披露义务。

2. 信息披露时间

信息披露主体披露法定信息的时间分为特许经营合同签订前和特许经营合同实施过程中。前者是指特许人应当在订立特许经营合同之日前至少30日，以书面形式向被特许人提供法律规定的信息，并提供特许经营合同文本。[①]后者是指特许人向被特许人提供的信息发生重大变更的，应当及时通知被特许人。[②]

3. 信息披露内容

特许人向被特许人提供的信息应当真实、准确、完整，不得隐瞒有关信息，或者提供虚假信息。特许人应当向被特许人披露以下信息：(1)特许人的名称、住所、法定代表人、注册资本额、经营范围以及从事特许经营活动的基本情况；(2)特许人的注册商标、企业标志、专利、专有技术和经营模式的基本情况；(3)特许经营费用的种类、金额和支付方式(包括是否收取保证金以及保证金的返还条件和返还方式)；(4)向被特许人提供产品、服务、设备的价格和条件；(5)为被特许人持续提供经营指导、技术支持、业务培训等服务的具体内容、提供方式和实施计划；(6)对被特许人的经营活动进行指导、监督的具体办法；(7)特许经营网点投资预算；(8)在中国境内现有的被特许人的数量、分布地域以及经营状况评估；(9)最近2年的经会计师事务所审计的财务会计报告摘要和审计报告摘要；(10)最近5年内与特许经营相关的诉讼和仲裁情况；(11)特许人及其法定代表人是否有重大违法经营记录；(12)国务院商务主管部门规定的其他信息。

---

① 《商业特许经营管理条例》(2007)第21条。

② 《商业特许经营管理条例》(2007)第23条第2款。

第四节　电子商务行业监管法律制度

一、电子商务的本质探讨

电子商务一词源自 Electronic Business，就是通过使用互联网等电子工具进行的商务活动。我国《电子商务法》第二条规定，电子商务是指通过互联网等信息网络销售商品或者提供服务的经营活动。该法同时规定金融类产品和服务，利用信息网络提供新闻信息、音视频节目、出版以及文化产品等内容方面的服务，不适用本法。电子商务是现代电子计算机、信息网络技术发展的结果，是现代科技手段与传统商事活动相结合的产物。从商品流通的角度考察，电子商务作为一种新型的商品流通业态，在提高商品流通效率方面无疑具有重大的意义。与此同时，电子商务也带来了新的问题，如个人信息安全保护问题、交易欺诈、虚假交易和交易双方信息不对称程度加剧等问题。笔者认为，减少和避免电子商务的这些副作用需要从探讨电子商务的本质开始。关于电子商务的本质，有多种观点。如电子商务的本质是电子化交易；电子商务的形式是电子，本质是商务；①电子商务的本质是一种创新交易模式或手段，是一种变革人们工作和生活的手段；②电子商务是现代工业社会高度发展的结果，是对传统产业结构尤其是企业结构的变革；③电子商务的本质是以信息处理为基础的、强化信息价值的商务活动。④ 以上观点都从一定角度论述了电子商务的本质，具有一定的合理性。笔者认为，所谓本质，是指特定事物区别于其他事物的本质特征。电子商务的本质特征可以从多个角度进行探讨。

（一）电子商务的技术本质

从技术角度看，电子商务是电子计算机信息网络技术在商务领域的运用。

---

① 甘嵘静、陈文林主编：《电子商务概论》，电子工业出版社 2007 年版，第 3 页。

② 廖选、兰杨、岑远：《电子商务本质的辩证思考》，载《电子商务》2004 年第 1 期。

③ 刘军：《论电子商务的本质》，载《甘肃科技》2009 年第 1 期。

④ 朱少林、蓝逸娴、杨建华：《再论电子商务的本质》，载《现代商贸工业》2010 年第 24 期。

电子商务的技术本质在于把商事主体基本信息、商事主体民事法律行为信息和商品及服务信息等商务信息转化为计算机可识别的电子数据,并对该电子数据进行计算、加工、存储和传送的电子数据处理过程。电子数据成为商务信息的载体。在电子商务实践中,计算机终端可以实现信息在电子数据和文字、图片等传统信息载体之间的转换。商事主体利用计算机终端发送或者接收商务信息,可以实现远距离的信息传送和接收,且不受时间的限制,从而突破传统商务活动受到时间和空间制约的弊端,大大提高了商务信息交换的效率。

(二)电子商务的商务本质

从商务的角度看,电子计算机信息网络技术是手段,商务是目的。电子商务的本质是运用了电子计算机信息网络技术手段的商品交换与交易的过程。即在电子商务实践中,商事主体的营利性特征没有改变,商品交换与交易依然是其营利的手段,商品仍然是其营利的工具。传统商品交换与交易所需的商事主体信息、民事法律行为信息和商品及服务信息缺一不可。电子商务中的电子数据所承载的信息都是商务活动的必要信息。同时,商事主体为了营利而追求效率的价值取向也没有改变。当电子计算机信息网络技术可以使商务活动不受时空限制,商务活动范围被无限放大之际,商事主体毫无例外、毫不迟疑地把传统商务活动嫁接到了电子计算机信息网络,并发展成了电子商务。

(三)电子商务的法律本质

从法律角度看,电子商务是商事主体利用电子计算机信息网络技术完成意思表示、并就各自权利和义务达成合意的过程。电子商务中民事法律关系的设立、变更和消灭,民事法律行为的效力等依然适用民事法律的规定。电子商务的本质是利用电子计算机信息网络技术这一手段订立合同的过程。电子商务合同一旦成立、生效,将同传统商务合同一样受到法律的保护。电子商务合同订立过程中,一方有过错导致另一方有损失的,有过错的一方依然应当承担缔约过失责任。只是意思表示的形式、合同的形式等法律形式发生了变化,原有的纸质的书面形式被电子文本取代,原有的亲笔签名被电子签名取代。

(四)电子商务的业态本质

从商品流通业态的角度看,电子商务是一种新的商业模式,是商品流通的一种新业态。商品流通业态是指商品流通企业根据经营的产品不同和提供服务的差异,为满足不同层次的消费需求而形成的不同营业形态,如集市、百货店、超市、特许连锁经营等。业态竞争是商业流通企业利用业态的变化争夺市场、争夺消费者的竞争行为。业态变化能起到适应市场需要、吸引购买行为、扩大销售额的作用,因此业态成为商品流通企业竞争的工具。电子商务是技术革命带来的业态革命。电子计算机信息网络技术在电子商务中的运用,使商务活动主体突破时间和空间的约束,大大延伸了商务活动的时空范围,并深刻地改变了消费者的生活方式和购物习惯。虽然传统商品流通经营者也利用互联网技术使商品流通业态的发展更上一层楼,但电子计算机信息网络技术的运用所带来的巨大变革,足以使电子商务成为一种独立的新型商业模式,其对商务活动时空范围的突破是至今为止的任何一种商品流通业态都无法比拟的。

综上,从技术、商务、法律、业态等各个角度看,电子商务的本质都与其电子计算机信息网络技术有着密不可分的联系,或者说,之所以电子商务能够突破商务活动的时空范围,能够区别于传统商务活动,能够要求法律形式做改变,能够使商务信息转换为电子数据的形式,能够成为独立的新型业态的根本原因就在于电子计算机信息网络技术的运用。因此电子商务的真正本质在于电子计算机信息网络技术在商务活动中的运用。电子商务的特征由电子计算机信息网络技术所决定。

二、电子商务平台的特征

电子商务平台是指电子商务中平台经营者为交易双方或者多方从事网络商事交易而提供的经营场所。从电子商务实践看,电子商务平台就像一个虚拟市场,是经营者与相对人之间从事商品交换与交易的虚拟空间。从功能上看,电子商务平台与线下有形市场具有相似之处,它们都是商品信息或商品的集散地,是商品市场价格形成的空间或地点。但因为电子商务平台运用了电子计算机信息网络技术,电子商务平台与有形市场又不完全相同。与有形市场相比,电子商务平台具有如下特征。

（一）市场时空范围无限化

电子商务将传统的商务流程电子化、数字化，突破了时间和空间的限制，使得交易活动可以在任何时间、任何地点进行。与传统商品流通业态以辐射半径范围作为选址依据不同，电子商务不受选址的限制。只要互联网能够连通，经营者与消费者在任何地方都可以登录电子商务平台，完成相应交易。只要平台技术允许，电子商务平台这一虚拟市场的容量可以无限。这就是电子商务所具有的开放性和全球性的特点。对平台内经营者而言，一方面，市场时空范围的无限化使其拥有了无限的客流量；另一方面，无数经营者参与竞争，使经营者之间的竞争比有形市场更加激烈，更加充分。

（二）商品物理信息模糊化

电子商务平台的技术本质决定了电子商务平台中的商品只能通过电子计算机信息网络技术转换为电子数据，并在客户终端以图片或文字的形式表现，而无法让消费者接触到实物，无法通过自身的感观亲身体验商品的真实性能。许多消费者都反映实际得到的商品不是在网上看中的商品。其实，这是因为在把一件立体的实物缩小许多变成平面画片的过程中，商品本身的一些基本物理信息会失真，甚至丢失。输入电脑的只是经营者人为选择商品的部分信息，消费者无法从网上得到商品的全部信息，尤其是无法得到对商品的鲜明的直观印象。这就使平台的商品物理信息不如有形市场中的商品信息真实、清晰。平台商品物理信息的模糊化是由电子商务平台的技术本质所决定的客观事实。

（三）交易主体信息完全化与留痕化

交易主体信息完全化是指平台的交易主体，无论是经营者还是消费者或用户，其主体基本信息都必须完全地进入电子商务平台。如果说在电子商务实行实名制以前，这一点还不是十分明显，那么在实名制[①]实施以后，交易主体信息

① 《互联网用户账号名称管理规定》（2015）第5条；《网络安全法》（2017）第24条。

就完全保留在了电子商务平台系统之中。在有形市场中，经营者进驻特定有形市场从事经营活动时，其与有形市场开办者之间必然有合同约束，故其主体信息、经营资质证照等信息能够在市场开办者中留存。电子商务平台内经营者亦需要将相关信息提交给平台经营者。[①] 但是作为有形市场的消费者或用户却并不需要将个人信息告知市场开办者或场内经营者，即在有形市场交易过程中，虽然消费者或用户客观上在市场内从事了交易活动，但其主体信息却并没有被市场开办者或场内经营者掌握，即其市场开办者或场内经营者并不知道和掌握消费者或用户的主体信息。但是，在电子商务技术本质和实名制的共同约束下，包括消费者或用户在内，凡是平台内的交易参与主体，他们的基本信息都表现为一种完全呈现的状态。平台经营者可以轻易掌握消费者或用户的主体信息。不仅如此，由于电子商务的技术本质特点，一旦交易主体登录特定的电子商务平台，因为技术上的原因，其主体信息就可以被平台经营者永久地保存在该电子商务平台系统之中，留下痕迹。这就是交易主体信息的留痕化。

（四）经营者与商品的评价信息共享化

经营者与商品的评价信息是指消费者或用户在购买、使用商品后对经营者与商品的评价内容。在有形市场中，消费者或用户主要通过自身购买和使用商品的体验对特定经营者与商品做出评价。评价信息只有该消费者或用户自己掌握或在其熟人之间的小范围内传播。即通常所说的口碑传播。这种通过口碑传播的评价信息相对真实、可靠。但是，在电子计算机信息网络技术的支持下，在电子商务平台中，平台为消费者或用户提供了对经营者和商品进行评价的机制和通道。[②] 消费者或用户可以将其购买、使用商品或接受服务的体验等评价信息直接在平台内经营者或商品的下方予以留言展示，供其他消费者或用户参考，从而实现消费者或用户之间的评价信息共享。除了消费者或用户评价信息以外，平台还会利用其技术优势掌握，并实时显示购买该商品的人数，商品销量等相关经营信息。这些信息和电子商务平台的计算机算法程序等共同构

① 《电子商务法》(2019)第27条。

② 《电子商务法》(2019)第39条、第40条。

成了以平台内经营者为评价对象的星级评价体系。这个评价体系一方面供消费者或用户选购商品提供了参考,另一方面也成为平台推荐经营者或者商品,进行排名甚至收取经营者费用的依据。评价信息共享是一把"双刃剑",如果评价信息真实,则可以促进市场竞争,实现经营者或商品的优胜劣汰。如果评价信息失真,则可能转化为恶性市场竞争,造成经营者或商品的逆淘汰。因此,如何确保评价信息真实是平台经营者和行业监管的重要内容。

(五)消费者或用户行为的可预测化

消费者或用户行为的可预测化是指电子商务平台可以通过特定消费者或用户的消费习惯、商品偏好、价格偏好等信息提前判断未来该消费者或用户消费行为的情形。消费习惯、商品与价格偏好等信息属于消费者或用户的个人特征信息,一般情况下,外界无法把握,甚至消费或用户本人也没有意识到。在有形市场中,虽然消费者或用户也存在消费行为,但有形市场开办者或场内经营者无法统计和分析单个消费者或用户的消费行为,从而无法对消费者或用户的消费行为进行预测。电子计算机信息网络技术的发展却为消费者或用户消费行为的可预测性提供了可能。在电子商务平台中,特定消费者或用户的所有消费行为都会转化为数据保存在平台系统之中。当该消费者或用户反复在同一平台购买商品时,其消费者或用户的消费习惯、商品和价格偏好信息就会形成庞大的数据量。由于处理大量的数据正是计算机、信息统计等现代技术的优势,电子商务平台可以轻易地把这些数据转化为特定消费者或用户的消费习惯、商品和价格偏好等信息,完成对消费者或用户个人的画像工作。这就为电子商务平台经营者利用个人信息进行自动化决策①提供了可能。消费者或用户消费行为的可预测化可能使电子商务平台或平台内经营者利用这些数据引导,甚至干预消费者或用户的消费行为,而消费者或用户本人却不自知,从而使消费者或用户的利益受到损害,甚至影响到消费者或用户的意志自由。

---

① 《个人信息保护法》第73条第1款第2项。

(六)平台交易信息的大数据化

大数据是以容量大、类型多、存取速度快、应用价值高为主要特征的数据集合。[①] 在有形市场中,受到市场时空范围的限制,市场交易信息相关的数据总量有限且无法存取,不可能转化为大数据,也就不能发挥出大数据的价值。在电子商务平台中,虚拟市场时空的无限性为大量数据的产生提供了物质基础。电子计算机信息网络技术则为大量数据的快速存取、处理和分析加工提供了技术保障。电子商务平台交易信息的大数据化不仅可以预测消费者或用户的消费行为,还可以从消费者或用户的购买商品的类别和时间上分析和判断出更多的个人信息。根据我国《网络安全法》的规定,个人信息是指以电子或者其他方式记录的能够单独或者与其他信息结合识别自然人个人身份的各种信息,包括但不限于自然人的姓名、出生日期、身份证件号码、个人生物识别信息、住址、电话号码等。显然,大数据对现代社会经济发展有着积极作用。大数据正成为推动经济转型发展的新动力。以数据流引领技术流、物质流、资金流、人才流,将深刻影响社会分工协作的组织模式,促进生产组织方式的集约和创新。大数据推动社会生产要素的网络化共享、集约化整合、协作化开发和高效化利用,改变了传统的生产方式和经济运行机制,可显著提升经济运行水平和效率。大数据持续激发商业模式创新,不断催生新业态,已成为互联网等新兴领域促进业务创新增值、提升企业核心价值的重要驱动力。大数据产业正在成为新的经济增长点。但是,大数据的负面影响也不能忽视。在电子商务中,大数据完全有可能使消费者或用户的个人信息曝光于大庭广众之下,被有心之人恶意利用。因此,在平台交易信息大数据化的背景下,如何保护数据安全,保护个人信息安全必然成为电子商务行业监管的重要课题。

三、电子商务行业监管理论

(一)电子商务的市场失灵校正

市场失灵的根源在于市场交易双方信息不对称。电子商务中也存在市场

---

① 《促进大数据发展行动纲要》(国发〔2015〕50 号)。

失灵的现象,需要加以校正。例如,在20世纪90年代中后期至2003年支付宝开始运行期间,我国电子商务的发展就处于一种典型的市场失灵状态,导致那段时间电子商务的发展极其缓慢。虽然其中包含有个人电脑持有量少等客观原因,但根本上来说,导致市场失灵的主要原因仍然在于信息不对称。这一点也可以从电话销售模式中可见一斑。当时电话的普及率快速上升,电话销售兴起,但电话销售始终解决不了的一个问题就是买卖双方之间是先付款还是先发货的问题。因为先发货最终没有收到货款,或者因为先付款而没有收到商品的例子比比皆是。最终导致电话销售模式没有得到真正发展。表面上看是买卖一方不守信用。实质上是买卖双方对相对人的信用信息没有掌握,出现了主体信用信息不对称的结果。加上维权成本高昂,经营者和消费者或用户更多地选择了用脚投票,离开了电话销售市场,从而导致市场失灵。当时电子商务只是用互联网代替了电话这一信息沟通的工具,除了电子商务能够通过文字、图片比电话销售能够更加直观地展示商品以外,在主体信用信息不对称方面,与电话销售并没有任何不同。从这一意义上看,电子商务与其说是对技术的挑战,不如说是对信用的挑战。① 直到支付宝等第三方支付运用于电子商务之前,电子商务在我国的发展一直不温不火,很多电子商务经营企业因为资金链断裂而不得不终止营业。可以认为,支付宝等第三方支付方式的出现从技术和制度层面上解决了电子商务买卖双方之间的信用信息不对称问题。这是对电子商务市场失灵的一次重要校正。事实也是如此,自2003年开始连续四年,我国电子商务交易总额年均增速达35%左右。② 除了市场主体信用信息不对称以外,电子商务中商品物理信息的模糊化也是信息不对称的原因之一。但这一信息不对称对电子商务交易的影响要比主体信用信息不对称造成的市场失灵程度小得多。为了解决这一信息不对称问题,保护消费者利益,我国2014年《消费者权益保护法》修订时确认了网络销售中消费者享有七日无理由退货的权利。③

---

① 梁磊、赵福、王强、李剑:《电子商务的本质及其在中国的发展》,载《中国流通经济》2000年增刊。

② 商务部编写:《中国电子商务报告(2013年)》,载商务部官网:http://dzsws.mofcom.gov.cn/article/ztxx/ndbg/201409/20140900740745.shtml。

③ 《消费者权益保护法》(2013修订)第25条。

值得一提的是,消费者无理由退货制度也称反悔权或冷静期制度。在法律实践中,该规定最早起源于20世纪60年代的美国,根据1979年美国联邦贸易委员会颁布的法规,冷静期制度正式成为消费者所拥有的一项权利。不过美国的冷静期制度不仅适用于电子商务,还适用于消费者的线下消费活动,值得我国借鉴。可见,从市场失灵校正的角度观察,第三方支付和冷静期制度民事制度设计较好地解决了电子商务市场失灵的核心问题。我国电子商务市场并不存在为了校正市场失灵而实施行业监管的空间。

(二)电子商务的公共利益保护

公共利益保护也是行业监管依据之一。电子商务中的公共利益主要表现在三个方面。第一,电子商务本身导致的交易主体信息完全化和留痕化使电子商务平台经营者和平台内经营者掌握、管理、加工和处理主体个人信息成为可能。电子商务平台交易信息的大数据化使消费者或用户的个人隐私信息容易被平台经营者及信息接触人掌握和利用。相对于经营者而言,消费者或用户则因为消费行为失去了对其个人信息和隐私信息的控制,个人权益更有可能受到侵害。这种侵害隐患对于每一个参与电子商务的不特定消费者或用户,即社会公众都利害相关。一般认为,社会公共利益应当具有公众性,主体不特定的特点。因此,电子商务涉及的非特定个人信息和个人隐私信息具有公共利益的属性。第二,电子商务产业对促进国家经济健康快速发展无疑具有重要作用。"十三五"期间,我国电子商务已经成为数字经济中发展规模最大、增长速度最快、覆盖范围最广、创业创新最为活跃的重要组成部分,也是实体经济与数字经济整合发展的重要推动力。① 保障电子商务产业健康安全发展无疑亦具有公共利益属性。如果电子商务涉及的个人信息安全得不到保护,那么电子商务作为一个产业的发展必然受到影响。可以认为,保护个人信息安全是保障电子商务产业发展的重要组成部分。第三,电子商务的技术本质决定了电子商务的跨国界性。在经济全球化的背景下,包括电子商务平台在内的电子商务经营者与

---

① 商务部编写:《中国电子商务报告(2020年)》,载商务部官网:http://dzsws.mofcom.gov.cn/article/ztxx/ndbg/202109/20210903199156.shtml。

世界各国的计算机终端通过网络互联互通,共享信息。电子数据安全必须在国际范围内得到保障,否则有可能影响国家安全[①]。可见,电子商务本身的技术特征决定了电子商务与国家安全这一公共利益有关。综上,笔者认为,电子商务本身虽然主要是私人之间的交易关系,具有较强的私法属性,但是电子商务经营者掌握的大量个人信息却具有公共利益的属性。国家应当通过行业监管等措施加强对电子商务涉及的个人信息的保护。

四、电子商务监管模式的国际比较

(一)电子商务交易规则监管立法

电子商务是传统电子商务与电子计算机信息网络技术相结合的产物。电子工具是手段,商务活动是目的。因此,大多数国家认可电子商务属于私法范围,与传统商事交易活动具有相似性,传统商事法律规范应当适用于电子商务。如英国 1979 年的《商品销售法案》《商品与服务供应法案》,2002 年的《消费者商品与服务供应法案》。各国意识到商务电子化以后,必然引起具体交易规则的变化,即部分交易规则的电子化。对此,各国都比较注重对电子商务交易规则的监管。如美国各州为了促进电子商务的规范发展,都进行了电子商务立法,至 1999 年已经有 44 个州完成了电子商务立法。而且,美国各州的立法重点在于规范电子商务交易规则。如犹他州的《电子签名法》,伊利诺伊州的《金融机构数字签名法》[②]。为了适应电子商务跨越州界乃至国界的特点,1999 年美国非官方委员会"美国统一州法委员会"通过了《电子交易统一法》,力图建立一个全国统一的电子商务规范体系。[③] 新加坡的《电子交易法》详细规定了电子签名的规则与法律效力。欧盟颁布了《电子商务指令》和《电子签名指令》,重在统一欧盟内部的电子商务交易规则,减少对电子商务发展的法律阻碍。美国的《统一计算机信息交易法》第一百零八条规定了"签章的效力与证

---

① 《国家安全法》(2015)第 25 条。

② 张楚:《美国电子商务法评析》,载《法律科学》2000 年第 2 期。

③ 贾九斌、李永华:《借鉴美国立法经验完善我国电子商务法律体系》,载《黑龙江省政法管理干部学院学报》2004 年第 5 期。

明”的内容等。[1] 我国也于2004年通过了《电子签名法》。

(二)电子商务个人信息保护监管

与各国规范电子商务交易规则采取类似做法不同,在电子商务个人信息保护监管方面,各国出现了不同理论与监管立法实践。美国认为电子商务纯属私法规范范畴,应当淡化政府在其中的主导角色。这一观点在1997年公布的政策性宣言《全球电子商务框架》中得到体现。即电子商务政策五项原则。其中包括:第一,私营部门必须发挥主导作用;第二,政府应该避免对电子商务的不当限制;第三,政府必须参与时,其目标应当是支持和创造一种可以预测、受影响最小的、持续简单的法律环境。[2] 不仅如此,即使对于电子商务相关的个人隐私权的保护,美国也倾向于以业界自律来规范对隐私权的保护,以避免政府法律法规的介入成为电子商务发展的障碍。美国政府相信业界通过自律可以与消费者建立互信关系,从而使消费者自愿提供个人资料来进行交易。[3] 尽管美国国会也于1998年通过了《儿童在线隐私保护法案》,但更多的是注重防止政府对个人隐私权的侵害。可见,美国的电子商务个人信息保护监管主要是以行业自律监管为主。同样,为了保护个人信息及隐私,新加坡于2001年制定了一套行业自律规范《行业内容操作守则》,规定互联网服务商必须尊重用户个人资料的隐私。与此不同,2018年欧盟制定了《一般数据保护条例》,该法具有强制性的硬法特征,规定把个人信息保护纳入政府公共服务范畴,并规定数据处理者为直接、独立的义务主体。个人数据控制者和处理者应当设立数据保护官,加强对个人数据的保护。德国制定的《联邦数据保护法》,立法目的在于控制国家对个人信息的不当处理。2003年修订后第三篇内容为“私人机构与参与竞争的公法企业的数据处理”,规定了数据处理的法律基础、数据主体的权

① 程宗璋:《电子商务立法的国际比较及对我国的启示》,载《辽宁大学学报(哲学社会科学版)》2003年第5期。

② 贾九斌、李永华:《借鉴美国立法经验完善我国电子商务法律体系》,载《黑龙江省政法管理干部学院学报》2004年第5期。

③ 姜全红:《论电子商务中的隐私权保护问题》,载《北京航空航天大学学报(社会科学版)》2003年第6期。

利、监管机构等。[①] 日本于2017年修订了《个人信息保护法》的部分规定，强调了限制滥用一般个人信息的理念，并相应规定了个人信息处理业者应当遵守的义务。以上国家对个人信息保护的具体规则与措施可能不尽相同，但都强化了个人信息保护的规定，而且还设置了专门的独立监管机构，负责对个人信息保护监管法律的监督执行。[②] 我国也于2021年通过了《个人信息保护法》。

五、我国电子商务行业监管

（一）电子商务交易规则适应性立法与修订

电子商务属于私法领域，《民法典》及其中的合同规范、消费者权益保护等私法规范当然适用于电子商务活动。只是电子化后的商务活动仍然与传统商务有所不同。为适应电子计算机信息网络带来的商务电子化的需要，促进我国电子商务产业的发展，我国于2004年制定了《电子签名法》，该法规定了电子签名的法律形式和法律效力，为电子商务中电子合同的订立、生效、变更、消灭提供了新的法律形式。其中，电子签名是指数据电文中以电子形式所含、所附用于识别签名人身份并表明签名人认可其中内容的数据。数据电文，是指以电子、光学、磁或者类似手段生成、发送、接收或者储存的信息。[③] 为解决电子商务中商品物理信息模糊化带来的信息不对称问题，我国《消费者权益保护法》于2014年进行了修订，增加了经营者以电子商务等远程销售方式下销售商品的，消费者适用冷静期保护制度的规定。即经营者采用网络、电视、电话、邮购等方式销售商品，消费者有权自收到商品之日起七日内退货，且无须说明理由。[④]

（二）电子商务个人信息保护和网络安全的双重监管结构

1. 主管部门行业监管

依据前述电子商务行业监管理论，为保障个人的基本权利与自由，避免社

---

① 何培育：《他山之石：德国个人信息保护立法的考察与借鉴》，载《重庆与世界》2015年第1期。
② 张涛：《个人信息保护中独立监管机构的组织法构造》，载《河北法学》2022年第7期。
③ 《电子签名法》（2004）第2条。
④ 《消费者权益保护法》（2013修订）第24条第1款。

会公民因个人信息泄露造成损害,电子商务领域即使具有较强的私法属性,国家仍然得从行业监管角度适当介入监管。这一点无论从法理上还是现行法律规定上都可以验证。从法理上看,就个人信息保护和网络安全保障而言,《电子商务法》既是《个人信息保护法》的特别法,也是《网络安全法》的特别法。电子商务中的相关问题理应适用上述一般法的行业监管。从现行法律规定看,《电子商务法》分别规定了电子商务经营者的个人信息保护义务和电子商务平台经营者的网络安全保障义务。即电子商务经营者收集、使用其用户的个人信息,应当遵守法律、行政法规有关个人信息保护的规定。[①] 电子商务平台经营者应当采取技术措施和其他必要措施保证其网络安全、稳定运行,防范网络违法犯罪活动,有效应对网络安全事件,保障电子商务交易安全。电子商务平台经营者应当制定网络安全事件应急预案,发生网络安全事件时,应当立即启动应急预案,采取相应的补救措施,并向有关主管部门报告。[②] 同时,该法还规定了相应的行政责任。即电子商务经营者违反法律、行政法规有关个人信息保护的规定,或者不履行本法第三十条和有关法律、行政法规规定的网络安全保障义务的,依照《网络安全法》等法律、行政法规的规定处罚。[③] 笔者认为,这三条规定从立法技术上把电子商务活动纳入了《个人信息保护法》和《网络安全法》规定的行业监管范围。

2. 经营者自律监管

除了行业监管以外,我国电子商务法及其他相关法律还就个人信息保护和网络安全保障规定了行业自律监管的内容。即《电子商务法》把电子商务个人信息保护和网络安全作为电子商务经营者的义务纳入经营者与消费者的合同内容之中,并将其作为电子商务经营者对消费者的一般安全保障义务。前者如电子商务平台经营者应当遵循公开、公平、公正的原则,把消费者权益保护、个人信息保护等方面的权利和义务,纳入平台服务协议和交易规则并公示,保证经营者和消费者能够便利、完整地阅览和下载。[④] 后者如电子商务经营者从事

---

① 《电子商务法》(2018)第23条。
② 《电子商务法》(2018)第30条。
③ 《电子商务法》(2018)第79条。
④ 《电子商务法》(2018)第32条、第33条。

经营活动,应当履行消费者权益保护、网络安全与个人信息保护等方面的义务。[①]《个人信息保护法》规定,处理个人信息侵害个人信息权益造成损害,个人信息处理者不能证明自己没有过错的,应当承担损害赔偿等侵权责任。[②]《消费者权益保护法》规定,消费者在购买、使用商品和接受服务时,享有个人信息依法得到保护的权利。[③] 经营者侵害消费者个人信息依法得到保护的权利的,应当停止侵害、恢复名誉、消除影响、赔礼道歉,并赔偿损失。[④]《网络安全法》规定,网络运营者应当对其收集的用户信息严格保密,并建立健全用户信息保护制度。[⑤] 网络运营者不得泄露、篡改、毁损其收集的个人信息;未经被收集者同意,不得向他人提供个人信息。[⑥] 关于网络安全保障义务,网络运营者应当按照网络安全等级保护制度的要求,履行安全保护义务,保障网络免受干扰、破坏或者未经授权的访问,防止网络数据泄露或者被窃取、篡改。[⑦] 违反上述网络安全规定,给他人造成损害的,依法承担民事责任。[⑧] 无论是把个人信息和网络安全保护纳入合同内容之中,还是作为经营者对于消费者的一般安全保障义务,经营者为避免承担相应民事责任,必须做好个人信息保护和网络安全保障的自律管理。

综上,关于个人信息保护和网络安全保障,我国既采用了行业监管体制,也采用了经营者自律的监管体制。我国对电子商务个人信息保护采用的是双重监管结构。

(三)我国电子商务行业监管内容

我国电子商务行业监管的法律依据主要有《电子商务法》《个人信息保护法》和《网络安全法》。依据上述法律相关规定,国家网信部门负责统筹协调个

---

① 《电子商务法》(2018)第5条。

② 《个人信息保护》(2021)第67条。

③ 《消费者权益保护法》(2013修订)第14条。

④ 《消费者保护权益法》(2013修订)第50条、第56条。

⑤ 《网络安全法》(2017)第40条。

⑥ 《网络安全法》(2017)第42条。

⑦ 《网络安全法》(2017)第21条。

⑧ 《网络安全法》(2017)第74条。

人信息保护、网络安全工作和相关监督管理工作。国务院有关部门依照本法和有关法律、行政法规的规定，在各自职责范围内负责个人信息保护和监督管理工作。县级以上地方人民政府有关部门的个人信息保护和监督管理职责，按照国家有关规定确定。①　电子商务行业监管的对象是电子商务经营者，包括电子商务平台经营者和平台内经营者。我国电子商务行业监管主要包括以下内容。

1. 一般个人信息和敏感个人信息区分原则

敏感个人信息是指一旦泄露或者非法使用，容易导致自然人的人格尊严受到侵害或者人身、财产安全受到危害的个人信息，包括生物识别、宗教信仰、特定身份、医疗健康、金融账户、行踪轨迹等信息，以及不满十四周岁未成年人的个人信息。②　敏感个人信息以外的信息属于一般个人信息。处理敏感个人信息应当取得个人的单独同意；③只有在具有特定的目的和充分的必要性，并采取严格保护措施的情形下，个人信息处理者方可处理敏感个人信息。④

2. 个人信息保护和网络安全负责人制度

处理个人信息达到国家网信部门规定数量的个人信息处理者应当指定个人信息保护负责人，负责对个人信息处理活动以及采取的保护措施等进行监督。个人信息处理者应当公开个人信息保护负责人的联系方式，并将个人信息保护负责人的姓名、联系方式等报送履行个人信息保护职责的部门。⑤　网络运营者应当按照网络安全等级保护制度的要求，制定内部安全管理制度和操作规程，确定网络安全负责人，落实网络安全保护责任。⑥

3. 电子商务经营者内控合规制度建设

电子商务经营者作为提供重要互联网平台服务、用户数量巨大、业务类型复杂的个人信息处理者，应当按照国家规定建立健全个人信息保护合规制度体系，

---

①　《网络安全法》(2017)第8条，《个人信息保护法》(2021)第60条。

②　《个人信息保护法》(2017)第28条第1款。

③　《个人信息保护法》第29条。

④　《个人信息保护法》(2017)第28条第2款。

⑤　《个人信息保护法》(2021)第52条、第53条规定。其中“履行个人信息保护职责的部门”是指国家网信部门、国务院有关部门、县级以上地方人民政府有关部门，下同。根据《个人信息保护法》第60条规定。此处应指国家网信部门。

⑥　《网络安全法》(2017)第21条第1款第1项。

成立主要由外部成员组成的独立机构对个人信息保护情况进行监督；明确平台内产品或者服务提供者处理个人信息的规范和保护个人信息的义务；[①]网络运营者应当对其收集的用户信息严格保密，并建立健全用户信息保护制度。[②]

4. 电子商务经营者采取补救措施和报告义务

电子商务平台经营者应当制定网络安全事件应急预案，发生网络安全事件时，应当立即启动应急预案，采取相应的补救措施，并向有关主管部门报告。[③]

网络运营者应当制定网络安全事件应急预案，及时处置系统漏洞、计算机病毒、网络攻击、网络侵入等安全风险；在发生危害网络安全的事件时，立即启动应急预案，采取相应的补救措施，并按照规定向有关主管部门报告。[④]

网络运营者应当采取技术措施和其他必要措施，确保其收集的个人信息安全，防止信息泄露、毁损、丢失。在发生或者可能发生个人信息泄露、毁损、丢失的情况时，应当立即采取补救措施，按照规定及时告知用户并向有关主管部门报告。[⑤]

网络运营者应当加强对其用户发布的信息的管理，发现法律、行政法规禁止发布或者传输的信息的，应当立即停止传输该信息，采取消除等处置措施，防止信息扩散，保存有关记录，并向有关主管部门报告。[⑥]

5. 约谈和现场检查权

履行个人信息保护职责的部门发现个人信息处理活动存在较大风险或者发生个人信息安全事件的，可以按照规定的权限和程序对该个人信息处理者的法定代表人或者主要负责人进行约谈，或者要求个人信息处理者委托专业机构对其个人信息处理活动进行合规审计。[⑦]

履行个人信息保护职责的部门履行个人信息保护职责，可以采取下列措施：(1)询问有关当事人，调查与个人信息处理活动有关的情况；(2)查阅、复制

---

① 《个人信息保护法》(2021)第58条第1款第1项、第2项。
② 《网络安全法》(2017)第40条。
③ 《电子商务法》(2018)第30条第2款。
④ 《网络安全法》(2017)第25条。
⑤ 《网络安全法》(2017)第42条第2款。
⑥ 《网络安全法》(2017)第47条。
⑦ 《个人信息保护法》(2021)第64条。

当事人与个人信息处理活动有关的合同、记录、账簿以及其他有关资料；(3)实施现场检查，对涉嫌违法的个人信息处理活动进行调查；(4)检查与个人信息处理活动有关的设备、物品；对有证据证明是用于违法个人信息处理活动的设备、物品，向本部门主要负责人书面报告并经批准，可以查封或者扣押。履行个人信息保护职责的部门依法履行职责，当事人应当予以协助、配合，不得拒绝、阻挠。①

案例参考 20　平台经营者自治规则适用过程中行为违法性和主观过错判定②

2019 年 4 月 30 日，被告苏州美某娜多化妆品有限公司(以下简称美某娜多公司)作为权利人向被告浙江某宝网络有限公司(以下简称某宝公司)投诉，认为原告上海某询实业有限公司(以下简称某询公司)在某宝网络平台上销售的美某娜多品牌化妆品是假货并提供检测报告(有瑕疵)。5 月 3 日，某宝公司通知某询公司限期申诉。5 月 5 日，某询公司申诉并提供了网店购销合同书(不完整)、发货单、抬头系唐某的发票，同时备注唐某与被投诉店铺间的关系等材料。某宝公司经审查后，要求某询公司补充提供完整发票。某询公司后续未再提供材料或进行说明。5 月 6 日，某宝公司依据平台自治规则认为某询公司的申诉不成立，对某询公司店铺进行处罚。经查，某宝公司系基于平台自治规则审核投诉、申诉材料，未向美某娜多公司告知应向有关部门投诉或者向人民法院起诉。以上事实经一审法院查明认定。

一审期间，原告某询公司诉称，自身不存在售假行为，美某娜多公司系恶意投诉。某宝公司对美某娜多公司的恶意投诉未尽任何证据审查，亦在未对某询公司申诉材料进行审查的情况下，直接实施扣分和删除产品链接等处罚，严重损害了某询公司的合法权益。请求判令美某娜多公司撤销投诉并赔偿某询公司经济损失人民币(以下币种同)120 万元，某宝公司撤销处罚并承担连带

① 《个人信息保护法》(2021)第 63 条。

② 上海市第一中级人民法院(2020)沪 01 民终 4923 号民事判决书。

责任。

被告某宝公司辩称,某宝公司有权对投诉、申诉材料进行形式审查,排除明显不构成知识产权侵权的通知和明显不能证明被通知人行为合法性的反通知。某询公司提供的发票中显示购买方为唐某,无法与涉案店铺关联,因此某询公司的申诉不构成初步证据,某宝公司未终止已采取的措施并无过错,不应承担赔偿责任。

被告美某娜多公司辩称,美某娜多公司投诉系基于某询公司按照成本价销售且无法查询到销售商品的生产商号,并非恶意投诉。另外,某询公司无法提供证据证明其损失,且美某娜多公司的投诉并不必然产生损失,是否处罚由某宝公司决定,因此美某娜多公司的投诉与处罚并无直接因果关系。

就此,一审法院上海市金山区人民法院于2020年3月27日作出(2019)沪0116民初9730号民事判决:(1)美某娜多公司赔偿某询公司损失3万元;(2)某宝公司赔偿某询公司损失2万元;(3)美某娜多公司撤回投诉;(4)某宝公司恢复某询公司的网店积分及保证金;(5)驳回某询公司的其余诉讼请求。

一审宣判后,原告某询公司、被告某宝公司提出上诉。

二审法院认为:某宝公司因未实施反通知程序继而未及时终止必要措施行为承担侵权责任的审查要点是本案的争议焦点。《民法典》对于电子商务平台经营者未实施不侵权声明的转通知程序、继而未终止必要措施行为的性质及相应的法律责任均未作出规定。法律未作特别规定的,则应按照侵权构成的一般规定进行判断,即审核是否存在侵权行为、主观过错、损害后果及因果关系。

一、行为违法性的判断。电子商务平台经营者转送不侵权声明及终止措施以收到有效的不侵权声明为前提,而有效的不侵权声明包括提供不存在侵权行为的初步证据及网络用户的真实身份信息。某宝公司的违法性在于其对初步证据的审核及后续处置有违法律规定。

《民法典》《电子商务法》均未对初步证据的具体证明标准予以明确规定。因此,电子商务平台经营者在对初步证据审查中有一定的自主空间。平台对初步证据审查无论解读为权利、义务,抑或一项程序性设置,均应有一定判断标准。鉴于电子商务争议多为民事纠纷,立法也鼓励通过电子商务争议处置机制诉前解决纠纷,故有关初步证据的证明标准具有参照民事诉讼证据标准的可能性与必要性。然而该机制毕竟不是诉讼程序,故不能直接套用在民事诉讼中普遍适用的高度盖然性的证明标准。法院认为,电子商务争议中有关不侵权声明初步证据的证明标准应低于高度盖然性标准,宜采一般可能性标准。主要考量因素有:其一,对不侵权声明的审查是终止必要措施与否的前置程序,故电子商务平台经营者同样应基于审慎合理的原则对不侵权声明所附证据进行审查。其二,立法采用初步证据的表述,证明标准应与初步相当,不应过高。其三,从通知与反通知的制度设计来看,对初步证据进行审查是启动转送的前置程序,而非对侵权与否的实体裁断,故其证明标准应低于民事诉讼证明标准。

综上所述,一般可能性标准是现阶段较适合电子商务平台经营者判断初步证据的证明标准。具体而言,一是对初步证据进行形式要件审查,二是基于一般判断能力进行实质性审查,排除明显不能证明行为合法性的证据,可令一般理性人相信存在不侵权的可能性。本案中,不侵权声明包含的证据不能是明显不能证明行为合法性的证据,比如与投诉产品无关的购销合同、发票等。另外,该些证据可令一般理性人相信存在不侵权的可能性,即内心对是否侵权存疑。某询公司提供了网店购销合同书、发货单、抬头系唐某的发票,同时备注唐某与被投诉店铺间的关系。某询公司提供的发票抬头虽为唐某,但其已对唐某的身份进行说明,即系公司股东。相关证据之间具有关联性,依据一般可能性证明标准,已可证明其售卖的商品具有合法来源的可能性,勿论某宝公司在二审期间亦自述某询公司提供的证据的确使其对侵权与否存疑。因此,在某询公司提供初步证据后,其不侵权声明应为有效,但某宝公司基于平台自治规则认定无效,继而未告知美某娜多公司应向有关部门投诉或向法院起诉,且未依法及时终止已采取的必要措施,其行为不符合法律规定,存在违法性。

二、主观过错的判断。无论是《电子商务法》第四十三条还是《民法典》第一千一百九十六条,规定反通知程序的目的是通过程序设置甄别出可能的错误通知并及时予以终止,以平等保护权利人和被投诉人的利益。因此,若电子商务平台经营者依法履行转送、告知、终止措施,自能避免错误投诉的发生,其无须承担责任。若电商平台未履行反通知程序,易导致错误的投诉无法得到及时终止,进而对被投诉人造成损害。《电子商务法》第四十三条、《民法典》第一千一百九十六条明确电商平台应当转送不侵权声明,该应当二字不应理解为一种真正的、可以被独立诉请要求履行的、独立的义务，而只是一种提示性的、注意性的规定。因此，电子商务平台经营者对其未能及时终止错误投诉的行为承担责任需满足其主观具有过错这一要件。从功能上看，侵权通知与相应的反通知，其实是给电子商务平台经营者作出判断的一些初步材料和依据。电子商务平台经营者基于这些材料，来决定对网络用户是否采取必要措施或是否终止。电子商务平台经营者在审查相关侵权通知或不侵权声明及所附初步证据时应秉持中立等程序正义原则。如有违中立原则，对两者采用不同审查标准的，可认为对权利人或被投诉人依法维权设置了不合理的条件或障碍，即为主观过错。

某宝公司在处理投诉、申诉时有违程序正义，具体表现为：一是作为纠纷调处者，基于一般注意义务，当双方就侵权与否均能提供证据时，某宝公司理应促使美某娜多公司再行核实投诉是否准确，从而避免本案投诉材料的瑕疵一直未予发现，但某宝公司并未向美某娜多公司核实过申诉材料的真实性，其以不作为的方式继续维持处罚措施，存在过错。二是某询公司提供具有关联性的证据材料后，某宝公司因适用高度盖然性的证据审查标准对此未予采信，而其在对美某娜多公司侵权通知所附证据的审查中，并无对投诉商品与检测报告应有关联性的基本要求。两相比较，某宝公司对不侵权声明的证据审查标准显高于侵权通知证据。法律并未因权利人与被投诉人的角色不同而对初步证据作出区别规定，某宝公司对权利人与被投诉人采用标准不一的证据证明标准层次，有违公平，实际对某询公司依法维护权利设置了不合理的条件，存在过错。某宝公司对某询公司采取的必要措施因某宝公司未实施反通知程序导致未能及时终止，势必对某询公司造成一定的财产损失，损害后果及因果关系明确。

据此，二审法院终审认定某宝公司与美某娜多公司均构成侵权，酌定损失20万元，并按照三方的过错程度改判美某娜多公司、某宝公司、某询公司分别承担50%、30%、20%比例的责任。

案例分析指引

1. 如何理解平台经营者自治规则的法律属性？请谈一谈平台经营者自治规则存在的合理性及自治规则产生的法律基础。

2. 平台经营者适用自治规则处理案件时构成侵权的法律要件是什么？在利用自治规则处理案件时，平台经营者应当如何避免自身承担侵权责任？

第五节　特殊商品流通行业监管法律制度

一、特殊商品流通行业监管理论

特殊商品流通行业监管,是指基于商品本身的特殊性而实施的行业监管。特殊商品流通行业监管与基于特定商品流通模式的行业监管不同。后者的行业监管理论是市场失灵校正理论和公共利益保护理论。特殊商品流通行业监管并不是基于市场失灵校正理论。事实上,为了保护公共利益,根据商品的特殊性,有时反而不能让市场机制在该特殊商品的流通过程中发挥作用。因此,特殊商品流通行业监管的理论依据只有公共利益理论。即纳入行业监管范围的特殊商品对象本身属性中包含有公共利益的性质。关于公共利益,一般认为国家利益、与每个社会公民都有关系的利益,或者与不特定的社会公民相关的利益都属于公共利益。在现实社会经济生活中,公共利益往往有不同的表现形式。特殊商品流通因其商品本身的属性不同,其公共利益的表现形式也不尽相同。例如,烟草不仅与消费者身体健康相关,也与国家财政收入直接相关,故烟草产品的流通就具有公共利益属性。人用药品安全与否直接关系到社会每个公民的利益,故人用药品的安全流通也具有公共利益属性。因此,对于像烟草、人用药品这样的特殊商品流通就需要纳入行业监管的范畴。总体而言,凡是与国家战略安全、国家经济利益、国计民生、消费者的普遍安全密切相关的特殊商品流通都应当纳入行业监管的范畴。

二、特殊商品流通行业监管制度

特殊商品流通行业监管制度是指行业主管机构[①]对特殊商品流通实施行业监管的规程或准则。行业监管作为政府介入市场的具体行为有其规律性。

---

① 行业主管机构根据特殊商品所属的行业确定,特殊商品的种类不同,行业主管机构也不同。另,国家行政组织机构和职能的改革与调整,也会导致不同时期同一商品的行业主管机构发生变化。如2008年前生猪屠宰的主管机构为商品流通行政主管部门;2008年调整为商务主管部门;2016年调整为畜牧兽医行政主管部门;2021年调整为农业农村主管部门。

虽然依据商品的属性不同,行业监管制度也会有所不同,但在基本制度和方法上仍然具有共通性。根据我国相关法律规定和行业监管实践,笔者认为,关于特殊商品流通行业监管,主要包含以下行业监管制度。

(一)许可证管理制度

许可证管理制度是指经营者从事特定经营活动需要向主管行政机关申请,经批准领取许可证后方能从事该项经营活动的一项行政管理制度。许可证管理是实行商品流通主体行业准入的一种管理方法。如我国对烟草专卖品的生产、销售、进出口依法实行专卖管理,并实行烟草专卖许可证制度。① 烟草制品生产企业、经营烟草制品批发业务的企业、托运或者自运烟草专卖品、包括生产卷烟纸、滤嘴棒、烟用丝束、烟草专用机械的企业都应当取得主管机构批准的许可证或准运证。② 从事生猪定点屠宰的,应当取得生猪定点屠宰证书和生猪定点屠宰标志牌。否则,除农村地区个人自宰自食的不实行定点屠宰外,任何单位和个人未经定点不得从事生猪屠宰活动。③ 从事化妆品生产活动的企业,应当取得化妆品生产许可证。④

(二)分类分级管理制度

分类分级管理制度是指针对商品或者经营主体的不同类别和级别实行区分管理的制度。分类分级的标准往往依据不同类别和级别对公共利益的影响程度来确定。如果对公共利益的损害可能性来自商品本身,则通常以不同类别商品所含的风险程度确定类别或级别。同样,如果商品规模、技术资质构成影响公共利益的重要因素,则通常以规模大小、技术资质等确定商品的类别或级别。如我国按照风险程度对化妆品、化妆品原料实行分类管理。化妆品分为特殊化妆品和普通化妆品。国家对特殊化妆品实行注册管理,对普通化妆品实行备案管理。化妆品原料分为新原料和已使用的原料。国家对风险程度较高的

---

① 《烟草专卖法》(2015 修正)第 3 条。

② 《烟草专卖法》(2015 修正)第 12 条、第 15 条、第 21 条、第 24 条。

③ 《生猪屠宰管理条例》(2021 修订)第 2 条、第 9 条。

④ 《化妆品监督管理条例》(2021)第 26 条、第 27 条。

化妆品新原料实行注册管理,对其他化妆品新原料实行备案管理。[①] 关于生猪定点屠宰,国家根据生猪定点屠宰厂(场)的规模、生产和技术条件以及质量安全管理状况,推行生猪定点屠宰厂(场)分级管理制度。[②]

(三)溯源管理制度

溯源的本意是指往上游寻找水的发源地,比喻向上寻求历史根源。在现代企业产品管理中,企业为了提高自身产品的质量、建立产品信用,主动运用一物一码技术,建立完善的产品追溯流通体系。无论是商家还是消费者,只需扫码就可以了解产品的产地、制作加工、运输情况,甚至能详细到原材料、质量检测结果等数据信息。在行业监管中,溯源管理制度是指行业主管部门依据法律规定监督经营者确保特殊商品能够实现追溯的制度。在特殊商品行业监管中,溯源管理具有法定性和强制性。溯源管理的目标是通过溯源管理确认责任主体,并引导责任主体依法生产合格产品;在疫情管理中,溯源管理可以发现流行病的源头和传播路径,有利于开展流行病学调查。如生猪定点屠宰厂(场)应当建立生猪进厂(场)查验登记制度。生猪定点屠宰厂(场)应当依法查验检疫证明等文件,利用信息化手段核实相关信息,如实记录屠宰生猪的来源、数量、检疫证明号和供货者名称、地址、联系方式等内容,并保存相关凭证。发生动物疫情时,还应当查验、记录运输车辆基本情况。生猪定点屠宰厂(场)应当建立生猪产品出厂(场)记录制度,如实记录出厂(场)生猪产品的名称、规格、数量、检疫证明号、肉品品质检验合格证号、屠宰日期、出厂(场)日期以及购货者名称、地址、联系方式等内容,并保存相关凭证。记录、凭证保存期限不得少于 2 年。[③] 化妆品注册人、备案人、受托生产企业应当建立并执行原料以及直接接触化妆品的包装材料进货查验记录制度、产品销售记录制度。进货查验记录和产品销售记录应当真实、完整,保证可追溯,保存期限不得少于产品使用期限届满后 1 年;产品使用期限不足 1 年的,记录保存期限不得少于 2 年。[④]

---

① 《化妆品监督管理条例》(2021)第 4 条。

② 《生猪屠宰管理条例》(2021 修订)第 6 条。

③ 《生猪屠宰管理条例》(2021 修订)第 13 条、第 17 条。

④ 《化妆品监督管理条例》(2021)第 31 条。

（四）注册和备案制度

注册和备案制度是行业主管机构常用的监管方法。注册是指经行业主管审核后，把符合法定要件的经营者主体信息或商品信息记入相应簿册或名录，从而使该经营主体取得特定的行为资格或使该商品获得上市许可的制度。备案是指经营者向主管机关报告特定事由，并由行业主管机构存案以备查考的制度。备案程序中，行业主管机构对经营者提交的备案材料不进行实质性审核。故注册事项要比备案事项更加严格。如在中国境内上市的药品，应当经国务院药品监督管理部门批准，取得药品注册证书；①国家对特殊化妆品实行注册管理，国家对风险程度较高的化妆品新原料实行注册管理。② 又如，从事粮食收购的企业，应当向收购地的县级人民政府粮食和储备行政管理部门备案企业名称、地址、负责人以及仓储设施等信息，备案内容发生变化的，应当及时变更备案。③ 国家对普通化妆品实行备案管理。国家对风险程度较高的化妆品新原料以外的其他化妆品新原料实行备案管理。④ 开展药物临床试验，应当在具备相应条件的临床试验机构进行。

（五）专门责任人制度

专门责任人制度，是指对于与公共利益关系密切的重要和关键业务内容，法律要求商品流通经营者必须设置专门人员负责并监督的制度。对于法律规定应当设置专门负责人的，行业主管部门对经营者是否设置专门负责人进行合规监管。例如，化妆品注册人、备案人、受托生产企业应当设置质量安全负责人，承担相应的产品质量安全管理和产品放行职责。⑤ 又如，药品上市许可持有人应当建立药品质量保证体系，配备专门人员独立负责药品质量管理。⑥

---

① 《药品管理法》（2019 修订）第 24 条。
② 《化妆品监督管理条例》（2021）第 4 条第 2 款、第 3 款。
③ 《粮食流通管理条例》（2021 修订）第 9 条第 2 款。
④ 《化妆品监督管理条例》（2021）第 4 条第 2 款、第 3 款。
⑤ 《化妆品监督管理条例》（2021）第 32 条。
⑥ 《药品管理法》（2019 修订）第 31 条。

（六）现场检查和执法制度

现场检查和执法制度，是行业主管机关根据法律规定的权限，在符合法定情形的情况下，进入特殊商品流通经营者从事生产或销售等经营活动的现场检查经营者合规情况，并根据检查情况采取相应执行活动的制度。现场检查和执法制度是行业主管机构行使行业监管权的最直接和最重要的方式。例如，关于生猪屠宰，农业农村主管部门依法进行监督检查，可以采取下列措施：（1）进入生猪屠宰等有关场所实施现场检查；（2）向有关单位和个人了解情况；（3）查阅、复制有关记录、票据以及其他资料；（4）查封与违法生猪屠宰活动有关的场所、设施，扣押与违法生猪屠宰活动有关的生猪、生猪产品以及屠宰工具和设备。[①] 又如，负责药品监督管理的部门对化妆品生产经营进行监督检查时，有权采取下列措施：（1）进入生产经营场所实施现场检查；（2）对生产经营的化妆品进行抽样检验；（3）查阅、复制有关合同、票据、账簿以及其他有关资料；（4）查封、扣押不符合强制性国家标准、技术规范或者有证据证明可能危害人体健康的化妆品及其原料、直接接触化妆品的包装材料，以及有证据证明用于违法生产经营的工具、设备；（5）查封违法从事生产经营活动的场所。[②]

案例参考21　烟草制品流通行业监管许可证管理制度[③]

为整顿和规范卷烟市场秩序，确保“中秋”“国庆”期间卷烟市场稳定可控，2015年9月24日，市烟草局向市邮政局发出《协助检查函》，请求市邮政局对9月25日19:00后对本市若干快递单位进行的突击检查予以协助。市邮政局负责人批准：同意配合烟草局检查，若发现禁寄品，开拆检查，依法处理。次日，接到群众举报后，市烟草局会同市邮政局执法人员至无锡市××××号天某快递进行检查，查获寄件人为潘某粉、收件人为利某、从江苏省东台市寄往广东省汕头市涉嫌无烟草专卖品准运证运输中华（软红）卷烟48条。同日，在天某快递

① 《生猪屠宰管理条例》（2021修订）第27条。
② 《化妆品监督管理条例》（2021）第46条。
③ 无锡市南长区人民法院（2015）南行初字第45号行政判决书。

工作人员曹某志、宋某某在场的情况下,市烟草局现场拍照取证并制作了检查(勘验)笔录。因卷烟所有者身份不明确,经批准后,市烟草局对中华(软红)48条进行先予登记保存,并向天某快递工作人员曹某志、宋某某发送了《先行登记保存通知书》《先行登记保存物品处理通知书》等法律文书。2015年9月28日,市烟草局立案调查。9月30日,陆某华至市烟草局接受调查,市烟草局对其进行了询问。陆某华陈述,市烟草局于2015年9月25日先行登记保存的中华(软红)48条卷烟是陆某华托潘某粉在东台购买再邮寄给自己的;上述卷烟没有办理烟草专卖品准运证,也没有在当地购买的购货凭证和其他合法手续;陆某华没有经营卷烟零售业务许可。2015年9月29日,市烟草局先行登记保存的上述卷烟经江苏省质量技术监督烟草产品质量检验站检测均为真烟。2015年10月26日,市烟草局调查终结,认定陆某华存在无烟草专卖品准运证运输中华(软红)48条卷烟的违法行为,市烟草局相关人员就此案进行案件集体讨论。同日,市烟草局作出无锡市烟处告(2015)第Y201151804号《行政处罚事先告知书》,并向陆某华送达,告知陆某华相关违法事实、拟对陆某华无烟草专卖品准运证运输烟草专卖品的违法行为作出处罚、陆某华有陈述和申辩的权利。2015年11月2日,市烟草局作出无锡市烟处(2015)第Y201151804号《行政处罚决定书》,认定陆某华无烟草专卖品准运证运输卷烟,处以无证运输卷烟价值30%的罚款,计人民币10,080元的行政处罚。同日,市烟草局将先行登记保存的中华(软红)卷烟检验留样0.2条后,发还陆某华47.7条,并支付陆某华因送检损耗卷烟0.1条的价值计58.3元。陆某华于同日缴纳了罚款10,080元。因不服该处罚决定,原告陆某华遂提起行政诉讼。以上事实经法院审理查明。

法院认为,根据《烟草专卖法》第四条、《烟草专卖法实施条例》第四条之规定,被告市烟草局具有对本辖区内烟草专卖违法行为查处的职能,其行政主体适格。

本案争议焦点在于,被告所作无锡市烟处(2015)第Y201151804号《行政处罚决定书》是否正确、合法。

事实认定方面。《烟草专卖法》第二十一条规定,托运或者自运烟草专卖品必须持有烟草专卖行政主管部门或者烟草专卖行政主管部门授权的机构签发的准运证。《烟草专卖法实施条例》第三十五条第二款规定，跨省、自治区、直辖市运输除国产烟草专用机械、烟用丝束、滤嘴棒以及分切的进口卷烟纸以外的其他国产烟草专卖品，应当凭国务院烟草专卖行政主管部门或者省级烟草专卖行政主管部门签发的烟草专卖品准运证办理托运或者自运。第三款规定，在省、自治区、直辖市内跨市、县运输烟草专卖品，应当凭省级烟草专卖行政主管部门或其授权的机构签发的烟草专卖品准运证办理托运或者自运。第三十六条第三项规定，无烟草专卖品准运证又无法提供在当地购买烟草专卖品的有效证明的，属于无烟草专卖品准运证运输烟草专卖品。本案中，陆某华欲从江苏省东台市运输中华(软红)48条卷烟至广东省汕头市，构成跨省、市运输烟草专卖品，因其未领取烟草专卖品准运证，且未提供在当地购买烟草专卖品有效证明，符合《烟草专卖法实施条例》规定的无烟草专卖品准运证运输烟草专卖品的情形，具有客观违法性及可罚性。陆某华提出违法邮寄卷烟只能以46条计算，本院认为，违法行为具有不可分性，当一个行为达到了法律规定的违法标准，行为性质就发生了变化，由合法行为变为了违法行为，此时对违法行为不能再拆分符合标准的是合法，超过标准即构成违法，对违法行为处罚范围应是全部数量。市烟草局认定陆某华无烟草准运证运输中华(软红)48条卷烟事实清楚，证据确凿。

程序方面。陆某华提出处以10,080元罚款属数额较大应当经过听证，国家烟草专卖局国烟法(2010)254号《国家烟草专卖局关于江苏省烟草专卖行政处罚案件听证数额标准的批复》规定，罚款20,000元以上的案件，须依法告知当事人有申请听证的权利。本案中，市烟草局对陆某华作出行政处罚为罚款10,080元，不属上述听证范围。市烟草局依据《行政处罚法》《烟草专卖行政处罚程序规定》等相关规定，履行了立案、先行登记保存、调查、集体讨论等程序，将案件拟处理决定向陆某华进行了告知，依法作出行政处罚决定书并向陆某华送达，符合烟草专卖行政处罚相关程序规定，行政程序合法。

法律适用方面。《烟草专卖法实施条例》第五十四条第一项规定，无准运证或者超过准运证规定的数量托运或者自运烟草专卖品的，处以违法运输的烟草专卖品价值20%以上50%以下的罚款。陆某华提出认定处罚标准与赔偿香烟损耗标准不一，国家烟草专卖局国烟计(2011)73号《涉案卷烟价格管理规定》明确,由查获地的省级局按照本省(区、市)零售指导价格出具价格证明。本案所涉的中华(软红)零售指导价格为700元/条,市烟草局认定陆某华无烟草准运证运输中华(软红)48条卷烟价值33,600元并无不当。江苏省烟草专卖局苏专法(2013)129号《江苏省烟草专卖局关于印发卷烟检验损耗、检验留样返还流程及相关文书的通知》规定,卷烟检验损耗,可查清品牌规格的按照批发价以现金形式发还。本案中,市烟草局将损耗的卷烟0.1条以批发价格583元/条以现金形式发还陆某华并无不当。本案中,市烟草局按照无证运输卷烟价值33,600元的30%处以罚款,处罚幅度适当。陆某华提出市烟草局未经市邮政局授权、在无邮政部门执法人员在场的情况下开拆邮件、违反法定程序、认定事实不清、法律适用不当等无依据,本院不予采信。

综上,市烟草局作出无锡市烟处(2015)第Y201151804号《行政处罚决定书》事实清楚,证据充分,程序合法,适用法律正确。陆某华要求撤销无锡市烟处(2015)第Y201151804号《行政处罚决定书》的诉讼请求,无事实及法律依据,本院不予支持。据此,依照《行政诉讼法》第六十九条的规定,判决驳回原告陆某华的诉讼请求。

案例分析指引

1. 如何理解烟草作为特殊商品实行许可证管理?烟草制品实行许可证管理的范围?

2. 专门适用于烟草的法律规定有哪些?

3. 本案中接受陆某华委托的快递公司是否具有向委托人提示邮寄品违法违规的义务?如果存在该义务,则陆某华之损失可以通过何种途径得到救济?

第七章　商品流通市场监管法律制度

第一节　商品流通市场监管理论

一、商品流通市场监管的含义

（一）市场监管的厘定

关于市场监管，学界存在不同观点。有学者认为，市场监管是政府以社会公共利益的实现为目标，以保障消费者合法权益和市场运行的规范化为导向，在权力运行合法性和正当性要求下，对市场主体、市场行为以及各类市场经济利益关系进行的监督和管理。[①] 在这个含义之下，中国市场监管体制形成了由综合性市场监管机构、专业专项市场监管机构、行业市场监管机构以及传统部门市场监管机构共同构成的市场监管格局。[②] 也有学者认为，市场监管是政府为克服市场失灵、保障公共利益，依法采取的用以规范、制约微观经济主体行为的一系列机制、体制和制度的总称。[③] 显然，从市场监管内容上看，上述市场监管属于广义的市场监管。凡是为了社会公共利益，适用对象为微观市场经济主体，属于政府公权力行使的监管和管理都属于市场监管的范畴。笔者认为，如此界定广义的市场监管并无不妥，毕竟在监管主体、监管对象和监管保护的法益等主要方面存在着共性。但是，这样的定义除了对市场监管的一般特征、功

---

① 李广文：《美国市场监管改革：逻辑起点、发展过程与经验借鉴——基于商品市场监管实践的分析》，载《中国市场监管研究》2021 年第 9 期。

② 张国山：《我国市场监管的价值取向与模式建构》，载《天津大学学报（社会科学版）》2010 年第 9 期。

③ 吴汉洪：《市场监管要适应"大监管"和"大市场"的新要求》，载《光明日报》2022 年 2 月 22 日，第 11 版。

能的描述以外，对实施有效的市场监管并无实际效果。毕竟不同的监管机制、监管方式带来的监管效果并不相同。“大市场、大质量、大监管”①的理念重在实现有效监管，而不仅仅是形式上的监管大统合、大合并。监管有效的前提仍然是精细化监管。监管应当根据不同的监管对象、监管机制实施不同的监管方法，才能取得更好的监管实效。以行业监管和市场行为监管为例，前者是行业主管机构根据行业监管理论、实践经验针对市场主体拟从事经营业务、经营模式可能产生的风险的预防性监管措施，是行业行政监管机构对市场主体的垂直监管关系，具有事前监管的特点。市场行为监管则是行政监管主体对市场主体横向经济关系中的违法行为进行的行政处罚监管，属于事后监管。前者是市场主体依法向行业主管机构履行法定义务。后者是行政主管机构对违法市场主体行使监管职权，两者在权力行使和义务履行的方向上存在着很大的差异。行业监管主体相对被动，一般依当事人申请行使权力，监管成本较低。市场行为监管主体则以主动行使监管职权为原则，监管成本较高。即使同属行业监管，不同的行业监管需要不同的专业性和技术性，监管也不尽相同，无法相互替代。因此，所谓的大市场大监管并不是要实行监管大统合，而是应当做到更加科学的监管分工与监管协作。鉴于此，笔者认为，应当把市场行为监管定义为狭义的市场监管。市场行为是市场主体参与市场的横向经济行为，在法律规范的适用上具有共同性。即使市场行为分属不同行业，但其适用法律规范仍然具有一致性，监管主体可以根据统一的规范依据和监管方法行使监管职权，从而取得公平、有效的监管效果。本节所称的市场监管即为狭义的市场监管，是对市场行为的监管。

（二）市场监管的本质与特征

1. 市场监管与行业监管的本质差异

市场监管与行业监管都是行政机关依法行使和运用行政权力干预市场主体的相应行为。但两者之间仍然存在着本质差别。市场监管区别于行业监管的本质特征，在于市场监管的对象是市场主体参与市场的行为，即市场主体的

---

① 《国务院关于印发“十四五”市场监管现代化规划的通知》（2021）。

横向经济行为。横向经济行为是市场主体与其他平等主体之间发生的经济行为。依据市场主体横向经济行为的目的,市场主体的行为可以分为竞争行为和交易行为。横向经济行为最大的特点在于其适用法律规范的一致性,即无论该市场主体所处的行业,还是市场主体本身的所有制属性,市场主体都适用相同法律规范,参与公平竞争,公平交易。这种横向经济行为的同质性决定了市场监管有可能打破行业之间存在的差异,成为实行统一市场监管的理论基础。与此对应,行业监管对市场主体的准入监管和合规监管完全不同。无论是行业准入监管还是行业合规监管,因所在行业不同,准入监管和合规监管的标准均不相同。即使属于同一行业内部,也可能因市场主体从事的细分行业或经营模式的不同,存在差异化的准入监管标准和合规监管标准。如同属于商务部门主管的商品流通业内部,直销经营模式和商业特许连锁经营模式的监管标准就存在区别。究其原因可见,行业监管的本质是市场主体从业的行业或经营模式本身决定了其存在市场失灵和公共利益受损的风险,行业监管机构按该种风险产生的可能性和危害性的大小确定监管的标准和方式。即行业监管本身是由其监管对象所从事的行业或经营模式所决定的,不同行业或经营模式之间存在很大的差异。这种差异导致不同行业监管存在着明显的差异,从而有必要实施分行业监管。

2. 市场监管的特征

市场监管的特征是由市场监管的本质所决定的。相较于其他监管,市场监管具有以下特征。(1)监管的普遍性。市场监管的普遍性是指市场监管机构可以对不同行业、不同属性的市场主体经营行为实行统一监管,监管可以跨越行业,实行普遍监管。(2)监管的主动性。市场监管主要是对市场主体的违法经营行为实施监管。违法主体的私益性决定了其不可能主动接受监管。市场监管机构必须主动行使监管职权,对市场主体的经营行为实施监管。(3)市场监管以事后监管为主。事后监管是与事先监管、事中监管相对而言的。关于事先监管、事中监管、事后监管,通常认为有两种分法。一是依行政管理,则事先监管为许可前监管,事中监管为许可后的生产条件监管,事后监管为许可后持续监管。二是依市场过程,则事前监管为生产阶段监管,事中监管、事后监管为流通监管和消费监管。[①] 笔者认为,前述事先、事中、事后的分类只是按照形式特征的分类,即按照许可事项,或产品流通过程节点进行的阶段划分,没有注重分类本身的价值,并不具有显著意义。市场监管应当依据监管目的等内在的价值判断进行分类。依监管目的分为预防性监管和惩罚性监管。预防性监管通常采用准入监管、合规监管的方法。惩罚性监管通常采用行政处罚的方法。据此,事先监管应当以市场主体违法经营行为发生之先后作为区分标准。在市场主体违法经营行为发生之前,均以预防性为目的,可以称为事前监管。市场主体违法经营行为发生之后,以惩罚性为目的,可以称事后监管。事中监管则没有单独分类的必要。市场监管包括事前监管和事后监管,且应以事后监管为主。事前监管主要是针对与消费者人身财产安全相关的产品实施。市场监管机构可以通过定期检查、抽检等方法实行事前监管,以预防商品流通安全事件的发生。事后监管则以行政处罚为主,是对市场主体违法经营行为的惩罚性监管。

二、商品流通市场监管的利益博弈

狭义的市场是一种为买卖双方提供商品、服务和信息交换的场所。广义的市场是指由市场主体、市场客体、市场规则等要素构成的围绕生产与交易而生产的相互关系。商品流通市场监管中所指的市场自然属于后者,是政府对广义的市场实施的监督管理。政府的市场监管总是与市场活动相伴而生。[②] 政府对市场的监管可以追溯到 16 世纪的欧洲。[③] 我国的市场监管活动在《周易》《礼记》中均有明确记载。[④] 探究市场活动与政府的市场监管同时存在的根源,我们不难发现其中包含着利益冲突的内容。即市场主体的市场参与行为以其私益为目的,而政府的市场监管则以公益为原则。即使在封建社会之中,官府

① 王艳林:《大市场监管实践向监管理论提出新挑战》,载《中国市场监管研究》2021 年第 3 期。

② 李广文:《美国市场监管改革:逻辑起点、发展过程与经验借鉴——基于商品市场监管实践的分析》,载《中国市场监管研究》2021 年第 9 期。

③ 徐鸣:《大市场监管体制改革:反思与超越——构建回应性新格局》,载《社会科学家》2017 年第 12 期。

④ 张国山:《我国市场监管的价值取向与模式建构》,载《天津大学学报(社会科学版)》2010 年第 9 期。

对市场的监管有为统治阶级服务之嫌,但也难以否认其客观上的公益之实。据此,市场监管的利益本质就是与市场主体进行利益博弈。在现在法治社会中,这种私益主体与公益主体之间的利益博弈首先体现在立法过程,其次表现在执法和司法过程之中。市场监管属于执法环节,当然是私益主体与公益主体利益博弈的平台之一。但是,即使如此,不同监管目的的市场监管其利益博弈的内容也并不相同。例如,属于广义市场监管内容的行业监管中的利益博弈就相对缓和,因为行业监管属于预防性监管。私益主体与公益主体之间的利益冲突并不突出,甚至行业监管中的准入监管和合规监管本身也有利于私益主体之私益的实现。与此相反,商品流通市场监管,即狭义的市场监管包括的利益博弈更加复杂,私益主体与公益主体之间的利益冲突更加直接和激烈。一方面,私益主体参与市场的目的在于营利。在市场主体的经营过程中,为了利益可以不择手段,在必要时甚至不惜选择违法、甚至犯罪。即利益决定了市场主体违法的高度可能性。另一方面,市场监管的主要监管方法就是行政处罚,对私益市场主体而言,属于负面评价和负担,直接导致市场主体利益的减少。这种利益的直接冲突和矛盾,决定了市场监管的强度和难度,法律有必要为市场监管主体配备更加强硬的执法工具和手段。

三、商品流通市场监管的目标属性

在商品流通市场中,狭义的市场监管既包括以预防为目的的监管,也包括以惩罚为目的的监管。对商品流通市场中的食品等与消费者人身财产相关的商品的质量定期检查、抽样检查等即属于预防性监管。① 对市场主体违法经营行为的行政处罚则属于惩罚性监管。市场监管中的预防性监管的目标属性具有预防性自不待言。需要研究的是惩罚性监管的目标中是否亦具有预防性。诚然,惩罚性监管的直接目标在于惩罚和制裁,是对市场主体违法经营行为的否定性评价。但是,笔者认为,这也不妨碍惩罚性监管中包含有预防性这一间接目标。依处罚的一般理论,处罚除了对市场违法经营主体具有惩罚和制裁功能以外,还具有预防的功能。处罚的预防性体现在以下几个方面。第一,通过

---

① 《消费者权益保护法》(2013 修订)第 31 条第 2 款、第 33 条第 1 款。

对市场违法经营主体的行政处罚,使市场主体认识到其经营行为的违法性及应当付出的违法代价,预防其重新违法,是为特殊预防。第二,通过对市场违法经营主体的行政处罚,使其他市场主体认识到违法经营的后果和经营成本,从而预防其他市场主体从事违法经营行为,是为一般预防。除此以外,笔者认为,通过对市场违法经营主体违法经营行为和处罚决定的公示,将其违法事实纳入诚信信用监管范围之内,使其在未来一定期间内的诚信信用度降低,从而起到提高该市场主体违法成本的效果。鉴于市场经济中信用之重要性,为维护市场主体自身信用,公示市场主体的违法经营事实可以利用信用机制提高市场监管的预防性功能。可见,即使是惩罚性监管也具有显著的预防性功能。所谓惩罚是手段,预防是目的。建立一个以预防为目标的商品流通市场监管机制很有必要。

四、商品流通市场监管的风险导向机制

商品流通市场监管的风险导向机制是指市场监管的监管强度、监管方法、监管商品的种类和监管时机受市场主体经营行为本身的潜在风险或既存风险影响的机制。商品的种类不同,其对消费者或用户造成的潜在风险也不相同,市场监管强度、监管方法、监管商品的种类和监管时机等也不相同。如对于食品、药品等潜在风险较大的商品,在其潜在风险尚未显现时,市场监管机构可以采用定期检查或抽样检查等监管强度较低的预防监管方法。有关行政部门在各自的职责范围内,应当定期或者不定期对经营者提供的商品和服务进行抽查检验,并及时向社会公布抽查检验结果。[①] 对于潜在风险有显现可能或已经客观存在的,如产品缺陷等,应当采取召回等监管强度相对较高的监管方法。有关行政部门发现并认定经营者提供的商品或者服务存在缺陷,有危及人身、财产安全危险的,应当立即责令经营者采取停止销售、警示、召回、无害化处理、销毁、停止生产或者服务等措施。[②] 对于违法经营行为已经发生,违法事实已经存在的市场主体,则应当采用相应的行政处罚措施。[③] 有关国家机关应当依照法律、法规的规定,惩处经营者在提供商品和服务中侵害消费者合法权益的违

---

① 《消费者权益保护法》(2013 修订)第 33 条第 1 款。

② 《消费者权益保护法》(2013 修订)第 33 条第 2 款。

③ 《行政处罚法》(2021 修订)第 9 条。

法犯罪行为。[①] 事实上,不仅狭义的市场监管受到风险导向机制的作用,即使广义的市场监管同样受到风险导向机制的作用。这是由市场监管的目标和功能所决定的。

第二节　商品流通市场主体信用监管

一、市场主体登记监管

(一)市场主体登记监管的意义

市场主体是指在我国境内以营利为目的从事经营活动的自然人、法人及非法人组织。市场主体非经登记,不得从事以营利为目的的经营活动。[②] 可见,市场主体登记是市场主体取得从事经营活动营业资格的法定事项,属于市场主体进入市场的准入监管。市场主体的准入监管与行业准入监管不同。前者是市场主体一般主体资格的取得。在市场经济条件下,经营自由作为一项基本权利,只要符合必要的实体要件和程序要件,[③]当事人均可取得市场主体资格,参与市场经营活动。行业准入监管是对进入特殊行业或从事特殊商业模式的市场主体的特别要求,是对市场主体资格之上更加严格的具体要求。如果说前者是保障当事人的自由经营权为主,那么后者就是为了校正市场失灵或保护公共利益而设置。市场主体经过登记取得主体资格后,就意味着市场主体取得了权利能力和相应的行为能力,可以作为一个市场主体享有权利、履行义务、承担责任。

(二)作为信用监管平台的市场主体登记

市场主体登记的法律意义在于市场主体的设立和消灭本身,是市场主体产生和消灭的必经程序。同时,市场主体登记也为市场监管、税务征收等行政管

---

① 《消费者权益保护法》(2013 修订)第 34 条。
② 《市场主体登记管理条例》(2022)第 2 条、第 3 条。
③ 《市场主体登记管理条例》(2022)第 8 条、第 9 条。

理提供管理基础。但是,笔者认为,在现代社会,市场主体登记是商主体公示的主要方式,尤其是其中有关市场主体信用公示,对保护商事交易安全具有重要作用。因此,市场主体登记也是公示市场主体信用的平台,其理由如下。

1. 市场准入监管的发展趋势

早期的合伙企业采用自由设立主义。自由设立主义阶段,不仅企业规模不大,对交易安全的危害几乎不存在,而且当时的企业不具有法人资格,出资人对交易风险承担无限责任。换言之,在自由设立主义阶段,因为合伙人不具有享有股东有限责任等特权,也就无须控制。其实即使是现在,在英美法中,对非法定商业合伙的注册也是任意的。

自从公司出现以来,公司设立制度的历史发展经过了特许设立主义、许可设立主义及准则设立主义三个主要阶段,整体上表现出了一个从严格走向宽松的发展过程。当然,这种发展变化并不是人为的主观意志的结果,而是随着社会经济的发展,公司这一市场主体本身及市场交易关系不断发生变化的结果。① 随着经济发展,市场主体在社会经济生活中的影响越来越大,有的甚至不得不借助于市场主体的经济实力,以满足国家财政的需要。由此,国家对市场主体的关注越来越多。事实上,在公司产生之初,股东有限责任作为一种特权,公司设立需要经过王权的特别许可。只有经过王权特别许可的公司制企业才能享有股东责任有限的特权。是为特许设立主义的雏形。后来,随着社会民主和经济自由意识的觉醒,作为特权赋予的特许设立主体逐渐退出历史舞台,进入现代社会以后已经极少使用。公司设立由特许主义转变成为许可主义。公司设立需要经行政机关批准,是为许可设立主义。但是,无论是特许主义还是许可主义,其实质都意味着国家负有监督公司的责任。另外,虽然公司法人资格和股东有限责任制度的存在是市场主体的组织形式得以发展到股份有限公司的主要原因,但其弊端也是明显的。相对于无限责任而言,股东有限责任显然是一种特权,而且这种特权对交易安全的危害颇深,易被用于欺诈。欺诈的频繁发生使国家监督的有效性受到质疑。同时社会民主化和私法自治的理念有了进一步的发展。人类对自身权利的不断追求,使平等、自由地从事商业

---

① 任先行、周林彬编著:《比较商法导论》,北京大学出版社2000年版,第237~238页。

活动成为一种基本的人权。市场主体普遍采用实行有限责任的公司制度也就成为一种必然结果,当某种权利成为多数人享有时,特权就再也不可能,也不必要是一种特权,于是特许主义、许可主义开始向准则主义发展,于是主体准入阶段的主体设立控制的作用日趋式微。相反,为了弥补有限责任易被用于欺诈的缺陷,通过市场主体登记公示市场主体信用的功能依旧保存且更被强调。我国"放管服"措施的推出本身也验证了上述的变化,也是对市场主体的准入监管转向信用监管的核心原因。

2. 交易安全的动态保护

市场主体准入监管的主体控制在时间维度上表现为一个点,是一种静态的监管。它只能表明市场主体在这一时点上是否符合商事交易安全的要求。也就是说,通过主体设立对交易安全的保护是一种静态的保护。根据市场主体的营利性和营业行为的重复性等特点,商事交易是一种不断持续的过程,交易安全的有效监控当然也要求是一个动态的过程。在市场主体登记制度中,实际上已经包含了对商事交易安全的动态监控机制。如要求商主体在其重要事项发生变更时进行变更登记等。变更登记的着眼点在于使市场主体主动履行登记,同时也为其下一步工作,即该变更事项的公示做好准备。也就是说其重点仍在于主体公示,而不是主体的变更。有人或许认为市场主体登记中的公告程序也具有公示的意义。这一点笔者并不否认,公告确实具有公示的意义。但在笔者看来公告程序与交易安全所需要的动态保护而言还有很大的差距。从某种意义而言,它也只是一种静态的公示。因为公告的发生也只在某一时点,而且对于公告的查找也极为不便。与此相比,登记簿的公开阅览等却具有动态的意义。因为登记簿无论在时间维度还是空间维度都更易于商主体查找相关信息,保障交易安全,是一种动态的保护。这也是许多国家采用公开登记簿的理由。例如,德国商业登记制度的公示作用就是通过《商法典》第九条第一款中规定,任何人都可以查阅登记簿,所有登记簿都被公开。因此,市场主体应当按照国家有关规定公示年度报告和登记相关信息。① 当前,我国的天眼查系统实际上就起到了登记簿内容公开和公示的作用,极大地促进了我国市场主体动态信用

---

① 《市场主体登记管理条例》(2022)第35条。

公示的效果,起到了保护交易安全的作用。

3. 监管主体的利益相关性

主体设立阶段的监控是国家作为社会公共利益的代表,为了维护市场交易秩序而对市场主体进行的监管。从利益主体的角度看,国家是一种间接利益主体。从监督的主观意愿上看,直接利益主体的监督要比间接利益监督积极,这是公理,无须证明。也就是说,从监督意愿及积极程度上看,国家作为间接利益主体,存在政府失灵的可能,并不总是会积极地行使其监督的职能。何况还涉及监督成本问题。事实上,监督成本往往使间接利益主体在关键时刻却步。相反,直接利益主体对于自己的利益总是倍加关心,总是抱着一种积极的态度。与主体设立相比,主体公示通过公示市场主体的相关信用信息,使交易相对人——直接利益主体通过这些信用信息来判断交易安全的可能性,从而决定是否与该市场主体进行交易行为。这种判断完全是其自身的判断,是作为一个直接利益主体的意思自治的判断。因而通过市场主体公示对交易安全的保护,在实质上而言,是让直接利益主体行使对市场主体的监督权。其方法是通过公示告知交易相对人有关该市场主体的信用信息。另外,作为间接利益主体的国家并不参与实际发生的交易关系,因而它很难把握市场主体的实时信用信息,其监督效果也就可想而知。作为交易相对人,由于其直接参与交易关系,对市场主体相关信息是正面接触,而且握有是否选择交易的主动权,自然要胜过国家对商主体的监督。因此,国家或政府所要做的就是如何尽可能使直接利益主体——交易相对人能够以最低的成本获取这些相关信用信息,而不是花费高昂的成本做一些意义不大、不见效果的所谓"国家监管"。

可见,从实现交易安全保护的价值看,市场主体公示比通过主体设立监控更为有效。虽然市场主体登记客观上仍然具备行政管理、税务征管等相应功能,但根本上市场主体登记应当作为市场主体的信用公示平台而存在。

二、市场主体信用监管理论

(一)作为社会经济运行基础的信用监管

社会经济运行是指人们参与生产、分配、交换和消费等社会经济活动过程的总称。现代社会经济运行离不开生产、分配、交换和消费等主要环节。其中生产是基础，消费是目的，而交换是连接生产、分配和消费环节的纽带，是人类生活质量和水平得以飞速提升的重要环节。可以认为，没有交换就没有现代人类生活。这一点在商业文明为起源的国家如是，在农业文明起源的国家亦是如此。交换是社会生产力发展、社会分工的必然结果。从经济角度看，交换是商品的等价转换；从法律角度看，交换是不同主体之间关于商品所有权的交易；从社会角度看，交换是社会资源的重新配置。但是，一个具体的交换从来都不是无缘无故发生的，它需要当事人之间的相互信任与认可。即交换双方相互都相信对方的履约承诺和认可对方的履约能力。履约承诺事关承诺方当事人主观上的人格品性、道德操守。履约能力取决于承诺方当事人客观上具备的责任财产。这一点即使在没有政府、没有法律的时代亦应当是成立的，否则交换就很难发生。例如，在熟人社会中，交换当事人对交易相对人的道德品性和履约能力至为了解和熟悉，故交换能够顺利进行。而当事人的道德品性和履约能力即为现代"信用"所包括的基本内容。可见，当事人的信用维持是交换发生的前提，也是社会经济运行的基础。

在政府与法律出现以前，在信息对称的熟人社会里，信用维持、诚实守信成为社会大众在长期共同社会经济生活中遵守的行为规范。当事人一旦违反交易约定，必将受到当时道德规范的惩罚，从而使其失去未来的交换机会，甚至被排斥于市场之外。随着生产力发展，人类社会经济生活的活动半径增加，陌生人社会成为社会经济活动的主要形态，交换当事人之间的信息不对称成为常态，道德规范的约束力弱化。为保证和鼓励交换的顺利发生，促进社会经济正常运行，确保当事人的信用维持机制势在必行。从内部机制看，当事人为获得交易相对人的信任和认可，确保自身交易机会，存在自身信用维持的积极性；从外部机制看，社会经济运行需要交换的正常开展，只有使市场主体的信用得到维持，才能确保良好的社会经济运行秩序。故在政府和法律产生以后，在当事人信息不对称的前提下，政府和法律的约束逐步强化，成为市场主体信用维持的重要外部约束力量。信用监管即是政府和法律为维持市场主体信用而实施的一系列方法和制度。可见，信用监管是信用作为社会经济运行基础的内在要求，是任何国家和社会都有必要实施的一套社会管理机制和法律制度。

（二）市场主体信用监管的信用含义解读

在信用监管的语境下，厘清信用的概念是关键，也是应有之义。以下就信用的基本含义在不同语境和不同学科角度下做以下解读。

从文字解释学看，“信”为信任、相信，“用”作任用、使用。信则用之，无信则无用。信是作为用的前提存在的。故，第一，“信用”常与“信任”通用。第二，当涉及双方当事人时，只有一方对另一方拥有信任，即认可对方的信用时，才可能与对方形成约定，并相信对方能够遵守。相对方为了完成交易亦将竭力彰显自己的信用，使对方信任自己。此即为双方之间的信用。第三，当交易双方之间的义务履行存在时间差时，其本质即为先履行方赋予了后履行方信任，这种信任即为商业信用或借贷信用。

从社会学看，信用产生于社会交往活动中。日常生活中的一个承诺，一个约定都与个体的信用密切相关。遵守承诺、履行约定将对个体产生良好的信用，并将为未来继续交往注入催化剂。违背承诺、违反约定将对个体产生不良信用，将来有可能失去继续交往的机会或形成不良的声誉。可见，社会学中的信用更多地表现为诚实、守规、践约等日常行为，并可以延伸至待人处事真诚，讲信誉和富有社会责任感等。其本质包括人与人之间的信任、信任评价机制及信用评价结果的运用等。从整体上看，社会学上的个体信用与行为人遵守规则的主观意愿关系较大，与客观履约能力关联性较小。

从经济学的角度看，信用是一种资源，是借贷关系的特定客体之一。如亚当·斯密认为，银行信用可以节约流通费用，减少金融货币和流通资本，从而有扩大生产、增加生产资本之功效。马克思认为，交易双方遵循已签订的交换规则，完成交换的过程是信用执行和预期利益的实现。熊彼特认为，信用就是为了给循环流转中的企业所提供的信贷。概而言之，经济学上的信用其实就是以偿还为条件的价值运动的特殊形式。即在一方主体，如企业可能偿还的范围内，另一方当事人，如银行在其认可的前者可能偿还的范围内，向前者贷出信用，如贷款。此时，信用完全被作为一种资源处理，并可以用货币计量。故从经济学看，信用表现为一种资源，它是在不同主体之间转让的客体。所谓“征信”即是信用贷出方对信用借入方信用状况的事先调查与评价过程。

从金融学角度看,信用即货币。金融是关于资金融通的学科。货币流转是其研究的主要问题。约翰·劳在其《货币与贸易通论》中提到,信用量的增加与货币量的增加同样有效,即它们同样能产生财富、兴盛商业。凯恩斯指出,在信用创造过程中,商业银行通过吸收存款—发放贷款的循环,发行负债凭证和提供交易媒介,充当金融中介。吸收存款和发行负债凭证从形式上看都是社会个体的资金流向了商业银行,其本质都是银行向社会个体借入了信用。从国家发行货币的角度看,其发行货币的规模受到信用规模的约束,即国家的社会整体财富及政府的“信誉”决定了其信用规模的大小。一个国家特定时期的信用规模是确定的,超出信用规模的货币发行很可能导致通货膨胀,经济崩溃。从货币的形式变化中,货币经过了实物货币、纸质货币和电子货币的过程,货币本身的价值正在逐步淡化,支撑货币内在价值的无疑是其代表的信用。

从法学角度看,信用是权利人和义务人之间的一种关系。各国法律都规定,民事活动应当遵守诚实信用的原则。在意定法律关系中,信用形式上体现为权利人享有的债权,本质上是权利人将自己的信用暂时让与债务人,并基于对债务人的认可和信任,相信债务人能够偿还的信用。在法定法律关系中,信用形式上表现为债权人法定的权利,本质上是债务人对权利人信用损害的补偿义务,从而使法定权利人享有法定权利。无论是法定或意定的法律关系,其消灭的通常途径都是债务人清偿债务。当债务人因主观上没有清偿意愿或客观上无法清偿到期债务时,债务人就将面临信用危机,严重时可能导致信用破产。为了维持社会秩序的稳定,尽量避免债务人违约情况的出现,法律提供了一系列保障债权的制度,如担保制度、违约责任制度、财产保全制度等。事实上,这些制度都是围绕债务人的信用增减而构建的。可见,法律上的信用并不仅仅与单个主体相关,而是法律关系当事人之间的债权债务关系。

综上,信用的实质是资本的价值运动存在使用和偿付之间的时间差而出现的一种特殊形式。授信方与受信方之间架构的信用关系实质是债权债务关系。授信方之所以愿意让渡资金的使用权或提供债权,其根本原因是确信债务方会按照约定偿还或履行债务。根据授信主体的不同,信用可以区分为国家信用、银行信用、企业信用和个人信用。

（三）市场主体信用监管的作用机制

信用监管是以市场主体信用为基础，围绕市场主体信用的动态变化实施相应强度和频度的监管方式。与传统监管相比，信用监管并非一种独立的监管方式，而是一种监管逻辑的转变。传统监管以市场主体的经营行为作为监管对象，对于监管主体的违法经营行为实施行政处罚后，处罚程序即告结束。信用监管同样需要对市场主体的违法经营行为实施处罚，其差别在于信用监管把市场主体的经营行为与市场主体的信用相关联，除对市场主体的违法经营行为进行一事一罚后，还要对市场主体的处罚结果进一步运用，把处罚结果纳入市场主体信用的综合考量，并依据其综合信用采取相应的监管措施。

信用监管的理论基础是信用理论。如前所述，信用是交易发生的基础，市场主体以通过交易获取利润为存在目的，他们深知"无信用即无交易"的道理。从信用入手实施监管能起到"打蛇打七寸"的作用。传统监管中的一事一处罚方式对于市场主体而言只是违法成本和违法收益的加减运算。在处罚规则确定，违法成本可以估算的情况下，通过计算即可得出违法收益的多少。为此市场主体就可能出现主动违法的情况。这种行为对市场秩序的影响是极为恶劣的。在信用监管的模式下，一旦市场主体的综合信用降低，市场主体的潜在的交易机会就可能丧失殆尽。对市场主体而言，这种结果是其根本不愿或无法承受的。为此，信用监管往往可以起到四两拨千斤的效果。

经营越自由，信用监管越必要。在"放管服"推出之前，市场主体的经营自由权并不充分，各种事前监管束缚着市场主体的自由经营。应当说，这种事前监管与"放管服"前我国社会经济发展的整体状况是基本相适应的。但是随着社会生产力水平的整体提升，社会经济发展的需求要求给予市场主体更多的经营自由权。为此，监管也需要由事前监管转向事后监管为主。信用监管能够弥补事前监管不足带来的问题。因为信用监管从根本上来说是市场主体的自律监管。市场主体的信用从根本上来说只能由市场主体本身决定，其信用的高低完全是其本身行为的结果。行政监管主体的功能只不过是把市场主体的行为结果通过法定程序进行公示，把"陌生人社会"转换成"熟人社会"而已。因此，随着"放管服"的进行，市场主体的经营自由权得到充分释放，信用监管自然成为监管改革的主要方向。

信用监管的关键是信用公示。信用公示是由交易规律本身决定的。交易发生的本质是当事人对交易相对人信用的认可和信赖。这也是熟人社会可以不依赖政府和法律而保持良好交易秩序的前提。在现代社会经济环境下,多数的交易都属于陌生人之间的交易,在交易之前,很难了解对方的信用状况。我国实行社会主义市场经济的时间不长,市场主体本身并不成熟,监管主体也缺乏经验和法律手段,因此,在本次“放管服”前我国一直采用事前监管。经过多年的经济发展,市场机制在经济增长中发挥的作用越加明显,市场主体的经营自由权必须得到保障。同时市场主体的自律性也必须得到加强,作为社会经济监管主体,政府应当为市场主体提供一个类似于熟人交易的环境,即为市场主体提供信用透明的交易环境。透明的信用是市场主体得以自由选择交易相对人的基础,也是信用监管的关键。信用监管可以使良币驱逐劣币的规则在市场中真正得到彰显,而不是相反。

三、市场主体信用监管的内容

信用监管应当包括诚信信用监管和责任信用监管两个方面。在前文关于信用含义的论述中不难发现,信用既包括市场主体主观上的诚信信用,也包括市场主体客观上的责任信用。两者共同构成信用,并发挥其对市场交易关系的基础作用。

(一)诚信信用监管

关于诚信信用的内涵和外延,不同学者、不同领域有不同的论述。其基本含义在于诚实、信用、信任和责任心。从规范的角度看,诚信是道德规范,是人们社会交往,维持社会关系的基础。另外,诚信也是法律规范。当有关诚信的内容约定被纳入当事人的合同或者立法者将其纳入法律之后,诚信就从道德规范上升到了法律规范。无论诚信作为道德规范还是法律规范,其作为人们社会经济关系的发生和维持的基础规范的功能都没有发生变化。不同的只是违反规范的约束机制。违反道德诚信,受道德规范惩戒,违反法律诚信,受法律规范制裁。信用监管作为依法行政行为,诚信监管的对象当然是法律诚信,即纳入法律范围的诚信行为。违反法律规定排污、销售质量不合格,甚至假冒伪劣的商品、合同欺诈、偷税漏税等都属于违反法律诚信的行为,应当纳入信用监管。违反法律诚信行为的一个共同特点是市场主体的主观过错。在现代市场经济生活中,凡是市场主体的主观过错导致的违法行为都应当纳入诚信监管的范围。从数量上看,它是市场违法经营行为的大多数,也是营商环境优劣的重要判断指标。因此,诚信监管是市场主体信用监管的重要方面。

(二)责任信用监管

责任信用是指市场主体承担经济责任的能力,故,责任信用又以市场主体的责任财产作为表征。它是作为债务人的市场主体的客观履约能力的表现。如果说诚信监管是通过监管市场主体违反法律诚信行为的次数来指示市场主体的信用,那么责任信用监管则是以市场主体能够承受的最大的经济责任能力作为衡量市场主体信用的指标。责任信用从根本上决定了特定主体能够承受的交易规模和类型,也为其他市场主体选择交易相对人提供了可靠的判断指标。市场主体责任信用监管可以分为静态的注册资本监管和动态的资产监管。市场主体的注册资本是市场主体的原始责任信用,是市场主体设立时拥有的责任信用。一旦市场主体的注册资本确定,即构成对交易相对人的一般担保,是市场主体对交易相对人最为基本的保护。在市场主体持续过程下,为了保护交易相对人的利益,市场主体的注册资本原则上不得减少,即市场主体的注册资本以不得减资为原则,以可以减资为例外,在允许市场主体减资的情况下,应当依据法律明确规定的条件方可实施。市场主体存续过程中的增资行为有利于交易相对人的保护,故市场主体得自由为之,法律不予干预。尽管市场主体存续期间可能因为市场主体的增资行为导致市场主体注册资本的变化,但整体上看,注册资本处于一种静止不变的状态,因此,称为静态的责任信用监管。市场主体注册资本由法律规定,其监管同时具备实体和程序上的法定性。另一种是对市场主体的动态的资产监管。市场主体的责任信用是由市场主体的责任财产决定的,因此,与市场主体的注册资本相比,市场主体的资产更能反映市场主体的实际责任信用状况,也正因为如此,法律也允许在特定情形下,如为了保护小股东的利益,允许市场主体在连续多年保持盈利的前提下减少注册资本。因此,可以认为,按照市场主体的资产对市场主体的责任信用实施监管具有更高的现实意义。但是,因为市场主体的经营行为的变动,市场主体的资产整体上处于一个波动的状态,这就使市场主体的实际责任信用也处于一种波动状态,而且这种波动状态并不轻易为其他交易相对人所知,也就很可能给交易安全带来风险,为此,把市场主体的资产纳入市场主体的责任信用监管就很必要。但是由于市场主体资产变动的连续性和频繁性,每时每刻的监管显然不可能,或者成本过高,因此可以分时段对市场主体的资产状况进行公示监管。即可以要求市场主体按照季度向登记机关报送有关资产负债表等数据,以在登记平台上向市场公示,充分显示市场主体的实际信用状况。当然,为了保护市场主体的商业秘密等受法律保护的信息,在报送相关动产资产信息时,可以对财务处理的资产负债信息进行适当的脱敏处理,或者使用由登记机关提供的统一格式的报送报表。

第三节　商品流通市场秩序监管

一、市场秩序监管的意义

秩序是指有条理地、有组织地安排各构成部分以求达到正常的运转或良好的外观的状态。可见,秩序是一种经过人的行为作用而形成的良好状态。据此,市场秩序应当是市场主体通过市场行为作用于市场之后形成的市场状态。狭义的市场主体仅指市场交易主体,故对应的狭义的市场秩序即为市场生产经营主体合法经营行为与违法经营行为及其客观后果的总和。在现代社会经济生活中,政府对市场的监管或干预具有普遍性,政府作为市场监管或干预主体,其对市场状态的形成也具有实质性且重要的影响,因此,广义的市场秩序应当把政府作为市场监管主体的作用考虑在内。即广义的市场秩序是市场管理主体的管理行为、市场经营主体的经营行为、市场消费主体的购买行为共同作用于市场及其客观后果的总和。市场秩序监管是指监管机构运用行政权力和行政工具对市场参与主体的行为进行监督管理。市场秩序监管的目标是使市场秩序处于一种运行正常的良好状态。根据市场经济理论,市场作为“无形之手”,具有有效配置社会资源的功能。国家或政府采用市场经济模式的理由也在于有效利用这一市场功能。因此,所谓市场秩序处于一种运行正常的良好状态,就是指市场能够有效发挥出资源配置的功能,而不是市场失灵。又依经济学原理,市场的正常运行始终以价值规律、价格规律为其内在规律,以有序竞争和公平交易为其外部运行环境。价值规律和价格规律作为经济运行规律,其本身无法改变。人类能够改变的也就是市场运行的外部环境,即确保有序竞争和公平交易的市场环境。因此,所谓市场秩序监管,其目标就在于维持一个有序竞争和公平交易的市场环境。换言之,一个良好的市场秩序就是指处于竞争有序和交易公平这样一种状态的市场。到此,市场秩序监管的对象也就呼之欲出,即市场秩序监管机构应当把市场主体的竞争行为和交易行为作为其监管的对象。对竞争行为的监管属于竞争秩序监管,对交易行为的监管属于交易秩序监管。

二、竞争秩序监管

(一)竞争秩序监管的经济意义

竞争是市场机制发挥作用的核心,也是市场经济的基本特征。竞争的直接目标是对市场稀缺资源的争夺。因此,在卖方市场的情况下,商品供应不能满足消费者的需求,消费者作为买方不得不参与购买商品的竞争。在买方市场的情况下,商品供应充足,消费者的购买力成为稀缺资源,产品的生产经营者不得不参与竞争。由于消费者只是产品的消耗方,消费者之间竞争的结果除了部分消费者压制消费需求以外,对社会生产力的发展几乎没有意义。同时,消费者作为商品需求方参与竞争现象的出现往往是社会生产力发展不足,或者出现社会紧急状况之时,故社会并不希望看到消费者之间为购买商品而出现竞争的局面。在当代社会生产力发展的背景下,市场整体呈现买方市场的格局。因此,所谓市场竞争主要是市场经营主体之间的竞争。为参与市场竞争,市场经营主体必须提高自身产品的质量和性价比,开发新技术,提升管理水平,降低成本,从而在市场竞争中占据优势,实现营利目标。否则,市场经营主体或其产品就可能被市场淘汰。对消费者而言,市场竞争的存在可以使消费者选购质量更好、功能更全、性价比更高的商品。在市场经济条件下，消费者可以自主决定购买自己需要且认可的商品。消费者通过自主消费行为完成对市场经营主体及其商品的选择，从而决定市场经营主体及其商品的优胜劣汰。对社会而言，市场经营主体为参与市场竞争而努力实现的技术创新、商业模式革新等为社会生产力发展提供了源源不断的动力，促进了社会进步。从社会资源配置的角度看，通过市场竞争，各种生产要素自然向生产效率高、管理水平好的市场经营主体集中，从而实现社会资源的优化配置。可见，市场竞争无论对市场主体、消费者还是社会整体都具有积极作用。

但是，市场竞争机制并不总是能有效地发挥作用。完全市场经济体制的实践表明，纯粹的市场经济模式终将走向垄断，从而阻碍市场的竞争机制发挥作用。这是由市场经营主体参与竞争的目的所决定的。市场经营主体参与竞争是为其私人利益服务的。为了实现更大的利润，经过市场竞争脱颖而出的少部分市场主体必将利用其竞争优势，占据垄断地位，从而控制整个市场的商品供应、商品价格，阻碍市场机制发挥作用，最终损害消费者和社会利益。同时，为了谋取利润，市场经营主体也有可能使用不正当的手段，欺骗消费者，实行不公平的交易。如果不对市场主体的经营进行相应的约束，消费者的消费行为必将受到影响，除了刚需以外，消费者会选择谨慎消费，甚至减少消费活动，从而影响社会经济增长。鉴于此，国家或者政府作为社会公共利益的代理者，有必要对市场主体的竞争行为和交易行为进行约束，确保市场竞争机制正常运行。

（二）竞争秩序监管的法律架构

竞争秩序监管的法律架构是指为实现竞争秩序监管而进行的法律制度结构性安排。通常，法律作为规范性文件，其内容受到调整对象的约束。竞争秩序监管法律内容也取决于监管对象。在自发的市场经济条件下，市场经营主体为了其营利，并没有主动维护有序竞争的市场规则的主动性和积极性。相反，自发的市场竞争往往会走向两个结果。一个是排除和限制竞争，导致市场竞争减少或散失，使市场处于垄断状态；另一个是从事不正当的恶性竞争，使竞争陷入过度竞争状态。前者往往是少数市场主体处于市场独占地位之后，利用其竞争优势排除或者限制其他市场主体进入同类商品市场,从而维持其对市场的垄断地位,并攫取垄断利润。后者则是市场经营主体因本身不具有竞争优势而采取的不正当的竞争手段,如低价倾销、虚假宣传等。这种恶性竞争手段不仅侵害从事正当经营活动的其他市场主体的利益,而且还损害消费者的利益,为法律所不容。从行为的表现形式看,前者主要通过市场经营主体之间的联合、价格协议、限制商品销售地区等提高其他竞争主体进入该商品领域成本的做法。后者则主要采用低价倾销、商业贿赂等违背诚信经营伦理的竞争手段。从行为侵害的后果看,前者侵害的往往是不特定的多数消费者和潜在的竞争者的利益,范围广、人数多。后者侵害的一般只是个别消费者和少数市场竞争者的利益,范围相对较小。从保护有序竞争机制的角度看,前者是排除和限制竞争,有可能使竞争机制彻底丧失。后者只是局部市场的过度竞争,是竞争机制的一时扭曲,市场整体竞争机制的存在影响不大。综上,根据监管对象决定监管法律内容的原则,竞争秩序监管法律按照监管对象的不同,分为针对垄断行为的监管和针对不正当竞争行为的监管。即反垄断监管和反不正当竞争监管。

(三)我国反垄断监管的内容

反垄断法作为现代经济法的核心,是现代国家对市场经济实行干预的重要法律规范之一。反垄断法的制定及其内容从根本上来说是由市场经济发展的水平决定的。市场集中度越高,少数市场经营主体垄断的可能性也越高。我国《反垄断法》于2008年生效,应当说是恰逢其时。经过近三十年的改革开放,从国内市场看,我国市场集中度有所提升,民营企业、外资企业在很多市场细分领域独占鳌头,垄断趋势明显。从国际市场看,随着我国加入世界贸易组织,经济全球化趋势日益显著,市场经营主体在国外的市场行为对我国国内市场竞争秩序的影响也日益增大。这些都为我国反垄断立法提供了市场基础。同时,为了兑现加入世界贸易组织的承诺,我国也需要进行反垄断立法。反垄断法保护的法益有市场公平竞争,高经济运行效率,消费者利益和社会公共利益。其中保护公平竞争是最直接的目标,因为垄断的本质是排除和限制竞争,是公平竞争的天敌。垄断行为的直接后果是垄断经营主体对其他潜在竞争经营者合法权益的侵害。

关于反垄断监管的内容,我国《反垄断法》规定,中国境内经济活动中的垄断行为,适用本法;境外的垄断行为,对境内市场竞争产生排除、限制影响的,适用本法。[①] 关于垄断行为,《反垄断法》规定,经营者达成垄断协议,经营者滥用市场支配地位,具有或者可能具有排除、限制竞争效果的经营者集中[②]三种情形构成垄断行为。将这三种情形纳入反垄断监管的对象也是世界各国反垄断监管的通常做法。其中经营者达成垄断协议包括两类,一类是指经营者之间达成的具有排除、限制竞争的协议、决定或者其他协同行为,包括但不限于固定或者变更商品价格;限制商品的生产数量或者销售数量;分割销售市场或者原材料采购市场;限制购买新技术、新设备或者限制开发新技术、新产品;联合抵制交易。[③] 另一类是指经营者与交易相对人之间达成的协议,如固定向第三人转售商品的价格,限定向第三人转售商品的最低价格以及国务院反垄断执法机构认定的其他垄断协议。[④] 垄断协议属于本身违法行为,只要能够证明该垄断协议的存在,即可证明垄断行为的存在。经营者滥用市场支配地位,是指市场经营者具有市场支配地位,且滥用该市场支配地位的。市场支配地位,是指经营者在相关市场内具有能够控制商品价格、数量或者其他交易条件,或者能够阻碍、影响其他经营者进入相关市场能力的市场地位。[⑤] 经营者市场支配地位与一般交易中某一方具有交易优势不同。交易优势在大多数交易中普遍存在。相对于抽象人格而言,交易优势是具体人格的客观表现。市场支配地位一般可以通过该经营者在相关市场的市场份额,以及相关市场的竞争状况等因素[⑥]认定,符合特定情形[⑦]下,可以推定特定市场经营者具有市场支配地位。具有或者可能具有排除、限制竞争效果的经营者集中,指经营者通过合并等方式[⑧]使其具有或者可能具有排除、限制竞争效果的经营者集中行为。经营者集中达到

---

① 《反垄断法》(2008)第2条。
② 《反垄断法》(2008)第3条。
③ 《反垄断法》(2008)第13条。
④ 《反垄断法》(2008)第14条。
⑤ 《反垄断法》(2008)第17条第2款。
⑥ 《反垄断法》(2008)第18条。
⑦ 《反垄断法》(2008)第19条。
⑧ 《反垄断法》(2008)第20条。

国务院规定的申报标准的,经营者应当事先向国务院反垄断执法机构申报,未申报的不得实施集中。[①] 此外,我国还根据实际情况规定,行政机关和法律、法规授权的具有管理公共事务职能的组织不得滥用行政权力,排除、限制竞争。[②] 在我国实行社会主义市场经济体制以前,由于市场机制运行不够充分,市场经济理论掌握不足等原因,各地方政府为保护本地企业和地方利益,往往在市场开放方面存在地域差别对待,导致出现排除和限制竞争的现象。在当前实现统一大市场的背景下,为充分激发市场竞争机制,限制行政垄断很有必要。

此外,我国《反垄断法》还规定了域外适用的情形。即境外的垄断行为,对境内市场竞争产生排除、限制影响的,适用本法。在经济全球化日益突出的当代世界经济背景下,各种生产要素、商品均得以在世界范围内流动。经营者在特定国家的市场行为对其他国家的竞争秩序产生影响的可能性正在成为现实。因此,《反垄断法》的域外适用规定成为少有国外市场行为适用国内法的规范之一,但这却是世界各国反垄断法的普遍规定。如即使经营者集中的市场主体都在国外,但如果对我国境内市场有可能产生排除和限制竞争的影响,那么就应当按照我国的反垄断法规定适用,取得我国反垄断机构的批准后才可以实施经营者集中。

(四)我国反不正当竞争监管的内容

不正当竞争行为的后果是经营者的不正当竞争行为直接侵害了其他经营者的合法权益。在这些不正当竞争行为中,有的行为是直接侵害其他经营者的合法权益,如侵犯商业秘密的行为。有的行为则是通过与消费者的交易行为,间接侵害了其他经营者的合法权益,如低价倾销行为。在与消费者实施交易行为的过程中,有的不正当竞争行为也客观上损害了消费者的合法权益。如采用谎称有奖或者故意让内定人员中奖的欺骗方式进行有奖销售。可见,不正当竞争行为的表现形式多样,但其核心是侵害了市场竞争秩序和其他经营者的合法权益。

---

① 《反垄断法》(2008)第21条。

② 《反垄断法》(2008)第8条。

与反垄断行为相比,我国反正当竞争行为监管立法工作要早得多。1994年我国制定了《反不正当竞争法》。可见,就竞争秩序监管而言,反不正当竞争监管要远远地早于反垄断监管。这是由我国市场经济发展的阶段所决定的。在首次制定《反不正当竞争法》时,我国改革开放时间只有十多年,对市场经济理论的研究和实践都不够充分。同时,除了国有企业以外,市场上基本不存在有可能达到垄断地位的市场经营主体,因此,对反垄断行为监管也没有客观需求。另外,市场经济自由经营的理念却已经深入市场经营主体之内心与行动之中。有的市场主体甚至认为市场经济就不需要受到约束,加上当时整个社会的民众都存在着急于致富的心理,于是在市场经营过程中出现了大量违反诚信经营和商业道德伦理,侵害消费者权益的案例。市场整体明显呈现出过度竞争的迹象。当时离统一合同法的制定尚有五年多的时间,合同规范尚不完善。市场交易缺乏可以遵循的基本法律规范。为保障社会主义市场经济健康发展,鼓励和保护公平竞争,制止不正当竞争行为,保护经营者和消费者的合法权益,国家制定《反不正当竞争法》明确禁止经营者以不正当竞争行为参与市场竞争。该法明确规定了其保护的法益为其他经营者的合法权益和社会经济秩序。①

从1993年的《反不正当竞争法》规定的内容看,除了禁止不正当竞争行为以外还规定了禁止限制竞争②和禁止权力经营③的条款。显然这两条本应是属于反垄断监管的规范。因为当时无论是法学理论和还是市场实践都不具备制定反垄断法的条件,但毕竟也是属于对竞争秩序的监管范畴,也就勉强纳入反不正当竞争法之中。虽然从法学理论和立法结构上看略有唐突,但却解决了当时比较突出的市场竞争问题。当时公用企业或者其他依法具有独占地位的经营者限制竞争,政府及其所属部门滥用行政权力,限制外地商品进入本地市场,或者本地商品流向外地市场的情况得到了一定的遏止。2017年《反不正当竞争法》第一次修订以后,首先把《反不正当竞争法》的保护法益进行了修订,增

① 《反不正当竞争法》(1993)第2条第2款。
② 《反不正当竞争法》(1993)第6条。
③ 《反不正当竞争法》(1993)第7条。

加了消费者权益保护的内容[①]。2019 年再次修订后,将禁止的不正当竞争行为修订如下:经营者不得实施引人误认为是他人商品或者与他人存在特定联系的混淆行为;经营者不得采用财物或者其他手段贿赂单位或者个人,以谋取交易机会或者竞争优势;经营者不得对其商品的性能、功能、质量、销售状况、用户评价、曾获荣誉等作虚假或者引人误解的商业宣传,欺骗、误导消费者,经营者不得通过组织虚假交易等方式,帮助其他经营者进行虚假或者引人误解的商业宣传;经营者不得实施侵犯商业秘密的行为:经营者不得进行违规有奖销售;经营者不得编造、传播虚假信息或者误导性信息,损害竞争对手的商业信誉、商品声誉;经营者不得利用技术手段,通过影响用户选择或者其他方式,实施妨碍、破坏其他经营者合法提供的网络产品或者服务正常运行的行为。[②]

案例参考 22 不正当竞争行为认定与损失赔偿计算[③]

仙某公司成立于 1992 年 11 月 9 日,注册资本 1000 万元,其经营范围包括研发、生产食品;销售、网上销售预包装食品(含冷藏冷冻食品)等。

2014 年 4 月 28 日,仙某公司申请注册第 14470213 号"POWERSTATION 动力火车"组合商标,注册公告日期为 2015 年 6 月 14 日,有效期至 2025 年 6 月 13 日,核定使用商品/服务项目为国际分类 33。2014 年 4 月 28 日,仙某公司申请注册第 14470212 号图形商标,注册公告日期为 2015 年 6 月 14 日,有效期至 2025 年 6 月 13 日,核定使用商品/服务项目为国际分类 33。

2009 年 1 月 20 日,国家标准化管理委员会授予仙某公司"标准化良好行为证书";2013 年 6 月 1 日,仙某公司获得"广东省守合同重信用企业(2002 年度至 2012 年度)";2014 年 11 月,仙某公司获得"2014 中国饮料行业影响礼品牌";2021 年 2 月,广东商标协会重点商标保护委员会将仙某公司"动力火车"商标纳入广东省重点商标保护名录。自 2014 年以来,仙某公司在全国部分城市通过报刊、户外广告、电梯广告、公交车广告等形式持续对"动力火车"苏打

---

① 《反不正当竞争法》(2017 修订)第 2 条第 2 款。

② 《反不正当竞争法》(2017 修订)第 6～12 条。

③ 山东省高级人民法院(2021)鲁民终 2494 号民事判决书。

酒进行宣传,持续时间长,地域广。仙某公司针对他人对其“动力火车”苏打酒的侵权行为多次进行行政、司法维权活动,并获得支持。

仙某公司本案申请保护的是其生产、销售的“动力火车苏打酒”的正面瓶贴装潢,仙某公司认为圣某拉公司生产、销售的被控侵权产品“动力诱惑苏打酒”的正面瓶贴与其有一定影响的“动力火车苏打酒”正面瓶贴装潢构成近似标识。

圣某拉公司成立于2019年3月5日,注册资本1000万元,经营范围包括食品生产、销售等。

2019年1月3日,圣某拉公司申请注册第35715290号“动力诱惑”商标,有效期至2029年8月27日,核定使用商品/服务项目为国际分类33。2018年9月7日,孙某注册第26500189号“RQVVFP”商标,有效期至2028年9月6日,核定使用商品/服务项目为国际分类33,包括果酒(含酒精);烧酒;清酒(日本米酒);白酒;鸡尾酒;酒精饮料(啤酒除外)等。2021年1月27日,孙某申请注册第53344545号“RQVVFPSPIRIOR”商标,初审公告日期为2021年5月27日,核定使用商品/服务项目为国际分类33。2019年9月1日,孙某授权香港动力火车集团有限公司在33类商品上使用其第19180058号、第26500189号、第27924302号、第30836134号、第38903988号商标及国作登字-2018-F-00507271版权,许可日至商标无效之日。

2020年12月18日,仙某公司向山东省平度市市场监督管理局投诉圣某拉公司生产的“动力诱惑苏打酒”与其“动力火车”“POWERSTATION”商标容易混淆,违反了《反不正当竞争法》第六条第一款的规定。山东省平度市市场监督管理局回复:未发现标识“RQVVFPSPIRIOR”动力诱惑商标的苏打酒,库存的300箱标贴商标为“RQVVFP、SPIRIOR、动力诱惑”的商标组合,其商标注册人、申请人分别为孙某及陈某军,圣某拉公司拥有使用权。圣某拉公司产品使用的商标图样为“powerstation”与仙某公司的商标,根据中国人的呼叫和识别习惯,足以与仙某公司的注册商标及产品予以区分,不存在任何混淆的可能性,故两者商标既不近似也不相同。山东省平度市市场监督管理局认为仙某公司投诉举报圣某拉公司涉嫌商标侵权及不正当竞争的违法行为,证据不足,事实不清,不符合立案条件,决定不予立案。

2021年8月30日,仙某公司向广东省广州市某方公证处申请保全证据公证。同日,在广东省广州市某方公证处公证员张某、公证员助理林某诗的监督下,仙某公司的代理人黎某杰使用公证处手机及计算机(手机及计算机进行了清洁性检查),通过公证处专用无线网络,点击手机“抖音”App,进入“啤酒哥抖音号:dyf2ijm8wxyj”页面,进入发布时间为6月24日的视频,视频显示有被控侵权产品(1)。返回“啤酒哥抖音号:dyf2ijm8wxyj”页面,进入发布时间为2020年11月6日的视频,视频显示有被控侵权产品(2)。广东省广州市某方公证处于2021年9月2日出具了(2021)粤广某方第035009号公证书,对上述事实予以公证。

2021年8月30日,仙某公司向广东省广州市某方公证处申请保全证据公证。同日,在广东省广州市某方公证处公证员张某、公证员助理林某诗的监督下,仙某公司的代理人黎某杰使用公证处手机及计算机(手机及计算机进行了清洁性检查),通过公证处专用无线网络,点击手机“微信”App,进入“A香港动力火车荆某武150××××****”页面,点击时间显示“208月”的朋友圈,进入相应页面,页面显示有被控侵权产品(1)。返回“A香港动力火车荆某武150××××****”页面,点击时间显示“2020年”“0510月”及标题显示“早安招商”的朋友圈,进入相应页面,显示有被控侵权产品(2)。广东省广州市某方公证处于2021年9月2日出具了(2021)粤广某方第035010号公证书,对上述事实予以公证。

一审庭审中,观察仙某公司“动力火车苏打酒”商品的正面瓶贴装潢,其瓶贴为不规则矩形,瓶贴上部为底色为白色的仙某公司注册的第14470213号“POWERSTATION+动力火车+模拟火车头线条”的组合商标,火车头线条为金色线条,“POWERSTATION”字母为黑色,“动力火车”为金色字体,瓶贴下部为“special”字母、“——★——”图案及“诱惑”“动力火车苏打酒(配制酒)”字样,瓶贴底部为“酒精度:3.5% vol”“净含量:300ml”字样。

一审庭审中,观察被控侵权产品(1)“动力诱惑苏打酒”的正面瓶贴装潢,其瓶贴为矩形,瓶贴上部底色为白色的孙某注册的、圣某拉公司具有使用权的第26500189号“RQVVFP”商标、孙某申请注册的第53344545号“RQVVFP-SPIRIOR”商标以及“BULLETTRAIN”字母,该商标组合及字母被两条金色线条围住;瓶贴中部为圣某拉公司注册第35715290号“动力诱惑”商标以及“dongliyouhuo”的草体字母;瓶贴下部为“——★★★★★——”图案,及“ALC:3.5% vol 苏打酒 NET:275ml”“香港动力火车集团有限公司”字样。

一审庭审中,观察被控侵权产品(2)“动力诱惑苏打酒”的正面瓶贴装潢,其瓶贴为矩形,瓶贴上部底色为白色的孙某注册、圣某拉公司具有使用权的第26500189号“RQVVFP”商标、孙某申请注册第53344545号“RQVVFPSPIRIOR”商标,以及“BULLETTRAIN”字母,该商标组合及字母被两条金色线条围住;瓶贴中部为圣某拉公司注册第35715290号“动力诱惑”商标,以及“dongliyouhuo”的草体字母;瓶贴下部为“——★★★★★——”图案,及“ALC:3.5% vol 苏打酒 NET:275ml”“香港动力火车集团有限公司”字样。以上事实经一审法院审理查明。

一审法院认为,本案争议的焦点是圣某拉公司的行为是否构成不正当竞争。

《反不正当竞争法》第六条规定,经营者不得实施下列混淆行为,引人误认为是他人商品或者与他人存在特定联系:擅自使用与他人有一定影响的商品名称、包装、装潢等相同或者近似的标识。本案中,仙某公司、圣某拉公司双方经营范围相同,具有竞争关系。仙某公司自2014年对其生产、销售的“动力火车苏打酒”进行了广泛的广告宣传,广告宣传持续时间长、地域广、影响力较大,且销售范围广,并获得了一定的荣誉,故,仙某公司生产、销售的“动力火车苏打酒”商品应属于有一定影响的商品。“动力火车苏打酒”正面瓶贴装潢视觉效果突出,经仙某公司长时间的使用、大量销售和广泛宣传,该装潢已具有独特性,与仙某公司存在特定联系,属于《反不正当竞争法》保护的特有装潢。将仙某公司生产、销售的“动力火车苏打酒”正面瓶贴装潢与被控侵权产品“动力诱惑苏打酒”的正面瓶贴相比对,两者瓶贴上标注的图案及排列、色彩的使用与搭配、主要部分和整体构思均构成近似,在仙某公司“动力火车苏打酒”已具有良好声誉和知名度的前提下,容易使相关公众对被诉侵权产品“动力诱惑苏打酒”的来源产生混淆和误认,因此,圣某拉公司生产、销售被诉侵权产品“动力诱惑苏打酒”的行为构成不正当竞争,应承担相应的民事责任。

关于圣某拉公司如何承担赔偿损失的民事责任的问题。《反不正当竞争法》第十七条第三款规定，因不正当竞争行为受到损害的经营者的赔偿数额，按照其因被侵权所受到的实际损失确定；实际损失难以计算的，按照侵权人因侵权所获得的利益确定。赔偿数额还应当包括经营者为制止侵权行为所支付的合理开支。第十七条第四款规定，经营者违反本法第六条、第九条规定，权利人因被侵权所受到的实际损失、侵权人因侵权所获得的利益难以确定的，由人民法院根据侵权行为的情节判决给予权利人五百万元以下的赔偿。本案中，由于本案仙某公司因被侵权所受到的实际损失及圣某拉公司因侵权所获得的利益均难以确定，一审法院考虑到仙某公司“动力火车苏打酒”的知名度，商品装潢的显著性，圣某拉公司的侵权行为以及仙某公司为制止侵权而支付的合理费用，一审法院确定圣某拉公司赔偿仙某公司经济损失 8 万元。

综上所述，一审法院依照《反不正当竞争法》第六条第一项、第十七条第三款、第四款规定，判决：(1) 圣某拉公司于判决生效之日起立即停止不正当竞争行为，即立即停止在生产、销售“动力诱惑苏打酒”产品中使用与仙某公司“动力火车苏打酒”瓶贴相近似的瓶贴，并销毁该库存瓶贴；(2) 圣某拉公司于判决生效之日起 10 日内赔偿仙某公司经济损失 8 万元。

二审法院认为，本案争议的焦点问题是圣某拉公司的被诉侵权行为是否构成不正当竞争。第一，现有证据能够证明，仙某公司主张保护的瓶贴设计独特，具有一定的美感，该瓶贴经过长时间、大范围、较强力度的宣传与使用，已经具有了一定的知名度与影响力，为相关公众所知悉，具备了识别商品来源的功能，相关公众能够将该瓶贴与仙某公司的苏打酒紧密联系起来，属于《反不正当竞争法》保护的有一定影响的商品装潢。第二，将仙某公司主张保护的瓶贴与被诉侵权商品的瓶贴相比，二者底色均是红色，颜色近似。两瓶贴上半部分均是由不规则矩形金色线条围绕的白底黑色英文字样，且上述字样均采用向右上方倾斜的书写方式。两瓶贴下方都印有金色文字，内容与整体排列方式较为相似。基于上述特征，在隔离情况下，两瓶贴整体视觉效果近似，容易造成相关公众的混淆误认。因此，一审法院认为两瓶贴标注的图案及排列、色彩的使用与搭配、主要部分和整体构思均构成近似并无不当。第三，仙某公司所有的“POWERSTATION 动力火车”“白色图形、火车头”的简笔图案等商标只是其主张保护的包装装潢的构成要素，圣某拉公司关于仙某公司因具有商标权而失去保护整体包装装潢权利的主张缺乏法律依据，不能成立。第四，在圣某拉公司对被诉侵权产品由其实际生产的事实无异议的情况下，即使确系受案外人香港动力火车集团有限公司委托加工，也不影响其作为共同侵权人承担相应的责任。另外，圣某拉公司作为生产者亦无须考虑其合法来源抗辩是否成立的问题。综上，圣某拉公司在其生产销售的被诉侵权商品上擅自使用与仙某公司有一定影响的商品装潢近似的装潢，容易造成相关公众的混淆误认，构成对仙某公司的不正当竞争。

综上所述，驳回上诉，维持原判。

案例分析指引

1. 如何理解"擅自使用与他人有一定影响的商品名称、包装、装潢等相同或者近似的标识"的行为？其判定要件有哪些？

2. 因不正当竞争行为导致的损失赔偿如何计算？

三、交易秩序监管

（一）交易秩序监管的目标

交易秩序监管是对市场经营主体与其他经营者或消费者从事的交易行为实施的监管管理。市场经营主体从事交易行为应当遵守自愿、公平、诚信的原则，不得利用交易优势损害其他经营者或消费者的合法权益。其中自愿是指保证交易相对人实行意思自治，而不是乘人之危，假借自愿之名，行强迫之实，违背平等主体之本义。公平是指当事人之间的交易过程、交易结果具有社会比较意义上的合理性。如果把交易当作双方之间的一项合作，那么参与合作的每个人都承担着他应承担的责任，得到他应得的利益。公平交易应当使交易相对人认为其从交易中获取的收益与其为交易付出的代价相比具有合理性。诚信是指市场主体在与交易相对人进行交易时，也应当从交易相对人利益的立场和角度看待交易过程和交易结果。在现代经济生活中，交易双方之间总是存在着经济实力、资源多寡、经验多少之间的差距，但因这种差距而形成的交易优势不应突破自愿、公平和诚信的底线。此为公平交易，也是交易秩序监管的目标所在。

(二)交易秩序监管的对象行为

交易秩序监管不同于反垄断监管和反不正当竞争监管。虽然垄断行为和不正当竞争行为造成的结果往往是交易结果的不公平,但交易秩序监管有其独立的监管对象。首先,交易秩序监管的对象行为发生在交易主体双方之间。这一点与不正当竞争监管中通过与消费者的交易行为而实施的不正当竞争行为也有相近之处,但两者并不完全相同。不正当竞争行为的直接目标是侵害其他经营者,消费者只是客观上的受害者。交易秩序监管的对象行为则以谋求不利于交易相对人,即侵害交易相对人的利益为目标。其次,交易秩序监管的对象行为必须是利用其交易优势。从这一角度看,它与垄断行为中的滥用市场支配地位的行为有相似之处,但也仅仅是相似而已,因为,交易秩序监管中的市场主体的交易优势远远没有达到市场支配地位的程度,它只是交易双方之间的相对优势。最后,交易秩序监管的对象行为一定是导致了交易结果的不公平。这一点也与不正当竞争行为有所不同,因为有的不正当竞争行为从短期和局部看对交易相对人可能是有利的。如低价倾销行为。可见,交易秩序监管是一种独立的秩序监管,它不能为反垄断监管和反不正当竞争监管所替代。

我国交易秩序监管的规范主要规定在《消费者权益保护法》和一些部门规章之中。前者如消费者享有公平交易的权利。消费者在购买商品或者接受服务时,有权获得质量保障、价格合理、计量正确等公平交易条件,有权拒绝经营者的强制交易行为。[①] 后者如《零售商供应商公平交易管理办法》《禁止价格欺诈行为的规定》等。我国交易秩序监管保护的法益有公平竞争的市场交易秩序和交易对方的合法权益。[②] 交易秩序监管的禁止性行为包括价格欺诈行为等。价格欺诈行为是指经营者利用虚假的或者使人误解的标价形式或者价格手段,欺骗、诱导消费者或者其他经营者与其进行交易的行为。[③]

---

① 《消费者权益保护法》(2013 修订)第 10 条。

② 《零售商供应商公平交易管理办法》(2006)第 4 条。

③ 《禁止价格欺诈行为的规定》(2002)第 2 条。

案例参考 23　食品安全标准与十倍惩罚性赔偿的法律要件①

2016 年 6 月 1 日，何某在某和公司于阿某巴网站开设的网络店铺购买了 44 瓶“童松茸补益酒”（每瓶 500 毫升），单价 368 元，总价款 16,192 元，何某通过支付宝向某和公司支付上述货款 16,192 元及运费 225 元，总计 16,417 元。2016 年 6 月 6 日，何某收到上述 44 瓶“童松茸补益酒”，该“童松茸补益酒”包装上标注主要成分为：酒、虫草、松茸、人参。何某认为其购买的涉案“童松茸补益酒”作为普通食品，在未取得行政部门批准的情况下擅自添加中药材进行虚假药用功能宣传，包装上标注的主要成分与网店该产品的页面上的主要成分标注不一致，且包装无生产日期、无产品质量合格证，属于不符合食品安全标准的食品，向某和公司索赔遭拒后，于 2016 年 8 月 16 日诉至法院请求判如所请。

诉讼中，某和公司向一审法院提交了《中国科学院成都分院分析测试中心分析测试报告》《全国工业产品生产许可证》《食品委托加工备案信息表》，以证明涉案“童松茸补益酒”并不含有虫草和人参，系经国家质检合格的产品，并有生产日期。但以上证据皆为复印件，某和公司未提交原件进行核对。以上事实，经一审法院审理查明。

本案争议焦点为：1. 涉案“童松茸补益酒”是否符合食品安全标准。关于涉案“童松茸补益酒”是否符合食品安全标准的问题。依据最高人民法院《关于审理食品药品纠纷案件适用法律若干问题的规定》第六条：“食品的生产者与销售者应当对于食品符合质量标准承担举证责任”之规定，某和公司应对涉案“童松茸补益酒”符合食品质量标准承担举证责任。某和公司虽向一审法院提供了《中国科学院成都分院分析测试中心分析测试报告》《全国工业产品生产许可证》《食品委托加工备案信息表》，但上述证据均无法证明涉案“童松茸补益酒”符合食品质量标准，且上述证据均为复印件，无法与原件进行核对，一审法院对上述证据不予采信，某和公司应承担举证不能的法律后果。因某和公司未能举证证明涉案“童松茸补益酒”符合食品质量标准，且涉案“童松茸补益酒”作为饮用酒类属于食品，而冬虫夏草、人参属于《药典》中的中药药品，不是

---

① 海南省三亚市中级人民法院（2017）琼 02 民终 652 号民事判决书。

法律允许添加的既是食品又是药品的物质，某和公司在涉案“童松茸补益酒”包装上标注主要成分为酒、虫草、松茸、人参，违反《食品安全法》的规定，故一审法院认定涉案“童松茸补益酒”不符合食品安全标准。

2. 何某主张某和公司退还购物款及运费，并赔偿其十倍购物款是否应予支持。依据最高人民法院《关于审理食品药品纠纷案件适用法律若干问题的规定》第十五条：“生产不符合安全标准的食品或者销售明知是不符合安全标准的食品，消费者除要求赔偿损失外，向生产者、销售者主张支付价款十倍赔偿金或者依照法律规定的其他赔偿标准要求赔偿的，人民法院应予支持”的规定，某和公司生产、销售不符合安全标准的食品，何某要求其退还货款16,192元及运费225元、并赔偿十倍购货款161,920元，于法有据，一审法院予以支持。

综上，一审法院判决：(1)四川省某和酒业有限责任公司应于本判决生效之日起十日内向何某退还购货款16,192元及运费225元。(2)四川省某和酒业有限责任公司应于本判决生效之日起十日内向何某赔偿161,920元。

二审法院认为，本案争议的焦点某和公司是否应向何某赔偿其十倍购物款。《消费者权益保护法》第七条规定消费者在购买、使用商品和接受服务时享有人身、财产安全不受损害的权利。第五十五条规定经营者提供商品或者服务有欺诈行为的，应当按照消费者的要求增加赔偿其受到的损失，增加赔偿的金额为消费者购买商品的价款或者接受服务的费用的三倍。本案中，某和公司明知其出售的“童松茸补益酒”在未取得行政部门批准的情况下擅自进行虚假药用功能宣传，使何某为此向其购买，由于某和公司出售无许可证的“童松茸补益酒”对何某的身体存在损害的隐患，故根据《消费者权益保护法》第七条规定何某要求某和公司赔偿损失理由充分，应予支持。某和公司出售未经行政部门许可的食品，但何某未提供证据证明，某和公司是在明知“童松茸补益酒”不符合安全标准的食品的情况下仍然向其出售，因此，一审法院根据最高人民法院《关于审理食品药品纠纷案件适用法律若干问题的规定》第十五条规定判决某和公司向何某赔偿十倍购货款不当，应予纠正。某和公司作为销售者在向何某出售“童松茸补益酒”存在欺诈的行为，为此根据《消费者保护权益法》第五十五条规定，某和公司应向何某赔偿三倍购货款。即某和公司应向何某赔偿48,576元。

综上,某和公司的上诉主张部分有理,应予支持。依照《消费者权益保护法》第七条、第五十五条,《民事诉讼法》第一百七十条第一款第一项、第二项规定,判决四川省某和酒业有限责任公司应于本判决生效之日起十日内向何某赔偿48,576元。

案例分析指引

1. 食品安全标准的判定要件是什么? 如何理解食品生产经营许可与食品安全标准之间的关系?

2. 与食品药品相关的消费者侵权案件中生产者与销售者承担购货款十倍的惩罚性赔偿的法律要件有哪些?

第四节　商品流通缺陷产品召回监管

一、缺陷产品召回监管的意义

召回是指产品的生产者或者销售者在得知其生产或者销售的某类产品存在危及消费者人身财产安全的缺陷时,依法将该类产品从市场上回收,并免费进行检测、修理或更换的制度。[①] 我国《产品质量法》规定,缺陷是指产品存在危及人身、他人财产安全的不合理的危险;产品有保障人体健康和人身、财产安全的国家标准、行业标准的,是指不符合该标准。[②] 可见,缺陷产品中的缺陷与一般产品质量问题并不相同。缺陷产品是指该缺陷的存在有可能对该产品以外的人身财产安全产生危害。一般产品质量问题仅限于该产品本身不符合质量标准要求,其结果可能是该产品存在瑕疵等从而不具有该产品本应当具有的性质或功能,对产品以外的人身安全没有损害可能性。从危险程度上看,显然缺陷产品对消费者人身财安全的危险要严重得多。因此,《产品质量法》专门规定了缺陷产品的民事赔偿责任。如因产品存在缺陷造成人身、他人财产损害的,受害人可以向产品的生产者要求赔偿,也可以向产品的销售者要求赔偿。属于产品的生产者的责任,产品的销售者赔偿的,产品的销售者有权向产品的

① 贺光辉:《论我国缺陷产品召回制度的具体构建》,载《社会科学辑刊》2007年第1期。

② 《产品质量法》(2018修正)第46条。

生产者追偿。属于产品的销售者的责任,产品的生产者赔偿的,产品的生产者有权向产品的销售者追偿。① 《消费者权益保护法》也对缺陷产品的民事责任做出了规定。② 同时,我国《民法典》将其缺陷产品导致的侵权纳入特殊侵权类型之中。③ 缺陷产品的生产者或销售者承担民事侵权责任的原因是因为其生产或销售过程中产生的产品缺陷导致了消费者固有人身财产利益的损害,违反了对他人人身财产的消极义务。可见,缺陷产品导致的人身财产损害赔偿构成民事侵权责任,属于民法范畴。但这并不意味着缺陷产品召回也属于民事法律制度。因为召回是生产者或销售者对存在缺陷的产品的回收、修理,消除既存的产品缺陷的制度。即从理论上看缺陷产品召回是在缺陷产品侵权发生之前,而不是在缺陷产品侵害发生之后。没有发生损害,当然也就没有损害赔偿。生产者或销售者自然也就没有民事责任。关于缺陷产品召回,《消费者权益保护法》规定,经营者发现其提供的商品或者服务存在缺陷,有危及人身、财产安全危险的,应当立即向有关行政部门报告和告知消费者,并采取停止销售、警示、召回、无害化处理、销毁、停止生产或者服务等措施。采取召回措施的,经营者应当承担消费者因商品被召回支出的必要费用。④ 有关行政部门发现并认定经营者提供的商品或者服务存在缺陷,有危及人身、财产安全危险的,应当立即责令经营者采取停止销售、警示、召回、无害化处理、销毁、停止生产或者服务等措施。⑤ 前者属于经营者自主召回,后者属于强制召回。关于召回的法律性质,有学者认为召回宜界定为法定义务,而非法定责任。⑥ 其理由显然是从民事义务和民事责任的角度展开的。但是,依据民事权利义务的对应性原则,有义务主体即有权利主体。在召回制度中,如果把经营者认定为义务主体,那么权利主体是谁呢,显然不能认定为消费者,或者行政监管机构。另外,如果经营者不构成民事义务主体,当然也就不可能承担民事责任。故笔者认为,无论是自主召回,还是强制召回,两者都属于经营者经济法上的义务。经济法上的义

---

① 《产品质量法》(2018 修正)第 43 条。
② 《消费者权益保护法》(2013 修订)第 40 条第 2 款。
③ 《民法典》(2021)第 1202 ~ 1207 条。
④ 《消费者权益保护法》(2013 修订)第 19 条。
⑤ 《消费者权益保护法》(2013 修订)第 33 条第 2 款。
⑥ 王利明:《关于完善我国缺陷产品召回制度的若干问题》,载《法学家》2008 年第 2 期。

务是依据经济法规范设立的义务，相对人不履行经济法上的义务的，行政监管机构可以依法追究相对人的行政责任。毫无疑问，缺陷产品召回制度不能认定为民事法律制度，而应当将其定性为经济法范畴的制度。经济法应当以保护社会整体利益、公共利益为其法益。缺陷产品召回事关潜在的、不特定消费者利益保护，具有公共利益的属性。因此，笔者将其纳入商品流通市场秩序监管之中加以特别研究。

二、缺陷产品召回监管理论

监管是行政主管机构运用行政权力或手段对监管对象实施监督和管理的制度安排。缺陷产品召回成为监管对象的根本原因在于缺陷产品本身存在危及消费者人身财产安全的危险性。为了减少和避免这种危险性而召回缺陷产品具有公共利益的属性。即缺陷产品召回的理论基础在于公共利益保护理论。具体而言，缺陷产品召回的公共利益属性表现在两个方面。一是缺陷产品的危及消费者人身财产安全的危险性使潜在的不特定消费者都有可能成为缺陷产品的受害者。这种不特定的消费者利益不是消费者个体的利益，不是私益，而是构成公共利益的内容。① 二是缺陷产品召回可以减少和避免因为产品缺陷而发生的损害。这种损害虽然与特定的消费者或用户相关，但从社会整体而言，也是减少或避免了损失，是一种社会损害的降低。这种社会损害的减少本身也是社会利益消极增加的一种表现形式，具有公益性。可见，把缺陷产品召回纳入监管对象是以公共利益理论为支撑的。

需要指出的是，与竞争秩序监管和交易秩序监管相比，缺陷产品召回监管仍有特殊之处。其一，竞争秩序和交易秩序监管都属于对横向经济行为的监管，缺陷产品召回却不属于对横向经济行为的监管，而是监管机构对产品经营者行为的直接监管，属于纵向监管。其二，竞争秩序和交易秩序监管既有惩罚性监管，如行政处罚，也有预防性监管，如经济者集中的审批制度。缺陷产品召回只是一种预防性监管。缺陷产品召回的预防性表现为只要存在产品缺陷就应当召回，而不以缺陷产品导致损害为要件。或者说，理论上缺陷产品召回是

---

① 王利明：《关于完善我国缺陷产品召回制度的若干问题》，载《法学家》2008 年第 2 期。

发生在缺陷产品导致损害之前。即使已经存在缺陷产品导致损害的情况,那也只是发现产品存在缺陷的契机罢了,缺陷产品的召回没有法律意义。事实上,缺陷产品与行业监管也存在很大的差异。行业监管把商品及服务内容或者营业模式的特殊性作为行业区分的标准。缺陷产品召回却不仅仅适用于特定行业,而且可以适用的各种产品或服务之中。因为缺陷产品召回具有普遍性的特点。这种普遍性既包括义务主体的普遍性,也包括保护对象的普遍性,即不特定的消费者①,更体现为产品类别的普遍性,即只要是有可能存在危及人身财产安全的缺陷的产品都适用缺陷产品召回的规定。如汽车②、食品③等。可见,缺陷产品召回也不能纳入行业监管的对象。不管如何,缺陷产品召回的对象是已经进入商品流通市场的产品④,其存在的缺陷对消费者人身财产的危险性是客观存在的。为了保障人身和财产安全,把对缺陷产品召回纳入监管,也算是对产品经营者市场行为的一种特殊监管。故,将缺陷产品召回纳入市场秩序监管一章予以研究。

三、缺陷产品召回监管制度内容

(一)缺陷产品召回法律规范

缺陷产品召回监管制度内容是指立法者对缺陷产品召回监管的具体制度安排。关于缺陷产品召回的一般性法律规范主要规定在《消费者权益保护法》中⑤。除了缺陷产品召回的一般性法律规范以外,我国有规定了适用于特定种类产品的特殊召回法律规范,如《机动车排放召回管理规定》《食品召回管理办法》和《缺陷汽车产品召回管理条例》等。这是因为有可能存在缺陷的产品的范围广、种类多,不同的产品其召回的具体措施和方法都不尽相同。

---

① 王利明:《关于完善我国缺陷产品召回制度的若干问题》,载《法学家》2008年第2期。
② 《缺陷汽车产品召回管理条例》(2019)第1条。
③ 《食品召回管理办法》(2020)第2条。
④ 《产品质量法》(2018修正)第41条第2款第1项。
⑤ 《消费者权益保护法》(2013修订)第19条、第33条第2款、第56条第1款第7项。

（二）缺陷产品自主召回

关于召回的方式，我国规定了自主召回和强制召回两种。自主召回是指经营者发现其提供的商品或者服务存在缺陷，有危及人身、财产安全危险的，应当立即向有关行政部门报告和告知消费者，并采取停止销售、警示、召回、无害化处理、销毁、停止生产或者服务等措施。采取召回措施的，经营者应当承担消费者因商品被召回支出的必要费用。我国《产品质量法》规定，生产者应当对其生产的产品质量负责。[①] 所谓生产者对其生产的产品质量负责应当包含四层含义。一是产品质量不合格时，生产者应当承担违约责任；二是产品存在缺陷导致消费者或用户人身财产损害的，应当承担民事侵权责任；[②]三是明知商品或者服务存在缺陷，仍然向消费者提供，造成消费者或者其他受害人死亡或者健康严重损害的，应当承担受害人所受损失二倍以下的惩罚性赔偿责任；[③]四是经营者发现其提供的商品或者服务存在缺陷，有危及人身、财产安全的，应当立即向有关行政部门报告和告知消费者，需要时应当召回。[④] 可见，自主召回是生产者对产品质量负责的表现。前三者为经营者承担的民事责任，第四项为经济法上之义务。法律允许和规定经营者自主召回缺陷产品是有经济学意义的。经营者作为专业人员，对其产品的性能和性状最为了解，如果说有人知道产品存在缺陷，那么经营者非第一人莫属。另外，允许和规定自主召回可以最快速度减少缺陷产品流入市场，减少或避免更多损害的发生，有利于消费者或用户，也有利于社会整体利益，同时还有利于经营者本身，因为经营者尽可能快的回收缺陷产品可以减少或避免其对因缺陷产品导致的损害的赔偿，而这也是经营者自主召回的最为重要的动力所在。

（三）缺陷产品强制召回

与自主召回相对应的是缺陷产品的强制召回。强制召回是指有关行政部

---

① 《产品质量法》(2018 修正)第 26 条第 1 款第 1 项。
② 《消费者权益保护法》(2013 修订)第 40 条第 2 款。
③ 《消费者权益保护法》(2013 修订)第 55 条第 2 款。
④ 《消费者权益保护法》(2013 修订)第 19 款。

门发现并认定经营者提供的商品或者服务存在缺陷，有危及人身、财产安全危险，且符合召回规定的，应当立即责令经营者采取召回措施。[①] 如果说自主召回可以是经营者自主决定的行为，那么强制召回就是经营者不得不履行的义务。拒绝或者拖延有关行政部门责令对缺陷商品或者服务采取召回等措施的，监管机构应当依法对经营者作出行政处罚。[②]

案例参考 24　缺陷产品召回程序的发起[③]

2018 年 3 月 28 日，杜某飞向原国家质量监督检验检疫总局（现并入市场监管总局，以下统称市场监管总局）提出履责申请，请求依据《缺陷汽车产品召回管理条例》的有关规定，启动对某用汽车前轴断裂的缺陷进行调查，并公开处理此事件公职人员的姓名、电话、职务，接受社会监督。2018 年 7 月 9 日，市场监管总局对杜某飞进行了电话回访，回访的主要内容为：(1) 关于启动对某用汽车前轴断裂的缺陷调查的申请：针对某用汽车前轴断裂的缺陷调查在此之前已经启动，目前仍处于调查过程之中；(2) 关于公开处理此事件公职人员的姓名、职务、电话的申请：该事项不属于《政府信息公开条例》中应当公开的信息；(3) 向杜某飞解释，缺陷调查工作是一项非常复杂且异常严谨的工作，对于缺陷判定的结论的证据必须充分；(4) 一旦认定缺陷，将通知生产者实施召回，在市场监管总局网站公开。因认为市场监管总局未履行法定职责，杜某飞提起本案诉讼。

另查明：2017 年 3 月 1 日，原国家质检总局缺陷产品管理中心向原国家质检总局执法督查司上报《关于 2017 年第 2 次缺陷技术会商情况的报告》（召管字〔2017〕39 号，以下简称缺陷技术会商报告），其中称，经过 2017 年 2 月 24 日的专家缺陷技术会商，建议通知上汽某用汽车有限公司对其生产的 2014—2016 年款昂科威开展调查分析，故障描述为前悬架下控制臂双插销脱销。2017 年 3 月 13 日，市场监管总局缺陷产品管理中心向上汽某用汽车有限公司

① 《消费者权益保护法》(2013 修订) 第 33 条第 2 款。

② 《消费者权益保护法》(2013 修订) 第 55 条第 1 款。

③ 北京市高级人民法院 (2018) 京行终 5784 号行政诉讼判决书。

发出《关于通知生产者开展调查分析的函》(召管查字〔2017〕13号),通知该公司对前述问题开展调查分析,具体调查事项包括:(1)对投诉中描述的故障情况进行调查核实;(2)上述问题可能影响的车辆范围以及相关车型生产、销售信息;(3)针对上述问题的投诉、维修和索赔情况;(4)针对上述问题开展的调查分析情况,包括技术分析过程与内容、故障原因分析、风险评估、改进措施等;(5)有助于说明该问题的其他材料,同时要求该公司于2017年3月24日前提交上述材料。2018年2月6日,原国家质检总局缺陷产品管理中心组织上汽某用汽车有限公司召开调查分析技术交流会,对相关的技术问题进行研讨交流。以上事实经一审法院审理查明。

一审判决认为,依据《缺陷汽车产品召回管理条例》第四条的规定,市场监管总局具有对缺陷汽车产品召回进行监督管理的职责。

《缺陷汽车产品召回管理条例》第六条中规定,任何单位和个人有权向产品质量监督部门投诉汽车产品可能存在的缺陷,国务院产品质量监督部门应当以便于公众知晓的方式向社会公布受理投诉的电话、电子邮箱和通信地址。国务院产品质量监督部门应当建立缺陷汽车产品召回信息管理系统,收集汇总、分析处理有关缺陷汽车产品信息。该条例第十三条规定,国务院产品质量监督部门获知汽车产品可能存在缺陷的,应当立即通知生产者开展调查分析;生产者未按照通知开展调查分析的,国务院产品质量监督部门应当开展缺陷调查;国务院产品质量监督部门认为汽车产品可能存在会造成严重后果的缺陷的,可以直接开展缺陷调查。根据上述规定可知,缺陷汽车产品调查属于行政机关依职权启动的行政程序,即国务院产品质量监督部门一旦获知汽车产品可能存在缺陷的,就应当立即通知生产者开展调查分析。获知的途径既可以是自行搜集线索,也可以是任何单位和个人的投诉。也就是说,投诉的作用仅在于让主管部门获知汽车产品可能存在缺陷,而不必然促使主管部门启动缺陷调查。至于是否需要启动缺陷调查以及采取何种方式进行调查,均需由主管部门在收集汇总、分析处理有关缺陷汽车产品信息的基础上进行裁量。

关于缺陷调查,《缺陷汽车产品召回管理条例实施办法》第五条第二款进一步规定,质检总局缺陷产品召回技术机构按照质检总局的规定承担缺陷汽车产品召回信息管理、缺陷调查、召回管理中的具体技术工作。该办法第十五条第一款规定,质检总局负责组织对缺陷汽车产品召回信息管理系统收集的信息、有关单位和个人的投诉信息以及通过其他方式获取的缺陷汽车产品相关信息进行分析,发现汽车产品可能存在缺陷的,应当立即通知生产者开展相关调查分析。本案中,对于杜某飞所反映的汽车产品缺陷问题,市场监管总局已经进行了相关的信息收集、汇总和分析,并由其缺陷产品召回技术机构组织专家进行技术研讨,在会商研究的基础上,通知生产者开展调查分析。在此过程中,也组织生产者召开调查分析技术交流会,对相关的技术问题进行研讨交流。上述事实均表明市场监管总局已经启动缺陷调查程序,该案正处于调查程序之中,不存在杜某飞所称的怠于履行法定职责之情形。

《缺陷汽车产品召回管理条例》第十五条第一款规定,国务院产品质量监督部门调查认为汽车产品存在缺陷的,应当通知生产者实施召回。本案中,至于杜某飞所投诉的产品是否确实存在缺陷,是否需要责令该公司召回相关产品并消除产品缺陷等问题,尚需等待市场监管总局经过缺陷调查之后方能予以确定。故对于杜某飞提出的要求判决市场监管总局认定产品存在缺陷,责令该公司召回相关产品并消除产品缺陷等诉讼请求,一审法院不予支持。

此外,上述行政法规、部门规章并未明确规定市场监管总局在收到消费者针对汽车产品可能存在缺陷的投诉后应当将相关履责情况作出书面告知,且市场监管总局已通过电话方式告知相关的调查情况,杜某飞也已通过本案诉讼获知市场监管总局履行职责情况。综上,杜某飞提出的市场监管总局未履行法定职责之主张缺乏事实根据,一审法院不予支持,驳回杜某飞的诉讼请求。

二审法院另查明,2018 年 9 月 29 日,市场监管总局在其官方网站上发布《上汽某用汽车有限公司召回部分某克、雪某兰、凯某拉克品牌汽车》的公告,包括了某克昂科威等共计 3,326,725 辆车辆,该公告写明本次召回活动是在市场监管总局启动缺陷调查情况下开展的,市场监管总局缺陷产品管理中心收到消费者投诉后,市场监管总局立即部署缺陷管理中心对上述问题开展缺陷调查和评估,受调查影响,上汽某用汽车有限公司决定采取召回措施,消除安全隐患,并公布了相关安装维修措施、联系方式等。

二审法院认为,对于市场监管总局具有对缺陷汽车产品召回进行监督管理的职责,本院同意一审法院的认定。

对于市场监管总局是否已经启动缺陷调查程序、履行相关法定职责的问题,根据《缺陷汽车产品召回管理条例》第十三条第一款的规定,国务院产品质量监督部门获知汽车产品可能存在缺陷的,应当立即通知生产者开展调查分析;生产者未按照通知开展调查分析的,国务院产品质量监督部门应当开展缺陷调查。本案中,市场监管总局提交的证据以及本案所查明的相关事实显示,市场监管总局下属的缺陷产品管理中心收到有关消费者投诉后,早已于2017年2月就涉案汽车产品可能存在的缺陷组织了专家技术会商,并上报缺陷技术会商报告。市场监管总局收到该报告后向上汽某用汽车有限公司发出了要求其开展调查分析的函件,并在调查过程中组织了调查分析技术交流会,后期就相关汽车产品的召回进行了公告,故市场监管总局已经启动了缺陷调查程序,亦就召回情况作出公告,并不存在未履行法定职责的情形。上诉人主张市场监管总局未启动缺陷调查,一审认定事实错误的主张不能成立,本院不予支持。

对于市场监管总局的履责期限问题以及上诉人提交的履责申请的性质问题。本院认为,其一,根据《缺陷汽车产品召回管理条例》第六条的有关规定,任何单位和个人有权向产品质量监督部门投诉汽车产品可能存在的缺陷。故作为消费者,有权向产品质量监督部门就可能存在的汽车产品缺陷进行投诉、反映。但从《缺陷汽车产品召回管理条例》及其实施办法的规定来看,是否启动缺陷汽车产品调查,系产品质量监督部门依职权收集汇总、分析相关信息后所开展的工作,而非针对某一特定消费者的投诉或申请而启动的相关调查程序,且本案市场监管总局在上诉人提出申请前已部署开展相关调查工作,故一审法院援引有关投诉的规定并无不当,上诉人关于其履责申请不是投诉、履责主体不同的主张没有法律依据,本院不予支持。其二,因缺陷汽车产品调查具有涉及同一型号或同一品牌批次汽车数量巨大,技术判断专业性强、不同案件差别大等特点,产品质量监督部门需进行严谨、充分地调查论证,且该调查属依职权所进行的调查,《缺陷汽车产品召回管理条例》亦未就产品质量监督部门的调查期限作出明确规定,故上诉人有关市场监管总局超过法定期限履行职责、一审法院适用法律错误的主张不能成立,本院不予支持。

案例分析指引

1. 如何理解缺陷产品召回程序应当具有的正当性？请对缺陷产品召回程序进行一个流程梳理。

2. 结合本案说明缺陷产品召回程序的适格发起主体应当是哪个机构或个人？

第八章　物流行为可持续发展保障法律制度

第一节　物流行为与可持续发展的关系

一、物流行为的界定与特征

（一）物流行为的界定

物流行为是商品流通过程的一个重要环节，是商品流通的重要组成部分。商流行为与物流行为共同作用，完成商品从生产领域向消费领域的社会转移，从而形成一个完整的商品流通过程。[①] 顾名思义，物流是物的流动的简称，是指物在不同空间之间的移动。物流有广义和狭义之分。广义的物流是指一切物的流动，它不仅包括因基于人类行为产生的物的流动，也包括自然界自发产生的物的流动。前者如货物运输，后者如空气流动。由于受自身能力的限制，人类对自然界自发产生的物流现象几乎无能为力，因此对于物流的研究主要以人类的物流活动为主。即物流行为是指使物产生流动的人类行为。依物是否具有商品属性，物流行为可以区分为商品物流行为和非商品物流行为。尽管非商品物流行为对于人类生活而言相当频繁且不可缺少，但非商品物流多为近距离物流，且多数非商品物流是通过非机械的手段实现的，故非商品物流对他人及周围环境的影响相当有限，对社会可持续发展的影响也几乎可以忽略不计。而商品物流行为则不同，在当前这个“万物皆商品，全民皆商人”的时代，商品无处不在。这些无处不在的商品正是人类物流行为的结果。尤其是在经济全球化、市场国际化的今天，商品更是在全球范围内不停地流转。以某件商品为

① 夏春玉：《当代流通理论——基于日本流通问题的研究》，东北财经大学出版社2005年版，第1页。

例,从原材料到半成品,再从半成品到成品,成品经消费、成废弃物后进入再循环过程。在这一过程中,商品不仅经历了原料供应商、零部件供应商、成品商、消费者、再循环业者等多个主体之间的转换,而且商品所经历的空间转换跨度也非常广。相应地,它对他人及周围环境的影响范围也比非商品物流要广得多。同时,其物流行为发生在一个很大的空间范围之内,运输工具等机械手段的运用、电力、石油等能源的消耗问题就必然存在。它对社会可持续发展的影响也就要远远地高于非商品物流行为。因此,狭义的物流行为仅仅是指商品物流行为。现代物流行为是指把运输、仓储、装卸、搬运、包装、流通加工、配送、信息处理等基本物流环节有机结合而成的物流系统。

(二)物流行为的特征

物流行为的特征是物流区别于其他人类活动的主要特征,也是从法律角度对物流行为进行规制的主要依据。从可持续发展的角度看,笔者认为物流活动具有以下特征。

1.物流行为是人类的主动行为

物流行为是人类为了生产、生活而从事的行为。它是人们有意识地活动的结果。即使在人类自给自足的时代,为了生存、生活的需要,人们必须把能够满足自身生活需要的物品进行必要的移动,这种物品的移动本身就构成了物流。至商品经济、市场经济时代,人类从事生产的目的不再局限于自身生活的需要,而是以交换为目的生产商品,为了满足消费者或用户的需求,跨地区、跨国界的移动商品成为从事生产经营活动的主体的必然选择。现代,商品物流已经成为满足人类生活需要的重要环节之一。可以认为,人类须臾离不开物流,它是人类的主动行为。

2.物流行为客观上不利于人类生存的环境

物流行为是人类有意识的活动,能够从某些方面,尤其是物质方面满足人类的需求。但是,从客观上看,物流行为也有不利于人类生存环境的一面。物质活动对人类环境的影响主要表现在两个方面。一方面是物流活动消耗资源。地球是一个封闭的球体,其资源是有限的。物流行为对资源的消耗,尤其是过度消耗必将对地球环境造成影响。另一方面是物流行为污染环境。人类只有在适合的环境中才能维持生存,才能有一个比较好的生活质量,才符合人类对幸福的追求。过度的环境污染将导致环境发生变化,从而不宜于人类的生存。

3. 物流行为对环境的影响是全球性的

在经济全球化的背景下,物流的范围越来越广。全世界的商品在物流行为的作用下,在世界范围内不停地流动。物流行为所到之处,对环境的污染也就随之产生,并且这种对环境的影响还随着物流行为的不断进行在世界范围内扩散。加上地球上的水、气体本身就是一个不断流动的体系,某一地点发生的环境污染将随着这些流动着的水、气体向其他地区扩散,从而对全球造成整体性的污染。事实证明,即使在渺无人烟的地球两极、在距离地面万米的海底深处都可以发现人类污染环境的痕迹。而这恰恰是物流活动对环境的影响受水、气体传导的结果。物流活动本身的流动性和环境污染的传导性共同加剧了物流活动对全球环境的影响。

二、物流行为与可持续发展目标的统一性

尽管物流行为存在着客观上不利于人类生存环境的因素,但物流行为本身是人类有意识的活动的结果。它的出现解决了人类不同地区之间的商品差异与共享的问题,在很大程度上满足了人类对物质的需求。因此,从物流行为的目的上看,物流行为与人类的总体利益是相符的,也是与人类可持续发展的目标相一致的。

(一)物流行为是私益性与公益性的统一

作为人类活动之一,物流行为必然具有目的性。但任何物流行为的目的并不都是单一的,而是具有多样性的特点。即物流行为有私益性,又有公益性。

物流行为的私益性,是指从微观上看,任何物流行为都是特定主体有意识的活动。对于该特定主体而言,物流行为是以其自身利益为中心展开的。只要该特定主体的目的达成,物流行为就是成功的。显然,这些特定主体作为人类的一分子,其个体目标当然也是很重要的。因为人类整体的利益从实质上来说也正是由这些分散的个别主体的利益构成的。可持续发展的目标正是每个人的利益。从这一角度看,即使物流行为的目的具有私益性,它也没有与可持续

发展的目标相违背。

物流行为的公益性,是指物流行为整体是以人类利益为中心展开的。即物流活动的存在本身就是为了满足人类的需求。尤其在现代社会,可以认为,任何人的生活都离不开物流活动。人们的吃、穿、住、行等一切物质生活需求都与物流行为有着密不可分的联系。因为,人们所需要的生活物品都必须由生产领域经过流通后才能进入消费领域。商品流通是从生产领域到消费领域的必经环节。物流行为则是商品流通中的重要组成部分。从这一意义上看,物流对于全人类的生活而言也是必不可少的。物流活动发展的历史过程表明,物流的发展是与人类生活水平的发展相一致的。人类的生活水平越高,那么人类对物流发展的要求也就越高。因此,物流作为满足人类社会生活需求的各环节中的重要一环,是全人类的需要。可见,物流行为的公益性同样符合可持续发展的要求。

(二)以可持续发展为直接目标的物流活动

如果说一般的物流行为以满足人类个体或全体的生活需求而间接地与可持续发展理念相一致。那么,以可持续发展为直接目标的物流活动就是与可持续发展目标完全一致。在众多的物流活动中,以下几种物流活动与可持续发展目标直接相关。

1. 再生资源回收物流

再生资源是指可以再生利用的一类资源的总称。无论是生产企业,还是个人家庭都会在生产或生活过程中产生一些废旧物资。如生产企业报废的成品、半成品,加工产生的边角余料,冶炼过程出现的钢渣、炉底,更新报废的机械设备、工具等,家庭生活中产生的各种旧书废报、旧的家具、废旧包装等。这些废旧物资有一个共同的特点,即对于这些物资的所有权主体而言,这些物资的正常用途已经消失或没有再利用的可能,即这些物资“不再”具有使用价值,因而成了“废旧物资”。但是按照唯物辩证的观点,“废”与“不废”是相对的,是相对于一定时期、一定范围、一定的主体而言的。在自然界中,任何一种物质资料都有它的特定属性和用途。尽管有的物质资料的形态或用途发生了变化,但它本身可以被利用的属性并没有消失,只要被人们发现和利用后,它就可以变成有用的资源。再生资源回收物流，就是指废旧物资通过一定的手段回收、加工，重新投入使用所要经过的一系列的物流活动。[①] 显然，再生资源回收物流是重复利用资源、节约资源、保护环境的重要手段和方法，它与可持续发展的理念直接相关。

2. 废弃物物流

在自然界中，尽管有许多物质资料都可以通过再生资源回收物流进行多次重复利用，从而发挥“物尽其用”的效果。但是，在人类的生产、生活过程中，总是会有一些物质资料由于种种原因而基本或完全失去使用价值，无法再重新利用。这些基本或完全失去使用价值的，无法被重新利用的物质资料，就被称为废弃物。废弃物物流就是指对这些废弃物进行最终处理而实施的物流活动。废弃物的种类繁多，按照存在形式分类，有固体废弃物、液体废弃物和气体废弃物；按照来源区分，可以分为产业废弃物和生活废弃物等。按照对环境是否有影响进行分类，可以分为有害废弃物和无害废弃物。如果某件废弃物只是丧失了使用价值而对其周围环境并无实质性的影响，那么并不一定需要有废弃物物流对其进行特别处理。但是往往这样的废弃物并不是很多。在废弃物中，更多的是废弃物本身所具有的特性，有可能对周围环境带来不利影响的物质。对于这些不利于环境的废弃物，我们就有必要利用废弃物物流对其进行必要的处理，从而减少废弃物对周围环境的危害。因此，与再生资源回收物流不同。再生资源回收物流是以增加物质的价值、节约资源为作用机制，而废弃物物流的作用机制则在于减少对环境的危害，从而起到保护环境的作用，同样起到了保障人类社会可持续发展的作用。

三、物流行为过程与可持续发展目标的矛盾性

物流行为过程，是指商品在不同物理空间之间进行转换而发生的所有环节。它与物流行为目的不同。物流行为目的只是当事人的主观意愿。除了以可持续发展为直接目标的少量物流行为以外，物流行为几乎都是以当事人的个别利益为前提的。当事人不会考虑物流活动的负外部性，即它对他人及周围环

① 孙秋菊、郭兴宽：《环境保护与物流》，清华大学出版社2004年版，第304页。

境带来的影响。与此相对，物流过程则是当事人实现其物流目的必须经过的一个客观过程。没有这一客观的物流过程，当事人的物流目的就无法达成，因此，物流过程对于物流行为目的而言是一个必不可少的存在。但是，物流过程本身不仅需要消耗资源，而且物流过程还将对其周围环境带来污染。即物流过程尽管能够满足物流目的的需要，但物流过程却与可持续发展的理念并不一致。即物流过程与可持续发展目标之间具有矛盾性。

（一）物流过程与可持续发展矛盾性的含义

物流过程与可持续发展的矛盾性，是指物流过程与可持续发展所要求的目标并不一致，两者之间相互冲突。即一方面，物流过程是满足人类生产、生活必不可少的客观存在；另一方面，物流过程既消耗资源又污染环境，不利于人类社会可持续发展目标的实现。两者对于人类社会的发展都非常重要，缺一不可。

从物流过程的角度看，自古以来，人类的物流活动早就开始出现，并不断发展。到了现代社会，物流活动更是发展到了极致，对人类生活的影响也是与日俱增。因此，如果因为物流过程不利于可持续发展的理念就禁止物流活动的进行，当然无异于因噎废食。从可持续发展的角度看，可持续发展是20世纪中后期提出的人类如何科学发展的问题，是人类到目前为止确立的最为科学的人类发展观。它对人类的未来发展无疑有着里程碑式的意义。我们必须坚持可持续发展这一科学的发展观。可见，无论是物流过程，还是可持续发展的理念两者都不能够随便放弃，或者说两者都不应该随便放弃。我们需要的是两者的和谐发展。

按照辩证唯物论的观点，任何矛盾都受时间、场所等条件的限制。在不同的时间、场所，矛盾本身也会发生变化和转换。物流过程与可持续发展之间的矛盾亦是如此。在可持续发展战略提出以前，尽管物流过程同样消耗资源，同样污染环境，它与可持续发展目标之间的矛盾在客观上存在着。但由于当时可持续发展的理念尚未为人类认识，因此，人类并没有认识到物流过程与可持续发展理念之间存在着矛盾。在可持续发展的理念为人类所认识，并正式提出以后，物流过程与可持续发展之间的矛盾就显而易见了。显然，可持续发展目标本身并不是要禁止人类的任何消耗资源、污染环境的行为，而是要求人类，尤其是当代人类在满足自身需要的同时,不影响后代人满足其自身的需要。即可持续发展战略要求的不是禁止,而是在某种程度上限制人类的行为,并且这种程度应该以满足当代人类自身的需求为限,而不是过度的滥用资源、污染环境。具体到物流过程而言,可持续发展战略并非要禁止一切物流活动,而是要求人类在物流过程中做到高效利用资源,尽可能地减少对周围环境的污染。也就是说,所谓物流过程与可持续发展之间的矛盾其实是指物流过程应当在符合可持续发展的要求下进行,物流过程应当受到可持续发展目标的约束和限制。

(二)物流过程与可持续发展矛盾产生的根源

物流过程与可持续发展之间的矛盾说到底是物流过程不能满足可持续发展目标的要求而产生的矛盾。从根源上看,物流过程之所以不能满足可持续发展的要求主要有以下三个方面的原因,即社会根源、经济根源、思想根源。

1. 社会根源

从利益冲突的角度看,物流过程与可持续发展之间的矛盾其实是物流过程中包含的物流活动主体与非物流活动主体、当代人的物流活动与后代人的生存空间之间的矛盾。物流过程中的物流活动主体通过其从事的物流活动能够实现相应的利益,这种利益对当事人而言是一种直接利益。而非物流活动主体不仅不能从该物流活动中获取任何利益,相反却要承担因为物流活动而造成的生活环境受到污染的不利结果。在此,物流活动主体代表的是一种个别利益,而非物流主体所代表的则是公共利益,因此,该两者之间的冲突实际是个别利益与公共利益之间的冲突。这与现代社会中,个别利益或者个体利益总是优先于公共利益的社会思潮是有一定关联的。除了作为公共利益代表的国家或政府有可能从公共利益的角度进行思考以外,个体很难自觉地以公共利益为核心来思考,相反却总是以个体利益为核心来指导自己的行为选择。经济增长成为中央和地方政府的主要目标。诚然物流活动为经济增长作出了巨大贡献。但物流活动带来的并不仅仅只是经济增长,还有物流活动所带来的大量的能源消耗和对环境的污染。这种局面的出现不能不说与个别利益优先公共利益、效率优先公平的社会思潮有关。

2. 经济根源

物流过程与可持续发展之间矛盾的经济根源主要表现在两个方面。一是经济全球化。自20世纪以来,国际贸易获得了前所未有的发展。各国之间的贸易往来更是成几何级数增加。各主要国家市场再也不是封闭的市场,而成了面向全世界的开放性市场。全球经济一体化、全球统一的大市场已经初步形成。在这样的背景下,毫无疑问,商品流转的数量越来越多,范围越来越广。与之相对应的,物流活动再也不会局限在一个国家或地区内部,而是根据客户的需求在全世界范围内流动。而这种世界性的物流所带来的对全世界环境的影响正是与可持续发展的理念不相符的。二是物流活动消耗能源的效率与对周围环境的污染程度受经济发展水平的制约。即低能耗、低污染的物流活动必须有较高的生产力发展水平作为基础。但是由于当前生产力发展水平的限制,低能耗、低污染的物流技术有待不断创新和突破。

3. 思想根源

物流活动与可持续发展目标出现矛盾的思想根源是人类对可持续发展理念的认识尚有不足。直到20世纪80年代,人类社会才刚刚提出可持续发展的理念。而且这一理念是在人类生存环境已经发生恶化,甚至已经威胁到人类生存时被动提出的。即使是现在人类对可持续发展的理论也还没有被足够重视,并完全转化为行动。特别是对于日常生活中的一般人而言,可持续发展的理念甚至从来就没有被深刻理解过,更不可能要求他们以可持续发展为导向来指导自己的行为。这一点表现在物流活动中就是物流活动的当事人不可能以可持续发展的理念来指导自己的物流行为,因而物流活动与可持续发展之间存在着矛盾。

(三)物流过程与可持续发展矛盾解决的路径分析

解决物流过程与可持续发展之间的矛盾就是要使物流过程符合可持续发展的目标。彻底地解决这一矛盾显然需要从矛盾的根源入手,才能找到真正有效的解决方法。

首先,矛盾的解决要从思想上入手。即应该让人们真正理解可持续发展这一理念。依可持续发展目标,人们需要理解:(1)人类并不仅限于现代人,还包括我们的后代,我们应该给我们的后代留下他们生存所需要的资源,即代际公平问题;(2)人类是一个共同体,全人类生活在同一个地球上,地球是一个封闭的系统,地球生态环境的好坏关系到地球上的每一个人,每一个人都有义务来维持一个适合人类生存的环境;(3)人类的目标不是要改造自然,而是应当在掌握自然规律的前提下去适应它,从而作为自然的一部分与自然和谐共存。

其次,从社会根源的角度看,如何认识个别利益与公共利益的关系问题直接关系到物流活动与可持续发展之间矛盾的解决。在古代社会,由于生产力发展有限,个人无法通过自身力量战胜大自然,即使简单的生存也无法得到保障。于是团体主义、集体主义成为当时人类的主要价值选择,在集体利益、公共利益面前,几乎不存在任何的个人利益。随着生产力的发展,人类创造和利用工具的能力越来越强,相对应的,个人依附于团体或集体的必要性越来越弱。即使个人脱离团体或集体组织,也能在社会中较好的生存、生活。但是,无论生产力如何发展,由于相对于大自然的力量而言,人类总是在很大程度上受到大自然的限制。即使在人类已经具备进入太空的能力的今天,仍然存在着许多人类共同面临的生存问题。例如,地震、洪水等自然灾害至今还没有有效的控制和预防方法。人类发展至今的事实同样证明,在共同的困难面前,人类总是能够很自然地团结起来,采取共同的行动,共同抵抗灾难。当然,这种在困难面前的人类的团结并不是人类都有一颗无私的心的结果,恰恰相反,这是人类个体都具有趋利避害的本性的必然结果。原始社会自然形成的部落、现代社会核威慑机制的发挥都是人类本性发挥作用的最好证明。笔者认为,如果每个人都能充分认识到可持续发展战略对于每个人的意义,那么此时就再也不会是个人利益和公共利益的冲突。

最后,从经济根源上看,人类社会经济的发展总是受到生产力发展的限制。物流活动与可持续发展的矛盾的解决更多地需要从生产力发展的层面上来解决。笔者认为,解决这一问题主要从两个方面考虑,一是通过科学技术解决。科学技术是第一生产力,人类发展至今,已经在技术领域取得了长足的进步。可以认为,技术发展对人类的影响是全方位的,每一个现代人对此都有切身的体会,无须证明。二是通过制度设计解决。制度是人类为了实现特定目的而采取的激励或约束人的行为的一系列措施的总和。如法律制度、企业制度、单位规章制度等。与科学技术效果的显著性相比,制度的价值一般不容易被常人理解和发现。但这并不能成为我们轻视制度的理由。以公司制度为例,正是有了公司这一极大地降低了投资者风险的制度,人类才有可能聚集到巨额的资本去从事一些小额资本无法完成的宏伟事业,如修铁路、造巨轮等。我们人类才有可能坐火车、乘飞机,才有可能去开发更多的新技术。也正因为如此,有人说公司制度的发明丝毫不亚于工业革命时期的蒸汽机的发明。可见,通过制度设计解决物流活动与可持续发展之间的矛盾也是极为重要的一条途径。显然在所有的制度中,法律制度具有一个很广泛的适用范围,同时具有相应法律强制力。相比于其他制度而言,为了解决物流活动与可持续发展目标之间的矛盾,法律制度具有无可比拟的优越性。

第二节　物流包装可持续发展保障法律制度

20 世纪 90 年代末期以来,我国生态环境的急剧恶化,可持续发展成为我国发展的新的目标模式。当然,我国能否走上可持续发展与很多因素息息相关。其中,减少环境污染和能源消耗是其中的重要的两个方面。而商品过度包装就是与上述两个方面背道而驰的。为了保护环境,实现社会的可持续发展,在商品包装上我们有必要提倡适度包装,并对过度包装行为进行必要的法律规制。到目前为止,国家陆续出台了《清洁生产法》《固体废物污染环境防治法》《预包装食品标签通则》《月饼强制性标准》等一系列相关法律法规,只是由于我国法律对产品包装的规定过于原则,缺乏相应的配套措施,可操作性不强,难以有效规制过度包装行为,相关具体规定急需进一步完善。

一、物流过度包装法律规制的现状

(一)规制过度包装的立法现状

1. 现有的相关法律

目前,我国尚无专门的包装废弃物法。内容涉及包装及其废弃物管理的法律主要有两个。即《固体废弃物污染环境防治保护法》和《清洁生产促进法》。

《固体废弃物污染环境防治保护法》制定于 1995 年,修订于 2004 年,内容涉及包装及包装回收管理的条款为第十八条。第十八条规定：产品和包装物的设计、制造，应当遵守国家有关清洁生产的规定。国务院标准化行政主管部门应当根据国家经济和技术条件、固体废物污染环境防治状况以及产品的技术要求，组织制定有关标准，防止过度包装造成环境污染。生产、销售、进口依法被列入强制回收目录的产品和包装物的企业，必须按照国家有关规定对该产品和包装物进行回收。但是，该法存在以下两个方面的不足。

(1)该法没有规定“易回收处理、处置或在环境中易降解的产品包装物”的具体标准，也没有明确按哪项“国家规定”回收、再生和利用。

(2)从客观环境来看，该法各项规定得以实施的条件尚不具备，包装废弃物回收、存放、处理的相应配套机构与设施不存在或不明确。

《清洁生产促进法》制定于 2002 年 6 月。其中，关于包装及包装物回收的有两条，即第二十条规定，产品和包装物的设计，应当考虑其在生命周期中对人类健康和环境的影响，优先选择无毒、无害、易于降解或者便于回收利用的方案。企业应当对产品进行合理包装，减少包装材料的过度使用和包装性废物的产生。第二十七条规定，生产、销售被列入强制回收目录的产品和包装物的企业，必须在产品报废和包装物使用后对该产品和包装物进行回收，强制回收的产品和包装物的具体回收办法，由国务院经济贸易行政主管部门制定。国家对列入强制回收目录的产品和包装物，实行有偿回收利用的经济措施。县级以上地方人民政府经济贸易、行政主管部门应当定期检查强制回收产品和包装物的回收情况，并及时向社会公布检查结果。具体办法由国务院经济贸易行政主管部门制定。

2. 现有规章

我国关于包装及其回收管理的规章主要是由地方政府或政府部门制定的一些相关管理办法和规定。如 1998 年 10 月中国包装技术协会和中国包装总公司颁布的《包装资源回收利用暂行管理办法》。该管理办法规定了包装废弃物回收利用的管理原则、回收渠道、回收办法、分级原则、储存和运输、回收复用品种、复用办法、复用的技术要求、试验方法、检验规则、包装废弃物的处理与奖惩原则、附则等内容。

1996 年颁布的国家标准——《包装废弃物的处理与利用通则》

(GB/T 16716—1996)中规定了对各类包装废弃物的分类、处理与利用的基本要求与方法、效果评价准则等,对于我国包装废弃物的管理有很大的指导作用。

2000年10月,上海市政府颁布实施了《一次性塑料饭盒管理暂行办法》,规定厂家每生产一个一次性塑料饭盒,需向管理部门交纳3分钱的回收处理费,其中1分钱是回收者的报酬,1分钱用于环卫部门的管理和执法费,0.5分用于运输费,0.5分用于再生利用处置费。该管理办法实施后效果显著。

深圳市于2005年制定了《循环经济促进条例》(征求意见稿),其中关于包装及其回收方面明确规定:生产、销售国家强制回收产品和包装物的企业,应当建立废旧回收系统,进行回收再利用。对生产的废弃物未按规定循环使用或适当处置的,或未按规定履行产品和包装物回收义务的……可处2万元以上或5万元以下罚款,最高可处20万元罚款。这种针对包装废弃物的处罚幅度之高在我国还是首次出现。

哈尔滨市人民代表大会常务委员会制订的,2006年4月1日开始施行的《哈尔滨市再生资源回收利用管理条例》中规定企业在原材料失去原效用后,应当自行回收再利用,或者供回收再利用,无法回收再利用的应当负责妥善处理。

(二)过度包装法律规制的效果

由于我国尚无规制过度包装的专门法律,同时部门规章和地方性法规基本上只是局限于某类具体产品的包装物,因此,过度包装法律规制的效果本无从谈起。但是,与上述现有相关法律、规章制定前相比,仍然有些许效果,尤其是针对某类具体商品包装进行规制的情况下,效果尤其明显。如上海市政府颁布实施的《一次性塑料饭盒管理暂行办法》就效果显著。总体而言,我国现有的规制过度包装的法律、规章的效果还是不能让人有认同感。因此,笔者认为事实胜于雄辩,以下情形足以证明我国法律对当前过度包装的无奈。

一个月饼被包装成以下一幅画面:从里往外数,第一层:塑封纸盒;第二层:纸板方盒;第三层:塑料圆盒;第四层:嵌于绒毯当中;第五层:装于犹如一般行李箱大小的硬纸板盒中,大而无当。标价:680元。这还够不着你大惊小怪的程度,因为还有比这更离奇的呢。一盒月饼要卖到上千元靠的是它的包装外壳是用纯金打造的；一罐茶叶的身价能提高到上万元是因为有玉器的相伴；一瓶普通的酒一下子变成高档的酒，秘诀就在于纯银的酒杯、酒壶以及与之对应的一系列饰品的捆绑销售。

我国每年的包装废弃物有1600万吨左右，每年还在以超过12%的速度增长，包装废弃物的回收情况除啤酒瓶和塑料周转箱较好外，其他包装废弃物的回收率相当低，整个包装产品的回收率还不到包装产品总产量的20%。有些包装生产企业在进行包装设计时，没有考虑包装废弃物的回收利用，从而加重了对环境的污染，而企业本身并未承担相应治理环境污染的费用，因此，长期困扰我国的包装废弃物造成白色污染等问题，一直没有得到根治，还有保健品和月饼等的过度包装或欺骗性包装的问题存在多年，但也得不到有效解决。而这恰恰就是我国过度包装法律规制缺乏所带来的后果。

（三）过度包装法律规制中的问题分析

1. 没有专门立法

我国虽然制定了一系列与包装相关的法律、法规、政策和标准，例如，《清洁生产法》《固体废物污染环境防治法》等对产品和包装物的设计、减少及合理利用固体废物、过度包装、废气物回收等作了规定。但上述规定仅立足于传统经济，没有将商品过度包装、有害包装材料、包装废弃物的管理等从产生的源头一直到无害化处理、再利用看成是一个完整的生命周期，对包装废弃物的规范也只是针对生产—消费—回收—再生—利用等环节中的一个或部分来进行，没有对其进行全程管理，违背了循环经济的基本理念。另外，从法律价值本身看，由于没有对包装废弃物进行专门立法，因此，这些法律也就不可能充分体现出包装废弃物法所应有的法律价值，当然也就不可能真正通过这些法律实现可持续发展的战略。

2. 现有规制过度包装的法律层次不清

从外国的相关立法实践看，都对循环经济法或者废弃物法进行了层次分明的立法。不同层次着重点不同。基本法一般都做原则性规定，重在向社会宣示循环经济、废弃物科学处理、合理利用的理念，其本身的操作性并不突出。处于基本法以下的综合法或者条例则是对基本法的细化，操作性明显增强。而处于最下端的专项法或指南则操作性更强。这种不同层次的立法,一方面强化法律所追求的价值,另一方面也使法律的可操作性大大增强,从而避免出现价值的混乱和操作性差的弱点。从我国现有法律的情况看,无论是《固体废弃物污染环境防治保护法》还是《清洁生产促进法》的规范对象,都只是关于废弃物处理的某个方面或某个环节,而不具有废弃物处理的基本法的性质,因而也就不可能起到宣示循环经济的理念的作用。而其余的地方规章则更加只是某个极小领域,或者只是某种具体的包装的处理法,不具有代表性,无法起到应有的作用。

3. 行政管理有余,市场机制不足

在现有法律中,我们不难发现,立法者总是企图通过行政机制来解决问题。而不是充分的利用市场机制。具体表现在:(1)没有设立专门的中间服务机构,由其负责包装废弃物处理事宜,诸如由该机构发放相应的环保标志,由其进行相应的包装废弃物回收系统的建立等。(2)没有充分利用好"经济杠杆",政府总是认为能够解决一切问题。却恰恰没有想到,每个人的利益的最好判断者只能是,也应当是其本人。(3)没有把社会全体纳入包装废弃物处理的整个系统之中,只是政府自己依据自己的判断在行事。

有鉴于此,笔者认为应当从社会整体的角度出发、应当从包装废弃物处理的系统性、应当从权利义务相对等的原则、应当以市场机制为主、行政手段为辅的原则出发完善我国过度包装的法律规制。

二、物流过度包装法律规制的完善

我国过度包装法律规制的完善需要从以下两个方面作出调整。一是理念层面上的调整;二是具体规则层面上的调整。

(一)更新过度包装的规制理念

理念虽然离现实较远,但其重要性却不可低估。如果说规则是人的双脚,那么理念就是人的眼睛。它决定着人前进的方向,关系到未来道路的正确与否。因此,在更新具体的规制规则以前,我们首先需要对理念作出修正。

1. 重视制度对人的引导和约束

俗语有云,"做一次好事易,做一辈子好事难"。它强调的其实就是在没有外部约束的情形下善行的偶然性和恶行的必然性问题。对于立法者所希望的“善行”，我们不能依赖于当事人内心的高尚，因为如果真是这样，那么立法者也就无须存在了。立法者之所以存在，其根本的原因就在于“恶行”的必然。所以一味地号召，只能解决呼唤道德良知层面的问题，而不能解决其不为“恶行”的问题。只有正确的制度设计才是对“恶行”者的最好约束，而且这种制度约束是及于所有的人，是普遍地适用于所有的人。而制度者，最有效者莫过于法律。故我们必须借助立法，必须制定科学的、严格的技术标准，并严格地贯彻执行方能有所成就。

2. 重视过度包装规制中的系统性问题

过度包装规制中的系统性问题，是由包装本身的特点所决定的。首先，从包装物的生命流程看，因为包装本身就是随着产品本身而分布于全社会，分散于社会的每一个角落。所以，对过度包装的规制就有必要把包装物的生产者、包装物的利用者、包装物的最终持有者全部纳入整个规制体系中，并对其各自的权利义务进行科学合理的、强制性的分配。其次，从包装的生命周期看，包装物的产生—利用—废弃—再生（产生）—再利用本身是一个循环的过程，其本身构成一个完整的系统。这就要求我们在设计规制法律时必须把这种系统性的特点纳入立法工作中，而不能从中取出某一部分进行单独的立法规制。那样做的结果只能是适得其反，或者收效甚微。

3. 重视“经济杠杆”在过度包装规制中的作用

“经济杠杆”是一项工具，通过这一工具可以调整人的行为。之所以它能发挥这样的作用，是因为人本身具有趋利避害的本能，人是其自身利益的最好判断者。因此，把“经济杠杆”纳入规制过度包装的法律之中，定能行之有效。当然，“经济杠杆”的运用不仅包括事前的权利义务分配，而且还包括事后的责任分配。只有“双管齐下”，才能使“经济杠杆”的作用得到切实的发挥。

（二）完善规制过度包装的法律规则

如前所述，法律规则应当在理念的指引下制定方能找到正确的方向。关于过度包装法律规制的完善问题，笔者认为，应当在前述理念的指导下进行完善。这里所指的完善当然包括了相应规则的所有“立、改、废”在内。具体而言，我们应当从下几个方面对规制过度包装的法律做如下完善。

第一，国家应尽快制定与包装废弃物处理相关的基本法，以宣示可持续发展的法律价值。甚至可以直接制定《可持续发展基本法》，并制定其下位法《包装废弃物法》，加快制定其他规制过度包装的专项法和相应的技术控制标准，真正做到在规制过度包装问题上有法可依，有法必依。

第二，充分发挥行业协会的作用，制定相应的行业自律规则。通过包装行业协会对生产、包装企业作出约束，鼓励他们使用适度包装。同时，鼓励和提倡包装生产企业自律。

第三，通过法律规则设计，运用"经济杠杆"原理，做到包装企业自愿从包装设计源头抓起，所选用的包装材料、包装容器及结构一定要与内装物相匹配，在保护产品不发生破损的前提下减少包装材料使用量。

第四，大力推行环境标志和标签标识制度，包装产品要努力去获取环境标志。环境标志不仅是国际贸易中的通行证，而且也是消费者选择环保产品的重要依据。我国已制定了"十环"的环境标志，但制定环境标志认证标准的方法是一般原则法，而世界许多国家，包括欧盟各国均采用生命周期评价理论方法[①]制定认证标准，因此为与国际接轨，我国还应尽快过渡到采用生命周期评价理论方法制定环境标志的认证标准。

第五，政府出台鼓励政策，鼓励采用可循环、可回收的环保材料的企业行为。对与环保材料相关的新技术进行奖励。

第三节 物流运输可持续发展保障法律制度

一、物流运输可持续发展法律规范现状

从法律规范的效力看，我国现有的物流可持续发展运输法律规范包括法律、行政法规、部门规章和地方性法规。

---

① 生命周期评价理论，是指必须对包装产品在全生命周期的环境性能采取措施，也就是要进行生命周期评价。

1. 法律。如《能源节约法》规定，国务院及其有关部门指导、促进各种交通运输方式协调发展和有效衔接，优化交通运输结构，建设节能型综合交通运输体系。[①]《交通安全法》规定，机动车载物应当符合核定的载质量，严禁超载；载物的长、宽、高不得违反装载要求，不得遗洒、飘散载运物。机动车载运爆炸物品、易燃易爆化学物品以及剧毒、放射性等危险物品，应当经公安机关批准后，按指定的时间、路线、速度行驶，悬挂警示标志并采取必要的安全措施。[②]《海上交通安全法》规定，船舶载运危险货物，应当持有有效的危险货物适装证书，并根据危险货物的特性和应急措施的要求，编制危险货物应急处置预案，配备相应的消防、应急设备和器材。[③] 托运人托运危险货物，应当将其正式名称、危险性质以及应当采取的防护措施通知承运人，并按照有关法律、行政法规、规章以及强制性标准和技术规范的要求妥善包装，设置明显的危险品标志和标签。[④]

2. 行政法规。如《道路运输条例》规定，国家鼓励货运经营者实行封闭式运输，保证环境卫生和货物运输安全。货运经营者应当采取必要措施，防止货物脱落、扬撒等。运输危险货物应当采取必要措施，防止危险货物燃烧、爆炸、辐射、泄漏等。[⑤] 运输危险货物应当配备必要的押运人员，保证危险货物处于押运人员的监管之下，并悬挂明显的危险货物运输标志。托运危险货物的，应当向货运经营者说明危险货物的品名、性质、应急处置方法等情况，并严格按照国家有关规定包装，设置明显标志。[⑥]《危险化学品安全管理条例》第六条、第四十三条到第六十五条专门规定了危险化学品运输安全问题。

3. 部门规章。如交通部于 2019 年修订的《道路危险货物运输管理规定》，国家质量监督检验检疫总局、国家标准化委员会于 2005 年 4 月修订发布的强制性国家标准《道路运输危险货物车辆标志》（GB 13392—2005）。交通部于 2002 年颁布的《关于内河封闭水域严禁运输有毒有害危险品的通知》。该通知

---

① 《节约能源法》(2018) 第 42 条。

② 《交通安全法》(2021) 第 48 条。

③ 《海上交通安全法》(2021) 第 62 条。

④ 《海上交通安全法》(2021) 第 63 条第 1 款。

⑤ 《道路运输条例》(2022) 第 26 条。

⑥ 《道路运输条例》(2022) 第 27 条。

要求:(1)内河封闭水域禁运有毒有害危险品,水域范围为封闭的与外界无通航联系的湖泊、水库。(2)内河封闭水域禁运有毒有害危险品种类为国家标准《危险货物品名表》(GB 12268)规定的第3.2类中石油和石油制成品以及第6.1类毒害品。(3)严禁上述水域范围内的港口、码头以及临时装卸点等为载运上述禁运种类危险品的任何船舶办理托运、装卸和储存等业务。

4.地方性法规。如《浙江省水路运输管理条例》规定,水路运输经营者应当遵守水污染防治的法律、法规,维护船舶航行、停泊水域的环境卫生,不得违反规定排放、倾倒废弃物、污染物。①

从上述法律规范的立法目的,与物流运输相关的法律规范的目的主要集中在维护运输市场秩序和保护公民的人身安全和公民、法人和其他经济组织的财产安全两个方面。除了《节约能源法》以外,物流运输可持续发展法律规范只是散见于各级别的法律规范性文件之中。其中,只有《关于内河封闭水域严禁运输有毒有害危险品的通知》《陕西省化学危险品安全管理规定》明确表明了节约资源或保护环境的立法目的。② 可见,从现有的法律规范看,可持续发展理念并没有被充分的纳入法律制度之中。

二、物流运输可持续发展法律规制的完善

从可持续发展的角度看,我国物流运输法律规制的完善可以从以下几个方面加以完善。

(一)从立法目的上体现可持续发展的理念

可持续发展是人类社会能够长期、和谐发展的基本途径。宣传可持续发展理念、增强可持续发展观念对于人类社会可持续发展的实现非常必要。把可持续发展作为法律价值之一列入法律规范性文件不仅可以起到宣传可持续发展理念的作用,而且可以借此向社会公众表明政府关于可持续发展的立场。具体而言,把可持续发展直接明记于法律条款之中,既可以表明国家对可持续发展

---

① 《浙江省水路运输管理条例》(2008)第27条。

② 《陕西省化学危险品安全管理规定》(2001)第1条。

的重视，宣示可持续发展对我国社会经济发展的重要性和价值，以引起相关部门和当事人的足够重视，又可以明确各相关法律规范应当把可持续发展作为其应有目标和价值取向。

（二）强化资源节约型的物流运输工具和组织方式

节约资源是可持续发展的题中之义。同时，有研究表明，运输费用占全部物流费用的比例接近 50%。① 有些产品的运输甚至超过了生产成本，所以运输费用的多少决定了物流成本的高低。强化资源节约型的物流运输方式是我国物流运输法律规制的重要内容之一。一方面应当鼓励使用节能环保车型。把节能环保技术运用于汽车，就可能使物流运输以最少的能源消耗和最低的环境污染来回报社会。在当前社会中，无论是哪一个国家，汽车尾气对环境的污染成了令人头痛的重要环境问题之一。在货物运输中，汽车运输是主要的运输方式，尤其是货车，因为它负载重且经常有货车超载行驶，因此释放到空气中的有毒、有害气体就更加严重。针对这种情况，国家应当鼓励开发、生产、使用节能环保型汽车、摩托车、铁路机车车辆、船舶和其他交通运输工具，实行老旧交通运输工具的报废、更新制度。国家同时应当鼓励开发和推广应用交通运输工具使用的清洁燃料、石油替代燃料。② 对于机动车排放不合格的，应当依法召回。③

另一方面，国务院有关交通运输主管部门应当加强交通运输组织管理，引导道路、水路、航空运输企业提高运输组织化程度和集约化水平，提高能源利用效率。④ 即发展多式联运和推进物流活动的共同化。多式联运，是指吸取铁路、汽车、船舶、飞机等基本运输方式的长处，把它们有机地结合起来，实行多环节、多区段、多运输工具相互衔接进行商品运输的一种方式。多式联运全程采用集装箱等包装形式，既可以少包装支出，降低运输过程中货损、货差，提高货运质量，还可以实现一票到底，节省人力、物力和财力，同时可以最大限度地发

① 徐康平：《现代物流法导论》，中国物资出版社 2007 年版，第 105 页。
② 《节约能源法》（2018）第 45 条。
③ 《机动车排放召回管理规定》（2021）第 1 条。
④ 《节约能源法》（2018）第 44 条。

挥现有设备的作用,选择最佳的运输路线组织合理化运输。此外,发展多式联运还可以起到节能增效的作用。其途径之一就是降低公路运输的比重,充分利用能耗低、运载效率高、对城市环境破坏程度相对较小的铁路运输和水上运输。推进物流活动的共同化是将城市内零散发生的货物,集中到城市内设置的各个区域共同配送中心,经混载后运输的一种集约化物流方式。共同物流系统可以通过批发企业、零售企业和制造企业等物流服务的需求方彼此之间的协作来构筑,也可以通过物流企业间的合作来实现。物流活动的共同化不仅有利于物流企业成本的降低,而且有利于提高运输效率,节省能源,降低货车的空驶率,促进自家运输向营业运输转变,缓和道路堵塞状况,改善城市环境,促进可持续发展。①

(三)强化公路网、铁路网规划设计

公路运输,是指利用货车等汽车工具在公路上进行的运输活动。与其他物流运输方式相比,公路运输有其自身的特点,既有优势,又有劣势。公路运输的优势在于公路运输灵活、便利。公路运输的劣势在于公路运输需要消耗大量能源,公路运输排出的尾气污染环境,公路运输的单次运载量有限。结合公路运输的优势和劣势,可以认为,公路运输比较适合城郊之间或者同城范围内的物流运输活动。

铁路运输,是指利用火车进行的运输活动。铁路运输具有单次运载量大、无环境污染、可以使用清洁能源等优点。铁路运输的缺点在于铁路运输不够灵活。由于铁路运输必须在固定的轨道上运行,一旦进入城区,轨道就成为汽车等其他陆上交通工具和行人很难逾越的障碍,给其他交通工具和行人带来通行的困难。可见,铁路运输不太适合在城区内运行,而是比较适合于距离较远的异地运输。

从上述公路运输和铁路运输的不同特征,我们可以发现,公路运输和铁路运输具有一定的优势互补的特性。即把公路运输运用于同城范围或城郊之间的短距离运输,把铁路运输运用于异地之间的远距离运输。这样就能同时发挥

① 张敏:《现代物流与可持续发展》,中国物资出版社 2008 年版,第 255 ~256 页。

公路运输和铁路运输各自的优势。而引导这种趋势的关键就在于公路网和铁路网的规划和设计。如国务院及其有关部门应当指导、促进各种交通运输方式协调发展和有效衔接,优化交通运输结构,建设节能型综合交通运输体系。①

第四节　物流装卸可持续发展保障法律制度

一、物流装卸与可持续发展的关联性

装卸是指物品在指定地点以人力或机械将物品装入运输设备或从运输设备卸下的活动。搬运是指在同一场所内将物品进行以水平移动为主的物流作业。理论上,装卸和搬运是两个不同的独立物流环节,两者都十分重要。但是,在实际操作中,装卸和搬运通常密不可分,两者总是相互伴随发生的。因此,在研究物流活动的过程中一般不强调两者的差别,而是将搬运和装卸放在一起进行研究,统称为物流装卸。

鉴于物流装卸的效率直接关系到资源的浪费和节约,危险货物的物流装卸活动直接关系到有可能发生的环境污染问题,笔者认为,物流装卸与可持续发展的关联性主要体现在两个方面。即物流装卸活动的效率和危险货物的物流装卸问题。

(一)物流装卸活动的效率

从物流装卸的含义可知,在一个完整的物流过程中,至少会发生两次以上的物流装卸活动,因为物流过程本身是一个货物空间位置的移动过程,在这个位置变换的过程中,货物至少要经历由静态到动态,再由动态恢复到静态的过程,而这两种状态的转换环节,就是所谓的物流装卸活动。由此,物流装卸活动的效率也可以分为个别物流装卸活动的效率和整体物流装卸活动的效率两种情况。

个别物流装卸活动的效率,也可以称为静态的物流装卸活动的效率,是指

---

① 《节约能源法》(2018)第42条。

特定货物在某一项具体的装卸活动时的效率。个别物流装卸活动的效率主要取决于装卸设备的先进程度、装卸工人的熟练程度、装卸当时的环境因素，如天气状况等。

整体物流装卸活动的效率，又可称为动态的物流装卸活动的效率，是指在整个物流过程中发生的与特定货物有关的所有物流装卸活动的总效率。与整体物流装卸活动的效率相关的因素，除了决定上述个别物流装卸活动的效率的因素以外，还取决于这些复数的装卸活动所使用的装卸设备的标准是否统一、货物本身是否提供了可以利用各种不同规格的装卸设备的标准包装等。显然，如果货物本身具备标准包装，或者装卸设备具有这样的兼容性，如标准的托盘、叉车的规格等，那么无疑整体物流装卸活动的效率将会有明显的提高。当然，从可持续发展要求的本意看，可持续发展追求的价值是公共利益，因此，尽管从根本上来讲，整体物流装卸的效率是由个别的物流装卸活动效率共同组成的，但是，与个别物流装卸活动的效率相比，可持续发展理论还是更加重视整体物流装卸活动的效率的提高。而整体物流装卸活动效率的提高无疑需要从装卸设备标准的统一和货物包装的标准两个方面着手考虑。

(二)危险货物的物流装卸问题

危险货物，是指具有爆炸、易燃、毒害、感染、腐蚀等危险特性，在生产、经营、运输、储存、使用和处置中，容易造成人身伤亡、财产损毁或者环境污染而需要特别防护的物质和物品。危险货物以列入国家标准《危险货物品名表》(GB 12268)的为准，未列入《危险货物品名表》的，以有关法律、行政法规的规定或者国务院有关部门公布的结果为准。① 危险货物具有不同程度的爆炸、助燃、易燃、毒害、腐蚀和放射性等危险特性的货物。在装卸搬运过程中，当它们受到较剧烈的震动、撞击、摩擦或接触火源、热源，或受日光暴晒、雨淋水浸，或受温、湿度变化的影响以及性质相抵触的物品相互接触时，就会引起爆炸、燃烧、人身中毒、灼伤等事故。在物流装卸过程中，一旦发生与危险货物有关的事故，后果将十分严重，主要表现为：第一，事故所导致的对于环境的危害将是直

① 《道路危险货物运输管理规定》(2019)第3条第1款。

接的和难以弥补的。第二,事故往往导致人身损害和财产的巨大损失。前者与可持续发展的关系甚为密切,后者则和个体生命健康直接相关,两者都要求我们必须对危险货物的装卸活动加以严格的法律规制和监督。因此,在危险货物装卸过程中,应当根据危险货物的性质,轻装轻卸,堆码整齐,防止混杂、撒漏、破损,不得与普通货物混合堆放。[①]

二、物流装卸可持续发展法律规制的必要性与可行性分析

对物流装卸进行法律规制并不是一件简单的事情。这是因为物流装卸本身是一个事实行为,它涉及许多装卸工程技术问题。这就要求负责制定物流装卸法律规范性文件的人员既要懂得法学相关知识,同时还要知道装卸工程技术问题。但是,尽管有难度,物流装卸法律规制显然有其必要性,只有对物流装卸活动进行法律规制,可持续发展目标的实现才能有所保障。另外,尽管有难度,对物流装卸进行规制还是有其可行性的。下文是笔者关于我国物流装卸法律规制的必要性和可行性进行的分析。

(一)物流装卸可持续发展法律规制的必要性

关于物流装卸行为是否需要法律进行规范。笔者认为,物流装卸行为从性质上看属于事实行为。依法理,事实行为在没有违反法律禁止或限制规定的情况下,法律没有干预的理由。因此,从纯粹的单独的物流装卸行为本身看,对于物流装卸行为,法律并不存在干预的空间或余地。简言之,除非该物流装卸行为有可能对周围的环境或其他主体造成损害,或者有可能使公共利益减少或不利于公共利益的增加,法律才有可能获得干预该物流装卸行为的空间。那么,我们可以考察一下物流装卸行为是否有可能存在前述之情形。

首先,物流装卸行为是否可能对周围的环境或其他主体带来损害。笔者认为,在一般货物的情况下,这种可能性几乎可以忽略不计。但是,在两种情况下存在例外,一是该货物为危险化学品时,该危险化学品的装卸就很有可能给周围的环境和其他主体的人身和财产安全造成损害。二是当货物属于超大、超

---

① 《道路危险货物运输管理规定》(2019)第49条。

重、超高型的货物时,也有可能因为装卸方面的原因导致他人人身或财产的损害。由此可见,当货物为危险化学品,或其他特殊商品时,物流装卸行为仍然是有可能给周围环境和其他主体的人身或财产带来损害的。因此,在特殊货物的情形下,法律仍然应当对其做出明确的规定加以规范。当然,有学者可能会指出,在特殊货物的情况下,即使发生了对周围环境和其他主体的人身或财产造成损害的情形,当事人也可以通过诸如侵权法等一般法的规定得以解决。诚然,笔者同意这种观点,即在发生损害的情况下,依侵权行为法等其他法律规定,受害人是可以得到损害赔偿的。但是,笔者认为,侵权行为法的调整主要是以事后调整为主的,即只有在损害事实发生以后,侵权行为法才有介入之可能。如果没有发生损害,则侵权行为法无法直接介入。而在上述特殊商品的情形下,一旦发生事故,则对周围环境和其他主体所造成的损害已经无法在事实上得到弥补。因此,有必要通过法律的形式事先对特殊货物的物流装卸行为作出指导性的规定,以更加有效地避免损害事故的发生。

其次,物流装卸行为对公共利益是否有着不利的影响。对此,笔者认为,如果仅存在一个单独的装卸行为,那么,该装卸行为不会对公共利益产生影响,即使存在那么一点点,这点影响也是可以忽略的。但是,如果把这一单独的装卸行为放入物流整体活动中加以考虑,事实上,物流装卸行为从来就不是一个与其他物流行为无关的纯粹独立的装卸行为,而是与整体物流活动紧密相连的活动。那么,装卸行为的安全和效率就直接与整体物流活动的安全与效率联系在了一起。整体物流活动的安全和效率显然是与公共利益直接相关的,可以认为,社会整体物流成本的降低在很大程度上就依赖于个别的物流环节,尤其是起着贯通所有物流环节的物流装卸环节。因此,物流装卸行为的安全与效率与公共利益有着很重要的联系。对物流装卸行为进行规范也是以公共利益为核心价值的可持续发展理论的必然要求。

(二)物流装卸法律规制的可行性

物流装卸行为是否无法用法律进行规范。这一问题其实就是如何对物流装卸行为进行法律规范的问题。即物流装卸法律规制的可行性问题。在论述了物流装卸法律规制的必要性后,讨论其可行性也就是题中之义。所谓法律规制,说到底,就是指法律为当事人设定了义务,当事人必须予以遵守的规定。物流装卸法律规制,实际上就是要对当事人的物流装卸行为设定一个强制性的规定。由于物流装卸法律规制的必要性主要来自特殊货物的装卸和公共利益考量这两个方面,对于物流装卸的法律规制也必将从这两个方面着手。物流装卸行为属于事实行为,从立法技术角度看,对于事实行为的事先规范,一般宜采用技术性法规方式对其进行规制。即通过制定技术标准对当事人的物流装卸行为进行规范。具体而言,对于危险品等特殊货物的装卸处理,国家应当根据货物本身特性、危险性等的不同制定出不同的装卸规范,要求装卸主体必须严格地按照装卸规定从事装卸活动。

至于另一个法律规制的出发点,即出于公共利益的需要有必要对物流装卸行为作出法律规制,笔者认为,首先需要明确公共利益具体体现在物流装卸行为中的哪一点上,这样才有可能针对这一有关公共利益的关键点去进行法律制度设计。鉴于物流装卸的具体操作行为都需要通过装卸工作人员的个体劳动去实现,而对于该工作人员的装卸效率显然是无法通过法律来进行界定的。即寄希望于个别装卸工作人员的装卸效率的提高来提升整个物流装卸活动的效率的想法是幼稚的。从我国当前的物流装卸实践看,当前影响装卸效率的关键之处在于装卸设备的标准和货物包装的标准并不一致,致使物流装卸整体效率低下。因此,提高物流装卸效率的应有方法应当集中在装卸设备和工具,以及货物本身的包装标准方面。显然,对于设备的标准化问题,我们完全可以通过技术法规的形式来实现。从这一角度看,对物流装卸行为进行适当的规范是完全可行的。

三、完善我国物流装卸法律规制的基本思路

根据上文笔者对物流装卸法律规制相关问题的分析,完善我国物流装卸法律规制可以从以下几个方面着手解决。首先是根据货物危险性的不同,把装卸货物分为危险货物和一般货物。对于一般货物而言,应当以装卸效率为主要价值进行法律规制的相关设计;对于危险货物,则应当以装卸安全为主要价值进行法律规制的相关设计。

(一)一般货物装卸法律规制的完善

一般货物,是指与危险货物相对而言,货物本身不具有危险性的货物。对于一般货物装卸而言,其装卸效率是由多方面的因素所决定的。在这些众多因素之中,装卸工人的技术熟练程度、装卸工具的机械化、标准化程度以及货物本身包装的标准化程度是主要的几个方面。其中,工人的技术熟练程度只能通过培训和工人的装卸实践训练解决,一般无法通过法律途径解决。如果说可行,那最多也就是设立一个职业准入资格制度,但从目前国内现实看,装卸工作人员的职业准入制度的推行显然为时尚早,因为装卸工人毕竟主要还是通过一般劳务来体现其自身价值的,同时装卸工人的专业化程度还远没有达到需要通过职业准入才能解决问题的程序。因此,可以说,在通过提高工人的装卸技术水平或熟练程度,来提高物流装卸效率这一点上,法律是无能为力的。与此相比,装卸工具机械化、标准化和货物包装的标准化问题,则可以通过法律规制达到相应的目标。以下是分别对装卸设备标准化和装卸货物包装标准化的法律规制的阐述。

1. 统一物流装卸设备标准,提高物流装卸的整体效率

统一物流装卸设备标准,实际上就是物流装卸设备的标准化问题。标准化,是指为在一定的范围内获得最佳秩序和社会效益,对实际的或潜在的问题制订共同的和重复使用的规则的活动。包括制定、发布和实施标准的活动过程。物流标准化,指以物流系统为对象,围绕包装、装卸搬运、运输、储存、配送、流通加工以及物流信息处理等物流活动制定、发布和实施有关物流标准,并按有关物流标准的配合性要求,统一整个物流系统标准的活动过程。可见,物流装卸设备的标准化是物流标准化中的一个环节。它是指与物流装卸有关的部分仪器、机器和工具的标准化。本书提及的物流装卸设备是指为了在装卸环节获得最佳秩序和社会效益,而对不同装卸主体、不同装卸环节等的共同需要或共同相关的物流装卸设备制定统一的标准。如集装箱的尺寸、托盘的规格、叉车的大小,等等。由于集装箱运输已经成为国际贸易和国内贸易中的重要方式,集装箱作为装卸一端的主要设备,其规格的统一对于提高装卸效率至关重要。但是,目前我国铁路集装箱和海运集装箱尺寸并不完全一致,能够装载

20’和40’国际标准集装箱进行双层运输的路段非常有限,这对市场迫切需要的海铁联运带来了极大的不便,因此,我国有必要加快建设和改造铁路基础设施,以适应国际标准集装箱海铁联运的需要。目前铁路部门改造架空电缆、桥梁及隧道,通过增加高度,从北京至广州、北京至上海的试验路段的双层集装箱运输方式已经试验成功。建议尽快推广改造经验,在资金和政策上保障加快铁路集装箱运输系统和枢纽的建设和改造。有步骤地开展全国主要地区的国际标准集装箱铁路运输的多式联运,实现集装箱运输“门到门”的基本功能。

托盘和叉车都是物流货物装卸中的重要工具,托盘和叉车规格的统一可以使同一批货物无论到达何地都可以利用标准的装卸工具既快又好地实施装卸活动。但是,遗憾的是,到目前为止,我国当前物流活动中,有很多的企业还没有按标准制作和使用托盘的意识,从而导致托盘标准不一,货物在流动过程中不能以最快的效率被装卸并进行之后的其他物流活动。虽然,我国已经于2006年完成对《联运通用抵盘主尺寸及公差》的修订及发布,但在实施中存在着极大的政策滞后性。目前,我国专业性的物流企业有的采用欧美标准,有的采用日韩标准,有的干脆自己定义,由于与产品包装箱尺寸不匹配,严重影响了物流系统的运作效率。很多托盘仅局限于企业内部流通,不能在物流作业链中一贯使用,不能与国际运输器具相匹配。① 由此可见,统一我国目前相关装卸设备的标准并鼓励企业采用这些标准来实施物流装卸活动是有必要的。令人庆幸的是,我国政府已经认识到了这一点,在2009年国务院出台的《物流业调整和振兴规划》中明确提出了“建立技术标准,推进一体化运作,按照现代物流理念,加快技术标准体系建设,综合集成仓储、运输、货代、包装、装卸、搬运、流通加工、配送、信息处理等多种功能,推进物流一体化运作,提高物流效率”的建设目标。

2. 规定物流货物的包装标准,提高装卸效率

在对物流装卸活动效率产生影响的诸因素中,货物本身包装也是一个重要的因素。在物流过程中,货物本身才是物流装卸活动的客体,无论是集装箱、托盘还是叉车,其最终作用的对象都是货物本身及其包装。因为这些设备本身就

---

① 张敏:《现代物流与可持续发展》,中国物资出版社2008年版,第75页。

是装卸、储存和搬运货物的工具。如果托盘、叉车有了标准,但货物本身及其包装却没有标准,那么物流活动的整体效率仍然难以得到保障。虽然,目前我国对商品包装已经有了初步的国家和行业标准,但在与各种运输装备、装卸设施、仓储设施相衔接的物流单元化包装标准方面还比较欠缺,这对各种运输工具的装载率、装卸设备的荷载率、仓储设施空间利用率方面的影响较大。① 因此,使物流包装标准与物流设施标准之间相衔接就显得很有必要。那么如何对货物包装本身进行一个标准化的设计呢?笔者认为,货物本身是千差万别的,不可能形成一个完全统一的规格,但货物的包装在一定程度上还是可以统一的。例如根据托盘标准尺寸对货物包装的大小进行设计,要求既能适应不同货物对包装箱的要求,还要求这些不同规格包装箱的尺寸之间存在一个对应关系,这样就可以比较好地处理多个小规格箱叠放成一个或数个大的包装箱尺寸空间,同时也不影响叉车和托盘的标准化问题。

(二)危险货物装卸法律规制的完善

危险货物装卸法律规制的完善主要涉及以下几个方面的内容。

1. 危险货物的界定

目前,关于危险货物的界定不同文件有不同的规定,但在定义方法上都基本采用了概括式和列举式相结合的方式。如《港口危险货物管理规定》第三条规定,本规定所称"危险货物",是指列入国家标准 GB 12268《危险货物品名表》和国际海事组织制定的《国际危险货物运输规则》,具有爆炸、易燃、毒害、腐蚀、放射性等特性,在水路运输、港口装卸和储存等过程中,容易造成人身伤亡和财产毁损而需要特别防护的货物。而《水路危险货物运输规则(第一部分)水路包装危险货物运输规则》第三条规定,凡具有爆炸、易燃、毒害、腐蚀、放射性等特性,在运输、装卸和储存过程中,容易造成人身伤亡和财产毁损而需要特别防护的货物,均属危险货物。同时,该条还规定,根据 GB 6944《危险货物分类和品名编号》和 GB 12268《危险货物品名表》等有关国家标准,将危险货物划分为九类,并根据货物危险程度划分为一级危险货物和二级危险货物。

---

① 张敏:《现代物流与可持续发展》,中国物资出版社2008年版,第75页。

另外，尽管两者采用的定义方法相同，但在具体确定危险货物的范围上却稍有不同。前者以国家标准 GB 12268《危险货物品名表》和国际海事组织制定的《国际危险货物运输规则》为两个依据，取其交集。两者存在重合之处，也有不同之处。后者则是把我国国家标准 GB 12268《危险货物品名表》中的货物列入危险货物的范围。这种差别尽管不是很大，但在实际操作中容易出现因危险货物界定不同而导致真正的危险货物（具有爆炸、易燃、毒害、腐蚀、放射性等特性）没有得到应有的安全装卸规程的操作，从而发生危险的情况。另外，在经济全球化的今天，货物在国内和国际的流动都相当频繁，把国内标准和国际标准进行统一对于加强与外国的经济贸易来往和保障安全，促进可持续发展的目标都是有利无弊的。在此，笔者建议，在关于装卸的相关法律规范性文件中，我们有必要将危险货物进行统一的界定，以有助于装卸活动的安全开展。

2. 完善危险货物的装卸作业规程

同样属于危险货物，但危险货物的特性和危险程度却并不一定相同，因此，有必要对危险货物进行分类和分级。这一点，我国国家标准 GB 6944《危险货物分类和品名编号》已经作出了相应的规定。分类是分析危险货物本身的特点进行的类别区分，依据这一分类，在实施装卸作业时就有必要针对该类货物的特性进行相应的作业规程设计并实施装卸作业。分级是指同一类危险货物中，鉴于其危险程度的不同而进行分级，对于级别高的危险货物，在进行装卸作业规程的设计和实施这一规程时就需要更加细致和谨慎，以防危险事故发生。值得一提的是，装卸作业规程的最终落实还必须是负责实际装卸的单位和个人，详细的作业流程应当由该责任单位负责制度，由责任人负责实施。而基本的，原则性的作业规程则应当在法律规范性文件中加以规定，并明确违反时的法律责任。

3. 完善危险货物的警告标记标识

根据《产品标识标注规定》（以下简称《规定》）第二条、第三条的规定，产品标识标注是指运用文字、符号、数字、图案以及其他说明手段把产品质量、数量、特征、特性和使用方法等与产品有关的信息在产品、产品的使用说明或者产品的销售包装上表示出来的行为。产品标识标注完成后保留在产品、产品的使用说明或产品销售包装上的结果就构成了产品标识，标注的目的是明示产品质量信息,便于企业、用户、消费者通过产品标识识别产品。因此,产品标识是指用于识别产品及其质量、数量、特征、特性和使用方法而在产品、产品的使用说明或产品的销售包装上所做的各种表示的统称。可见,产品标识的内容是指与产品有关的、可以用来识别产品的信息。产品标识的位置应当在产品、产品的使用说明或者产品的销售包装上。①

危险货物的警告标记标识是指表明该货物为危险货物及其相关信息的部分标识内容。根据产品标识标注的规定,使用不当,容易造成产品本身损坏或者可能危及人体健康和人身、财产安全的产品,应当有警示标志或者中文警示说明。剧毒、放射性、危险、易碎、怕压、需要防潮、不能倒置以及有其他特殊要求的产品,其包装应当符合法律、法规、合同规定的要求,应当标注警示标志或者中文警示说明,标明储运注意事项。警告标识标注是装卸作业人最直接的关于危险货物的信息来源,也是装卸作业规程的制定者和装卸作业人员实施装卸作业的直接依据。我们特别有必要加强和完善对危险货物的相关标识标注的管理。

第五节　物流仓储可持续发展保障法律制度

一、物流仓储可持续发展法律规制的现状

目前关于仓储可持续发展的法律规制主要是针对与危险化学品或危险货物仓储有关的法律规制。事实上,形式上关于危险化学品或危险货物的仓储的法律规制并不存在。与仓储法律规制相关的规范都包含在其他规定之中。例如,《危险化学品安全管理条例》规定,危险化学品应当储存在专用仓库、专用场地或者专用储存室内,并由专人负责管理;剧毒化学品以及储存数量构成重大危险源的其他危险化学品,应当在专用仓库内单独存放,并实行双人收发、双人保管制度。危险化学品的储存方式、方法以及储存数量应当符合国家标准或者国家有关规定。② 储存危险化学品的单位应当建立危险化学品出入库核查、

① 李惠阳:《论产品标识标注对消费者的保护》,载《法治论丛》2008 年第 7 期。

② 《危险化学品安全管理条例》(2013) 第 24 条。

登记制度。对剧毒化学品以及储存数量构成重大危险源的其他危险化学品，储存单位应当将其储存数量、储存地点以及管理人员的情况，报所在地县级人民政府安全生产监督管理部门（在港区内储存的，报港口行政管理部门）和公安机关备案。①《烟花爆竹安全管理条例》规定，零售业，生产烟花爆竹的企业，应当对黑火药、烟火药、引火线的保管采取必要的安全技术措施，建立购买、领用、销售登记制度，防止黑火药、烟火药、引火线丢失。黑火药、烟火药、引火线丢失的，企业应当立即向当地安全生产监督管理部门和公安部门报告。②《道路货物运输及站场管理规定》规定，货运站经营者应当按照货物的性质、保管要求进行分类存放，危险货物应当单独存放，保证货物完好无损。③ 这些规定有关仓储管理的规定，虽然客观上也有利于可持续发展目标的实现。但其立法目的都在于保护社会公众的生命和财产安全。有关可持续发展的理论在仓储法律规范上并没有得到真正体现。

二、完善物流仓储法律规制的基本思路

物流仓储法律规制的完善，是指危险货物的物流仓储活动应当如何进行法律规制的问题。物流仓储活动几乎都发生在仓库这一固定地点之内，因此，对于危险货物的物流仓储的规制，在很大程度上可以认为是对存放危险货物的仓库进行法律上的规制。从法律层次上看，要求仓库必须满足能够安全储存危险货物的条件或环境。笔者认为，关于危险货物的物流仓储法律规制主要涉及以下几个问题，或者说，主要应当从以下几个方面考虑。

（一）仓库的安全性保障

仓库的安全性保障是指用于存放危险货物的仓库本身应当能够满足危险货物存在的条件和环境要求。例如，仓库的通风性、湿度、温度、防火性能、防辐射性能、发生事故时的安全疏散性能等。仓库是否具备上述条件是仓库能否减少，甚至防止事故发生，进行安全生产、安全存储的关键。具体而言，以下措施

---

① 《危险化学品安全管理条例》（2013）第 25 条。

② 《烟花爆竹安全管理条例》（2016）第 15 条。

③ 《道路货物运输及站场管理规定》（2019 修正）第 37 条。

可以有助于提高危险货物的仓储安全性。第一，利用自动化仓储系统解决管理和存取问题，降低工作的危险性。第二，对危险货物进行科学保养和维护，制定绿色仓储规划，采取一定的防护措施，加强维护和保养。尽可能地根据物资的性能、特点，设计和建造各类符合环境安全要求的专用仓储设施，并采取相应的方法进行仓储保管，做好防潮、防腐、防水、防漏、防飞扬等工作，减少对环境的危害。[①] 如危险化学品专用仓库应当符合国家标准、行业标准的要求，并设置明显的标志。储存剧毒化学品、易制爆危险化学品的专用仓库，应当按照国家有关规定设置相应的技术防范设施。储存危险化学品的单位应当对其危险化学品专用仓库的安全设施、设备定期进行检测、检验。[②] 从法律形式上看，相应的规定既可以通过制定新的《危险品仓储管理条例》解决，也可以通过将相应内容融入《危险品运输管理条例》等与危险货物的运输等相关的法律规范性文件之中，此外，还可以通过对危险品的仓储管理制定相应的国家标准，纳入标准化管理体系之中，以技术性法规的形式来体现。

（二）仓库与周边其他生活生产设施的安全距离设定

由于仓库内存放的是危险货物，因此，发生事故的可能性是客观存在的。在这种情况下，为了减少和避免有可能发生的危险事故所带来的损害。笔者认为，仓库选址时就应当考虑该仓库与周边其他单位和设施之间的安全距离，以确保即使在发生事故时，也能尽可能地减少损失，并符合可持续发展的要求。关于仓储的安全距离的规定可以在涉及城镇规划的相关法律规范性文件中作出。在仓库选址时就必须严格按照该规划法的规定对危险货物仓储用仓库的选址进行确定。如生产烟花爆竹的企业，选址应当符合城乡规划并与周边建筑、设施保持必要的安全距离。[③]

（三）仓库管理人员的专业素养问题

危险货物本身具有危险性，各种危险货物都具有各自的特点。作为危险货

---

① 张敏：《现代物流与可持续发展》，中国物资出版社 2008 年版，第 125 页。

② 《危险化学品安全管理条例》（2013）第 26 条。

③ 《烟花爆竹安全管理条例》（2016）第 8 条第 1 款第 3 项。

物的管理人,应当符合以下几个条件:(1)与管理工作人员的专业相结合。(2)对管理人员进行适当培训。(3)仓库管理人员的应当具备一定的资质,对所存放的危险货物的危险程度有一个基本的分类和认识。有关仓库管理人员的专业素养问题,在法律形式上,可以通过在从事危险货物仓储业务的企业或单位的市场准入条件设定中进行规定。要求凡从事危险货物仓储业务的企业或单位必须具备符合法律规定条件的仓库工作人员。例如,从事危险化学品经营的企业应当具备下列条件:(1)有符合国家标准、行业标准的经营场所,储存危险化学品的,还应当有符合国家标准、行业标准的储存设施;(2)从业人员经过专业技术培训并经考核合格;(3)有专职安全管理人员。[①]

① 《危险化学品安全管理条例》(2013)第34条第1项、第2项、第4项。

第九章　国际商品流通法律制度

第一节　国际商品流通基本理论

一、国际商品流通的含义与特征

国际商品流通,是指跨越国境的商品流通,是国际商品交易的总和。国际商品流通是各国(或地区)在国际分工的基础上相互联系的主要形式,反映了世界各国(或地区)在经济上的相互依赖关系。

国际商品流通属于商品交换的范围,与国内商品流通在性质上并无不同,是商品流通从一个国家的国内向国外的延伸。另外,国际商品流通发生在不同国家或地区之间,与国内商品流通相比,又具有以下特点:

1. 国际商品流通要涉及不同国家或地区在政策措施、法律体系方面可能存在的差异和冲突以及语言文化、社会习俗等方面带来的差异,所涉及的问题远比国内商品流通复杂。

2. 国际商品流通的交易数量和金额一般较大,运输距离较远,履行时间较长,国际商品流通主体承担的风险远高于国内商品流通主体可能承担的风险。

3. 国际商品流通容易受到商品流通主体所在国家的政治、经济变动、双边关系及国际局势变化等条件的影响。

4. 国际商品流通除了商品交易主体以外,还需涉及运输、保险、银行、商检、海关等部门的协作、配合,过程比国内商品流通更加复杂。

二、国际商品自由流通理论

国际商品自由流通理论,即自由贸易理论,经历了多个发展阶段,并从不同角度提出了支持自由贸易的理论依据。一般认为,最早的自由贸易萌芽,出现在16世纪末英国议会关于对外贸易垄断的讨论中。当时的自由贸易主张主要是为了回应重商主义"贸易自由"的观点①,反对歧视外来商品的保护主义政策,驳斥了重商主义的出口强国论。这个时期自由贸易的代表人物是亨利·马梯恩。他首次将劳动分工原理运用到国际贸易中,为自由贸易政策找到了理论依据。但马梯恩等主张自由贸易的目的在于保护进口商自由进口的权利,且其论证不足以证明自由贸易是最有利于各国的贸易政策,自由贸易在当时并未受到广泛认可。真正完成论证自由贸易是最有益于各国的贸易政策的是亚当·斯密。他在1776年发表的《国民财富的性质和原因的研究》(即《国富论》)中论证,国家的财富和实力,取决于国家经济的增长。经济增长可以通过劳动分工来实现,而劳动分工又与市场的开放程度密切相关。基于此,国家实行自由贸易政策,通过劳动分工专门从事国家最有优势的行业,就可以变得富有而强大。

19世纪初期许多经济学家以自由贸易有利于国家利益为前提,进一步研究和发展了亚当·斯密的经济理论,提出了利用机会成本论证自由贸易的相对优势论。而将相对优势的古典理论完整地呈现在世人面前的是大卫·李嘉图。他在1817年发表的《政治经济学及赋税原理》中提到,国家间商品的流动是由生产某种货物的相对成本而不是由绝对成本决定的。国际劳动分工建立在相对成本之上,因此,一国应只生产那些本国相对生产成本最低的商品。即使相对于其他国家而言,一国在每种商品的生产上都拥有绝对的优势,它也只应当生产那些相对生产成本最低的商品。这样,各国就会在贸易中获得更大的利益。但是,大卫·李嘉图的相对优势论是以劳动价值论为基础的,即它假定:(1)劳动是各国唯一的生产要素,或在所有商品生产中,劳动均占一个固定的比例,即商品的价值或价格只取决于投入商品生产的劳动量;(2)劳动生产率的不同是各国不同产业之间唯一的不同,即劳动的性质相同。显然,这一假定

① 重商主义用贵金属储量衡量国家财富,认为商品出口大于进口可以使国家富强,一个国家的获利是以另一国家的损失为代价的。因此,重商主义一方面积极主张国际贸易,另一方面对建议政府对国际贸易采取严格管制,用出口补贴鼓励和刺激出口,用关税限制进口。重商主义自出现以来,几乎没有一个国家可以彻底摆脱这种观点的影响,在国家出现高失业率,经济不景气时,政府往往倾向于运用重商主义的操作模式干预经济。

与现实并不相符。在现实生产中,劳动既不是生产的唯一要素,也并非以固定的比例投入所有商品的生产。对此,1936 年古特弗莱德·哈伯勒首次用科学实证的方法论证了机会成本在相对优势论中的运用。哈伯勒的机会成本理论表明,某商品生产的成本,是再生产一个单位该商品所必须放弃的另一种商品生产的生产量。其结论与李嘉图的相对优势理论结论相同,即当一国生产某种商品生产成本较低时,该国在该商品生产上拥有相对优势,而在另一种商品生产上处于相对劣势。

李嘉图的相对优势论虽然找到了产生相对优势的原因,即各国之间的劳动生产率的差异,但是没有解释劳动生产率差异的原因。同时,相对优势论也无法解释生产要素对国际贸易的影响。现实中的国际贸易理论,不仅需要分析劳动要素,还需要分析其他生产要素,如土地、资本、矿产资源等。对此,瑞典经济学家赫克歇尔与俄林提出了要素禀赋理论(又称要素比例理论)。该理论认为,各国相对生产要素的丰裕程度,即要素禀赋,是各国在国际贸易中产生比较优势的原因和决定性因素。根据这个理论,产生国际贸易的原因,一是各国的资源差异,二是不同产品在生产过程中使用的生产要素比例不同。一国在以本国相对丰裕的资源为主要生产要素进行生产时,产品具有更大的相对优势。因此,国家应当生产那些本国资源丰裕的产品,进口那些本国资源稀缺的产品。各国在国际贸易中获得的利益,根源在于贸易商品的生产技术与模式(如土地密集型、劳动力密集型或资本密集型),与各国资源差异这二者之间的正确搭配。

要素禀赋理论印证了工业化国家与欠发达国家之间发生的大多数贸易情况,解释了许多经济活动中国际专业化分工的模式,特别是在农业和自然资源方面的国际专业化分工模式。但是,它却难以圆满解释现代工业化经济中制造业活动的专业化模式,无法解释发生在工业国家之间大量的相同商品贸易。如美国、日本之间相互出口汽车的现象。同时,古典的经济理论和要素禀赋理论属于静态的相对优势理论。这些理论在假定要素禀赋、技术和偏好不变的情况下,确定一国的相对优势和贸易所得。现实中,虽然土地等生产要素不可流动,金融资本、工业技术、人力资源等要素的国际流动因通信和运输技术的发展而变得越来越普遍。同时,技术和偏好也是不断变化的。此外,这些理论只关注商品在国家间的流动,忽视服务、资本和人口的国际流动。因此,静态相对优势理论已不能解释现代国际贸易中的许多现象和问题,不能正确反映现实的经济活动以及这些经济活动对国际贸易的影响。

于是,产品周期理论应运而生。产品周期理论反映的是相对优势理论中的动态经济状况,能够准确揭示国际分工在制造业中的形成和变化。产品周期理论认为,一个产品的周期分为四个阶段:研发推出新产品阶段;扩大生产及出口的产品成长阶段;标准化及国外生产的产品成熟阶段以及国外大量生产及进口的产品衰退阶段。当一种新产品刚刚出现时,产品的生产往往需要高素质的劳工。当这种产品的生产技术成熟并被大众接受时,产品生产渐渐标准化,可以进行大规模生产并使用低素质劳工。此时,该产品的相对优势从最早的发明国(通常为发达国家),转移到劳动力相对便宜的国家,同时伴随着发达国家的直接投资。产品周期理论十分合理地解释了20世纪五六十年代中许多国家的专业化模式。但之后,许多新兴工业化国家,如日本、新加坡、韩国等,为了获得相对优势,大量运用国内、国际资本,投资到人力资源这个获得产品进步与产品早期制造相对优势必不可少的资源上。这说明相对优势并非完全是先天的,而是可以通过政府产业政策干预获得的。这一结论使工业化政策在各国得到广泛关注。一方面,各国在国内政策的制定和实施上,充分运用产品周期理论,保证本国经济发展优势;另一方面,在考虑其他国家的产业政策时,判定其他国家是否通过对国内政策的操纵,达到扭曲相对优势的目的。

与相对优势经济理论重在解释行业间贸易不同,规模经济和不完全竞争理论则能够解释行业内差别产品的贸易现象。如美国与日本之间的汽车贸易,美国与德国之间的工业设备贸易等现象,显然不是基于各国的资源(生产要素)差异。相对优势理论以规模效益恒定不变为前提。但在经济现实中,规模经济具有规模效益递增的特征,即规模经济的产出水平增长比例大于要素投入增长比例。此处的规模经济是指内部规模经济,是指单位产品成本取决于单个厂家的生产规模,而非产品行业的整体规模。在内部规模经济的行业中,大厂家比小厂家具有明显的成本优势。渐渐地,市场被一个或几个厂家控制。当市场被一个厂家完全控制时出现垄断,被几个厂家控制时出现寡头垄断。在经济现实中,完全垄断的现象十分罕见,因为具有高额垄断利润的行业自然吸引其他的竞争者,从而打破垄断的局面。因此,具有内部规模经济特征的行业市场,通常会出现寡头垄断的情况。这种状况下的竞争,被称为不完全竞争或垄断竞争。张伯伦则从产品的差异出发论证垄断理论。他提出,一切产品都存在差异,虽然有的差异非常细微,但在广泛的经济活动中,任何差异都是非常重要的。这种差异的普遍性使任何特定产品的生产者,都有可能成为具备一定垄断能力的垄断者。但是,因产品差异而产生的垄断并不排斥竞争,各厂家作为竞争对手并存。因此,规模经济理论能很好地解释现代经济活动中常见的行业内贸易现象。行业内贸易的产生不是基于各国的相对优势,而是商品差别的存在。其中,最主要的是为了更好地利用生产的规模经济。随着时间的变化,工业化国家在技术、劳动和资本等资源上的相对优势越来越接近,各国的许多行业中,原先基于这些要素而产生的产品专业化分工优势越来越不明显。国际商品流通的原因不再是原先基于相对优势的专业化分工,而是基于规模经济产生的规模效益递增。1957 年,欧洲主要国家建立了制造品自由贸易区,即贸易共同市场或欧洲经济共同体,结果贸易迅猛发展。此外,当规模经济存在于整个行业的内部,而非某个或某几个厂家之间时,我们称其为外部经济现象。如同行业的许多厂家因某些原因集中于某地生产而降低了该行业的生产成本。马歇尔认为,行业地区形成的三个成熟条件包括专业供应商;劳动力市场共享和知识外溢。外部经济通过产业集中给经济带来利益,它也是国际商品流通产生的原因之一。

除了以上支持国际商品自由流通的经济理论以外,支持国际商品自由流通的法学观点同样存在。罗伯特·麦克基尔就在《保护主义的经济分析》中从道德和个人权利的角度提供了论据。他认为,贸易保护主义显然带来更高的商品价格,并以多数人(消费者)的利益为代价保护少数人(生产者)的利益。有学者甚至认为,要求政府从部分人(消费者)手中剥夺财富给予另一部分人(生产者)本身就要求政府"为他们盗窃"。显然,这不符合道德规范。个人权利的观点认为个人拥有他们自己的身体,当然也就拥有他们的劳动成果。作为所有者,他们有权将自己的劳动成果用来与他人的劳动成果进行交换。任何对上述行为的限制都是对他们权利的侵犯。阻止消费者按照自己的意愿选择产品的贸易政策侵犯了消费者的财产权和合同权。

三、国际商品限制流通理论

国际商品限制流通理论,即贸易保护主义理论。在众多贸易保护主义理论中,互惠条件贸易理论和幼稚工业保护理论被认为是具有“潜在正确性的贸易保护主义理论”。互惠条件贸易理论认为:第一,在某些情况下,关税减让使国家的贸易条件恶化,反过来,征收关税将改善国家的贸易条件;第二,单独实行关税减让的国家将蒙受经济损失。根据这一理论,这些经济学家和他们的支持者主张实行互惠贸易,而不是实行完全自由贸易。幼稚工业理论认为,一个国家在某种商品的工业生产上可能有潜在的相对优势,但由于缺乏专有技术,加上初期资金投入较少,相关产业无法建成。即使产业已经成功新建,初期阶段,也还不能与发达国家成熟完善的机制竞争。为了使新兴制造业获得立足之地,政府应该暂时给予支持,直到它们足够强壮,形成比较优势,能够长期参与国际竞争。在过去的一个半世纪中,幼稚工业理论对国际贸易政策产生了持久的影响。除了幼稚工业理论以外,还有一些支持现代幼稚工业贸易政策的经济与非经济观点。这些观点认为:一个先进、成熟的经济,不能主要依靠农业或自然资源的出口,而必须具备坚实的制造业基础。只有这样,才能使经济活动和就业多样化,减少对狭窄的商品出口范围的过分依赖所带来的风险,获得工业动态效益。在这些理论与观点的指导下,利用关税或进口配额作为工业化起步的临时措施是有现实意义的。从历史角度看,世界上三个最大的市场经济国家,美国、德国、日本都是在贸易壁垒的保护下开始它们的工业化进程的。其中,美国和德国在19世纪曾对制造业产品征收高额关税,日本直到20世纪70年代还保持着大范围的进口控制。

除了上述有关国际商品限制流通的主要经济理论以外,还存在一些得到广泛支持的贸易保护主义观点。如贸易保护振兴国内工业;为国家安全而实行贸易保护;为国家财政收入而采取的进口关税等。现代经济学认为,国家经济的发展必须走工业化的道路。在国家实行工业化的过程中,必然受到来自外国工业的竞争。这些竞争有时严重破坏国内工业的发展,甚至威胁到一些工业的生存。这种情况,不仅会发生在欠发达国家,也会发生在像美国这样的发达国家。此时,出于政治和经济上的原因,政府总是会给予这些企业一定的贸易政策支持，以“振兴国内工业”。贸易有时会与国家安全联系在一起。因此，国家安全在某些情况下会成为贸易保护主义的理由。进口方面，国家安全理论认为，即使在和平时期，国家也必须给予像钢铁和造船工业这样关系国家安全的工业以贸易保护，以防止国际冲突造成的贸易限制，影响国家的国防力量。由于国家安全是一个高度弹性的概念，同时又是一个非常充足和合理的理由，因此，它往往成为国内产业要求政府进行贸易保护的借口。出口方面，国家安全更是被用来禁止某些敏感的战略性技术和产品或军用物资的出口，以防止敌对、“不友好”国家用来发展军事武器与设备，或其他国家用于一般的军事目的。有的国家还专门针对不同的出口对象制定不同的出口限制政策。如美国就专门针对中国制定了一系列所谓尖端或敏感技术和设备的禁止出口名单。从财政收入的角度看，最早关税是作为国家重要财政收入来源而征收的。直到今日，进出口关税虽然不再是财政收入的主要来源，但仍然是政府财政收入的来源之一。对一些发展中国家而言，进出口关税仍然是政府财政收入的主要来源。在这些国家，保护国家财产收入，成为反对自由贸易的充足的理由。

此外，工资与就业，关税与就业，文化多元性和国家主权等都有可能成为贸易保护主义的理由和依据。

第二节 国际商品流通政策

一、国际商品流通政策工具

在当今国际商品流通经济活动中，国际商品流通政策工具，即国际贸易政策工具的主要形式有关税、补贴、进口配额、自愿出口限制、国产化程度要求、政府采购、烦琐的进出口程序、出口信贷补贴等。

（一）关税

关税是一种最古老的贸易政策形式，不仅被当作贸易保护工具，也被当作国民收入的重要来源。了解关税对贸易的影响，是了解其他贸易政策的重要基础。从成本收益角度分析，在出口国，关税降低商品市场价格，使国内消费者获益,生产者受损。这是因为关税阻碍了产品的出口,增大了国内市场商品供给,销售价格因此降低,导致生产商利润降低。在进口国,关税提高商品市场价格,使消费者受损,生产商获益。关税增加政府财政收入。关税好比在国内价格与国外价格之间“嵌入一片楔子”,只是这片楔子并没有完全反映国内和国外产品销售的价格。通常情况下,关税导致国内市场价格的增幅小于关税税率本身。美国经济学家克鲁格曼认为,综合考虑关税收益与损失发现,关税对社会福利产生两个方面的净影响。一是效率损失,原因是关税对本国生产者与消费者利益重新进行了调整,扭曲了生产与消费的激励机制。二是贸易条件改善所得。贸易条件改善,是指进出口时期与基期比较而言,交换比价上升,即同等数量的出口商品能换回比基期更多的进口商品;反之则称为贸易条件恶化。原因是关税有迫使外国出口价格下降的倾向。基于成本—收益的分析,对于一个有能力影响出口国出口产品价格的大国来说,如果关税能够降低进口产品的净价格(去除关税管理成本),就可以改善本国的贸易条件。这就是赞成关税的贸易条件改善论。尽管,由于关税扭曲了生产与消费动因,有时贸易条件改善的成本可能大于其收益。另外,由于国内市场没有发挥市场应有功能的市场失灵现象,即劳动力市场没有有效分配劳力、资本市场没有有效分配资源等的普遍存在,导致某种产品生产积累的经验即使可以提高社会整体的技术水平,但产品生产厂家也不能从中获取额外收益,那么,关税及其他贸易政策就可以成为获取这一额外社会收益的合理依据。这种在市场失灵理论之上,利用关税和其他贸易政策工具进行贸易干预以增进社会福利的理论就是赞成关税的国内市场失灵论。当然,在市场失灵的前提下,也存在完全相反的贸易政策观点,即市场失灵下的自由贸易观点。这种观点认为,国内直接、有针对性的政策,是调整具体市场失灵现象的最优工具,因此不应当使用贸易保护这个间接的次优工具。同时,经济学家无法准确界定市场失灵,无法给出合适的政策。如果对采用什么样的贸易政策难以形成一个统一的认识,贸易政策很容易被一些特殊利益集团操纵,而忽视社会的整体福利。因此,只要市场失灵没有坏到不可收拾的地步,与其打开各种不确定政策的“潘多拉魔盒”,倒不如选择自由贸易政策。

(二)出口补贴和进口配额

出口补贴对价格的影响与关税对价格的影响正好相反。出口国国内产品价格上升,进口国价格下降;出口国消费者受害,生产者获益,政府因支付补贴而蒙受损失。利用关税的成本—收益分析可以得知,出口补贴导致关税类似的效率损失,即价格增幅不等于关税税率本身,而它引起的贸易条件恶化造成的损失更加严重。配额是最重要的非关税贸易壁垒,被用于控制进出口商品数量。进口配额是直接针对可能进口的商品实行数量限制的贸易政策。它可以用来保护国家的工业、农业,并可用来调节国家国际收支平衡。这种限制,通常以颁发进口许可证的形式来实现。现代经济中,进口配额多被工业国用于农业保护,被欠发达国家用于刺激制成品替代进口和平衡国际收支。进口配额提高进口商品的国内价格。限制进口时,一旦国内需求超过国内供给加上限制下的进口,商品市场价格就会不断上升,直到达到价格均衡点,或称供需平衡点。最终,进口配额对国内价格的影响,将达到同等限制水平的关税对价格的影响。进口配额与关税的差别在于政府没有了收入。同时配额产生"配额租值"的分配问题。配额涉及许可证的发放。如果这些许可证不如通过市场公开竞拍的方式予以发放,则获得这些许可证的主体就会以垄断的形式,获取相当于关税形式管理下的贸易所创造的财政收入。如果进口国将这些配额许可给予外国主体,则意味着"租值"被转移到国外,使配额成本大大高于同等情况下的关税成本。此外,进口许可证丰厚的垄断利润,可能使进口商花费大量精力游说甚至贿赂政府官员,造成巨大的经济浪费,并引发贪污腐败。

(三)其他贸易政策工具

其他贸易政策工具包括国产化程度政策、出口信贷补贴、政府采购和烦琐的程序。国产化程度政策,是指最终产品中包含的国产成分的数量或价值比例。国产化程度政策在发展中国家中运用的十分广泛。这些国家希望通过国产化程度要求,促使国内组装生产向中间制造产品生产的转换。出口信贷补贴是一种与出口补贴类似的政府补贴形式,不同之处在于补贴对象不是产品生产者,而是产品的购买者,目的是鼓励出口。政府采购政策规定,政府或政府控制的主体必须购买国产商品。而政府采购的贸易量在每个国家都占很大的比例。烦琐的程序是指商品进出国境的卫生检疫和海关手续等程序。通过这些程序实行贸易保护也是重要工具之一。

二、经济一体化贸易政策

经济一体化是指两个或两个以上的国家或地区在经济上的联合,这种联合可以通过多种形式实现,包括特惠贸易协定、自由贸易区、关税同盟、共同市场和经济同盟等。这些形式的一体化程度逐步加深,从最简单的贸易优惠逐渐过渡到全面的经济合作。特惠贸易协定是经济一体化最松散的形式。它是指协定成员之间在进行贸易时,相互提供与非成员进行贸易时更低的贸易壁垒,如英联邦及其成员国。自由贸易区,是指各成员之间解除所有贸易限制,却各自对非成员保留自己的贸易限制条件。如 1960 年英国、奥地利、丹麦、挪威、葡萄牙、瑞典、瑞士成立的欧洲自由贸易联盟,以及 1994 年美国、加拿大、墨西哥成立的北美自由贸易区。关税同盟是指在成员之间消除所有的贸易限制,并以一个整体对外统一实行关税或其他贸易限制,如 1957 年联邦德国、法国、意大利、比利时、荷兰和卢森堡组成的欧洲共同体。共同体市场比关税联盟更进一步,允许参加国之间资本和劳动力的自由流动。例如前述的欧洲共同体于 1992 年实现了共同市场,发展为现在的欧盟。

关税同盟中的贸易所得,产生于关税同盟中一个国家的某些产品被来自同盟国生产成本较低的进口产品所替代。如果假定关税同盟建立之前,各同盟国的全部经济资源都得到充分的利用,那么,贸易所得就增加了同盟国的福利。同时,由于它还带来在比较优势基础之上更大程度的产品专业化生产,关税同盟的贸易所得同样增加了非同盟国以及整体世界经济的福利。这种现象就是经济学上所谓的“贸易创造”。但是,由于关税同盟国对内实行自由贸易,对外实行条件贸易,同盟国内的高价商品就会替代非同盟国的低价进口商品。这不仅可能减少同盟国的国家福利、进口替代产品的非同盟国福利,还可能减少整体的世界经济福利。经济学上把这种现象称为“贸易转移”。美国经济学家维纳从静态和动态效率两个方面论证了,关税同盟的建立既可能增加又可能减少同盟国与非同盟国的国家福利,而这取决于产生关税同盟的环境。他认为,关税同盟的成立必然引起以下静态效应：贸易创造效应，贸易转移效应，减少行政开支，改善贸易条件，增强集团谈判力量。动态效应则包括可以增强同盟国企业之间的竞争；为各同盟国带来规模经济效应；有利于吸引非同盟国的投资。根据静态效应分析，维纳认为，以下条件下关税同盟更可能产生贸易创造。(1)同盟国之间从前的贸易壁垒较高；(2)同盟国与非同盟国之间的贸易壁垒较低；(3)同盟国数量较多，规模较大；(4)同盟国间的经济竞争高于经济互补；(5)同盟国之间的地理位置较为靠近；(6)同盟国与潜在同盟成员国之间的贸易和经济交往较多。维纳的上述观点在经济一体的实践中得到了完全的印证。经济一体化的实践表明，关税同盟的动态效应比静态效应大5—6倍。目前世界上最大的经济一体化组织有北美自由贸易区和欧盟。

三、发展中国家的进口替代政策

按照经济学的划分，世界经济被分为发达经济和不发达经济，国家也相应地划分为发达经济国家和欠发达经济国家。后者还可以细分不发达国家和发展中国家。欠发达国家存在一些共同的经济特征：真实人均国民收入低；人均国民收入增长率低；农业和其他初级产品生产部门(采矿业)劳动比例高。基于上述特征，在与发达国家的国际贸易中，欠发达国家往往出口初级产品和原材料，以换取发达国家制成品。20世纪80年代，世界上最穷国家和最富国家的差距越来越大，越来越多的经济学家认为，基于静态相对优势理论的国际贸易，与欠发达国家的经济发展毫无关系。国际贸易使这些欠发达国家的贸易条件长期衰退，实际上阻碍了这些国家的经济发展。这些经济学家主张欠发达国家应当通过进口替代(进口商品国产化)逐步实现国家工业化，真正提高国家的经济水平。事实上，19世纪时，贸易曾经是发展中国家经济增长的推动力。当时，世界上大多数工业生产集中在英国，这种工业生产使英国人口大幅增长。人口增长与工业化生产，使资源匮乏的英国大量进口生产原材料和食品等生活日用品。为英国提供这些商品的美国、加拿大、澳大利亚、新西兰这些当时的发展中国家的经济都得到发展，经济水平得到了实质性的提高。

但是，进入现代经济后，国际贸易对欠发达国家的影响发生了巨大的改变。从需求的角度看，发达国家对欠发达国家的原材料和食品需求的增长比19世纪慢得多。主要体现在发达国家对原材料和食品的需求小于发达国家的收入增加；人造产品的发展减少了对自然原材料的需求；技术进步减少了许多产品的天然材料含量；发达国家的服务产业增长速度快于工业产业的增长速度，而服务行业对原材料的需求远远小于工业；发达国家对欠发达国家的许多产品，如农产品、纺织品等实行贸易限制。从供给角度看，当今欠发达国家的供给能力已经远不如19世纪，主要体现在四个方面：大多数欠发达国家的自然资源比当时的“发展中国家”少得多；大多数欠发达国家人口过剩，自身对食物和原材料的需求多，难以出口；流入欠发达国家的资本相较于19世纪已经减少，技术工人反向流动到发达国家；欠发达国家追求工业化进程，反而忽视了农业和原材料的生产。经济学家的研究还发现，欠发达国家的贸易条件不断恶化，是因为发达国家将生产率提高的全部或大部分转化为工人的高工资，而欠发达国家却将生产率提高的全部或大部分转化为更低的产品价格。当欠发达国家用咖啡、矿产换取发达国家的飞机、精密仪器时，它们的贸易条件不断恶化。除了贸易条件长期恶化，欠发达国家还可能面临严重影响经济发展的初级出口产品价格和收入的短期波动，导致收入极不稳定。

有鉴于此，20世纪50—70年代，大多数发展中国家经过深思熟虑后，认识到只有走工业化道路，才能实现经济增长的目标。实现工业化的途径有两个：进口替代和出口导向。其中欠发达国家中的大国，大多选择进口替代政策来实现国家工业化。即在高关税和其他如补贴等政策的保护下，在政策采用初期鼓励简单的外国零部件组装，随后向多品种、升级产品以及中间产品的生产发展。这种保护政策使关税保护区和保护区工厂迅速发展。但是，通过进口替代政策实现经济发展的国家并不多。这是因为进口替代使国内工业回到效率低下的状况，使国内商品价格提高并出现出口产品价格负增长现象；进口替代吸引了过量的资本却只创造少量的劳动机会，加重了国内失业和资源未充分利用的状况；进口替代国将有限资本用于兴建工厂、购置设备、购买技术等导致采购原材料和劳力的资金缺乏；进口替代忽视了农业和其他初级产品的生产，引起传统出口部门收入的下降。研究进口替代政策的萨瓦托总结认为：实现进口替代政策的国家普遍不如早在20世纪50年代实行出口导向的国家或地区。进口替代政策可能会在发展阶段的早期有一定的好处，但随后必须采用出口导向政策才能确保前期政策带来的经济发展。20 世纪 80 年代以后的情况证明,许多从前的进口替代政策转向贸易自由化并实行外向型经济政策的国家,都比较的成功地实现经济的发展。

四、发达国家的战略性贸易政策

战略性贸易政策,是指一国政府在不完全竞争和规模经济条件下,为了提高本国产业的国际竞争地位或者提高国内公司在国际市场的竞争力而采取的政策手段。如生产补贴、出口补贴或保护国内市场等。战略性贸易政策是一种限制性贸易政策。它是积极贸易政策和贸易保护政策的理论依据之一。根据战略性贸易政策的观点,一个国家可以通过暂时的贸易保护政策,如补贴、税收优惠、政府与工业部门的合作计划等方式,在一些寡头垄断市场,如大型客机制造、半导体、远程通信,以及其他一些对国家至关重要的领域内创造出相对优势。由于这些高科技产业存在很高的风险,产业成功要求大规模生产以实现规模经济效应。一旦产业开发成功,便可带来外部经济效益,在有益于其他部门的同时,增强自身未来的发展前景。从市场失灵的角度看,战略性贸易政策所要消除的市场失灵可能有两种:一种是高技术产业中的知识外溢现象,使企业不能获得外溢到其他企业的知识所产生的收益;另一种是寡头行业中存在的垄断利润。基于此,政府应当对产生技术外溢和处于不完全竞争市场状况的行业,给予战略性贸易政策的扶持。这种积极的贸易政策,可以增加本国企业利润,而让国外竞争对手承担损失。

与幼稚工业贸易保护理论一样,战略性贸易政策也需基于某些前提条件。第一,存在理想的产业加以扶持;第二,国家有可能设计出合适的贸易扶持政策。一般认为确定理想的战略行业时,应当按照以下的标准:行业面临或将面临强有力的国外竞争;行业的集中程度至少不低于同行业的外国竞争者;行业对所谓经济瓶颈生产要素的利用是有限的;生产程序具备规模经济特征和学习效应;行业对资本的要求必须是非弹性的,且准入条件非常高;行业产生的社会净福利超过保护产生的成本。这些严格的行业特性决定了战略性贸易政策应用领域的有限性。只有商业客机、半导体和通信设备等符合行业特征要求。即使能够确定适用的行业,战略性贸易政策的实施也可能带来经济倒退的结果。

这是因为政策制定者的错误判断有可能导致决策错误;政策受害者可能采取报复性措施;政策可能破坏开放性的多边贸易体系规则。事实上,尽管理论表明,广泛的外部经济现象的存在,使提高寡头垄断产业的产出成为可能,并能因此加速国家的经济增长和提高社会福利,实践中却是困难重重。被当作战略性贸易政策成功典范的日本,已经从20世纪五六十年代政府的广泛经济控制政策,转成目前程度低得多的政策管理。

第三节　国际商品流通组织法

一、关税与贸易总协定与世界贸易组织

关税与贸易总协定(以下简称关贸总协定,General Agreement on Tariffs and Trade,GATT)建立于1948年。关税及贸易总协定是关于关税和贸易准则的多边国际协定和组织。第二次世界大战之后,国际经济严重萧条,国际贸易秩序混乱,1944年7月在美国的布雷顿召开的国际货币与金融会议(44个国家参加)建议成立国际货币基金组织、国际复兴开发银行(即世界银行)和国际贸易组织,作为支撑全球经济的三大支柱来调节世界经贸关系,推动全球经济的复苏和发展。在第八轮多边贸易谈判——乌拉圭回合谈判的过程中,学术界和一些国家政府开始考虑成立一个国际组织,以取代“关税与贸易总协定”这一非正式国际组织,并将乌拉圭回合谈判成果全部纳入其中。1993年11月,乌拉圭回合谈判结束前,各方原则上形成了“建立多边贸易组织协定”的决议,并决定将“多边贸易组织”易名为“世界贸易组织”(以下简称世贸组织,World Trade Organization,WTO)。1994年4月15日,在摩洛哥马拉喀什召开的GATT部长级会议上,乌拉圭回合谈判各项议题协定均获通过,并以无保留例外的“一揽子”方式被各成员接受。104个参加方政府代表签署了“马拉喀什建立世界贸易组织协定”,标志着WTO正式成立。1995年1月1日,上述协定生效,WTO正式取代GATT成为管理世界贸易的国际组织。

1994年4月15日在马拉喀什签署的世界贸易组织最终文件,被称为“乌拉圭回合多边贸易谈判结果:法律文本”。它由《乌拉圭回合多边贸易谈判最

后文本》(最后文本)、仅16个条款的《WTO协定》、“最后文件”附件以及与《WTO协定》共同签署的部长级会议决定和宣言组成。此后,新加入成员签订的入世议定书同样成为WTO法律文件的一部分。其中,《WTO协定》规定了WTO的组织功能、法律适用范围、成员资格、决策机制,以及GATT1947和GATT1994的关系。后者规定在《WTO协定》第2.4条之中,该规定表明:在法律上,1994关贸总协定不是1994年关贸总协定的后继协定。所以,如果一个1947关贸总协定的缔约方退出后又加入世界贸易组织,该缔约方对尚未加入世界贸易组织的国家不承担1947关贸总协定义务。

截至2024年3月20日,WTO共有165个成员,其总部在瑞士日内瓦。WTO是一个独立于联合国的永久性国际组织,是世界上最大的多边贸易组织,是全球贸易体系的组织和法律基础,是众多国际贸易协定的捍卫者,是国际贸易争端的仲裁者,是这个时代最重要的国际经济组织之一,与世界银行、国际货币基金组织被并称为当今世界经济体制的三大支柱。WTO的宗旨是:促进经济和贸易发展以提高生活水平、保证充分就业、保障实际收入和有效需求的增长;扩大货物和服务的生产和贸易;保证发展中国家、特别是最不发达国家在国际贸易增长中获得与其经济发展需要相当的份额等。世贸组织的职能是:便利协定的执行;提供谈判场所,其中对于多边贸易谈判有义务提供特定的论坛,对于诸边贸易协定的进一步谈判只提供非特定谈判,并提供实施此类谈判结果的体制;解决争端;进行政策审议,主要是针对WTO成员方贸易政策进行审查;通过合适的途径同国际货币基金组织及世界银行进行合作。

二、WTO基本原则

1.非歧视原则。非歧视原则是GATT的基石之一,它包括最惠国待遇原则和国民待遇原则。最惠国待遇原则是指一成员现在或将来给予任何另一成员方的优惠和豁免,也将给予第三成员方。非歧视原则要求各成员一般不得在其贸易伙伴之间造成歧视。给予某一成员一项特殊优惠,如针对某项产品征收更低的关税,必须给予其他所有世界贸易组织成员同样的待遇。国民待遇原则,是指在国际贸易或协定中,成员之间相互保证给予另一方的自然人(公民)、法人(企业)和商船在本国境内与本国自然人(公民)、法人(企业)和商船同等的待遇。国民待遇在形式上有两个特点：第一，国民待遇是互惠的、对等的，是双方相互间的行为；第二，国民待遇具有一定的适用范围。在贸易方面是指成员之间相互保证对方的公民、企业、船舶在本国境内享有与本国公民、企业、船舶同样的待遇。实施国民待遇必须是对等的，不得损害对方国家的主权，并限制在一定的范围之内。值得注意的是，国民待遇原则只要求提供"不低于"本国产品的待遇。如果一国愿意对进口产品提供比本国产品更为优越的待遇，当然没有问题。

2. 贸易自由化原则。贸易自由化原则是指限制和取消一切妨碍和阻止国际间贸易开展与进行的所有障碍，包括法律、法规、政策和措施等。这些贸易障碍不仅是指进口关税，还包括各种数量限制、政府的某些限制进口的规定及汇率政策等方面的限制措施。这就要求世界贸易组织的成员方根据组织的要求加以调整。世界贸易组织允许各国采取渐进的方法实现贸易自由化。而且从实际出发，发展中国家需要的时间可能相对要长一些。

3. 透明度原则。又称可预见性原则。透明度原则是世贸组织的重要原则，目的在于保证贸易环境的稳定性和可预见性。透明度原则的含义是指：世界贸易组织成员方应公布所制定和实施的贸易政策、法规等措施及其变化的情况（如修改、增补或废除等），不公布的不得执行，同时还应将这些贸易措施及其变化情况通知世界贸易组织。透明度原则的主要内容包括贸易措施的公布和贸易措施的通知两个方面。贸易措施公布的主要内容包括：有关海关法规及关税税率等；有关产品进出口管理的措施与要求等；有关进出口支付转账所设立的措施；有关服务贸易的法律、法规、政策和措施；有关知识产权的法律、法规、司法判决和行政裁定等。世贸组织要求贸易措施的公布要迅速及时。但如果公布后会妨碍法令执行，违反公共利益，或损害某一企业的利益，则可以有例外。

4. 公平竞争原则。公平竞争原则反映在诸多协定之中。如《反倾销协定》《补贴和反补贴措施协定》《政府采购协定》，以及 GATT 例外条款等。世贸组织的公平竞争原则强调竞争条件的公平性，而非绝对的市场竞争。就反倾销规定而言，如果出口商倾销，即一国产品以低于出口国正常贸易过程中同类产品可比价格的价格销售到外国市场，损害外国市场竞争企业的利益，进口成员国政府可以向出口商征收反倾销税,以抵消这种“不公平竞争”造成的损害。WTO禁止一国政府对本国出口产品进行补贴。但是,如果产品大量涌入,过度损害进口国工业,则《保障措施协定》允许进口国政府对进口产品进行适当和短期的干预,以对本国工业进行适当保护。同样,政府出于保障收支平衡、保护公共健康、国家安全等原因对进口进行适当和短期干预时,也需要得到WTO的许可。公平竞争原则还体现在WTO对非市场经济成员方提出的经济发展和经济改革要求上,以创造一个公平竞争的贸易环境。

5. 促进发展和经济改革原则。这个原则主要体现在给予发展中国家或正向市场经济过渡国家成员的特殊待遇和贸易优惠上。具体表现为:给予发展中国家或正向市场经济过渡国家成员过渡期,以使其适应陌生甚至困难的WTO规则;要求发达国家成员加快对最不发达国家成员出口商品的市场准入,并对它们提供技术援助。目前,发达国家成员几乎对所有来自最不发达国家成员的产品免除关税和配额。

三、WTO的组织结构与法律结构

WTO组织结构是根据《WTO协定》建立的。WTO各项职能都由其各类组织机构实现。WTO的组织机构主要有:部长级会议、总理事会、委员会等。(1)部长级会议和总理事会。部长级会议是WTO最高决策机构。部长级会议应当包括所有成员代表,每两年召开一次。部长级会议全权履行WTO职能,并可以为此采取任何必要的行动。从某种意义上而言,WTO部长级会议是WTO的终极立法机构。总理事会是WTO的常设机构和执行机关,成员包括所有成员代表。总理事会在适当时候召开会议,通常每年召开六次左右,会议代表绝大多数是各成员在日内瓦永久性代表团的人员。总理事会负责WTO日常事务,在两次部长级会议期间,执行部长级会议各项职能、监督、指导WTO所有工作,处理WTO重要紧急事务。总理事会还有两项特定任务:召集争端解决机构和贸易政策审议机构会议。(2)货物贸易、服务贸易和与贸易有关的知识产权理事会。这三个理事会同属于总理事会下设的第一类分支机构,在总理事会的指导下开展工作,行使《货物贸易多边协定》《服务贸易总协定》或《与贸易有关的知识产权协定》规定的职能,以及总理事会赋予的其他职能。理事会对所有愿意参与的 WTO 成员开放,在必要时召开会议,并且可以成立下属机构。(3)委员会。委员会是指总理事会下设的第二分支机构,是直接向总理事会负责的永久性委员会。包括贸易与发展委员会,国际收支限制委员会,预算、财政与管理委员会,区域贸易协定委员会,贸易与环境委员会等。这些委员会负责履行《WTO 协定》和多边贸易协定赋予的各项职能。第三类分支机构包括根据《民用航空器贸易协定》和《政府采购协定》设立的民用航空器贸易委员会和政府采购委员会,负责监督实施相应的多边协定。这两个委员会只对签署方开放。它们不是总理事会的附属机构,但在 WTO 内部动作,并定期向总理事会通报其活动。(4)其他机构。《WTO 协定》第四条并没有列举 WTO 的所有组织机构。总理事会下设第一类的三个理事会得到总理事会的授权,可以成立它们各自的下属机构。这些下属机构构成了 WTO 的其他机构。(5)行政机构。WTO 内部设立永久性工作组织。这个组织就是总干事领导下的秘书处。《WTO 协定》规定了该组织成员的任命和职责。总干事由部长级会议任命,并制定工作人员的职责和服务范围。总干事和秘书处工作人员都以传统国际公务员身份开展工作,不服从“除 WTO 之外的任何政府或任何其他机构”的命令。(6)贸易政策审议机构。《WTO 协定》要求建立专门的贸易政策审议机构,负责对各成员的贸易政策进行审议。它并非 WTO 的单独机构,它的人员为总理事会的人员,当总事会行使贸易政策审议职能时,实际上就在行使贸易政策审议机构的功能。该委员会可设立自己的委员会主席,并制定履行职责所需的程序规则。总体而言,WTO 全体成员可以参加所有理事会和委员会。但上诉机构、争端解决专家组、纺织品监督机构及诸边贸易协定委员会除外。

WTO 的法律结构是在 GATT 基础上,历经多次磋商谈判,修改、增补协定,特别是在乌拉圭回合所达成的一揽子协定基础上形成的。它集中体现在《乌拉圭回合多边贸易谈判最后文本》中。“最后文本”由《WTO 协定》统领,将乌拉圭回合所达成的各项协定均作为其附件,形成了一个完整的法律体系。具体而言,《WTO 协定》包括 4 个附件。附件 1 包括:《货物贸易多边协定》(附件 1A)、《服务贸易总协定》(附件 1B)以及《与贸易有关的知识产权协定》(附件 1C)。附件 2 是《关于争端解决规则与程序的谅解》。附件 3 是《贸易政策审议机制》。附件4是诸边贸易协定，包括《政府采购协定》和《民用航空器贸易协定》。

四、WTO的决策机制

WTO的决策机制，是指对世界贸易组织内有关事项做出决策时所应遵循的程序性规则。例如，新协定的通过、条文的解释和修改、新成员的加入等问题所应适用的决策模式或程序。在决策机制方面，WTO在继承GATT决策机制（如一方一票的规定）的基础上进行了修正，制定了一整套包括实体和程序的决策法律，并使之更有约束力。WTO在实现了“投票表决与协商一致原则”制度化、成文化和法律化的同时，创立了一套新的决策模式——反向一致模式，即“若无反对意见即表示赞同”，使WTO体系下几乎所有的国际贸易争端解决裁决都自动获得法律效力，强化了WTO争端解决机制的司法效力。具体而言，WTO的决策机制包括五个方面的内容。（1）对一般事项的决定。部长级会议及总理事会会议决定的一般事项，仍按1947GATT奉行的协商一致模式。协商一致是指只要出席会议的成员中没有对决议的通过表示正式反对，就认为有关决议已协商一致通过。如果一项决议无法协商一致，原则上按照一方一票的规则，投票决定。（2）条文解释。《WTO协定》及WTO多边贸易协定所有有关协定条款及文件内容的解释，由部长级会议及总理事会做出。附件1的解释由相关理事会提出解释意见后，经由全体WTO成员方2/3多数票决定。但《WTO协定》第十条关于修正的程序规定除外。（3）义务豁免。部长级会议可以豁免基于《WTO协定》及附件1多边贸易协定的义务。在不能达成协商一致时，这些义务的豁免需经WTO3/4成员同意。关于附件1的有关豁免，须由相关理事会先行向部长级会议提出报告。（4）协定修正。WTO任一成员或理事会，可以向部长级会议提出对《WTO协定》及附件1《货物贸易多边协定》的修改。如部长级会议不能就修正意见达到一致，则须经2/3全体WTO成员同意方可将修正议案提交。协定对《服务贸易总协定》的部分内容规定了特殊修正程序，只需2/3意见同意即对全体成员生效。未列入特殊规定程序的部分，仍按上述规定的修正程序进行修正。其他有关特殊程序的修正，可以参照《WTO协定》第十条的规定。（5）新协定谈判。协定规定，应协定成员要求，部长级会议可以决定将这些协定成员达成的某一新协定列入附件 4 作为诸边贸易协定的内容或从附件 4 中删除。但是,有关决定必须经协商一致做出。

五、WTO 成员与加入 WTO

WTO 成立以后,加入 WTO 有两条基本途径。一条是《WTO 协定》第十一条规定的创始成员。所有 GATT1947 缔约方,可在限定时间内加入 WTO。另一条是按照《WTO 协定》第十二条的规定通过谈判“接受入会”。即申请方通过与 WTO 成员谈判入会条件加入。入会以后,无论入会方式如何,所有成员享受同样权利、承担同样义务。加入 WTO 大体分为四个步骤。第一,申请的提出和受理。一般申请先申请成为 WTO 观察员。在决定加入 WTO 后,书面致函 WTO 总干事,表明加入 WTO 的愿望。第二,审议申请方提交的备忘录并举行双边市场准入谈判。第三,启动多边谈判及起草加入文件。一旦工作组完成对申请方的贸易体制审议,平等的双边贸易市场准入谈判也基本结束后,多边谈判开始进行。第四,表决及生效。部长级会议或总理事会在收到加入文件后,对其进行表决。如果得到 2/3 的多数票通过,申请方就可签署加入议定书,根据各国的国内立法,分别确定接受加入议定书的程序和时间。

第四节　国际商品流通规则

一、国际货物买卖合同规则

国际货物买卖合同是国际商品流通的主要规则,国际商品流通的实质就是国际货物买卖合同的总和。国际货物买卖合同是国际商品流通的微观表现形式。从法律原理的角度看,国际货物买卖合同的基本原理与国内合同基本相同,如合同的订立程序、成立和生效要件、合同的履行等。但是两者仍然存在一些明显的差异。如国际货物买卖合同的标的物限于有形货物,属于“以物换款”的合同类型;国际货物买卖合同的主体为跨国主体,至少有两个属于不同国家或地区的主体。国际货物买卖合同的履行需要通过海关才能跨越国境。国际货物买卖合同的实体法律依据通常为《联合国国际货物销售合同公约》

(The United Nations Convention on Contracts for the International Sale of Goods, CISG)和《国际统一私法协会国际商事合同通则 2004》(Principles of International Commercial Contracts, PICC)。

《联合国国际货物销售合同公约》是由联合国国际贸易法委员会主持制定的,1980 年在维也纳举行的外交会议上获得通过。该公约于 1988 年 1 月 1 日正式生效。该公约的主要内容包括:(1)公约的基本原则。建立国际经济新秩序的原则、平等互利原则与兼顾不同社会、经济和法律制度的原则。这些基本原则是执行、解释和修订公约的依据,也是处理国际货物买卖关系和发展国际贸易关系的准绳。(2)适用范围。第一,公约只适用于国际货物买卖合同,即营业地在不同国家的双方当事人之间所订立的货物买卖合同,但对某些货物的国际买卖不能适用该公约作了明确规定。第二,公约适用于当事人在缔约国内有营业地的合同,但如果根据适用于"合同"的冲突规范,该"合同"应适用某一缔约国的法律,在这种情况下也应适用"销售合同公约",而不管合同当事人在该缔约国有无营业所。对此规定,缔约国在批准或者加入时可以声明保留。第三,双方当事人可以在合同中明确规定不适用该公约。(适用范围不允许缔约国保留)(3)合同的订立。包括合同的形式和发盘(要约)与接受(承诺)的法律效力。(4)买方和卖方的权利义务。第一,卖方责任主要表现为三项义务:交付货物;移交一切与货物有关的单据;移转货物的所有权。第二,买方的责任主要表现为两项义务:支付货物价款;收取货物。第三,详细规定卖方和买方违反合同时的补救办法。第四,规定了风险转移的几种情况。第五,明确了根本违反合同和预期违反合同的含义以及当这种情况发生时,当事人双方所应履行的义务。第六,对免责根据的条件作了明确的规定。

PICC 是国际统一私法协会 1994 年编撰的,2004 年做了大的修订。它是一部具有现代性、广泛代表性、权威性与实用性的商事合同统一法。它可为各国立法参考,为司法、仲裁所适用,是起草合同、谈判的工具。PICC 有十章共 185 项条文及相关注释。第一章,总则(12 条);第二章,合同的订立与代理人的权限,分为 2 节,第一节合同的订立(22 条),第二节代理人的权限(10 条);第三章,合同的效力(20 条);第四章,合同的解释(8 条);第五章,合同的内容,分为 2 节,第一节合同的内容(9 条),第二节第三人权利(6 条);第六章,合同的履行，分为2节，第一节履行的一般规定（17条），第二节艰难情形（3条）；第七章，不履行，分为4节，第一节不履行的一般规定（7条），第二节要求履行的权利（5条），第三节合同的终止（6条），第四节损害赔偿（13条）；第八章，抵消（5条）；第九章，权利的转让、债务的转移与合同的转让，分为3节，第一节权利的转让（15条），第二节债务的转移（8条），第三节合同的转让（7条）；第十章，时效期间（11条）。PICC规范国际贸易的合同内容不仅包括有形贸易还包括无形贸易，它所适用的国际商事合同类型，既有国际货物销售合同，又有国际服务贸易合同和国际知识产权转让合同，即适用于国际商事合同的全部。PICC旨在为国际商事合同制定一般规则，在当事人约定其合同受PICC管辖时，应适用PICC；在当事人约定其合同适用法律的一般原则、商人习惯法或类似措辞时，可适用PICC；在当事人未选择任何法律管辖其合同时，可适用PICC；PICC可用于解释或补充国际统一法文件；PICC可用于解释或补充国内法；PICC也可作为国内和国际立法的范本。

二、国际惯例和国际贸易术语

国际贸易惯例，是指根据长期的国际贸易实践中逐步形成的某些通用的习惯做法而制定的规则。国际惯例是国际法的一个重要渊源。国际惯例虽然不是法律，不具有普遍的法律拘束力，但按各国的法律，在国际贸易中都允许当事人有选择适用国际贸易惯例的自由，一旦当事人在合同中采用了某项惯例，它对双方当事人就具有法律拘束力。有些国家的法律还规定，法院有权按照有关的贸易惯例来解释双方当事人的合同。一般来说，国际贸易惯例应具有三个基本条件：(1)必须是被一定范围内的人们一贯地、经常地、反复地采用。(2)内容必须是明确肯定的。(3)必须是在一定范围内众所周知的，公认具有普遍约束力。国际惯例具有以下性质：(1)惯例本身不是法律，对当事人不具有强制性或法律约束力。(2)惯例的采纳与适用以当事人的意思自治为基础（买卖双方在合同中做出某些与惯例不符的规定，只要合同有效成立，双方都要遵照合同的规定履行义务，一旦发生争议，法院和仲裁机构也要维护合同的有效性。在国际贸易中影响最大的是国际商会制定的《国际贸易术语解释通则》和《商业跟单信用证统一惯例》。

国际贸易术语(Trade Terms of International Trade),又称贸易条件、价格术语。在国际贸易中,买卖双方所承担的义务,会影响商品的价格。在长期的国际贸易实践中,逐渐形成了把某些和价格密切相关的贸易条件与价格直接联系在一起,形成了若干种报价的模式。每一模式都规定了买卖双方在某些贸易条件中所承担的义务。用来说明这种义务的术语,称为贸易术语。贸易术语所表示的贸易条件,主要分两个方面:其一,说明商品的价格构成,是否包括成本以外的主要从属费用,即运费和保险;其二,确定交货条件,即说明买卖双方在交接货物方面彼此所承担的责任、费用和风险的划分。贸易术语是国际贸易中表示价格的必不可少的内容。在报价中使用贸易术语,明确了双方在货物交接方面各自应承担的责任、费用和风险,说明了商品的价格构成。从而简化了交易磋商的手续,缩短了成交时间。由于规定贸易术语的国际惯例对买卖双方应该承担的义务,做了完整而确切的解释,因而避免了由于对合同条款的理解不一致,在履约中可能产生的某些争议。

有关贸易术语的国际贸易惯例主要有《1932 年华沙—牛津规则》《1941 年美国对外贸易定义(修订本)》和《2000 年国际贸易术语解释通则》三种。

《1932 年华沙—牛津规则》是国际法协会制定的对 CIF(成本加保险费、运费)合同进行统一解释的规则。该规则对 CIF 合同的性质,买卖双方所承担的风险、责任和费用划分以及所有权转移的方式等问题做了比较详细的解释。它在国际贸易中有一定影响,但并无绝对的约束力,只供买卖双方自愿采用,合同可以对该规则加以修改或增加,如该规则与合同发生矛盾,应以合同为准。该规则是国际贸易惯例的一部分,虽非国际公约,但在一定程度上反映了国际社会对 CIF 合同的一般解释。

《1941 年美国对外贸易定义(修订本)》是 1941 年 7 月 30 日,美国商会,美国进口商会理事会和全世界对外贸易理事会所组成的联合委员有关“对外贸易定义”的统一解释。该定义对产地交货(Ex, Point of Origin),船边交货(FAS, Free along Side),离岸港口交货(FOB, Free on Board),成本加运费(C&F, Cost and Freight),成本加保险费、运费(CIF, Cost Insurance Freight)和目的港码头交货(Ex Dock, Named Port of Importation)6 种贸易术语做了解释。值得注意的是,该定义把 FOB 分为六种类型。其中只有第五种,即指定的装运港船上交货(FOB Vessel)才同国际贸易中一般通用的FOB的含义大体相同,而其余五种FOB的含义则完全不同,为了具体说明买卖双方在各种贸易术语下承担的权利和义务,在此修订本所列各种贸易术语之后,一般附有注解,这些注释,实际上是表明贸易术语定义不可分割的组成部分,因此,为充分了解在各种贸易术语下买卖双方各自承担的权利和义务。不仅应考虑定义本身,还应明了附加的有关贸易术语的注释。

《2000年国际贸易术语解释通则》由国际商会通过其各国家委员会吸取了各行业国际贸易从业者的意见和建议,在《1990年国际贸易术语解释通则》和广泛调查的基础上,经1999年7月国际商会第六次修订,自2000年1月1日起正式生效。与1990年的通则相比变动不大,主要是力求在语言上准确反映国际贸易实务。在以下两个方面作出了实质性改变:在FAS和DEQ术语下,办理清关手续和缴纳关税的义务;在FCA术语下装货和卸货的义务。

三、国际货物运输法律规则

国际商品流通需要通过国际货物运输才能实行跨越国境的货物转移和交付。国际货物运输作为实现国际货物买卖合同目的的辅助性行为,在国际贸易中具有重要地位。国际货物运输的本质是履行国际货物运输合同。国际货物运输合同虽然是一个辅助性的合同,但其仍不失法律上的独立性。无论是国际层面还是国内层面,都有专门的法律规范国际货物运输。国际货物的方式很多,包括铁路运输、海上运输、航空运输、公路运输和多式联运。其中,最主要的运输方式是海上运输,国际贸易大约3/4的货物是通过海上运输实现的。

与海上货物运输有关的国际统一规范主要是《关于统一提单若干法律规则的国际公约》[(International Convention for the Unification of Certain Rules of Law Relating to Bills of Lading,1924),以下简称《海牙规则》(Hague Rules:H.R.)]。这是关于提单法律的第一部国际公约。1924年8月25日该公约在比利时首都布鲁塞尔签订,1931年6月2日起生效。这是一部为统一世界各国关于提单的不同法律规定,并确定承运人与托运人在海上货物运输中的权利和义务而制定的国际协议。1924年《海牙规则》规定了承运人最低限度义务,免责事项,索赔和诉讼,责任限制和适用范围以及程序性等几个方面。对于承运人免责事项,《海牙规则》第四条第二款列举了 11 项免责事项。11 项免责事项,尤其是航行和管船过失亦免责,奠定了《海牙规则》关于承运人的不完全过失责任制的基础。对于索赔和诉讼时效,《海牙规则》均规定了较短时间。索赔通知为交货前或当时,货物灭失、损坏不明显为移交后 3 日内并需书面形式。但双方进行联合检查者除外。《海牙规则》规定了一年的诉讼时效,自货物交付或应当交付之日起一年内。对于责任限制,《海牙规则》规定了每件或每单位 100 英镑的最高赔偿额。但托运人装货前就货物性质和价值另有声明并载入提单的则不在此限。总体看来,《海牙规则》无论是对承运人义务的规定,还是免责事项、索赔诉讼、责任限制,均体现着承运方的利益。而对货主的保护则相对较少。这也是船货双方力量不均衡的体现。力量不均衡势力相互妥协的产物不可避免地有各种缺点和不足,如期限过短,限额过低等。而且,随着国际经贸的发展,《海牙规则》的部分内容已落后,不适应新的需要。对其修改已成为必然趋势。从 20 世纪 60 年代开始,国际海事委员会着手修改《海牙规则》,于 1968 年 2 月通过了《关于修订统一提单若干法律规定的国际公约的协定书》(以下简称《海牙—维斯比规则》),并于 1977 年 6 月生效,这就是《维斯比规则》。1978 年 3 月 6 日至 31 日在德国汉堡举行由联合国主持的由 78 国代表参加的海上货物运输大会又通过了《汉堡规则》,即《联合国海上货物运输公约》(United Nations Conventiononthe Carriage of Goods by Sea),于 1992 年 11 月 1 日生效,进一步完善了海上货物运输规则。2008 年 7 月 3 日,联合国国际贸易法委员会(UNCITRAL)在维也纳第 41 届大会上制定了《联合国全程或者部分国际海上货物运输合同公约》(UN Convention on Contract for the International Carriage of Goods Wholly or Partly by Sea)草案,并经 2008 年 12 月 11 日联合国大会第 63 届大会第 67 次全体会议审议通过。即《鹿特丹规则》,它创新了承运人责任制度,使海运的责任阶段延伸至国际多式联运的适用范围。

与国际铁路货物运输相关的法律规范主要有《国际铁路货物运输公约》和《国际铁路货物联运协定》。《国际铁路货物运输公约》(CIM,以下简称《国际货约》)是关于铁路货物运输的国际公约,在 1890 年制定的《伯尔尼公约》基础上发展而来的。1961 年由奥地利、法国、比利时、德国等国家在瑞士伯尔尼签订,于 1970 年 2 月 7 日修订,修订后的《国际货约》于 1975 年 1 月 1 日生效。

国际铁路运输中央事务部总部设在伯尔尼。《国际铁路货物联运协定》(以下简称《国际货协》)是于1951年11月由苏联、捷克、罗马尼亚、东德等8个国家共同签订的一项铁路货运协定。1954年1月我国参加,其后,朝鲜、越南、蒙古也陆续加入,至此共有12个国家加入《国际货协》。我国对朝鲜、蒙古以及俄罗斯、独联体各国的一部分进出口货物均采用国际铁路联运方式运送。由于独联体的出现,近年来,在原有协定基础之上,我国同相关国家又重新增订了有关铁路运输的国际公约。《国际货协》是缔约各国发货人、收货人以及过境办理货物联运所共同遵循的基本文件。该协定共设八章四十一条及一些附件。主要内容包括:“适用范围”“运输契约缔结”“托运人的义务和权利”“承运人权利和义务”“赔偿请求与诉讼时效”等。

直接调整航空货物运输的法律规范主要是《统一国际航空运输某些规则的公约》及其修订后公约。《统一航空运输某些规则的公约》是1929年10月12日由德国、英国、法国、瑞典、苏联、巴西、日本、波兰等国家在华沙签订的,因而简称《华沙公约》。它是最早的国际航空私法,也是至今为止为世界上大多数国家接受的航空公约,其目的是调整不同国家“在航空运输使用凭证和承运人责任方面”的有关问题。《华沙公约》规定了以航空承运人为一方和以旅客、货物托运人、收货人为另一方的航空运输合同双方的权利、义务关系,确定了国际航空运输的一些基本原则。第二次世界大战后,由于航空运输业的飞速发展以及世界政治形势的急剧变化,《华沙公约》的某些内容与现实的要求脱节,《修订1929年10月12日在华沙签订的“统一有关国际航空运输某些规则的公约”的议定书》,即《海牙议定书》正是此时诞生的,该协定签订于1955年,1963年8月1日生效。关于公约的适用范围,《华沙公约》与《海牙议定书》的精神是一样的,只是措辞稍有不同,它们都规定公约不仅适用于商业性的国际航空货物运输,还适用于包括旅客、行李在内的其他国际航空运输,但邮件和邮包的运输因为另有国际邮政公约管辖,所以不适用。1961年的《瓜达拉哈拉公约》是《华沙公约》的修订性文件,该公约区分了缔约承运人和实际承运人。明确了实际承运人的地位。蒙特利尔公约也是对《统一国际航空运输某些规则的公约》的修订文件之一,目的在于确保国际航空运输消费者的利益,对在国际航空运输中旅客的人身伤亡或行李损失,或者运输货物的损失,在恢复性赔偿原则基础上建立公平赔偿的规范体系。

与国际货物多式联运相关的国际层面的法律规范有:(1)《联合国国际货物多式联运公约》是1980年5月24日在日内瓦举行的联合国国际联运会议第二次会议上,经与会的84个贸发会议成员一致通过的。《联合国国际货物多式联运公约》全文共40条和一个附件。该公约在结构上分为总则、单据、联运人的赔偿责任、发货人的赔偿责任、索赔和诉讼、补充规定、海关事项和最后条款等8个部分。(2)《国际商会多式联运单证统一规则》是指由国际航运商会制定、供联运经营人采用的非强制性的一般准则。于1973年制定,1975年修正,以《国际商会书目第298号》公布。该规则由导言、总则等19条规则所组成。该规则规定联运经营人在签发联合运输单证后负责办理自收受货物起,到交付货物止的联合运输;规则适用范围及制定目的是简化国际贸易手续,便利国际贸易及其资金融通;规定了联运经营人的责任和义务、当事人的权利和义务以及对灭失或损害及延误的赔偿责任等。(3)《1991年联合国贸易和发展会议/国际商会多式联运单证规则》(UNCTAD/ICC Rules for Multimodal Transport Documents,1991),是1991年由联合国贸易和发展会议与国际商会在《联合运输单证统一规则》的基础上,参考《联合国国际货物多式联运公约》共同制定的,是一项国际规则,供当事人自愿采纳,具有示范法的作用。

第五节　国际商品流通争端解决机制

一、势力导向型机制与规则导向型机制

势力导向型和规则导向型是传统国际贸易争端解决的两种途径。按照前者,发生争端各方以谈判方式解决争端,谈判结果通常与各方政治和经济实力强弱有关。实力强大的国家明显占有优势。这些国家往往将经济强势通过外交手段,如威胁终止经济援助、限制对方重要进口产品等,转换成胁迫对方就范的力量。原GATT争端解决机制与这种方式接近。按照后者,各方以事先制定的规则为依据,由独立第三方对争端进行裁决。以规则导向为基础的争端解决机制能更有效地防止各成员违反规则。任何争端都将由独立第三方根据事

行约定的规则进行裁决,这十分有利于促使争端各方根据对结果的预测来决定谈判的方式和策略。因此,后者更能保障对国际贸易而言极为重要的稳定性和可预测性。同时,由于政治、经济实力所起的作用小得多,这种机制更能带来公正的结果。WTO 争端解决机制正是这种规则导向型机制。

二、基本原则

WTO 争端解决机制的中心任务是为多边贸易体系提供可靠性和可预测性。《关于争端解决规则与程序的谅解》(The Dispute Settlement Understanding of the Rules and Procedures, DSU)文件中规定的基本原则归纳起来有以下四点:一是保护各成员方权利,监督各成员履行义务。二是权利义务的平衡。DSU 要求争端解决机构在解决争端过程中注意保持各成员权利、义务的平衡。包括迅速解决争端;保证 WTO 有效运转等。三是协商解决争端。WTO 的争端解决机制让各成员方根据已定规则自行判断裁定结果。但关于争端解决方式,WTO 鼓励各方最好采取协商解决的方式。最优选择是违规一方撤销违反 WTO 义务的措施,次之为各方协商赔偿数额。授权报复是 WTO 最不鼓励的解决方式。四是禁止单边报复。WTO 强调成员不能采取单方报复行动原则,要求各成员方在争端解决体制下,运用有关规则解决争端。

三、法律渊源

WTO 条约的法源包括 GATT 体系下案件的裁定和决定,DSU,争端解决机构(Dispute Settlement Body, DSB)制定的有关规定以及国际法相关内容。一是 GATT 1947 案例与决定。1966 年,GATT 采用“关于第二十三条的程序”解决发达国家与发展中国家缔约方之间的贸易纠纷,突破第二十二条、第二十三条作为 GATT 框架性争端解决条款的情形。之后,东京回合于 1979 年 11 月达成“关于通知、磋商、争端解决及监督的谅解书”及其附近,以及“有关 GATT 争端解决领域常规操作方法的一致意见”,进一步将 GATT 争端解决程序法制化。上述内容,都是 GATT 争端解决的法律依据。但是,在 GATT 体系中,这些依据只能算是“二级法律”。它们大多在 WTO 争端解决程序中被保留下来,成为 WTO 的正式条约。WTO 争端解决与 GATT 争端解决关系密切,两者保持法律上的连贯性具有十分重要的意义。GATT 体系下发展起来的案例虽然没有强制约束力,却常为专家组所借鉴。二是谅解书。WTO 争端解决最主要的法律渊源是《关于争端解决规则与程序的谅解》。该协定作为《WTO 协定》的一部分对全体 WTO 成员具有约束力。根据《WTO 协定》第 4.3 条规定,为了完成 WTO 有关协定赋予的任务,DSU 的执行机构——争端解决机构有权制定任何完成其规定任务所必需的规定。同时,上诉机构经与 DSB 主席及总干事协商,可以制定工作需要的程序。三是国际法。包括国际法原则、协定内容的解释、争端解决自由裁量权等。国际公法是 WTO 争端解决的另一重要法律渊源。GATT 作为一个政府间的协定,属于国际条约的范畴。其最初建立也无疑是以国际法为依据的。虽然 DSU 中除协定解释没有提到以国际公法为依据的表述,但事实上,专家组在争端解决中往往采用国际公法中的很多基本原则。DSU 第 3.2 条直接想用国际法为法律渊源,规定对所有 WTO 协定条款内容的解释必须“依据解释国际公法的惯例”进行。贸易争端除了争议事实之外,往往涉及争端双方对所涉 WTO 具体条款解释的争议。专家组或上诉机构在对涉案条款含义进行条约解释的过程中,往往需要行使自由裁量权。

四、争端解决机构

WTO 有三个主要负责争端解决的机构。它们是争端解决机构、专家组和上诉机构。争端解决机构是授权管理 WTO 解决纠纷的机构,有权成立专家组、采用专家组和上诉机构的报告,监督裁定和建议的执行,以及授权终止或减让其他协定中的义务。专家组是专门为某一贸易纠纷的解决而成立的临时小组,通常由 3 人组成,个别的是由 5 人组成,在争端解决过程中享有充分的独立性。其职能是协助 DSB 履行职责。上诉机构是一个常设机构,由 7 名成员组成。成员必须能够广泛代表各 WTO 成员。成员由 DSB 任命,任期 4 年,可连任 1 次。候选人必须是法律、国际贸易和 WTO 协定方面的专家,同时不得在行政上与任何政府有关联,保证其独立性。上诉机构的工作程序由 DSB 主席和 WTO 总干事协商拟定并公布。除上述人员以外,总干事负责为争端各方提供斡旋、调解或调停,以协助各成员方解决争端。秘书长的任务是协助专家组,尤其是在涉及法律、历史和程序方面为专家组提供协助。

五、诉因与程序

任一成员要求 DSB 解决的贸易争端的诉因都不是对 WTO 中某一具体条款的违反,而是基于成员方利益的“丧失或损害”,即另一成员的行为导致申请方有关协定赋予的利益丧失或损害。根据 WTO 继续采用的 GATTT1947 中的第二十三条的规定,申请方的诉因可以有两个:一个是第二十三条第一款“利益丧失或损害”之诉;另一个是第二十三条第二款规定的“调整”或其他原因之诉。第二种情况下的举证非常困难,迄今为止各成员都是基于第一种诉因提起的争议解决申请。第一种诉因又包括两种情况。第一种情况是违法之诉,即某成员对其 WTO 义务的违反导致申请方利益丧失或受到损害。第二种情况是非违法之诉,即虽然申请方的利益丧失或损害并非某缔约方违反其 WTO 义务的缘故,但其实施的某一措施造成了申请方利益丧失或损害的后果。按第一种诉因提起争端解决申请时,申请方应当首先证明利益丧失或受到损害。其次证明利益丧失或损害的原因在于被申请方违反了 WTO 义务或被申请方采取的任何措施,无论该措施是否与 GATT 相冲突。

WTO 争端解决程序主要分为四个阶段。一是争端通过磋商解决分歧;二是磋商失败后,申请方要求成立专家组裁定争端;三是争端中任一方上诉到上诉机构;四是争端解决机构负责监督由它提出的建议的执行。如果建议没有被执行,由谈判达成补偿或授权报复。WTO 争端解决的具体程序如下:磋商;成立专家组;专家组成员组成及职权范围的确定;专家组审查;专家意见;中期审议;专家组对争议各方及 DSB 的裁定报告;上诉;DSB 通过专家组或上诉机构报告;合理期限内执行裁定;对执行中的某些议题要求报告专家组进行裁定(可能发生);赔偿谈判及暂停减让等待专家组建议;在不遵守裁定的情况下许可的报复;可能的仲裁。

参考文献

中文著作

1. 李步云主编:《法理学》,经济科学出版社 2000 年版。

2. 卓泽渊:《法律价值》,重庆大学出版社 1994 年版。

3. 张根大:《法律效力论》,法律出版社 1999 年版。

4. 付子堂:《法律功能论》,中国政法大学出版社 1999 年版。

5. 季卫东:《法治秩序的构建》,商务印书馆 2018 年版。

6. 黄茂荣:《法学方法与现代民法》,法律出版社 2007 年版。

7. 江平主编:《民法学》,中国政法大学出版社 2019 年版。

8. 张俊浩主编:《民法学原理》,中国政法大学出版社 2000 年版。

9. 史尚宽:《债法总论》,中国政法大学出版社 2000 年版。

10. 梁慧星:《民法解释学》,法律出版社 2009 年版。

11. 叶金强:《公信力的法律构造》,北京大学出版社 2004 年版。

12. 张国键:《商事法论》,台北,三民书局 1993 年版。

13. 刘清波:《商事法》,台湾商务印书馆 1998 年版。

14. 范健主编:《商法》(第四版),高等教育出版社 2011 年版。

15. 徐学鹿:《商法总论》,中国人民大学出版社 2009 年版。

16. 董安生等编著:《中国商法总论》,吉林人民出版社 1994 年版。

17. 苏惠祥:《中国商法概论》,吉林人民出版社 2005 年版。

18. 赵中孚主编:《商法总论》,中国人民大学出版社 2009 年版。

19. 范健、王建文:《商法论》,法律出版社 2019 年版。

20. 王保树主编:《中国商事法》(新编本),人民法院出版社 2001 年版。

21. 张家镇等编著:《中国商事习惯与商事立法理由书》,中国政法大学出版社 2003 年版。

22. 董立学编著:《商事组织法》,北京大学出版社 2004 年版。

23. 程合红:《商事人格权论:人格权的经济利益内涵及其实现与保护》,中国人民大学出版社 2002 年版。
24. 王保树、崔勤之:《中国公司法原理》,社会科学文献出版社 2006 年版。
25. 江帆、孙鹏编:《交易安全与中国民商法》,中国政法大学出版社 1997 年版。
26. 徐炳:《买卖法》,经济日报出版社 1991 年版,第 48 页。
27. 虞政平:《股东有限责任:现代公司法律之基石》,法律出版社 2001 年版。
28. 邓辉:《论公司法中的国家强制》,中国政法大学出版社 2004 年版。
29. 梁慧星、王利明:《经济法的理论问题》,中国政法大学出版社 1986 年版。
30. 陆江兵:《技术·理性·制度与社会发展》,南京大学出版社 2000 年版。
31. 厉以宁:《资本主义的起源:比较经济史研究》,商务印书馆 2003 年版。
32. 吴慧:《中国古代商业史》,中国商业出版社 1983 年版。
33. 林剑鸣、余华青:《秦汉社会文明》,西北大学出版社 1985 年版。
34. 张晋藩主编:《中国法制史》,中国政法大学出版社 2011 年版。
35. 夏春玉编著:《当代流通理论——基于日本流通问题的研究》,东北财经大学出版社 2005 年版。
36. 徐从才主编:《流通经济学:过程、组织、政策》,中国人民大学出版社 2012 年版。
37. 宋则主编:《中国流通理论前沿(4)》,社会科学文献出版社 2006 年版。
38. 刘金国、舒国滢主编:《法理学教科书》,中国政法大学出版社 1999 年版。
39. 张文显:《当代西方法哲学》,吉林大学出版社 1987 年版。
40. 张文显:《二十世纪西方法哲学思潮研究》,法律出版社 2006 年版。
41. 梁小民:《西方经济学教程》,中国统计出版社 1998 年版。
42. 周汉华:《个人信息保护法(专家建议稿)及立法研究报告》,法律出版社 2006 年版。
43. 刘静:《产品责任论》,中国政法大学出版社 2000 年版。
44. 邹海林:《保险法》,社会科学文献出版社 2017 年版。
45. 商务部研究院编:《中国现代流通 30 年》,中国商务出版社 2008 年版。
46. 肖朝阳:《特许经营法律实务》,中信出版社 2003 年版。
47. 甘嵘静、陈文林主编:《电子商务概论》,电子工业出版社 2007 年版。
48. 任先行、周林彬编著:《比较商法导论》,北京大学出版社 2000 年版。
49. 孙秋菊、郭兴宽:《环境保护与物流》,清华大学出版社 2004 年版。
50. 徐康平:《现代物流法导论》,中国物资出版社 2007 年版。
51. 张敏:《现代物流与可持续发展》,中国物资出版社 2008 年版。
52. 黄东黎:《国际经济贸易制度与法律——中国案例》,社会科学文献出版社 2020 年版。

53. 林一飞等:《国际贸易法律与诉讼仲裁实务》,对外经济贸易大学出版社 2010 年版。
54. 李惠阳:《商品流通法律保障法律机制研究》,法律出版社 2022 年版。
55. [英]弗里德利希·冯·哈耶克:《法律、立法与自由》,邓正来等译,中国大百科全书出版社 2002 年版。
56. [英]哈耶克:《自由秩序原理》(上),邓正来译,三联书店 1997 年版。
57. [英]弗里德利希·冯·哈耶克:《个人主义与经济秩序》,邓正来译,三联书店 2003 年版。
58. [美]R. 科斯、A. 阿尔钦,D. 诺斯:《财产权利与制度变迁》,商务印书馆 2003 年版。
59. [美]R. M. 昂格尔:《现代社会中的法律》,吴玉章、周汉华译,译林出版社 2001 年版。
60. [美]理查德·A. 波斯纳:《法律的经济分析》(上、下册),蒋兆康译,中国大百科全书出版社 1997 年版。
61. [美]约翰·罗尔斯:《正义论》,何怀宏等译,中国社会科学出版社 2001 年版。
62. [美]约翰·亨利·梅利曼:《大陆法系》,顾培东译,法律出版社 2004 年版。
63. [美]E. 博登海默:《法理学——法律哲学与法律方法》,邓正来译,中国政法大学出版社 2001 年版。
64. [德]马克思、恩格斯:《马克思恩格斯全集》,中共中央马克思恩格斯列宁斯大林著作编译局译,人民出版社 2001 年版。
65. [美]戴斯·贾丁斯:《环境伦理学——环境哲学导论》,林官明、杨爱民译,北京大学出版社 2004 年版。
66. [英]亚当·斯密:《国富论》,冉明志译,台海出版社 2016 年版。
67. [英]亨利·梅因:《古代法》,郭亮译,法律出版社 2019 年版。
68. [意]彼德罗·彭梵得:《罗马法教科书》,黄风译,中国政法大学出版社 1998 年版。
69. [英]巴里·尼古拉斯:《罗马法概论》,黄风译,法律出版社 2000 年版。
70. [意]朱塞佩·格罗索:《罗马法史》,黄风译,中国政法大学出版社 1998 年版。
71. [美]艾伦·沃森:《民法法系的演变及形成》,李静冰等译,中国政法大学出版社 1997 年版。
72. [德]卡尔·拉伦茨:《德国民法通论》(上、下册),王晓晔等译,法律出版社 2003 年版。
73. [日]铃木禄弥:《物权的变动与对抗》,渠涛译,社会科学文献出版社 1999 年版。
74. [日]我妻荣:《债权在近代法中的优越地位》,王书江等译,中国大百科全书出版社 1999 年版
75. [日]土肥武雄:《合伙股东责任之研究》,李培皋等译,中国政法大学出版社 2004 年版。
76. [德]罗伯特·霍恩、海因·科茨、汉斯·G. 莱塞:《德国民商法导论》,楚建译,中国大百

科全书出版社 1996 年版。
77. [美]丹尼尔·F. 史普博:《管制与市场》,余晖等译,上海人民出版社 1999 年版。
78. [爱尔兰]理查德·坎蒂隆:《商业性质概论》,余永定、徐寿冠译,商务印书馆 1986 年版。
79. [美]迈克尔·迪屈奇:《交易成本经济学——关于公司的新的经济意义》,王铁生、葛立成译,经济科学出版社 2000 年版。
80. [德]柯武刚、史漫飞:《制度经济学:社会秩序与公共政策》,韩朝华译,商务印书馆 2002 年版。
81. [日]棚濑孝雄:《现代日本的法和秩序》,易平译,中国政法大学出版社 2002 年版。
82. [英]詹姆斯·布赖斯:《神圣罗马帝国》,孙秉莹等译,商务印书馆 2000 年版。
83. [美]保罗·魏里希:《均衡与理性——决策规则修订的博弈理论》,黄涛译,经济科学出版社 2000 年版。

中文论文

1. 季卫东:《法律程序的意义》,载《中国社会科学》1993 年第 1 期。
2. 董长春:《论法律价值》,载《南京社会科学》1995 年第 8 期。
3. 秦策:《法律价值目标的冲突与选择》,载《法律科学》1998 年第 3 期。
4. 汤春来:《法律价值结构的二重性——兼评西方经济分析法学"效益至上"论》,载《政法与法律》1998 年第 1 期。
5. 段仁元:《安全与效率的平衡抉择——试论我国企业登记审查制度及其完善》,载《社会科学》2000 年第 5 期。
6. 梁慧星:《从近代民法到现代民法》,载梁慧星主编:《从近代民法到现代民法》,中国法制出版社 2000 年版。
7. 李锡鹤:《论法人是无形主体》,载《法学》2000 年第 7 期。
8. 殷志刚:《商的本质论》,载法苑精萃编辑委员会编:《中国商法学精萃》(2002 年卷),机械工业出版社 2002 年版。
9. 李金泽等:《商业登记法律制度研究》,载王保树编:《商事法论集》(第 4 卷),法律出版社 2001 年版。
10. 任俊林:《我国商业登记制度的缺陷及其完善》,载《山西高等学校社会科学学报》2002 年第 2 期。
11. 张秀全、金东辉:《中国商事登记法律制度探源》,载《郑州工业大学学报》(社会科学版) 2001 年第 6 期。

12. 郭富青:《论商事登记制度的若干法律问题:兼论我国商事登记的改革与完善》,载《甘肃政法学院学报》2002 年第 6 期。
13. 李金泽、刘楠:《我国商业登记立法亟待完善》,载《社会科学》1999 年第 7 期。
14. 李金泽、刘楠:《企业设立法制的法哲学思考》,载《南京大学法学评论》1999 年春季号。
15. 宋德军:《流通业在城市经济发展中作用及发展趋势实证研究》,载《哈尔滨商业大学学报》2007 年第 4 期。
16. 汤春来:《法律价值结构的二重性——兼评西方经济分析法学"效益至上"论》,载《政法与法律》1998 年第 1 期。
17. 李习臻:《法国商业网点建设管理考察报告》,载《中国物资经济》1996 年第 4 期。
18. 民盟北京市委:《国外商业网点规划建设的立法经验》,载《北京观察》2005 年第 7 期。
19. 周维、张艳:《借鉴英国零售空间规划经验,优化城市商业网点规划效能》,载《现代城市研究》2016 年第 11 期。
20. 刘春浦:《发达国家对零售商业网点建设的管理》,载《商场现代化》1997 年第 9 期。
21. 杨薇:《发达地区商业空间布局的经验与启示》,载《北方经济》2003 年第 9 期。
22. 景婉博:《国外特许经营的演变及其理论基础》,载《经济研究参考》2016 年第 3 期。
23. 袁建昌:《20 世纪国际特许经营发展路径及趋势分析》,载《改革与开放》2014 年总第 19 期。
24. 周勇:《美国特许经营的法律规范》,载《上海商业》1996 年第 3 期。
25. 段宝玫:《国外商业促销行为的立法规范及启示》,载《中国市场》2008 年第 6 期。
26. 王延川:《抽象人格演进的文化解释与民法典的整合和分解》,载《河北法学》2009 年第 5 期。
27. 任龙龙:《个人信息民法保护的理论基础》,载《河北法学》2017 年第 3 期。
28. 王利明:《论个人信息权在人格权法中的地位》,载《苏州大学学报(哲学社会科学版)》2012 年第 12 期。
29. 王利明:《论个人信息权的法律保护——以个人信息权和隐私权的界分为中心》,载《现代法学》2013 年第 7 期。
30. 刘静:《个人信息的一般人格性》,载《阜阳师范学院学报(社会科学版)》2013 年第 5 期。
31. 汤擎:《试论个人数据与相关的法律关系》,载《华东政法学院学报》2000 年第 9 期。
32. 陈喜燕:《论我国现行法律制度下物流服务合同的法律适用》,载《上海海事大学学报》2016 年第 6 期。
33. 闻景发、李冀、王宁:《建国以来商品流通行政管理体制的历史与现状》,载《商场现代化》

1998 年第 3 期。
34. 陈姚、朱韬、李石华:《基于 GIS 的零售商业网点选址模型研究》,载《云南地理环境研究》2005 年第 6 期。
35. 徐键:《城市规划中公共利益的内涵界定》,载《行政法学研究》2007 年第 1 期。
36. 关保英、梁硐:《论公共利益的法律限定》,载《学术研究》2006 年第 4 期。
37. 李惠阳:《商业网点中的公共利益分析》,载《商业时代》2012 年第 23 期。
38. 刘清娟、周慧秋:《世界发达国家粮食储备经验及其启示》,载《世界农业》2011 年第 9 期。
39. 陈芳怡、唐珏岚:《新中国国家物资储备体系的发展历程、作用与经验》,载《上海市经济管理干部学院学报》2021 年第 7 期。
40. 丁斌、雷秀、孙连禄:《应急物资储备方式选择与成本分摊问题》,载《北京理工大学学报(社会科学版)》2011 年第 12 期。
41. 吴嘉铁:《商品流通技术变革对零售业商业模式的影响》,载《商业经济研究》2018 年第 11 期。
42. 李福:《从技术标准化的历史演变看产业内涵的变迁》,载《科学技术哲学研究》2016 年第 10 期。
43. 廖丽、程虹、刘芸:《美国标准化管理体制及对中国的借鉴》,载《管理学报》2013 年第 12 期。
44. 任学青:《特许经营基本法律问题探析》,载《法学论坛》2002 年第 7 期。
45. 李建伟:《特许经营信息披露制度的比较法分析》,载《广东社会科学》2011 年第 6 期。
46. 廖选、兰杨、岑远:《电子商务本质的辩证思考》,载《电子商务》2004 年第 1 期。
47. 刘军:《论电子商务的本质》,载《甘肃科技》2009 年第 1 期。
48. 朱少林、蓝逸娴、杨建华:《再论电子商务的本质》,载《现代商贸工业》2010 年第 24 期。
49. 梁磊、赵福、王强、李剑:《电子商务的本质及其在中国的发展》,载《中国流通经济》2000 年增刊。
50. 张楚:《美国电子商务法评析》,载《法律科学》2000 年第 2 期。
51. 贾九斌、李永华:《借鉴美国立法经验完善我国电子商务法律体系》,载《黑龙江省政法管理干部学院学报》2004 年第 5 期。
52. 程宗璋:《电子商务立法的国际比较及对我国的启示》,载《辽宁大学学报(哲学社会科学版)》2003 年第 5 期。
53. 姜全红:《论电子商务中的隐私权保护问题》,载《北京航空航天大学学报(社会科学版)》2003 年第 6 期。

54. 何培育:《他山之石:德国个人信息保护立法的考察与借鉴》,载《重庆与世界》2015 年第 1 期。

55. 张涛:《个人信息保护中独立监管机构的组织法构造》,载《河北法学》2022 年第 7 期。

56. 李广文:《美国市场监管改革:逻辑起点、发展过程与经验借鉴——基于商品市场监管实践的分析》,载《中国市场监管研究》2021 年第 9 期。

57. 张国山:《我国市场监管的价值取向与模式建构》,载《天津大学学报(社会科学版)》2010 年第 9 期。

58. 吴汉洪:《市场监管要适应"大监管"和"大市场"的新要求》,载《光明日报》2022 年 2 月 22 日,第 11 版。

59. 王艳林:《大市场监管实践向监管理论提出新挑战》,载《中国市场监管研究》2021 年第 3 期。

60. 徐鸣:《大市场监管体制改革:反思与超越——构建回应性新格局》,载《社会科学家》2017 年第 12 期。

61. 贺光辉:《论我国缺陷产品召回制度的具体构建》,载《社会科学辑刊》2007 年第 1 期。

62. 王利明:《关于完善我国缺陷产品召回制度的若干问题》,载《法学家》2008 年第 2 期。

63. 李惠阳:《论产品标识标注对消费者的保护》,载《法治论丛》2008 年第 7 期。

64. [德]罗尔夫·施托贝尔:《商事登记簿与行会》,卜元石译,载范健主编:《中德商法研究》,法律出版社 1999 年版。

外文著作

1. 上原行雄、長尾竜一編:『自由と規範』、東京大学出版会 1985 年。

2. 我妻栄:『民法総則』(講座Ⅰ)、岩波書店 1951 年。

3. 四宮和夫、能見善久:『民法総則(第 5 版)』、弘文堂 1999 年。

4. 長尾治助:『消費者信用法の形成と課題』、商事法務研究会 1984 年。

5. 菅野耕毅:『信義則および権利濫用の研究』、信山社 1994 年。

6. 落合誠一:『消費者契約法』、有斐閣 2001 年。

7. 田中誠二:『商法総則詳論』、勁草書房 1976 年。

8. 大隅健一郎:『商法総則』「新版」、有斐閣 1985 年。

9. 小橋一郎:『商法総則』、成文堂 1985 年。

10. 鴻常夫:『商法総則』(全訂第 4 版補正 2 版)、弘文堂 1995 年。

11. 喜多了祐:『商法総則』「店舗営業法・上巻」、法学書院 1985 年。

12. 小橋一郎:『商法論集 I(総則・会社)』、成文堂 1983 年。

13. 味村治:『新訂詳解商業登記』「上巻」、民事法情報センタ1985 年。

14. 西原寛一:『商法学』、岩波書店 1952 年。

15. 石井照久:『商法総則』(商法Ⅰ)、勁草書房 1967 年。

16. 江頭憲治郎編:『八十年代商事法の諸相——鴻常夫先生還暦記念』、有斐閣 1985 年。

17. 落合誠一、大塚龍児、山下友信:『商法Ⅰ(総則・商行為)』、有斐閣 1993 年。

18. 稲葉威雄:『商業登記法入門』(新版)、金融財政事情研究会、昭和 1985 年。

19. 加藤徹:『商業登記の効力』、成文堂 1992 年。

20. 菊池洋一:『商業登記制度をめぐる諸問題』、テイハン1994 年。

21. 大塚久雄:『株式会社発生史論』、岩波書店 1969 年。

22. 福井守:『営業財産の法的研究』、成文堂 1973 年。

23. 喜多了祐:『外観優越の法理』、千倉書房 1976 年。

24. 本間輝雄:『英米会社法の基礎理論』、有斐閣 1986 年。

25. 大隅健一郎:『新版株式会社法変遷論』、有斐閣 1987 年。

26. 神崎満治郎:『法人登記入門』、テイハン1988 年。

27. 松岡誠之助:『商号の研究』、専修大学出版局 1999 年。

28. 伊藤栄著:『西洋商業史』、東洋経済新報社 1971 年。

29. 五十嵐喬:『欧州商業史』、お茶の水書房 1977 年。

30. 土高浩:『ヨーロッパ商法史』、信山社 1992 年。

31. アンリ・ピレンヌ:『中世都市:社会経済史的試論』、佐々木克巳訳、創文社 1970 年。

32. John Whittaker & John Machell, *Limited Liability Partnerships the New Law*, Jordans, 2001.

33. R. Kraakman, P. Davies, H. Hansmann, G. Hertig, K. J. Hopt, H. Kanda, and E. B. Rock, *The Anatormy of Corporate Law: A Comparative and functional Approach*, Oxford, 2004.

34. David M · O' Brien, Privacy, *Law and Public Policy*, Praeger Publishers, 1979, p. 204.

35. Daniel J. Solove & Paul M. Schwartz, *Information Privacy Law*, Wolters Kluwer, 2009, p. 2.

外文论文

1. 渋谷光子:『商業登記制度の発展』、宮脇幸彦[ほか]編:『無体財産法と商事法の諸問題』、有斐閣 1981 年。

2. 味村治:『商業登記制度百周年に当たって』、『旬刊商事法務』1993 年第 1329 号。

3. 東季彦:『商業登記の歴史』、『法学協会雑誌』第 33 巻 8 号。

4. 浜田道代:『商業登記制度の役割:その回顧と展望』、『法律のひろば』1993 年第 46 巻第 10 号。

5. 佐藤修市:『商業登記制度』、『旬刊商事法務』、1980 年第 865 号。

6. 西原寛一:『商法における公示主義とその反省』、『商事法研究』、1957 年第 1 号。

7. 原田晃治:『新しい商業登記所の構築を目指して——商業登記制度の現状と課題』、『商事法務』、1996 年第 1411 号。

8. 大野実雄:『フランス商業登記法』、『比較法学』、1975 年第 10 巻第 8 号。

9. 加藤徹:『フランスにおける公示制度について——商業登記制度を中心として』、『阪大法学』、1970 年第 74 号。

10. 加藤徹:『フランスにおける商業登記及び公示の効力』、『民商法雑誌』1987 年第 4 号。

11. 井坂武彦:『企業内容開示制度改善の方向』、『旬刊商事法務』第 1133 号。

12. 山口幸五郎:『会社の目的外行為と商業登記制度:イギリス欧州共同体法の示唆』、『阪大法学』第 111 号。

13. Walter Horrwitz, *Historical Development of Company Law*, in The Law Qua*45*erly Review, Vol. 62, Oct., 1946.

14. Stephen J. Choit, *Company Registration: Toward a Status - Based Antifraud Regime*, in The University of Chicago Law Review, Vol. 64, 1997.